高等教育“十三五”规划教材

工程经济学

主　编　凤亚红
副主编　尚　梅　刘东霞

GONGCHENG JINGJIXUE

中国矿业大学出版社
·徐州·

内 容 提 要

本书充分考虑我国当前行业政策的变化和对项目进行经济分析的新要求、新内容，采用理论与实例相结合的方法，全面系统地介绍了工程经济学的基本原理、方法与应用。全书内容分为11章，包括概论、工程经济的基本要素、现金流量与资金时间价值计算、工程项目经济评价的基本方法、工程项目多方案经济评价、工程项目不确定性分析与风险分析、工程项目的可行性研究、工程项目财务评价、工程项目国民经济评价、价值工程、设备磨损的补偿及更新经济分析等方面的内容。

本书内容体系完整、思路清晰、案例丰富，既可作为土木工程、工程管理、技术经济及管理、工程造价等专业的教科书，也可供各工程领域技术人员学习参考，还可以作为注册结构工程师、注册建造师、注册造价工程师、注册土木工程师、注册监理工程师等各类注册执业资格考试的参考用书。

图书在版编目(CIP)数据

工程经济学 / 风亚红主编. —徐州 ：中国矿业大学出版社，2020.4

ISBN 978-7-5646-4594-6

Ⅰ.①工… Ⅱ.①风… Ⅲ.①工程经济学 Ⅳ.①F062.4

中国版本图书馆 CIP 数据核字(2020)第 058810 号

书　　名　工程经济学
主　　编　风亚红
责任编辑　何晓惠　何晓明
出版发行　中国矿业大学出版社有限责任公司
　　　　　　(江苏省徐州市解放南路　邮编 221008)
营销热线　(0516)83884103　83885105
出版服务　(0516)83995789　83884920
网　　址　http://www.cumtp.com　**E-mail**:cumtpvip@cumtp.com
印　　刷　江苏凤凰数码印务有限公司
开　　本　787 mm×1092 mm　1/16　**印张** 19.75　**字数** 493 千字
版次印次　2020 年 4 月第 1 版　2020 年 4 月第 1 次印刷
定　　价　45.00 元
(图书出现印装质量问题，本社负责调换)

前　言

工程经济学是一门研究工程(技术)领域经济问题和经济规律的科学,是介于自然科学和社会科学之间的边缘学科;是根据现代科学技术和社会经济发展的需要,由工程科学、经济学与管理科学等学科相互融合渗透而逐渐形成和发展起来的一门综合性学科,具有理论面宽、实践性强、政策要求高的特点,其核心是对工程技术方案进行经济分析与评价,选择技术先进、经济合理的最佳方案。工程经济学是土木工程类专业、工程管理类专业的主干课程之一,也是各类工科专业的必修课。

本书以国家发展改革委、建设部2006年发布的《建设项目经济评价方法与参数》(第三版)为指导,根据编写者多年的教学实践经验和学生的反馈与建议,同时充分考虑我国当前行业政策的变化和对项目进行经济分析的新要求、新内容,全面系统地介绍了工程经济学的基本理论、评价指标和分析方法以及这些理论和方法的应用。本书的编写力求体现以下三个特点:

1. 内容系统全面。本书对工程经济学的基本理论与方法进行了较为完整的阐述和介绍,力求体现我国目前在工程经济分析和建设项目经济评价方面的实际做法。

2. 实践性强。本教材紧密结合我国工程项目前期管理的实践,注重与国家现行财经法规或标准相衔接,书中附有实际案例和例题对基础理论加以说明和演示,力求提高学生解决实际工程经济问题的能力。

3. 具有前瞻性。根据目前工程经济学最新的发展动态,补充了国内以往此类教材较少涉及的工程项目风险管理、财务杠杆效应、通货膨胀等对经济评价的影响等方面的内容,体现了学科建设的发展方向。通过本书的学习,学生可以掌握工程经济学的基本原理、基本知识和常用分析方法,具有初步从事各类工程项目可行性研究及工程经济分析与经济评价的能力。

本书既可作为土木工程、工程管理、技术经济及管理、工程造价等专业的教科书,也可供各工程领域技术人员学习参考,还可以作为注册结构工程师、注册建造师、注册造价工程师、注册土木工程师、注册监理工程师等各类注册执业资格考试的参考用书。

本书由西安科技大学凤亚红担任主编,西安科技大学尚梅、白芙蓉及山西财经大学刘东霞任副主编，由西安科技大学李永清教授主审。具体编写分工如下：第 1、3、4、6、10 章由凤亚红编写，第 7、9、11 章由尚梅编写，第 2、5 章由刘东霞编写，第 8 章由白芙蓉编写，各章后的案例与习题由凤亚红、白芙蓉共同整理编写。全书由凤亚红统一定稿。

西安科技大学研究生张慕原、李娜、曹枫、张银娟、赵宇芳、郭裕莉、王芸芸、李海雪、豆倩、高静、赵倩、史佳丽、刘瑞华、马慧圆、陈舒等同学为本书的出版做了许多工作，在此一并表示谢意。对本书中所引用的有关资料的作者，在此表示衷心的感谢。

本书虽几经修改，但由于编者水平有限，书中难免有疏漏之处，敬请读者予以指正。

编　者

2020 年 3 月

目　录

第1章 概 论

【本章提要与学习目标】

孤立于经济之外的工程技术是没有价值的,经济的发展也离不开工程技术的进步。工程经济学是一门研究如何根据既定的活动目标,分析工程经济活动的代价及其对目标实现的贡献,并在此基础上设计、评价、选择以最低的代价可靠地实现目标的最佳或满意活动方案的学科。

通过本章的学习,要求掌握工程经济学的有关概念、工程经济活动的要素,理解工程经济分析的特点,熟悉工程经济分析方法、一般步骤及工程经济学的研究对象与内容,并了解工程经济分析人员应具备的基本素质与要求。

1.1 工程经济学概述

1.1.1 工程、技术、经济的含义与关系

1.1.1.1 工程

一般意义上,工程是指土木建筑或其他生产、制造部门用比较大且复杂的设备来进行的工作,如土木工程、机械工程、水利工程等。

一项工程能被人们所接受必须做到有效,即必须具备两个条件:一是技术上的可行性;二是经济上的合理性。在技术上无法实现的项目是不可能存在的,因为人们还没有掌握它的客观规律;而一项工程如果只讲技术可行性,忽略经济合理性也同样是不能被接受的。人们发展技术、应用技术的根本目的,在于创造经济效益。因此,为了保证工程技术更好地服务于经济、满足社会需要,就必须研究、寻找技术与经济的最佳结合点,在具体目标和条件下,获得最大的投入产出比。

1.1.1.2 技术

技术是人类在利用自然和改造自然的过程中积累起来并在生产劳动中体现出来的经验和知识以及操作技巧的科学总结,是人类改造自然的手段和方法。也可以理解为,技术是在生产和生活领域中,运用各种科学所揭示的客观规律,进行各种生产和非生产活动的技能,以及根据科学原理改造自然的一切方法。

技术发展的基本任务表现在两方面:一方面是它能创造落后技术所不能创造的产品和劳务,如微电子技术、海洋技术、新材料、新能源、新生产技术等;另一方面是它能用更少的人力和物力创造出相同的产品和劳务。

人们往往把科学与技术视为一体。但严格说来,工程技术与科学是既有联系又有区别

的两个概念。“科学”是人们对客观规律的认识和总结；而“技术”则是人类改造自然的手段和方法，是应用各种科学所揭示的客观规律进行各种产品（或结构、系统及过程）开发、设计和制造所采用的方法、措施、技巧等的总称，其目的是更好地改造世界、造福人类。因此，科学是技术存在的前提，技术是科学的应用。工程技术人员的基本任务就是把科学家的发现应用到各种结构、系统、过程的设计和制造中去。

1.1.1.3 经济

“经济”是人们熟悉的名词，其应用很广泛，人们对其概念的理解也不尽相同。一般认为“经济”是个多义词，其内涵包括以下几点。

(1)“经济”指生产关系。经济是人类社会发展到一定阶段的社会经济制度，是生产关系的总和，是政治和思想意识等上层建筑赖以建立的基础。从政治经济学角度来看，“经济”指的是生产关系和生产力的相互作用，它研究的是生产关系运动的规律。

(2) 经济是指一国国民经济的总称，或者指国民经济的各部门，如工业经济、农业经济、运输经济等。

(3)“经济”是指社会生产和再生产，即指物质资料的生产、交换、分配、消费的现象和过程。如国民经济学、部门经济学，它们是研究社会和部门经济发展规律的科学。

(4)“经济”是指“节约”或“节省”，也就是人们日常所说的“经济不经济”。

工程经济学研究中应用较多的概念是第(4)种，是指人、财、物、时间等资源的节约和有效使用。例如在工程建设中，以较少的费用完成具有同样效用的工程，或以同样的费用完成更多更好的工程等。不论是哪一种情况，都是表现为为了获得单位效用所消耗费用的节约。

1.1.1.4 技术与经济的关系

(1) 技术与经济之间是对立统一的辩证关系

经济是技术进步的目的和动力，技术则是经济发展的手段和方法。技术的先进性与经济的合理性是社会发展中一对相互促进、相互制约的既有统一又有矛盾的统一体。

从长期来看，经济是技术进步的目的，技术是达到经济目标的手段，是推动经济发展的强大动力。未来要强调资源、环境、经济的可持续发展，要不能以牺牲环境和资源为代价来发展经济，技术进步是必由之路。

从短期来看，技术与经济之间还存在着相互制约和相互矛盾的问题。经济发展的需要是推动技术进步的动力，任何一项新技术的产生都是经济上的需要引起的。同时，技术发展要受经济条件制约。一项新技术的发展、应用和完善，需要有相应的经济条件起支撑作用，需要相应的资源结构相配合，对于不具备相应条件的地区和国家，技术就很难发挥其应有的效果，这正是在相同的生产力发展阶段，不同的社会形态会创造出极为悬殊的劳动生产率的原因之一。美国、日本等发达国家，劳动力成本较高，资本比较充裕，因此，在生产过程中使用更多的先进技术和设备来代替人的劳动。我国是一个发展中国家，劳动力资源相对丰富，最优的要素组合方式不同于发达国家，同时我国又是一个发展中的大国，各地区资源条件和经济发展水平很不均衡，这就决定了我国现阶段的技术体系同时包含新技术、中间技术和传统技术，以满足不同地区的经济条件。

(2) 在技术和经济的关系中，经济占据支配地位技术进步是为经济发展服务的，技术是人类改善生活的手段，它的产生具有明显的经济目的。因此，任何一种技术，在推广应用时首先要考虑其经济效果。一般情况下，技术的发展会带来经济效果的提高，技术不断发展的过程也正是经济效果不断提高的过程。随着技术的进步，人类能够用越来越少的人力和物力消耗获得越来越多的产品和劳务。从这方面看，技术和经济是统一的，技术的先进性和它的经济合理性是相一致的。大多数先进技术具有较高的经济效果，较高的经济效果决定了它是先进的技术。但是，有时新技术缺少社会条件的经济适应性，与经济又是相互矛盾、相互对立的。这是因为任何技术的应用都必然受到当时、当地具体的自然条件和社会条件的约束。条件不同，技术带来的经济效果也就不同。随着条件的变化，技术的经济效果也会发生变化，原来经济效果不好的技术会变得经济效果较好，原来经济效果好的技术可能会变得效果更好或不好。

1.1.2 技术实践活动的概念

技术实践活动就是把科学研究、生产实践、经验积累中所得到的科学技术有选择地、经济地、创造性地应用到最有效地利用自然资源、人力资源和其他资源的经济活动和社会活动中，以满足人们需要的过程。从该定义中可以看出，技术实践活动更侧重科学知识的应用和技术的创新。工程师的作用是把知识创造性地用于特定的系统，攻克技术难关，实现创造发明，最有效地为社会提供商品和劳务。对于从事工程经济活动的工程师来说，掌握科学知识和成熟技术本身并不是目的，关键是要在解决特定问题中创造性地把知识、技术、能力和物质手段有效地融为一个有机整体来更好地满足人们的需要。

人类活动由经济活动和社会活动组成。经济活动是人类的基本活动，它决定了人类的生存和发展的条件。人类在经济活动的基础上还从事着大量的社会活动，包括文化艺术、科研与教育、医疗保健、国防安全等方面的活动。经济活动是社会活动的基础，经济发展的水平决定着社会活动的范围和规模。社会活动一方面满足了人类的非经济需要，另一方面促进着经济转型发展及可持续发展。在经济全球化时代，科技创新能力是国家综合实力决定性的因素，大部分经济活动和社会活动都涉及科学技术的应用和创新，这使得技术实践活动具有了创新的内涵。

当今社会，经济的发展和人类文明的进步都是技术实践活动直接或间接的成果。反过来，人类物质文化生活的改善、社会经济和生态环境可持续发展的要求又对技术实践活动提出了更明确的新目标。

技术实践活动一般涉及四大要素：活动主体、活动目标、实施活动的环境以及活动效果。

活动主体是指垫付活动资本、承担活动风险、享受活动收益的个人或组织。现代社会经济活动的主体可大致分为三大类：企业、政府及包括文化、教育、卫生、体育、科研等组织在内的事业单位或社会团体。

一切技术实践活动都有明确的目标，都是为了直接或间接地满足人类自身的需要，而且不同活动主体目标的性质、数量等存在着明显的差异。如政府一般是多目标系统，包括社会经济的可持续性发展、就业水平的提高、法制的建立健全、社会安定、币值稳定、环境保护、经济结构的改善、收入分配公平等。企业的目标以利润为主，包括利润最大化、市场占有率、应变能力和品牌效应等。

技术实践活动常面临彼此相关且至关重要的双重环境，一个是自然环境，另一个是经济环境。自然环境提供工程经济活动的客观物质基础，经济环境显示工程经济活动成果的价值。工程经济活动要遵循自然环境中的各种规律并保护生态环境，只有这样才能赋予物品或服务使用价值。但是，在市场经济条件下，物品或服务的价值取决于其带给人们的边际效果。无论技术系统的设计多么精良，如果生产出的物品或提供的服务没有市场需求或不能使消费者满意，这样的工程经济活动就失去了价值。

技术实践活动的效果是指活动实施后对活动主体目标产生的影响。由于目标的多样性，通常一项工程经济活动会同时表现出多方面的效果，甚至各种效果之间还是冲突和对立的。例如，对一个经济欠发达地区进行开发和建设，如果只进行低水平的资源消耗类生产，就有可能在提高当地人民收入水平的同时，造成严重的环境污染和生态平衡的破坏。

人类社会的一个基本任务，就是要根据对客观世界运动变化规律的认识，对自身的活动进行有效的规划、组织、协调和控制，最大限度地提高技术实践活动的价值，降低或消除负面影响，而这正是工程经济学的主要任务。

1.1.3 工程经济学的含义及其特点

1.1.3.1 工程经济学的含义

工程经济学是一门研究工程（技术）领域经济问题和经济规律的学科。具体地说，就是如何根据既定的技术实践活动目标，分析活动的代价及其对目标实现的贡献，并在此基础上设计、评价、选择以最低的代价可靠地实现目标的最佳或满意活动方案的学科。工程经济学的核心内容是一套有关工程经济分析的原理和方法，是提高技术实践活动经济效果的基本工具。

工程经济学是介于自然科学和社会科学之间的交叉学科，是根据现代科学技术和社会经济发展的需要，在自然科学和社会科学的发展过程中，互相渗透、互相促进，逐渐形成和发展起来的。在这门学科中，经济学处于支配地位，因此，工程经济学属于应用经济学的一个分支。

科学技术随着工具的变革，推动人类社会的经济发展和文明进步，但由于以前技术十分落后，经济发展的速度极为缓慢，人们不能有意识地通过提高技术水平来促进经济发展，只是为了生存或减轻劳动强度而就技术论技术。以蒸汽机、发电机、原子能、电子计算机、微电子技术、航天技术、分子生物学、遗传工程、新能源技术等为代表的新技术群的兴起和普及，带来人类社会的数次经济繁荣，科学技术成为经济发展的“有力杠杆”。

20 世纪 30 年代之后，经济学家们深刻认识到了科学技术对经济发展的巨大影响，工程经济的研究也深入地展开并逐渐成为一门独立的学科。数学和计算技术迅速发展，运筹学、概率论、数理统计等方法以及系统工程、计量经济学、最优化技术在生产建设领域大量应用，使工程经济学获得了长足的发展。特别是计算机技术和信息技术的迅速普及以及互联网技术、大数据分析和云计算技术的广泛应用，使得分析和评价工程经济活动及选择技术方案的方法又有了新的突破。

1.1.3.2 工程经济学的特点

工程经济学以自然规律为基础,但又不同于技术科学研究自然规律,也不同于其他经济学科研究经济规律,而是以经济科学作为理论指导和方法论。工程经济学的任务是对所采用的工程技术方案进行经济分析、比较与评价,从经济的角度为技术的采用和发展提供决策依据。因此,工程经济学具有如下特点。

(1) 综合性

工程经济学既是一门新兴学科,又是一门工程技术与经济相结合的综合性的边缘学科。它研究多目标、多因素的问题,不仅要分析近期的工程技术、经济因素,还要考虑远期的工程技术、经济因素。在工程经济学理论中,融合了统计学、概率论、运筹学及各种工程知识,其理论基础还涉及政治经济学、产业经济学、市场营销学、财务管理学、会计学等学科。因此,在进行工程经济学研究时,要动态地综合考虑诸多目标和因素。

(2) 预测性

由于工程经济学主要是为决策服务的,它所进行的分析都是在决策之前或决策之中。它所涉及的许多内容,如市场需求、销售价格、风险分析等均应预先做出估计,并根据过去和现在的实际状况,推断未来将会发生的状况,这就决定了工程经济分析的预测性,要求它能比较准确地分析、预测未来,能提供一个接近于未来实际的近似值。它的预测性决定了其分析结果带有一定的风险性。

(3) 系统性

任何一项工程技术,都涉及资金、人力、具体环境等各种因素,还涉及生态、社会和文化等诸多方面,可从各方面进行评估,这就决定了对任何工程技术所采用的决策,都要将影响其效果的全部因素纳入到一个系统中综合考虑,分清主次,明确重点,使最终决策避免片面性。

(4) 选择性

在对任何工程技术方案取舍之前,都应找出可类比的不同工程技术方案及相应的若干个不同的采纳方式、采纳条件,综合各方面因素,选择出最恰当的工程技术方案,并给予最恰当的条件,以保证采用工程技术的先进性。

(5) 实用性

工程经济学是一门实用性的学科,研究的是各行业生产、建设中实际的工程经济问题,以及跨行业共同需要解决的工程经济问题。工程经济学研究的结果又直接用于生产、建设实践,并通过实践检验研究结果的正确性。科学技术的迅速发展,新的科技成果在各行业生产、建设中的推广、应用,以及工程技术的深入发展,为工程经济学的发展开辟了广阔的前景。

1.1.4 工程经济学的研究对象与研究内容

工程经济学的研究对象是工程项目技术经济分析的最一般方法,即研究采用何种方法、建立何种方法体系,才能正确评估工程项目的有效性,才能寻求到技术与经济的最佳结合点。工程经济学为具体工程项目分析提供方法基础,而工程经济分析的对象则是具体的工程项目。这里所说的工程项目不仅仅是指固定资产建造和购置活动中的具有独立设计方案、能够独立发挥功能的工程整体，更主要的是指投入一定资源的计划、规划和方案并可以进行分析和评价的独立单位。因此，工程项目的含义是十分广泛的。它可以大到一个水利枢纽工程，小到一项技术革新，甚至一个零部件的更换。复杂的工程项目由许多不同内容的子项目所组成，每个子项目由于具有独立的功能和明确的费用投入，因而都可以进一步作为工程经济分析的对象。

工程经济学的研究内容随着学科的发展而不断拓展和完善。实践中经常碰到的工程经济问题主要有：

（1）如何计算某方案的经济效果？

（2）几个相互竞争的方案应该选择哪一个？

（3）在资金有限的情况下，应该选择哪一个方案？

（4）正在使用的技术、设备是否应该更新换代？

（5）公共工程项目的预期社会效益多大时，才能接受其建设费用？

（6）是遵从安全而保守的行动准则，还是选择能够带来较大潜在收益的高风险活动？

根据上述分析，工程经济学研究的主要内容包括以下几方面：

（1）方案评价方法。研究方案的评价指标，以分析方案的可行性。

（2）投资方案选择。投资项目往往具有多个方案，分析多个方案之间的关系，进行多方案选择是工程经济学研究的重要内容。

（3）筹资分析。随着社会主义市场经济体制的建立，建设项目资金来源多元化已成为必然。因此，要研究在市场经济体制下，如何建立筹资主体和筹资机制，怎样分析各种筹资方式的成本和风险。

（4）财务分析。研究项目对各投资主体的贡献，从企业财务角度分析项目的可行性。

（5）经济分析。研究项目对国民经济的贡献，从国民经济角度分析项目的可行性。

（6）社会分析。研究项目对社会发展目标的贡献，从社会福利角度分析项目的可行性。

（7）风险和不确定性分析。任何一项经济活动，由于各种不确定性因素的影响，会使期望的目标与实际状况发生差异，可能会造成经济损失。为此，需要识别和估计风险，进行不确定性分析。

（8）建设项目后评估。项目后评估是在项目建成后，衡量和分析项目的实际情况与预测情况的差距，并为提高项目投资效益提出对策措施。因此，需要研究怎样进行建设项目后评估，采用什么样的方法和指标。

（9）技术选择。为了实现一定的经济目标，就要考虑客观因素的制约，对各种可能得到的技术手段进行分析比较，选取最佳方案。因此，需要研究各种客观条件是如何影响技术选择的，怎样进行技术手段的分析比较来选取最佳方案。

从工程经济学的研究对象可以看出，工程经济学的主要研究内容包括资金的时间价值理论、经济效果评价的基本原理和方法、不确定性分析、工程项目的经济评价、综合评价、工程项目的可行性研究、价值工程和设备经济分析等。

1.2 工程经济学的学习意义

工程技术人员必须具有经济头脑。工程技术人员必须知道，尽管产品是工人制造出来的，但是产品的先进程度和制造费用的高低是工程技术人员在产品设计和工艺选择过程中决定的。如果工程技术人员在设计产品和选择制造工艺时不考虑经济性，产品就可能没有市场或没有竞争力。

最早讨论工程经济的是惠灵顿，他发现铁路的线路选择是一个包含多条线路的建设方案的选择问题。然而，作为铁路工程师的惠灵顿注意到，许多选线工程师几乎完全忽视了他们所做的决策对铁路未来的运营费用和效益的影响。

美国麻省理工学院电机专业的一位毕业生到一家公司工作后，设计了一种电机，技术水平一流，但因成本太高、价格太贵，在市场上卖不出去。原因是学生不懂经济。后来就成立了管理学院，对未来的工程师们进行经济知识教育，让他们懂得什么是市场，什么是竞争，什么是成本，以及如何使产品做到物美价廉。

显然，工程经济学是为工程师而准备的独立的经济学。作为一名工程师，不仅必须精通本行的专业技术，具有较高的技术水平，而且还要有强烈的经济意识，能够进行经济分析与决策。这就是工程专业类的学生要学习工程经济学的原因。

工程师所从事的工作是以技术为手段，把自然资源（矿物、能源、农作物、信息、资金等）转变为有益于人类的产品或服务，满足人们的物质和文化生活的需要。技术的目的是经济性的，而技术生存的基础又是经济性的（资源的稀缺性）。工程师的任何工程技术活动，包括工程管理者的决策和管理的职能等，都离不开经济，任何的计划和生产都应被财务化，最终都导向经济目标，并从经济的角度去检查工程技术和工程管理活动的效果。

我们生活在一个资源有限的社会，合理分配和有效利用现有资源来满足人类社会的需要，是我们面临的一项艰巨任务。从个人投资到重大工程项目的建设，都需要利用工程经济学的知识，进行经济分析与决策。

因此，工程师必须掌握基本的工程经济学原理并付诸实践。作为理工科的学生，学习工程经济学，树立经济观点，建立经济意识，掌握工程经济分析与决策的方法和技能，是十分必要的。

1.3 工程经济分析的特点、方法与步骤

1.3.1 工程经济分析的特点

1.3.1.1 工程经济分析的目的是提高工程经济活动的经济效果

工程经济活动，不论其主体是个人还是机构，都具有明确的目标，都是为了直接或间接地满足人类自身的需要。例如，人类的生产性活动是通过新材料、新能源和新制造技术的应用为人类生存和发展提供更多更好的物品和服务；教学活动是通过更先进的信息技术和手段将知识及技能传播给更多的受教育者，以便更充分地利用这些知识与技能；医疗活动就是

应用生物工程、遗传学的成果更好地防病治病，救死扶伤，造福人类。

工程技术实践活动的目标是通过活动产生的效果来实现的。根据活动对具体目标的不同影响，效果可分为有用的、所期望的和无用的或想避免的。前者通常称为效益，后者通常称为损失。

由于各种技术实践活动的性质不同，因而会取得不同性质的效果，如财务效果、环境效果、艺术效果、军事效果、政治效果、医疗效果等。但无论哪种技术实践效果，都涉及资源的消耗，都有浪费或节约问题。在特定的时期和一定的地域范围内，人们能够支配的经济资源总是有限的，因此，对工程经济活动进行事前分析(简称工程经济分析)是十分必要的。工程经济分析的目的是在有限的资源约束条件下对所采用的技术进行选择，对活动本身进行有效的计划、组织、协调和控制，以最大限度地提高工程经济活动的效益，降低损失或消除负面影响，最终提高技术实践活动的价值。

当效益与费用及损失为不同度量单位时，经济效果可用下式表示：

$$经济效果=\frac{效益}{费用+损失} \tag{1-1}$$

当效益与费用及损失为相同度量单位时，经济效果可用下式表示：

$$经济效果=效益-(费用+损失) \tag{1-2}$$

提高技术实践活动的经济效果是工程经济分析的出发点和归宿点。一般来说，提高技术实践活动经济效果有以下两种途径。

第一，用最低的生命周期成本实现产品、作业、服务或系统的必要功能。例如，由于生产成本太高，在问世后相当长的一段时间内汽车仅供有钱人使用，后来，经过美国人亨利·福特的努力，每辆车的售价降至 1 000～1 500 美元，进而又降至 850 美元，到 1916 年甚至降至 360 美元，同时，汽车的使用成本也有所降低，这为汽车在世界范围内的广泛使用创造了条件。

第二，在费用一定的前提下，不断改善产品、作业、服务或系统的质量，提高其功能。电子计算机自问世以来，储存空间不断扩大、运算速度不断提高、兼容性日益改善并且价格不断降低，这使得电子计算机的应用领域大大地拓展，使人们的生活方式和生产方式都发生了改变。

1.3.1.2 工程经济分析的重点是科学地预见活动的结果

对客观世界运动变化规律的认识使人们可以对自身活动的结果做出一定的科学预见，以判断一项活动目的的实现程度，并相应地选择、修正所采取的方法。因此，为了有目的地开展各种工程经济活动，就必须对活动的效果进行估计和评价。

工程经济分析是对一次性工程经济活动的方案付诸实施之前或实施之中的各种结果进行估计和评价的过程，属于事前或事中主动的控制，即收集信息→分析资料→制定对策→防止偏差，事后的评价和总结是为了在新的项目中汲取经验教训。对于工程经济活动的预见，要求人们面对未来，对可能发生的后果进行合理预测。只有提高预测的准确性，客观地把握未来的不确定性，才能提高决策的科学性。工程经济活动可行性研究的主要内容之一就是要进行周密的市场调查，准确地估计项目的效益、费用及损失。可行性研究工作方式的提出，使工程经济分析的预见性提高到一个新的水平。

由于人的理性有限性，不可能做到对所有活动效果的估计都准确无误，总会产生一定的偏差，特别是对有创新性的项目而言。正因如此，人们才会不断地在风险分析和不确定性分析中进行大量的旨在拓展人类知识范围、提高预见能力的研究工作。

1.3.1.3 工程经济分析是对工程经济活动的系统评价

环境问题是各国共同关心的问题，把经济、社会发展同环境保护结合起来研究已成为人们的共识。为了防止一项经济活动在对一个利益主体产生积极效果的同时可能会损害到另一些利益主体的目标，工程经济分析必须具有较强的系统性。系统性主要表现在以下三个方面：① 评价指标的多样性和多层性，构成一个指标体系；② 评价角度或立场的多样性，根据评价时所站的立场或看问题的出发点的不同，分为企业财务评价、国民经济评价以及社会评价等；③ 评价方法的多样性，常用的评价方法有定量或定性评价、静态或动态评价、单指标或多指标综合评价等。

由于局部和整体、局部与局部之间客观上存在着一定的矛盾和利益摩擦，系统评价的结果总是在法律法规允许的范围内各利益主体目标相互协调的均衡结果。

需要指出的是，对于特定的利益主体，由于多目标的存在，各方案对各分目标的贡献有可能不一致。因此，在一定的时空和资源约束条件下，工程经济分析寻求的只可能是令决策者满意的整体方案，而非各项效果都最佳的最优方案。

1.3.1.4 工程经济分析中技术方案比较的前提是满足可比性

在对各项技术方案进行评价和选优时，为了能全面、正确地反映实际情况，必须使各方案的条件等同化，这就是所谓的“可比性问题”。由于各个方案涉及的因素极其复杂，加上难以定量表达的因素，所以不可能做到绝对的等同化。在实际工作中，一般只能做到对方案经济效果影响较大的主要方面满足可比性要求，包括：① 产出成果使用价值的可比性；② 投入相关成本的可比性；③ 时间因素的可比性；④ 价格的可比性；⑤ 定额标准的可比性；⑥ 评价参数的可比性。其中，时间的可比性是方案经济评价通常要考虑的一个重要因素。例如，有两个技术方案，产品种类、产量、投资、成本完全相同，但时间上有差别，其中一个投产早，另一个投产晚，这时很难直接对两个方案的价值大小下结论，必须将它们的效果和成本都换算到同一个时点后，才能进行方案评价和比较。

1.3.2 工程经济分析的方法

根据工程经济学研究对象的不同，工程经济分析的基本方法可以分为如下几种。

1.3.2.1 系统分析法

工程经济分析应当采用系统分析的思维方法和工作方法。首先，就是要用系统的观点研究问题，把研究对象作为由若干作用于一个共同目标、互相联系又互相影响的单元组成的有机整体，研究时要着眼于总体，抓住主要关系，着重于总体的优化，而不是只注重局部优化，忽略总体优化。但是，为了达到总体优化，往往会使问题变得十分复杂，为此，必须通过诸如价格、利息等经济杠杆，采用力学研究中常用的隔离体的方法使问题简化。其次，要采用系统分析方法，如运筹学、统计学等方法，更系统、更周密地分析问题的各个方面、各个因素，取得更为科学的分析结果。

1.3.2.2　方案比较法

方案比较法是工程经济分析最常用的传统方法，比较简单，易于掌握，而且已有一套较为完整、成熟的程序。这种方法，主要是通过若干不同方面说明工程技术效果的指标，对完成同一任务的几个工程技术方案进行计算、分析和比较，从中选出最优的方案。方案比较中的关键环节，是使各备选方案的条件等同化，把不可比因素转化为可比因素。这样，才能保证比较结果的准确性。近年来，方案比较法有了新的发展，程序更周密，考虑的因素更全面，分析比较的方法更为完善。

1.3.2.3　定量分析与定性分析相结合法

工程经济分析采用了许多定量分析的方法，把分析的因素定量化，通过数学计算进行分析比较。由于电子计算机和计算技术的迅速发展，定量分析的范围日益扩大，许多过去只能定性分析的因素，如今已可以定量计算了。然而，在工程经济学的研究领域中，还存在着大量无法定量的因素，在很大程度上只能做定性分析。因此，定量分析与定性分析相结合是工程经济分析的基本方法之一。

1.3.2.4　动态分析与静态分析相结合法

在工程经济问题研究中，一个工程技术方案或投资项目很可能持续数年甚至数十年之久，在这期间，社会是不断发展的，技术也在不断进步，研究中所进行的预测不可能十分准确。因此，必须以动态的观点来研究问题。但是，由于动态分析方法往往比较复杂，还需要采用静态分析方法简化研究，即在进行定量分析和计算时，应将动态分析与静态分析相结合，以动态分析方法为主，以静态分析方法为辅。

1.3.3　工程经济分析的基本程序

工程经济分析主要是对各种可行的工程技术方案进行综合分析、计算、比较和评价，全面衡量方案的经济效益，以做出最佳选择，为决策提供科学依据。工程经济分析的基本程序如下。

1.3.3.1　确定目标

工程分析的目的在于寻求各方案之间的优劣比较，要比较就需要有共同的目标。由需要形成问题，由问题产生目标，然后根据目标去寻求最佳方案。目标是根据问题的性质、范围、原因和任务设定的，是工程经济学研究中至关重要的一环。如果目标确定错误，就会导致分析的失误或失败，造成浪费。

在确定目标时要做到：① 目标要具体、明确；② 要有长远观点；③ 要有总体观点；④ 要分清主次。

1.3.3.2　调查研究收集资料

目标确定后，要对实现目标的需求进行调查研究，分析是否具有实现目标所需要的资源、工程技术、经济和信息等条件。资料是分析的基础，资料正确与否，直接影响分析的质量，资料要真实、先进、及时和全面。

1.3.3.3　选择对比方案

方案是分析比较的对象。为了有利于比较、鉴别和优选，在工程经济分析初期，应首先对能够实现既定目标的各种途径进行充分挖掘。在充分占有资料的基础上，对比方案应尽可能多一些,要提供充分的比较对象,以确保优选质量。

1.3.3.4 把比较方案可比化

互相比较的方案,由于各方案的指标和参数不同,往往难以直接对比,因此,需要对一些不能直接对比的指标进行处理,使方案在使用价值上等同化,将不同的数量和质量指标尽可能转化为统一的可比性指标,一般转化为货币指标,满足可比性要求。

1.3.3.5 建立经济数学模型

经济数学模型是工程经济分析的基础和手段。通过经济数学模型的建立,进一步规定方案的目标体系和约束条件,为以后的经济分析创造条件。

经济数学模型主要有:

(1) 确定性模型。确定性模型的常数及变量为确定值。如工程技术方案中求解目标值的指标体系中的所有变量均为确定值。

(2) 随机模型。随机模型的常数和变量具有概率的特点。

(3) 不确定性模型。不确定性模型的常数和变量均为不确定值,需用主观分析的方法判断取值。

经济数学模型可写成如下形式:

在约束为

$$\sum_{j=1}^{m} a_{ij} x_j \leqslant b_i$$

$$x_j \geqslant 0$$

$$(i=1,2,\cdots,n;j=1,2,\cdots,m)$$

的条件下,求目标函数:

$$S=\sum_{j=1}^{m} c_j x_j = \min\ (\text{或}\ \max) \tag{1-3}$$

式中 x_j——变量;

c_j——目标函数的常数;

a_{ij},b_i——界限函数的常数;

S——目标函数。

1.3.3.6 模型求解

把各种具体资料和数据代入数学模型中运算,求出各方案主要经济指标的具体数值,并进行比较,初步选择方案。

1.3.3.7 综合分析论证

在对不同方案的指标进行分析计算的基础上,再对其整个指标体系和相关因素进行定量和定性的综合比较,选出最优方案。

1.3.3.8 与既定目标和评价标准相比较

将最后选定的方案与既定的目标和评价标准相比较,符合的就采纳,不符合的则重新按照此程序进行其他替代方案的分析。

1.4 工程经济分析人员应具备的基本素质与要求

工程经济学的理论和方法具有很强的综合性、系统性和应用性。为有效地对工程项目进行经济分析，工程经济分析人员应主要具备以下基本素质。

(1) 实事求是的作风；

(2) 遵守法律的意识；

(3) 掌握市场调查的方法；

(4) 具备科学预测的能力。

除此之外，工程经济分析人员还应符合以下基本要求。

(1) 了解经济环境中的行为和动机。工程经济实践活动的目的是满足人们的需求，因此，工程项目管理人员应了解人们需求层次的多样性，熟悉人们的需求变化受哪些因素的影响，掌握需求变化的规律。

(2) 能够运用经济分析方法，对拟建项目计算期(寿命期)内的投入、产出等诸多因素进行调查、分析、研究、计算和论证，并利用资金时间价值概念、价值工程原理、成本效益分析等技术经济分析方法，进行投资方案与更新方案的比较与选择，在达到产品必要的使用功能的前提下，有效地控制建设项目投资。

(3) 熟悉建设项目的风险分析方法，能够及时识别项目的风险大小，制定相应的风险对策，控制风险对项目的影响程度。

(4) 掌握建设项目的财务评价方法，了解国民经济评价方法。

(5) 具有获得工程信息、资料的能力，并能运用工程信息系统提供的各类技术与经济指标，结合工程项目特点，对已完工项目进行后评估。

思考题

1. 工程经济活动包含哪几个要素？

2. 什么是工程经济学，其研究的对象与内容是什么？

3. 什么是技术？什么是经济？两者之间的关系如何？工程经济学为什么十分注重技术与经济的关系？请举例说明。

4. 为什么在工程经济分析时要强调可比条件？应注意哪些可比条件？

5. 工程经济分析的一般步骤有哪些？

6. 现代工程经济分析人员应具备的基本素质与要求有哪些？

第 2 章　工程经济的基本要素

【本章提要与学习目标】

工程经济的要素是工程经济分析的基础数据，主要包括建设投资、经营成本、营业收入、利润、税金和价格等变量。项目基础数据的预测和分析是项目现金流量分析的前提，也是项目经济分析的前提。本章主要介绍工程经济分析的常用要素及其关系。

通过本章的学习，要求掌握主要工程经济要素的含义、作用和构成；熟悉建设投资与流动资金的估算、固定资产折旧及计算等；了解一般工业项目的资金运转过程。学习本章内容时要与第 8 章（工程项目财务评价）内容结合起来学习，从而加深对项目财务分析的理解。

2.1　工程项目投资与估算

2.1.1　工程项目投资的概念及构成

投资是人们在社会经济活动中为实现某种预定的目标而预先垫付的资金。一般而言，投资的目的就是使所投入的资金，在经过一定的价值运动过程之后，产生尽可能大的增值。而对于项目投资所需资金的预测过程就是投资估算。

项目投资估算是对项目的建设规模、技术方案、设备方案、工程方案及项目实施进度等进行研究并基本确定的基础上，估算项目投入总资金并测算建设期内分年投资资金的需要量。进行投资估算，首先要明确投资估算的范围，投资估算的范围应与项目建设方案设计所确定的研究范围和各单项工程内容相一致。工程项目总投资，一般是指进行某项工程建设花费的全部费用，包括从筹建开始到全部竣工投产为止所发生的全部资金投入。生产性工程项目总投资是由建设投资、建设期利息和流动资金三部分组成。

建设投资，由设备及工器具购置费、建筑安装工程费、工程建设其他费用、预备费（包括基本预备费和涨价预备费）组成。非生产性建设项目总投资不含流动资金投资。

设备及工器具购置费是指按照建设工程设计文件要求，建设单位（或其委托单位）购置或自制达到固定资产标准的设备和新、扩建项目配置的首套工器具及生产家具所需的费用。设备及工器具购置费由设备原价、工器具原价和运杂费（包括设备成套公司服务费）组成。

建筑安装工程费是指建设单位用于建筑和安装工程方面的投资，它由建筑工程费和安装工程费两部分组成。建筑工程费是指建设工程涉及范围内的建筑物、构筑物、场地平整、道路、室外管道铺设、大型土石方工程费用等。安装工程费是指主要生产、辅助生产、公用工程等单项工程中需要安装的机械设备、电器设备、专用设备、仪器仪表等设备的安装及配件工程费，以及供气、供热、供水等各种管道、配件、闸门和供电线安装工程费用等。

工程建设其他费用是指未纳入以上两项的，根据设计文件要求和国家有关规定应由项目投资支付的为保证工程建设顺利完成和交付使用后能够正常发挥效用而发生的一些费用。工程建设其他费用可分为三类：第一类是土地使用费，包括土地征用及迁移补偿费和土地使用权出让金；第二类是与项目建设有关的费用，包括建设管理费、勘察设计费、研究试验费等；第三类是与未来企业生产经营有关的费用，包括联合试运转费、生产准备费、办公和生活家具购置费等。

流动资金是指生产性建设项目为保证生产和经营的正常进行，按规定应列入建设工程项目总投资的铺底流动资金。一般按项目建成所需全部流动资金的30%计算。

另外，建设投资也可以分为静态投资部分和动态投资部分。静态投资部分由建筑安装工程费、设备及工器具购置费、工程建设其他费和基本预备费构成。动态投资部分包括涨价预备费、建设期利息等。

建设项目总投资构成如图2-1所示。

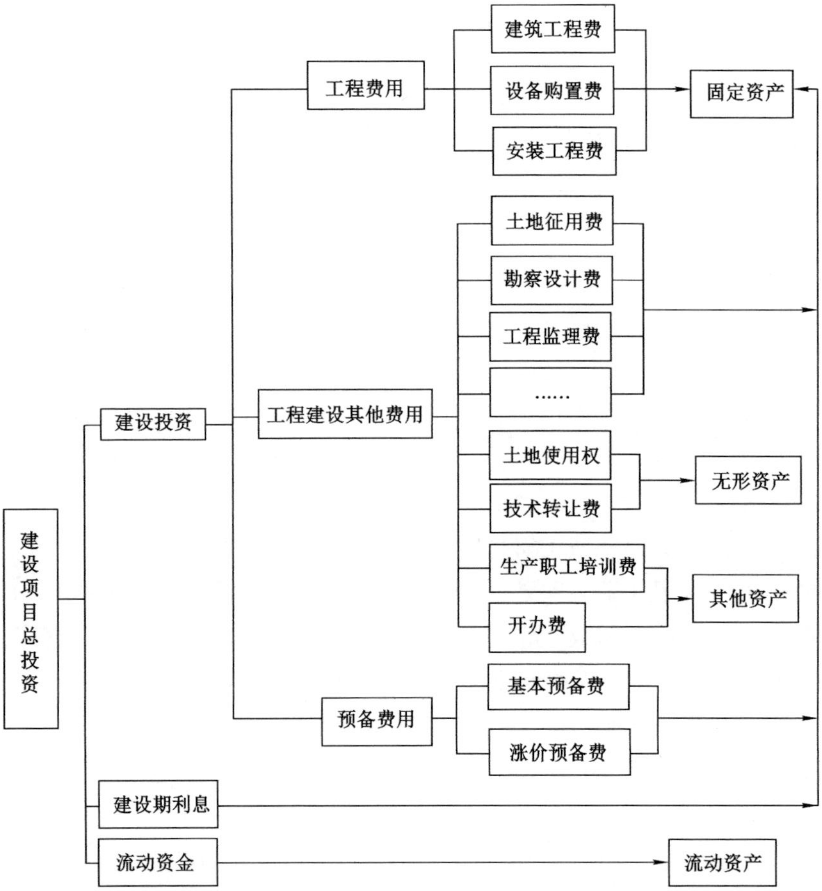

图2-1 建设项目总投资构成

项目投入资金在项目建成后形成项目的各项资产，在竣工决算阶段，根据有关规定，具体核算新增资产的类型和价值：在可行性研究阶段，一般认为建筑工程费、设备及工器具购置费、安装工程费和建设期利息在项目交付使用后形成固定资产，预备费一般也按形成固定资产考虑；工程建设其他费用将根据具体的费用项目构成分别形成固定资产、无形资产和其他资产；流动资金一般形成项目的流动资产。

固定资产是指使用年限在一年以上，单位价值在规定标准以上，并在使用过程中保持原有物质形态的资产。其特点是：从实物形态上看，固定资产能以同样的实物形态为连续多次的生产过程服务，且在长期的使用过程中始终保持原有的物质形态；从价值形态上看，固定资产由于以同样的实物形态连续多次为生产过程服务，因此，固定资产价值应当随着固定资产的使用磨损，以折旧的形式分期分批转移到新产品的价值中去，构成新产品价值的组成部分；从资金运动来看，固定资产所占用的资金循环一次周期较长，通过折旧得到补偿与收回的部分将转化为货币资金。企业的固定资产，包括使用年限在一年以上的房屋、建筑物、机械、运输设备和其他与生产经营有关的设备、器具、工具等，不属于生产经营主要设备的物品；单位价值在 2 000 元以上，使用期限超过两年的，也应作为固定资产。

无形资产是指没有物质实体，但可以为企业带来长期收益的资产，是企业拥有的一种特殊权利，有助于企业取得高于一般水平的收益，主要包括专有技术、专利权、商标权、著作权、土地使用权、经营特许权、商誉权等。

无形资产从开始使用之日起，在有效使用期限内平均计算摊销费。有效使用期限按下列原则确定：法律或合同或者企业申请书规定有法定有效期限或受益年限的，取两者中较短者为有效使用年限；法律没有规定有效期限，按照合同或者企业申请书规定的受益年限确定有效使用年限；法律和合同或者企业申请书均未规定有效期限和受益年限，按照不少于 10 年确定有效使用年限。

其他资产也称递延资产，是指不能全部计入当年损益，应当在以后年度内分期摊销的各项费用，包括开办费、固定资产改良支出、租入固定资产的改良支出以及摊销期限在一年以上的其他待摊费用等。其他资产的摊销也采用年限平均法，不计残值，其摊销年限应符合税法的要求。

流动资产是指可以在一年内或者超过一年的营业周期内变现或者耗用的资产，包括现金、各种存款、短期投资、应收及预付款项、存货等。存货是指企业在生产经营过程中为销售或者耗用而储备的物资，如材料、燃料、低值易耗品、在产品、半成品、产成品、协作件和商品等。在流动资产中，现金及各种存款是企业在生产经营过程中停留于货币形态的那部分资产，具有流动性大的特点。企业要进行生产经营活动，首先必须拥有一定数量的现金和各种存款，以支付劳动对象、劳动手段和活劳动方面的费用。通过生产经营过程，将劳动产品销售出去，又获得了这部分资金。流动资产中存货的价值占有较大的比重，包括为企业销售或制造产品所耗用而储备的一些物资，其特点是不断处于销售和重置或耗用和重置之中。一般情况下，其价值一次转移，并随着产品销售的实现，被耗用的价值一次得到补偿。

2.1.2 项目建设投资的简单估算法

2.1.2.1 生产能力指数法

生产能力指数法是根据已建成的、性质类似的建设项目的投资额和生产能力与拟建项目的生产能力估算拟建项目的投资额，其计算公式为：

$$K_2 = K_1 \times \left(\frac{X_2}{X_1}\right)^n \times CF \tag{2-1}$$

式中 K_2——拟建项目的投资额；

K_1——已建类似项目的投资额；

X_2——拟建项目的生产能力；

X_1——已建类似项目的生产能力；

CF——新、旧项目建设间隔期内定额、单价、费用变更等的综合调整系数；

n——生产能力指数，$0 \leqslant n \leqslant 1$。

运用这种方法估算项目投资的重要条件是要有合理的生产能力指数 n。若已建类似项目的规模和拟建项目的规模相差不大，生产规模比值在 0.5～2 之间，则指数 n 的取值近似为 1；若已建类似项目的规模和拟建项目的规模相差不超过 50 倍，且拟建项目规模的扩大仅靠增大设备规模来达到时，则 n 取值为 0.8～0.9。

采用生产能力指数法的优点是计算简单、速度快，但要求类似工程的资料可靠，条件基本相同，否则误差就会增大。

【例 2-1】 2008 年在某地动工兴建一座年产 30 万 t 合成氨的化肥厂，总投资为 3 100 万元。2018 年打算在该地开工兴建一座 50 万 t 合成氨的化肥厂，已知合成氨的生产能力指数为 0.81，假设从 2008 年至 2018 年间每年平均工程造价指数为 1.10，即每年递增 10%。试估算其总投资。

解：根据公式(2-1)，则有：

$$\begin{aligned} K_2 &= K_1 \times \left(\frac{X_2}{X_1}\right)^n \times CF \\ &= 3\,100 \times (50/30)^{0.81} \times (1.10)^{10} \\ &= 12\,161.21(\text{万元}) \end{aligned}$$

2.1.2.2 比例估算法

比例估算法是以拟建项目的设备费为基数，根据已建成的同类项目的建筑安装费和其他工程费等占设备价值的百分比，求出相应的建筑安装费及其他工程费等，再加上拟建项目的其他相关费用，其总和即为项目的投资。计算公式为：

$$K = E \times (1 + f_1P_1 + f_2P_2 + f_3P_3 + \cdots) + I \tag{2-2}$$

式中 K——拟建项目的投资额；

E——根据拟建项目当时当地价格计算的设备费(含运杂费)的总和；

$P_1, P_2, P_3, \cdots$——已建项目中建筑、安装及其他工程费用等占设备费的百分比；

$f_1, f_2, f_3, \cdots$——由于时间因素引起的定额、价格、费用标准等综合调整系数；

I——拟建项目的其他费用。

【例 2-2】 某新建项目设备投资估算为 12 000 万元，根据已建同类项目统计情况，一般建筑工程费、安装工程费和其他工程费分别占设备投资的 35%、10%、8%。三种费用的调整系数分别为 1.1、1.2、1.1，其他费用估价为 600 万元，试估算该项目的投资额。

解：根据公式(2-2)，该项目的投资额为：

$$\begin{aligned}K &= E \times (1 + f_1 P_1 + f_2 P_2 + f_3 P_3 + \cdots) + I \\ &= 12\ 000 \times (1 + 35\% \times 1.1 + 10\% \times 1.2 + 8\% \times 1.1) + 600 \\ &= 19\ 716(\text{万元})\end{aligned}$$

2.1.2.3　系数估算法

(1) 朗格系数法

朗格系数法是以主体设备费为基础，乘以适当系数来推算项目的建设费用。估算公式为：

$$K = C(1 + \sum K_i)K_c \tag{2-3}$$

式中　K——总建设费用；

C——主要设备费用；

K_i——管线、仪表、建筑物等项目费用的估算系数；

K_c——包括管理费、合同费、应急费等间接费用在内的总估算系数。

总建设费用与设备费用之比为朗格系数 K_1。即

$$K_1 = (1 + \sum K_i)K_c \tag{2-4}$$

朗格系数法比较简单，但没有考虑设备规格、材质的差异，所以精确度不高。

(2) 设备及厂房系数法

一个项目，工艺设备投资和厂房土建投资之和占了整个项目投资的绝大部分。如果设计方案已确定生产工艺，初步选定了工艺设备并进行了工艺布置，这就有了工艺设备的重量及厂房的高度和面积。那么，工艺设备投资和厂房土建的投资就可以分别估算出来。其他专业工程，与设备关系较大的按设备系数计算，与厂房土建关系较大的则以厂房土建投资系数计算，两类投资加起来就得出整个项目的投资，这个方法在可行性研究阶段使用是比较合适的。

【例 2-3】 某工业建设项目，其工艺设备及安装费用估计为 1 900 万元，厂房土建及配套工程费用估计为 3 600 万元，其他各专业工程投资系数如下。

工艺设备：	1	厂房土建(含设备基础)：	1
起重设备：	0.06	给排水工程：	0.035
加热炉及烟道：	0.10	采暖通风：	0.028
气化冷却：	0.01	工业管道：	0.011
余热锅炉：	0.04	电器照明：	0.012
供电及转动：	0.15		
自动化仪表：	0.015		

解:工艺设备相关专业系数合计=1+0.06+0.10+0.01+0.04+0.15+0.015=1.375

厂房土建相关专业系数合计=1+0.035+0.028+0.011+0.012=1.086

根据上面所述方法,则该项目的总投资为:

$$1\ 900\times1.375+3\ 600\times1.086=6\ 522.1(\text{万元})$$

2.1.2.4 投资估算指标法

投资估算指标是编制和确定项目可行性研究报告中投资估算的基础和依据,与概预算定额相比较,估算指标是以独立的建设项目、单项工程或单位工程为对象。综合项目全过程投资和建设中的各类成本和费用,反映出其扩大的技术经济指标,具有较强的综合性和概括性。

投资估算指标分为建设项目综合指标、单项工程指标和单位工程指标三种。建设项目综合指标一般以项目的综合生产能力单位投资表示,如元/t、元/kW;或以使用功能表示,如医院床位:元/床。单项工程指标一般以单项工程生产能力单位投资表示,如一般工业与民用建筑:元/m^2;工业窑炉砌筑:元/m^2;变配电站:元/kV·A。单位工程指标按规定应列入能独立设计、施工的工程费用,即建筑安装工程费用,一般以如下方式表示:房屋区别不同结构形式以元/m^2 表示;管道区别不同材质、管径以元/m 表示。

【例 2-4】 新建一家 500 张病床的综合医院,其相应的投资估算指标为 18 万~21 万元/病床(多层一般标准)。

解:全部投资为 500×(18~21)=9 000~10 500(万元)。

2.1.3 项目建设投资的分类详细估算法

项目建设投资的分类详细估算法是根据建设投资的构成,分别对建筑工程费、设备及工器具购置费、安装工程费、工程建设其他费用、基本预备费、涨价预备费、建设期利息等七项费用进行估算,最后汇总形成建设投资的方法。

2.1.3.1 建筑工程费的估算

建筑工程费是指为建造永久性和大型临时性建筑物和构筑物所需要的费用。建筑工程费一般可以采用单位建筑工程投资估算法、单位实物量投资估算法、概算指标投资估算法进行估算。

【例 2-5】 如例 2-4,新建一家 500 张病床的综合医院,每床位建筑面积为 60~70 m^2。

解:根据面积参考指标——每床位建筑面积为 60~70 m^2。

则医院总建筑面积为 500×(60~70)=30 000~35 000 (m^2)。

按每 1 m^2 建筑工程费用 2 000 元计(多层一般标准)。

则 500 病床医院建安工程投资为(30 000~35 000)×2 000=6 000~7 000(万元)。

本题所采用的方法即可看成单位建筑工程投资估算法。

2.1.3.2 设备及工器具购置费的估算

设备购置费估算应根据项目主要设备表及价格、费用资料编制,应按国内设备与进口设备分别估算。设备购置费包括设备原价和设备运杂费,即:

$$\text{设备购置费}=\text{设备原价或进口设备到岸价}+\text{设备(国内)运杂费} \tag{2-5}$$

设备原价指国产标准设备、非标准设备的原价;设备运杂费指除设备原价之外的关于设备采购、运输、途中包装及仓库保管等方面支出费用的总和。如果设备是由设备成套公司供应的，成套公司的服务费也应计入设备运杂费中。

国产标准设备是指按照主管部门颁布的标准图纸和技术要求，由设备生产厂批量生产的，符合国家质量检验标准的设备。国产标准设备原价一般指的是设备制造厂的交货价，即出厂价。如设备由设备成套公司供应，则以订货合同价为设备原价。有的设备有两种出厂价，即带有备件的出厂价和不带有备件的出厂价。在计算设备原价时，一般按带有备件的出厂价计算。

进口设备如果采用装运港船上交货价，即离岸价（FOB，Free on Board），其到岸价（CIF，Cost Insurance and Freight）构成为：

$$\text{进口设备到岸价}=\text{进口设备货价}+\text{进口从属费用} \tag{2-6}$$

（1）进口设备货价通过向有关生产厂商询价、报价、订货合同价确定。

（2）进口从属费用：

$$\begin{aligned}\text{进口从属费用}=&\text{国外运费}+\text{国外运输保险费}+\text{进口关税}+\text{增值税}(+\text{消费税})+\\&\text{外贸手续费}+\text{银行财务费}+\text{海关监管手续费}\end{aligned} \tag{2-7}$$

① 国外运费：即从装运港（站）到达我国抵达港（站）的运费。我国进口设备大部分采用海洋运输，小部分采用铁路运输，个别采用航空运输。进口设备国外运费计算公式为：

$$\text{国外运费(海、陆、空)}=\text{离岸价}\times\text{运费率} \tag{2-8}$$

或

$$\text{国外运费(海、陆、空)}=\text{运量}\times\text{单位运价} \tag{2-9}$$

其中，运费率或单位运价参照有关部门或进口公司的规定执行。

② 国外运输保险费：是由保险人（保险公司）与被保险人（出口人或进口人）订立保险契约，在被保险人交付议定的保险费后，保险人根据保险契约的规定对货物在运输过程中发生的承保责任范围内的损失给予经济上的补偿。这是一种财产保险，计算公式为：

$$\text{国外运输保险费}=\frac{\text{离岸价}+\text{国外运费}}{1-\text{保险费率}}\times\text{保险费率} \tag{2-10}$$

其中，保险费率按保险公司规定的进口货物保险费率计算。

③ 进口关税：是由海关对进出国境或关境的货物和物品征收的一种税，计算公式为：

$$\text{进口关税}=\text{到岸价格}\times\text{进口关税税率} \tag{2-11}$$

其中，到岸价格包括离岸价格、国外运费、运输保险费等费用。进口关税税率按我国海关总署发布的进口关税税率计算。

④ 增值税：是对从事进口贸易的单位和个人，在进口商品报关进口后征收的税种。我国增值税条例规定，进口应税产品均按组成计税价格和增值税税率直接计算应纳税额，计算公式为：

$$\text{进口产品增值税额}=\text{组成计税价格}\times\text{增值税税率} \tag{2-12}$$

$$\text{组成计税价格}=\text{到岸价}+\text{进口关税}+\text{消费税} \tag{2-13}$$

⑤ 外贸手续费：指按规定的外贸手续费率计取的费用，外贸手续费率一般取 1.5%，计算公式为：

$$\text{外贸手续费}=\text{进口设备到岸价}\times\text{外贸手续费率} \tag{2-14}$$

⑥ 银行财务费：一般是国内银行手续费，计算公式为：

$$银行财务费=进口设备离岸价\times银行财务费率 \tag{2-15}$$

目前银行财务费率取0.4%～0.5%。

⑦ 海关监管手续费：指海关对进口减税、免税、保税货物实施监督、管理、提供服务的手续费。对于全额征收进口关税的货物不计本项费用，计算公式为：

$$海关监管手续费=进口设备到岸价\times海关监管手续费率(一般为0.3\%) \tag{2-16}$$

⑧ 消费税：对部分进口产品（如轿车等）征收，计算公式为：

$$消费税=\frac{到岸价+关税}{1-消费税率}\times消费税率 \tag{2-17}$$

设备（国内）运杂费通常由下列各项构成：运费和装卸费、包装费、设备供销部门的手续费、采购与仓库保管费，计算公式为：

$$设备(国内)运杂费=设备原价或进口设备到岸价\times设备运杂费率 \tag{2-18}$$

其中，设备运杂费率按各部门及省、市等相关方面的规定计取。一般要考虑设备供应厂到项目场地的距离、供货方式、运输方式等因素。

工器具及生产家具购置费是指新建项目或扩建项目初步设计规定所必须购置的不满足固定资产标准的设备、仪器、工卡模具、器具、生产家具和备品备件的费用，计算公式为：

$$工器具及生产家具购置费=设备购置费\times定额费率 \tag{2-19}$$

【例2-6】 某公司拟从国外进口一套机电设备，重量1 500 t，装运港船上交货价即离岸价为400万美元。其他有关费用参数为：国际运费标准为360美元/t，海上运输保险费率为0.266%，国内银行财务费率为0.5%，外贸手续费率为1.5%，关税税率为22%，增值税税率为13%，美元的银行牌价为6.8元人民币，设备的国内运杂费率为2.5%。试对这套设备进行估价。

解：根据上述各项费用的计算公式，有：

进口设备货价=400×6.8=2 720(万元)

国外运费=0.036×1 500×6.8=367.2(万元)

国外运输保险费=(2 720+367.2)×0.266%=8.2(万元)

进口关税=(2 720+367.2+8.2)×22%=681.0(万元)

增值税=(2 720+367.2+8.2+681.0)×13%=490.9(万元)

银行财务费=2 720×0.5%=13.6(万元)

外贸手续费=(2 720+367.2+8.2)×1.5%=46.4(万元)

国内运杂费=*FOB*×2.5%=2 720×2.5%=68(万元)

购置费=2 720+367.2+8.2+681.0+490.9+13.6+46.4+68=4 385.3(万元)

2.1.3.3 安装工程费的估算

安装工程费通常按行业有关安装工程定额、取费标准和指标估算投资。具体计算可按安装费率、每吨设备安装费或每单位安装实物工程量的费用估算，即：

$$安装工程费=设备原价\times安装费率 \tag{2-20}$$

$$安装工程费 = 设备吨位 \times 每吨安装费 \tag{2-21}$$

$$安装工程费 = 安装工程实物量 \times 安装费用指标 \tag{2-22}$$

2.1.3.4　工程建设其他费用的估算

工程建设其他费用是指建设项目投资除去工程费（建筑工程费、安装工程费、设备和工器具及生产家具购置费）以外必须开支的费用。项目的规划、设计、可行性研究所需的费用支出可按项目总投资的一定百分比估算。

2.1.3.5　基本预备费

基本预备费是指在项目实施中可能发生难以预料的支出，需要事先预留的费用，又称工程建设不可预见费，主要指设计变更及实施过程中可能增加工程量的费用。一般由下列三项内容构成：

(1) 在批准的设计的范围内，技术设计、施工图设计及施工过程中所增加的工程费用；设计变更、工程变更、材料代用、局部地基处理等增加的费用。

(2) 一般自然灾害造成的损失和预防自然灾害所采取的措施费用。

(3) 竣工验收时为鉴定工程质量对隐蔽工程进行必要的挖掘和修复费用。

基本预备费按工程费用（建筑工程费、设备及工器具购置费和安装工程费之和）和工程建设其他费用两者之和乘以基本预备费的费率计算，计算公式为：

$$基本预备费 = (工程费用 + 工程建设其他费用) \times 基本预备费率 \tag{2-23}$$

2.1.3.6　涨价预备费

涨价预备费是对建设工期较长的项目，在建设期内可能发生材料、设备、人工等价格的上涨引起投资增加，需要事先预留的费用，亦称价格变动不可预见费。这是从估算时刻起到项目建成期间因建设费用上涨而增加的费用。

计算方法一般是取定价格上涨指数后，以估算年价格水平估算的投资额为基数，采取复利方法计算涨价预备费。涨价预备费以建筑工程费、设备及工器具购置费、安装工程费之和为基数（也有的将基本预备费包含在内），按年价格上涨指数估算，计算公式为：

$$PC = \sum_{t=1}^{n} I_t[(1+f)^t - 1] \tag{2-24}$$

式中　PC——项目涨价预备费；

n——建设期年数；

I_t——第 t 年的工程费用（建筑工程费、设备及工器具购置费、安装工程费之和）；

f——建设期价格年均上涨率。

【例 2-7】　已知某项目建设期为 3 年，估算年到建设开始年为 1 年，各年投资分别 1 000 万元、800 万元和 300 万元，估算年基本预备费系数为 10%，物价上涨指数为 6%，试计算涨价预备费。

解：根据式(2-24)列表计算涨价预备费，见表 2-1。

由表 2-1 可以看出，求得的建设期各年涨价预备费分别为 66 万元、109 万元与 63 万元，该项目涨价预备费总额为 238 万元。

表 2-1 涨价预备费计算表

年序	基本投资/万元	基本预备费/万元	含基本预备费的投资额/万元	涨价预备费/万元	运算式
1	1 000	100	1 100	66	$1\,100[(1+0.06)-1]$
2	800	80	880	109	$880[(1+0.06)^2-1]$
3	300	30	330	63	$330[(1+0.06)^3-1]$
合计	2 100	210	2 310	238	

2.1.3.7 建设期利息

建设期利息是指项目借款在建设期内发生并计入固定资产的利息。为了简化计算，在编制投资估算时通常假定借款均在每年的年中支用，借款第一年按半年计息，其余各年全年计息，计算公式为：

$$各年应计利息=(年初借款本息累计+本年借款额\div 2)\times 年利率 \tag{2-25}$$

有多种借款资金来源，每笔借款的年利率各不相同的项目，既可分别计算每笔借款的利息，也可先计算出各笔借款加权平均的年利率，并以此计算全部借款的利息。

【例 2-8】 某新建项目，建设期 3 年，第一年贷款 300 万元，第二年贷款 600 万元，第三年贷款 400 万元，年利率为 6%，试计算项目建设期贷款利息。

解：第一年应计利息$=300\div 2\times 6\%=9$(万元)

第二年应计利息$=(300+9+600\div 2)\times 6\%=36.54$(万元)

第三年应计利息$=(300+9+600+36.54+400\div 2)\times 6\%=68.73$(万元)

建设期利息总和为 114.27 万元。

2.1.4 流动资金的估算法

建设项目流动资金是指生产经营性项目投产后，为进行正常生产经营，用于购买原材料、燃料、动力、支付职工工资、购买低值易耗品和其他费用等所需的周转资金，是企业在储备、生产和流通领域中所占用的周转资金。

流动资金估算的主要方法有扩大指标估算法和分项详细估算法。

2.1.4.1 扩大指标估算法

扩大指标估算法也称类比估算法、比率估算法，是按照同类企业流动资金占某种基数的比率来估算流动资金。一般常用的基数有销售收入、经营成本、总成本费用、固定资产投资或单位产量等，所用的比率根据经验确定，或依行业与部门给定的参考值确定，也有的行业习惯于按单位产量占用的流动资金额估算流动资金。扩大指标估算法简便易行，但准确度不高，适用于项目初选阶段或项目建议书阶段流动资金的估算。

2.1.4.2 分项详细估算法

分项详细估算法是国际通用的流动资金估算方法。估算思路是：先按照方案中各年生产运行的强度，估算出各大类流动资金的最低需要量，汇总以后减去该年估算出的正常情况下的流动负债(应付账款)，就是该年所需的流动资金，再减去上年已注入的流动资金，就得到该年的流动资金的增加额。当项目达到正常生产运行水平后，流动资金就可不再注入。

它是对构成流动资金的各项流动资产和流动负债逐项并分年进行估算。在可行性研究中，为简化计算，仅对存货、现金、应收账款和应付账款四项内容进行估算，可按照下列公式分项详细估算，计算公式为：

$$流动资金=流动资产-流动负债 \tag{2-26}$$

$$流动资产=应收账款+预付账款+存货+现金 \tag{2-27}$$

$$流动负债=应付账款+预收账款 \tag{2-28}$$

$$流动资金本年增加额=本年流动资金-上年流动资金 \tag{2-29}$$

流动资产和流动负债各项估算首先计算各类流动资产和流动负债的年周转次数，然后再分项估算占用资金额。周转次数等于 360 天除以最低周转天数。存货、现金、应收账款和应付账款的最低周转天数，可参照同类企业的平均周转天数并结合项目特点确定。

(1) 应收账款。应收账款指企业因销售商品、提供劳务以及办理工程结算业务，应向购货单位、接受劳务的单位收取的账款。在可行性研究时，只计算应收销售额。计算公式为：

$$应收账款=年经营成本/应收账款周转次数 \tag{2-30}$$

$$年经营成本=年总成本-折旧费-摊销费-借款利息 \tag{2-31}$$

$$周转次数=360(天)/最低周转天数 \tag{2-32}$$

其中，应收账款周转天数一般取 30～60 天。

(2) 存货。存货指企业在生产经营过程中为销售、生产或耗用而储备的物资，主要包括商品、产成品、半成品以及各类材料、燃料、包装物、低值易耗品等。计算公式为：

$$存货=外购原材料、燃料+其他材料+在产品+产成品 \tag{2-33}$$

$$外购原材料、燃料及动力=年外购原材料、燃料及动力费用/分项周转次数 \tag{2-34}$$

$$其他材料=年其他材料费用/其他材料周转次数 \tag{2-35}$$

$$\begin{aligned}在产品=&(年外购原材料、燃料及动力费+年工资及福利费+年修理费+\\&年其他制造费用)/周转次数\end{aligned} \tag{2-36}$$

$$产成品=(年经营成本-年经营费用)/产成品周转次数 \tag{2-37}$$

(3) 现金。流动资金中的现金指企业库存的货币资金，即在生产运营活动中停留在货币形态的那部分，包括库存现金和银行存款。计算公式为：

$$现金需要量=(年工资及福利+年其他费用)/现金周转次数 \tag{2-38}$$

$$\begin{aligned}年其他费用=&制造费用+管理费用+销售费用-(前三项费用中所含\\&的工资及福利费、折旧费、摊销费、修理费、维检费)\end{aligned} \tag{2-39}$$

(4) 应付账款。应付账款指企业因购买原材料、燃料、商品和接受劳务供应而应支付给供应单位的款项。计算公式为：

$$应收账款=年外购原材料、燃料及动力费用/应付账款周转次数 \tag{2-40}$$

2.2　成本费用及其构成

2.2.1　总成本费用

总成本费用是指项目在一定时期内（一般为一年），为生产或销售产品而花费的全部成本和费用。费用是指企业为销售商品、提供劳务等日常活动所发生的经济利益的流出;成本是指企业为生产产品、提供劳务而发生的各种耗费。费用和成本是两个并行使用的概念,两者既有联系又有区别。成本是按一定对象所归集的费用,生产成本是相对于一定的产品而言所发生的费用;费用是资产的耗费,它与一定会计期间相联系,而与生产哪种产品无关,成本则与一定种类和数量的产品或商品相联系,而不论发生在哪个会计期间。

目前我国实施的是制造成本法,生产成本即制造成本,把管理费用、财务费用和销售费用三项费用作为期间费用分别放在损益中核算。在工程经济分析中,将这三项费用与生产成本合并称为总成本费用。这是与会计制度不相同的地方,但并不影响利润的计算。

2.2.1.1 生产成本的构成

生产成本亦称制造成本,是指企业生产经营过程中实际消耗的直接材料费、直接工资、其他直接支出和制造费用。

(1) 直接材料费

直接材料费包括企业生产经营过程中实际消耗的原材料、辅助材料、设备零配件、外购半成品、燃料、动力、包装物、低值易耗品以及其他直接材料费。

(2) 直接工资

直接工资包括企业直接从事产品生产人员的工资、奖金、津贴和补贴等。

(3) 其他直接支出

其他直接支出包括直接从事生产人员的职工福利费等。

(4) 制造费用

制造费用是指企业各个生产单位(分厂、车间)为组织和管理生产所发生的各项费用,包括生产单位(分厂、车间)管理人员工资、职工福利费、折旧费、维简费、修理费、物料消耗、低值易耗品摊销、劳动保护费、水电费、办公费、差旅费、运输费、保险费、租赁费(不含融资租赁费)、设计制图费、试验检验费、环境保护费以及其他制品费用。

成本费用按其计算范围可分为单位产品成本和总成本费用;按成本与产量的关系,分为固定成本和可变成本;按财务评价的特定要求,分为总成本费用和经营成本。成本费用估算应与销售收入的计算口径对应一致,各项费用应划分清楚,防止重复计算或低估费用支出。

2.2.1.2 期间费用的构成

期间费用是指在一定会计期间发生的与生产经营没有直接关系和关系不密切的管理费用、财务费用和营业费用。期间费用不计入产品的生产成本,直接体现为当期损益。

(1) 管理费用

管理费用是指企业行政管理部门为管理和组织经营活动发生的各项费用,包括:公司经费(工厂总部管理人员工资、职工福利费、差旅费、办公费、折旧费、维修费、物料消耗、低值易耗品摊销以及公司其他经费)、工会经费、职工教育经费、劳动保险费、董事会费、咨询费、顾问费、交际应酬费、税金(指企业按规定支付的房产税、车船使用税、土地使用税和印花税等)、土地使用费(或海域使用费)、技术转让费、无形资产摊销、开办费摊销、研究发展费以及其他管理费用。

(2) 财务费用

财务费用是指企业为筹集资金而发生的各项费用,包括运营期间的利息净支出、汇兑净损失、调剂外汇手续费、金融机构手续费以及在筹资过程中发生的其他财务费用等。

(3) 营业费用

营业费用是指企业在销售产品、自制半成品和提供劳务等过程中发生的各项费用以及专设销售机构的各项经费,包括应由企业负担的运输费、装卸费、包装费、保险费、委托代销费、广告费、展览费、租赁费(不包含融资租赁等)和销售服务费用、销售部门人员工资、职工福利费、差旅费、办公费、折旧费、修理费、物料消耗、低值易耗品摊销以及其他经费等。

2.2.2　经营成本

经营成本是指总成本费用扣除固定资产折旧费、维简费、无形资产及其他资产摊销费和利息支出以后的全部费用。即:

$$经营成本=总成本费用-折旧费-维简费-摊销费-利息支出 \tag{2-41}$$

式中

$$总成本费用=生产成本+管理费用+财务费用+营业费用 \tag{2-42}$$

经营成本是工程经济学特有的概念,它涉及产品生产及销售、企业管理过程中的物料、人力和能源的投入费用,它反映企业的生产和管理水平。同类企业的经营成本具有可比性。在可行性研究与项目评估的经济评价中,经营成本被应用于现金流量的分析中。

计算经营成本时要从总成本费用中剔除折旧费、维简费、摊销费和利息支出,主要原因是:

(1) 现金流量图(表)反映项目在计算期内逐年发生的现金流入和流出,与常规会计方法不同,现金收支何时发生,就在何时计算,不做分摊。由于投资已按其发生的时间作为一次性支出被计入现金流出,所以,不能再以折旧、提取维简费和摊销的方式计为现金流出,否则会发生重复计算。因此,作为经常性支出的经营成本中不包括折旧费和摊销费,同理也不包括维简费。

(2) 项目全部投资现金流量图(表)以全部投资作为计算基础,不区分投资资金来源,利息支出不作为现金流出,而资本金现金流量表中将利息支出单列,因此,经营成本中也不包括利息支出。

2.2.3　固定成本与可变成本

产品成本按其与产量变化的关系可分为可变成本、固定成本和半可变(或半固定)成本。

(1) 固定成本:指在一定期间和一定生产规模限度内,不随产品产量而变化的费用。一般包括在制造费用成本项目中,如生产单位固定资产折旧费、修理费、管理人员工资及职工福利费、办公费和差旅费等。

(2) 可变成本:指产品成本中随产品产量的增减而成比例地增减的费用,如直接原材料费、直接燃料和动力费、产品包装费等。这些费用的特点是:产品产量变动时,费用总额成比例地变化,而反映在单位产品成本中的费用是固定不变的。

(3) 半可变(半固定)成本:指其费用总额随产量增减而变化,但非成比例地变化,如制造费用中的运输费,一般随产量的增加而增加,但在前期递增缓慢、后期增加明显。

2.2.4 工程经济分析中的其他成本概念

2.2.4.1 机会成本

机会成本是指把一种具有多种用途的稀缺资源用于某一特定用途上时，所放弃的其他用途中最佳用途的收益。假设某企业有 10 000 元的资金，如将此资金用于甲产品的生产，则此资金就不能用于乙产品的生产，两者只能选择其一。假设 10 000 元资金用于甲产品生产能获利 5 000 元，用于乙产品生产能获利 2 000 元。这 2 000 元即为 10 000 元资金用于生产甲产品的机会成本。所以，如果一项资源既能用于甲用途，又能用于其他用途(由于资源的稀缺性，如果用于甲用途，就必须放弃其他用途)，那么资源用于甲用途的机会成本，就是资源用于次好的、被放弃的其他用途本来可以得到的净收入。

2.2.4.2 沉没成本

沉没成本是指已发生无法回收的支出，如因失误造成的不可收回的投资。沉没成本是一种历史成本，对现有决策而言是不可控成本，不会影响当前行为或未来决策。从这个意义上说，在投资决策时理性的决策者应排除沉没成本的干扰。

从成本的可追溯性来说，沉没成本可以是直接成本和间接成本。如果沉没成本可追溯到个别产品或部门则属于直接成本；如果由几个产品或部门共同引起则属于间接成本。

从成本的形态看，沉没成本可以是固定成本，也可能是变动成本。企业在撤销某个部门或是停止某种产品生产时，沉没成本中通常既包括机器设备等固定成本，也包括原材料、零部件等变动成本。通常情况下，固定成本比变动成本更容易沉没。

从数量角度看，沉没成本可以是整体成本，也可以是部分成本。例如中途弃用的机器设备，如果能变卖出售获得部分价值，那么其账面价值不会全部沉没，只有变现价值低于账面价值的部分才是沉没成本。

2.2.4.3 边际成本

边际成本是指增加一个单位产品产量时所增加的成本。这个概念表明每一单位的产品的成本与总产品量有关。比如，仅生产一辆汽车的成本是极其巨大的，而生产第 100 辆汽车的成本就低得多，而生产第 1 000 辆汽车的成本就更低了(这是规模经济带来的效益)。但是，要考虑到机会成本会随着生产量的增加可能会增加。还是这个例子，生产新的一辆车时，所用的材料可能有更好的用处，所以要尽量用最少的材料生产出最多的车，这样才能提高边际收益。

边际成本的经济学意义在于，当增加一个单位产量所增加的收入(单位产量售价)高于边际成本时，是合算的；反之，就是不合算的。所以，增加一个单位产量的收入不能低于边际成本，否则就会出现亏损；只要增加一个产量的收入能高于边际成本，即使低于总的平均单位成本，也会增加利润或减少亏损。因此，计算边际成本对制定产品决策具有重要的作用。微观经济学理论认为，当产量增至边际成本等于边际收入时，将为企业获得最大利润的产量。

2.2.5 总成本费用的估算

总成本费用是指项目在运营期内为生产出产品或提供劳务所发生的全部费用，它不仅包括当期直接发生的成本费用，称之为付现成本，如工资和原材料等；还包括以前发生需要在多个会计期间分摊的费用，称之为非付现成本，如折旧和摊销等。

对总成本费用的估算可以参照以下两种方法进行。

2.2.5.1　按生产成本加期间费用估算

以产品生产成本为基础进行估算，总成本费用由生产成本和期间费用两部分组成。首先计算各产品的直接成本，包括：直接材料费、直接燃料和动力费、直接工资和其他直接支出；然后计算间接成本，主要指制造费用；再计算管理费用、销售费用和财务费用，其中折旧费和摊销费可以单独列项。计算公式为：

$$\text{总成本费用} = \text{生产成本} + \text{期间费用} \tag{2-43}$$

其中：

$$\text{生产成本} = \text{直接材料费} + \text{直接燃料和动力费} + \text{直接工资} + \text{其他直接支出} + \text{制造费用} \tag{2-44}$$

$$\text{期间费用} = \text{管理费用} + \text{营业费用} + \text{财务费用} \tag{2-45}$$

2.2.5.2　费用要素估算法

在工程经济分析中，为便于后续计算，将在一定时期内产品生产和销售过程中发生的费用分为外购原材料、燃料及动力费、工资及福利费、修理费、折旧费、摊销费、维简费、利息支出，进行归并后分别列出，另设一项“其他费用”，将制造费用、管理费用、财务费用和营业费用中扣除工资及福利费、修理费、折旧费、摊销费、维简费、利息支出后的费用列入其中，然后汇总成项目的总成本费用。计算公式为：

$$\text{总成本费用} = \text{外购原材料、燃料及动力费} + \text{工资及福利费} + \text{修理费} + \text{折旧费} + \text{摊销费} + \text{维简费} + \text{利息支出} + \text{其他费用} \tag{2-46}$$

采用这种估算方法不必计算项目内部各生产环节成本结转，同时也较容易计算项目可变成本、固定成本。各分项费用的估算说明如下。

(1) 外购原材料、燃料及动力费估算

原材料成本是成本的重要组成部分，其计算公式如下：

$$\text{原材料成本} = \text{年产量} \times \text{单位产品原材料成本} \tag{2-47}$$

式中，年产量可根据测定的设计生产能力和投产期各年的生产负荷加以确定，单位产品原材料成本是依据原材料消耗定额和单价确定的。企业生产经营过程中所需要的原材料种类繁多，在计算时，可根据具体情况，以耗用量较大的主要的原材料为对象，依据有关规定、原则和经验数据进行估算。

燃料动力成本计算公式为：

$$\text{燃料动力成本} = \text{年产量} \times \text{单位产品燃料和动力成本} \tag{2-48}$$

各种原材料及能源计价，可根据市场现行价格或实际支付货币计算。

(2) 人工工资及福利费估算

按照生产要素估算法估算总成本费用时，人工工资及福利费的估算根据项目性质、项目地点、行业特点以及原企业工资水平和项目全部定员人数来估计。

工资的计算可以采取以下两种方法。

一是按整个企业的职工定员数和人均年工资额计算年工资额，其计算公式为：

年工资成本＝企业职工定员数×人均年工资额 (2-49)

二是按照不同的工资级别对职工进行划分，分别估算同一级别职工的工资，然后再加以汇总。一般可分为五个级别，即高级管理人员、中级管理人员、一般管理人员、技术工人和一般工人等。若有国外的技术人员和管理人员，应单独列出。

福利费主要包括职工的保险费、医药费、医疗经费、职工生活困难补助以及按国家规定开支的其他职工福利支出，不包括职工福利设施的支出。一般可按职工工资总额的一定比例提取。

(3) 固定资产修理费估算

修理费是指为保持固定资产的正常运转和使用，充分发挥固定资产的使用效能，对其进行必要修理的费用，按修理范围的大小和修理时间间隔的长短可以分为大修理和中小修理。

在估算修理费时，一般无法确定修理费用具体发生的时间和金额，可按照折旧费的一定比率计算。该比率可参照同行业的经验数据确定。

(4) 折旧费计算

固定资产的折旧，就是固定资产在使用过程中，通过逐渐损耗(包括有形损耗和无形损耗)而转移到产品成本或商品流通费的那部分价值。

折旧是再生产过程中的经济现象，其实质是固定资产价值的周转，包括固定资产价值的损耗、转移和补偿全过程。固定资产从进入企业直到报废，在很多个生产经营周期中发挥作用，并不改变自己的实物形态，直至完全丧失其使用价值才进行更新。其价值则是按固定资产的损耗程度逐渐地、一部分一部分地转移，一部分一部分地从企业取得的收益中得以补偿，以用于固定资产的更新，这就是固定资产的周转。这一周转的特点是以实物形态进入周转过程，以损耗价值参加周转。固定资产损耗价值的周转过程，才是折旧的本质属性。

固定资产折旧的发生，作为成本费用的一部分会直接影响企业的利润额，同时作为一种非付现成本会影响企业的现金流量。对于利润来说，由于固定资产的磨损价值要转移到产品成本和费用中去，折旧额越大，产品成本就越高，在其他因素不变时，企业利润必然下降；反之亦然。同时，折旧作为固定成本，即折旧总成本与业务量无关，在相关业务量范围内保持不变，而单位产品所承担的折旧成本则随业务量的变动成反向变动。对于折旧影响现金流量来说，固定资产折旧反映的是固定资产损耗价值的周转过程，固定资产的损耗要通过补偿形成固定资产更新准备金，用于固定资产的更新投资。由于折旧是分期提取的，而固定资产的更新是在其报废时才需要更新，这样就可以用积累起来的固定资产更新准备金进行投资，以充分发挥这一资金的作用。从这个意义出发，折旧越多，企业作为更新准备状态的现金就越多，企业可用现金就越多。

折旧费的计提应根据投资形成的全部固定资产原值、财务制度规定及与固定资产有关的经济利益的预期实现方式，合理选择固定资产折旧方法。可选用的折旧方法包括平均年限法、工作量法、双倍余额递减法和年数总和法等。

① 平均年限法。平均年限法亦称直线法，即根据固定资产的原值、估计的净残值率和折旧年限计算折旧。计算公式为：

$$年折旧率=\frac{1-预计净残值率}{折旧年限}\times 100\% \tag{2-50}$$

$$年折旧额=固定资产原值\times 年折旧率 \tag{2-51}$$

【例 2-9】 甲公司有一幢厂房，原价为 500 万元，预计可使用 20 年，预计报废时的净残值率为 2%。该厂房的折旧率和折旧额的计算如下：

$$年折旧率=\frac{1-2\%}{20}=4.9\%$$

$$年折旧额=500\times 4.9\%=24.5(万元)$$

② 工作量法。工作量法又分两种，一是按照行驶里程计算折旧，二是按照工作小时计算折旧，计算公式为：

按照行驶里程计算折旧的公式：

$$单位里程折旧额=\frac{原值\times(1-预计净残值率)}{规定的总行驶里程} \tag{2-52}$$

按照工作小时计算折旧的公式：

$$每工作小时折旧额=\frac{原值\times(1-预计净残值率)}{规定总工作小时} \tag{2-53}$$

③ 双倍余额递减法。此法是以平均年限法确定的折旧率的双倍乘以固定资产在每一会计期间的期初账面净值，从而确定当期应提折旧的方法。计算公式为：

$$年折旧率=\frac{2}{折旧年限}\times 100\% \tag{2-54}$$

$$年折旧额=固定资产净值\times 年折旧率 \tag{2-55}$$

实行双倍余额递减法时，应在折旧年限到期前两年内，将固定资产净值扣除净残值后的净额平均摊销。

【例 2-10】 某企业一项固定资产的原价为 1 000 000 元，预计使用年限为 5 年，预计净残值为 4 000 元。按双倍余额递减法计提折旧，每年的折旧额计算如下：

$年折旧率=\frac{2}{5}\times 100\%=40\%$

第一年应提的折旧额＝(1 000 000×40%)＝400 000(元)

第二年应提的折旧额＝(1 000 000－400 000)×40%＝240 000(元)

第三年应提的折旧额＝(600 000－240 000)×40%＝144 000(元)

从第四年起改用年限平均法(直线法)计提折旧：

$第四年、第五年的年折旧额=\frac{(360\ 000-144\ 000)-4\ 000}{2}=106\ 000(元)$

④ 年数总和法。这种方法是以固定资产原值扣除预计净残值后的余额作为计提折旧的基础，按照逐年递减的折旧率计提折旧的一种方法。采用年数总和法的关键是每年都要确定一个不同的折旧率。计算公式为：

$$年折旧率=\frac{折旧年限-已使用年限}{折旧年限\times(折旧年限+1)\div 2}\times 100\% \tag{2-56}$$

$$年折旧额=(固定资产原值-预计净残值)\times年折旧率 \quad (2\text{-}57)$$

【例 2-11】 某项固定资产原价为 10 000 元，预计净残值 400 元，预计使用年限 5 年。采用年数总和法计算各年的折旧额。

解：计算折旧的基数=10 000－400=9 600(元)

年数总和=5＋4＋3＋2＋1=15(年)

第一年折旧额：9 600×5÷15=3 200(元)

第二年折旧额：9 600×4÷15=2 560(元)

第三年折旧额：9 600×3÷15=1 920(元)

第四年折旧额：9 600×2÷15=1 280(元)

第五年折旧额：9 600×1÷15=640(元)

在上述几种折旧方法中，按平均年限法计算的各年折旧率和年折旧额都相同；而按双倍余额递减法计算的各年折旧率虽相同，但年折旧额因按固定资产净值计提，故逐年变小；按年数总和法进行计算，虽按原值进行计算，但因各年折旧率逐渐变小，故年折旧额也逐年变小。无论按哪种方法计算，只要折旧年限相同，所取净残值率也相同，在设定的折旧年限内，总折旧额相同。

(5) 无形资产及其他资产摊销费的估算

摊销费是指无形资产和长期待摊费用等一次性投入费用的分摊。它们的性质和固定资产折旧费相同。无形资产按规定期限分期摊销。没有规定期限的，按不少于 10 年分期摊销。长期待摊中的开办费按不短于 5 年的期限分期摊销。

土地使用权是一种特殊的无形资产。企业购入的土地使用权，或以支付土地出让金方式取得的土地使用权，在尚未开发或建造自用项目前，作为无形资产核算，并按规定摊销。房地产开发企业开发商品房时，将其账面价值转入开发成本；企业建造自用项目时将其账面价值转入在建工程成本；对于非房地产开发项目，在项目建成后，土地账面价值只能和其上的建、构筑物一起按照固定资产计算折旧。因此，通常在项目评价中可将土地使用权作为固定资产计算折旧。

(6) 维简费估算

维简费是指采掘、采伐工业按生产产品数量(采矿按每吨原矿产量，林区按每立方米原木产量)提取的固定资产更新和技术改造资金，即维持简单再生产的资金，简称“维简费”。企业发生的维简费直接计入成本，其计算方法和折旧费相同。这类采掘、采伐企业不计提固定资产折旧。

(7) 运营期利息估算

利息支出是为筹集资金而发生的费用，包括运营期间发生的利息净支出，即在运营期所发生的建设投资借款利息和流动资金借款利息之和。建设投资借款在运营期发生利息的计算公式为：

$$每年支付利息=年初本金累计额\times年利率 \quad (2\text{-}58)$$

为简化计算，还款当年按年末偿还，全年计息。

流动资金的借款属于短期借款，利率较长期借款利率低，且利率一般为季利率，三个月计息一次。在工程经济分析中，为简化计算，一般采用年利率，每年计息一次。

流动资金借款利息计算公式为：

$$流动资金利息=流动资金借款累计金额\times年利率 \tag{2-59}$$

需要注意的是，运营期利息是可以进入成本的，因而每年计算的利息不再参与以下各年利息的计算。

(8) 其他费用估算

其他费用包括其他制造费用、其他管理费用和其他销售费用这三项费用，是指由制造费用、管理费用和销售费用中分别扣除折旧费、摊销费、修理费和工资及福利费等费用以后的其余部分。

在工程经济分析中，其他费用一般可按原材料成本、燃料和动力成本、工资及福利费、折旧费、修理费、维简费及摊销费之和的一定百分比计算，并按照同类企业的经验数据加以确定。

2.3　营业收入、税金和利润

2.3.1　营业收入

一般而言，项目投资的目的是使得投资增值，而使投资增值的方法就是通过项目经营期间的产品或劳务的出售取得收入，这一收入在补偿成本费用以后的多余数额就是企业的利润，也就是项目投资的增值，也是投资人的投资动力。

收入是指企业在生产经营与非生产经营活动中能够导致企业净资产增加的所得，包括营业收入、投资收入和营业外收入。企业会计准则中规定的收入，是指企业在日常活动中形成的、会导致所有者权益增加的、与所有者投入资本无关的经济利益的总流入，包括销售商品收入、提供劳务收入和让渡资产使用权收入。

对于工程项目来讲，工程项目收入主要是指营业收入，是工程项目建成投产后销售产品或提供服务等取得的收入，也称为主营业务收入。其中产品销售收入是销售产成品、自制半成品等取得的收入。

收付实现制是与权责发生制相对应的一种确认基础，它是以收到或支付现金作为确认收入和费用的依据。在工程经济分析中，项目现金流量分析是按收付实现制原则确定的。在稳定的经营状态下，权责发生制和收付实现制两种核算方法确定的收入的数值是一致的，因此，销售收入(劳务收入)就可以作为项目的主要现金流入。其计算公式为：

$$销售收入=商品销售量\times单价 \tag{2-60}$$

2.3.2　利润

利润是企业在一定时期内通过生产经营活动所实现的最终财务成果。它集中反映了企业生产经营各方面的效益，也是考核企业生产经营活动的重要综合指标。

按照新的会计准则，利润总额的计算公式为：

$$利润总额=营业利润+投资净收益+营业外收入-营业外支出+补贴收入 \tag{2-61}$$

其中,营业利润等于主营业务利润加上其他业务利润,再减去营业费用、管理费用和财务费用后的金额。在工程经济分析中,因为是根据预测数据考察项目“未来”的经营状况,因此一般假设项目处于正常、稳定的经营状态,不考虑项目将来可能面临的其他投资渠道或其他非经营项目所产生的收入,即只考虑主营业务利润,因此,对于一般工业项目,其利润总额即为项目建成投产后按照销售价格出售产品和副产品等所获得的收入扣除产品成本、费用和应缴纳的销售税金等之后的余额。

$$利润总额=销售收入-总成本费用-销售税金及附加 \tag{2-62}$$

利润是表明项目经济利益高低的最直接、最重要的一项指标,在技术经济分析和方案评价中经常以利润为指标,即纯收益的多少来考核项目的盈利能力和清偿能力,并进而以此对方案做出决策选择。

按现行规定,企业要从实现的利润中缴纳所得税,其余部分则留给企业按以下顺序使用和分配:

(1) 被没收的财产损失,违反税法规定支付的滞纳金和罚款;

(2) 弥补以前年度的亏损;

(3) 提取法定盈余公积金,即按税后利润扣除前两项后的10%提取,当法定盈余公积金已达到注册资本50%时可不再提取;

(4) 提取公益金,主要用于企业职工集体福利设施支出,可根据项目具体情况,按提取法定公积金占利润的一定比例计提;

(5) 向投资者分配利润。

2.3.3 税金

税金是企业根据国家税法规定向国家缴纳的各种税款。在工程经济分析中涉及的税金包括三类:一类是计入总成本费用中的税金,包括印花税、房产使用税、城市建设维护税、教育费附加税、土地使用税、契税等;一类是从销售收入中扣除的税金,包括增值税、消费税;还有一类是从企业净所得中扣除的税金——所得税。各种税金及附加按现行税法规定的税目、税率、计税依据进行计算。本节主要介绍工程经济分析中常用税种的税额计算方式,关于工程经济分析对不同税种的处理,可参考第8章第2节的相关内容。

2.3.3.1 增值税

增值税是对在我国境内销售货物或提供加工、修理、修配、劳务以及进口货物的单位和个人征收的一种税。根据税法规定,增值税应纳税额的计算分为三种情况:

第一,对一般纳税人销售货物或提供应税劳务,应纳税额为当期销项税额抵扣当期进项税额后的余额。计算公式为:

$$应纳税额=当期销项税额-当期进项税额 \tag{2-63}$$

$$销项税额=(不含税)销售额\times增值税税率 \tag{2-64}$$

第二,小规模纳税人销售货物或者提供应税劳务,按照销售额和规定的征收率计算应纳税额,不得抵扣进项税额。计算公式为:

$$应纳税额=销售额\times征收率 \tag{2-65}$$

第三,纳税人进口货物,按照组成计税价格和规定的税率计算应纳税额,不得抵扣任何税额。计算公式为：

$$组成计税价格＝关税完税价格＋关税＋消费税 \tag{2-66}$$

$$应纳税额＝组成计税额×税率 \tag{2-67}$$

2.3.3.2　土地增值税

土地增值税是指转让国有土地使用权、地上的建筑物及其附着物并取得收入的单位和个人，以转让所取得的收入包括货币收入、实物收入和其他收入为计税依据向国家缴纳的一种税赋，不包括以继承、赠与方式无偿转让房地产的行为。

土地增值税按照纳税人转让房地产所取得的增值额和税法规定的税率计算征收。土地增值税实行四级超率累进税率：

增值额未超过扣除项目金额 50％的部分，税率为 30％；

增值额超过扣除项目金额 50％、未超过扣除项目金额 100％的部分，税率为 40％；

增值额超过扣除项目金额 100％、未超过扣除项目金额 200％的部分，税率为 50％；

增值额超过扣除项目金额 200％的部分，税率为 60％。

$$应纳税额＝(转让房地产所取得收入－应扣除项目)×适用税率 \tag{2-68}$$

2.3.3.3　消费税

消费税是对在我国境内生产或销售、委托加工和进口国家规定的应税消费品的单位和个人征收的流转税。消费税采取从量定额和从价定率两种征收办法。

(1) 税率。《中华人民共和国消费税法(征求意见稿)》中将销售货物、加工修理修配服务、有形动产租赁服务以及进口货物等适用税率调整为 13％；将销售交通运输、邮政、基础电信、建筑、不动产租赁服务、不动产，转让土地使用权，销售或者进口农产品等货物的适用税率调整为 9％；销售服务、无形资产、金融商品的适用税率为 6％，保持不变。同时，明确增值税征收率为 3％。

(2) 应纳税额，根据应税消费品的销售额(或数量)和适用税率(或单位税额)计算。

从价定率法：应纳税额＝销售额×税率

$$＝(含消费税价格×销售量)×税率 \tag{2-69}$$

从量定额法：应纳税额＝销售量×单位税额　(2-70)

2.3.3.4　资源税

资源税是国家对在国内从事某些初级资源(如石油、天然气、煤炭、金属矿产品和其他非金属矿产品资源)开发的单位和个人征收的一种税，主要目的在于调节因资源条件差异而形成的级差收入。资源税的计税依据为销售量，包括销售、自用和捐赠的数量。

(1) 税率。资源税税率根据《中华人民共和国资源税法》执行。

(2) 应纳税额。计算公式为：

$$应纳税额＝课税数量×单位税额 \tag{2-71}$$

2.3.3.5　企业所得税

企业所得税是对我国内资企业和经营单位的生产经营所得和其他所得征收的一种税。这里的企业指国有企业、集体企业、私营企业、联营企业、股份制企业、有生产经营所得和其他所得的其他组织。企业所得税的计税依据是企业应纳税所得额，即纳税人在纳税年度取得的总收入减去税法准予扣除项目后的余额。其计算公式为：

$$企业应纳所得税额=当期应纳税所得额\times适用税率 \tag{2-72}$$

$$应纳税所得额=收入总额-税法准予扣除项目金额 \tag{2-73}$$

其中，税法准予扣除项目指企业实际发生的与取得收入有关的、合理的支出，包括成本、费用、税金、损失和其他支出，准予在计算应纳税所得额时扣除。

企业所得税的税率法定为25%的比例税率。内资企业和外资企业一致，国家需要重点扶持的高新企业所得税的征税对象是纳税人取得的所得，新技术企业为15%，小型微利企业为20%，非居民企业为20%。

2.3.3.6 城市维护建设税

城市维护建设税(简称城建税)，是以纳税人实际缴纳的增值税、消费税的税额为计税依据，依法计征的一种税。凡在中国境内缴纳增值税、消费税的单位和个人都是纳税人。

(1) 税率，分为三个档次：纳税人所在地为市区的为7%；纳税人所在地为县、镇的5%；纳税人所在地为市区、县、镇以外的为1%。

(2) 应纳税额。计算公式为：

$$应纳税额=(增值税+消费税)\times税率 \tag{2-74}$$

2.3.3.7 教育费附加

教育费附加是国家为扶持教育事业发展，计征用于教育的政府性基金。凡缴纳增值税、消费税的纳税人，都必须缴纳教育费附加。以纳税人实际缴纳的增值税、消费税的税额为计费依据。其计算公式为：

$$应纳教育费附加=(实际缴纳的增值税+消费税)\times3\% \tag{2-75}$$

$$应纳地方教育费附加=(实际缴纳的增值税+消费税)\times2\% \tag{2-76}$$

2.3.3.8 城镇土地使用税

城镇土地使用税是国家为了合理利用城镇土地，调节土地级差收入，提高土地使用效益，加强土地管理而设置的税种，在城市、县城、建制镇、工矿区范围内使用土地的单位和个人，为城镇土地使用税的纳税人。土地使用税以纳税人实际占用的土地面积为计税依据，依照城镇土地使用税规定税额计算征收。计算公式为：

$$应纳城镇土地使用税=实际占用土地面积\times规定税额 \tag{2-77}$$

2.3.3.9 房产税

房产税是以房屋为征税对象，按房屋的计税余值或租金收入为计税依据，向产权所有人征收的一种财产税。

房产税税率分两种，一种是产权所有人按房产原值一次减除10%～30%后的余值计算缴纳，具体减除幅度由省、自治区、直辖市人民政府规定，税率为1.2%；另一种是按租金收入计算缴纳，税率为12%。

2.3.3.10 印花税

印花税是指在中华人民共和国境内书立、领受税法规定应税凭证的单位和个人，都是印花税的纳税义务人。如各种合同性质的凭证、产权转移书据、营业账簿等，根据应纳税凭证的性质，分别按比例税率或者按件定额计算应纳税额。计算公式为：

2.3.3.11　契税

契税是指在中华人民共和国境内转移土地、房屋权属，承受的单位和个人为契税的纳税人。土地使用权转让，不包括农村集体土地承包经营权的转移，契税税率为 3%～5%。

契税的计税依据分为三种情况：国有土地使用权出让、土地使用权出售、房屋买卖，为成交价格；土地使用权赠与、房屋赠与，由征收机关参照土地使用权出售、房屋买卖的市场价格核定；土地使用权交换、房屋交换，为所交换的土地使用权、房屋的价格的差额。计算公式为：

$$\text{应纳税额}=\text{计税依据}\times\text{税率} \tag{2-78}$$

2.3.3.12　环境保护税

《中华人民共和国环境保护税法》第二条规定："在中华人民共和国领域和中华人民共和国管辖的其他海域，直接向环境排放应税污染物的企业事业单位和其他生产经营者为环境保护税的纳税人，应当依照本法规定缴纳环境保护税。"计算公式为：

$$\text{应纳税额}=\text{实际排污量}\times\text{规定税额} \tag{2-79}$$

2.4　价格

2.4.1　产品价格

在现代社会的日常应用之中，价格一般是指进行交易时，买方所需要付出的代价。价格是商品经济的产物。在市场经济条件下，价值是价格的基础，产品价值是由生产过程中所消耗的生产资料价值和劳动者为自己生产的必要产品价值以及劳动者为社会生产的剩余产品价值所构成。价格是指以产品的社会价值(即社会必要劳动消耗)为基础，而不是以个别企业的劳动消耗为基础。因为生产同一产品的各个工业企业的生产条件不同，经营管理水平不同，劳动生产率有高有低，原材料消耗有多有少，各种费用开支有大有小，造成了产品成本的不同。在实际工作中制定产品价格，是以正常生产、合理经营情况下的中等成本作为依据，按照中等成本加上一定盈利制定出来的。

价格是价值的表现。工业产品的价格制定，应以价值为基础，同时还应考虑合理确定工农业产品比价、工业品内部产品间的比价，以及同种产品由于质量上、季节上发生差异而引起的价差。除此之外，产品的供求关系对价格的影响也很大。但应指出：并不是任何产品价格都必须与价值完全相同，国家可以有计划地使某些产品的价格适当高于它的价值或低于它的价值，来促进或限制某些产品的生产和消费。

一些企业制定产品价格时，按以下 6 个步骤进行。

(1) 确定定价目标。在定价时企业首先要选定目标，如投资收益率目标、市场占有率目标、稳定价格目标、防止竞争目标、利润最大化目标、渠道关系目标等。假定企业竞争激烈，为了维持企业的生存，必须制定一个低价格，只要价格能弥补可变成本和一些固定成本即可。

(2) 测定需求。企业商品的价格会影响需求，需求的变化影响企业的产品销售以至企业营销目标的实现。因此，测定市场需求状况是制定价格的重要工作。在对需求的测定中，首先是要了解市场需求对价格变动的反应，即需求的价格弹性。

(3) 估算成本。企业在制定商品价格时,要进行成本估算。企业商品价格的最高限度取决于市场需求及有关限制因素,而最低价格不能低于商品一定生产水平的全部成本。

(4) 分析竞争者制定的价格和产品质量。市场需求为价格规定了一个最高限额,而成本为价格规定了一个最低限额,竞争者的价格和可能的价格反应会有助于企业制定价格。

(5) 选择定价方法。有了需求表、成本函数、竞争者价格以后,企业就可以选定一个价格。价格定得太低就不能产生利润,定得太高又难以产生需求。在制定价格时,必须考虑以下主要因素:

① 产品成本规定了某价格的最低底数;

② 竞争者的价格和代用品价格是企业制定价格必须考虑的标定点;

③ 本企业独特的产品特点决定了产品的最高价格。

常用的定价方法有成本加成定价法、保本分析和目标利润定价法、认知价值定价法、通行价格定价法、密封投标定价法。

(6) 选定最终价格。定价方法的目的是缩小从中选定最终价格的价格范围,在这个范围内,再考虑价格对其他方面的影响来确定最终价格。

2.4.2 市场价格

市场价格是指实际发生的市场交易价格,它是计量财务支出和收入的直接依据。我国现行市场价格的构成主要有出厂价格、商业批发价格和市场零售价格。出厂价格是工业企业出售产品的价格,出厂价格制定得合理,能对工业生产的发展起推动作用。商业批发价格是在出厂价格的基础上再加上商业批发机构的各项开支和利润。合理制定批发价格,有利于促进工业生产和商业流通。市场零售价格是在批发价格的基础上,再加上零售机构的各种开支、利润和一定的税金而形成的。

市场价格在不同的市场条件下是不同的,受市场结构的影响很大。西方经济学家把市场结构分为四种情况:完全竞争、完全垄断、垄断竞争和寡头垄断。市场结构,是指买主和卖主数量的多少、产品之间相互差别的程度以及新的生产者能够进入一个市场的难易程度。完全竞争又称纯粹竞争,是指一种竞争不受任何阻碍和干扰的市场结构。在完全竞争的市场形态下,商品价格完全由市场决定,企业对价格无能为力,只是价格的接受者,而且企业的产量也只能根据市场的需求和价格以及生产成本来决定。完全垄断是指一种商品的产、销量完全由一个厂商控制,并且这种商品没有现成的替代品。在完全垄断市场条件下,完全垄断厂商是价格的制定者,自行决定产量和价格,使其利润最大化。垄断竞争是指存在着竞争和垄断因素相结合特点的市场结构。在垄断竞争市场条件下,每个厂商生产的是“有差别的产品”,因此,厂商可以通过变动其产销量等办法来影响市场价格。寡头垄断是指某种商品的绝大部分由少数几家大企业生产和销售。在寡头垄断市场条件下,价格的决定不是通过市场的供求作用,而是由生产和销售产品的少数几家大企业通过协议或契约规定的。

2.4.3 影子价格

影子价格是指依据一定原则确定的,能够反映投入物和产出物真实经济价值,反映市场供求状况,反映资源稀缺程度,使资源得到合理配置的价格。如果某种资源数量稀缺,同时,有许多用途完全依靠于它,那么它的影子价格就高。如果这种资源的供应量增多,那么它的影子价格就会下降。

影子价格的含义有多种解释，有从机会成本角度的解释，也有从边际贡献和供求关系角度的解释。从西方的经济分析方法可以看出，影子价格是建立在消费者的支付意愿和机会成本的概念上的。机会成本，是指人们放弃一种机会而由此付出的代价。

在项目经济分析中，如果项目的投入和产出的市场价格，能够真实反映对国民收入的实际贡献，则经济分析应采用市场价格，如财务评价采用现行的市场价格。但在实际经济生活中，有些产品的市场价格不能反映项目的真实投入和产出，这是因为有些产品受现时政策的影响，如政府对某些产品采取价格保护措施，而对另一些产品采取价格限制政策；或由于历史延续以及其他方面的原因，市场价格往往偏离其实际价值，在这种情况下，必须调整市场价格，以使其能够正确反映产品的价值。

当市场价格较真实地反映经济价值时，市场价格就是影子价格；当市场价格失真时，在经济分析中不能真实采用市场价格，应采用调整后的影子价格。影子价格又称计算价格或经济价格。影子价格不仅取决于社会经济目标，而且也取决于社会经济环境，这种社会经济环境包括国家政策限制和资源利用限制等。

影子价格的确定，首先要区分项目投入物和产出物是外贸货物和非外贸货物。外贸货物是指其生产或使用将直接或间接影响国家进出口的货物，包括项目产出物中直接出口、间接出口或替代进口者；项目投入物中直接进口、间接进口或挤占原可用于出口的国内产品者。非外贸货物是指其生产或使用将不影响国家的进出口的货物，除了所谓“天然”的非外贸货物，如建筑、国内运输等基础设施和商业等产品和服务外，还有由于运输费用过高或受国内、国外贸易政策和其他条件限制不能进行外贸的货物。

外贸货物影子价格以实际可能发生的口岸价格为基础确定。

思考题

1. 工程项目总投资的构成是什么？简述建设投资与流动资金的估算方法。
2. 建设项目总资金在项目建成后可能会形成哪些资产？简述各类资产的特点。
3. 总成本费用的内容包括哪些项目？
4. 经营成本为何不包括折旧费、摊销费、维简费和利息？
5. 固定资产折旧的计算方法有哪些？工作量法的使用范围是什么？
6. 试述利润总额、净利润及未分配利润的关系。
7. 简述产品价格与价值的关系。

第3章 现金流量与资金时间价值

【本章提要与学习目标】

项目的现金流量分析是指合理估计项目的现金流入和现金流出的过程。由于项目特点、评价角度、评价范围和经济分析方法的不同会导致现金流量构成要素的区别。在工程经济分析中,正确确定项目方案在寿命周期内各个时间点的现金流量是项目方案经济效果评价的基础。资金在周转过程中,随着时间的变化会产生增值。资金时间价值理论与计算方法是工程经济分析的理论基础和有效的工程经济分析工具。本章在介绍现金流量的概念及现金流量分析的基础上,主要介绍资金时间价值的概念、资金等值原理、资金等值计算的基本公式及应用、名义利率与实际利率关系等。

通过本章学习,要求理解现金流量、资金时间价值的概念、资金的等值原理,掌握资金等值计算所涉及的基本概念和计算公式、名义利率和实际利率的计算、资金等值计算及应用。

3.1 现金流量

3.1.1 现金流量的概念

在进行工程经济分析时,通常把所考察的对象视为一个特定的系统,这个系统可以是一个建设项目、一个企业,也可以是一个地区、一个国家。而投入的资金、花费的成本、获取的收益,均可看成是以货币形式体现的该系统的资金流出或资金流入。这种所考察系统一定时期内各时间点 t 上实际发生的资金流出或资金流入称为现金流量(CF,Cash Flow),其中流出系统的资金称为现金流出(Cash Output),用符号$(CO)_t$ 表示;流入系统的资金称为现金流入(Cash Input),用符号$(CI)_t$ 表示;现金流入与现金流出之差称为净现金流量(Net Cash Flow,NCF),用符号$(CI-CO)_t$ 表示。

正确确定项目方案在寿命周期内各个时期(各个时间点)的现金流量,是项目方案评价的基础。在实际应用中,现金流量的内涵和构成随工程经济分析的范围和经济评价方法不同而不同,分为财务现金流量和国民经济效益费用流量,前者用于财务评价,后者用于国民经济评价。在确定现金流量时应注意:现金流量必须有明确的发生时点,必须实际发生(如折旧费、摊销费、应收或应付账款等就不是现金流量),不同的角度有不同的结果(如税收,从企业角度看是现金流出,从国家整体角度则不构成现金流出)。

项目的现金流量分析是指合理估计项目的现金流入和现金流出的过程。由于项目特点、评价角度、评价范围和经济分析方法的不同会导致现金流量构成要素的区别,因此,正确分析项目的现金流量应首先明确采用的经济评价方法和评价角度。本节主要阐述现金流量的基本原理和方法，暂不对现金流量进行财务现金流量和国民经济效益费用流量的区分。

3.1.2　现金流量图

对于一个经济系统，其现金流量的流向(流出或流入)、数额和发生的时间都不尽相同，为了形象地把某个系统一定时期内的现金流量完整地表达出来并正确地进行经济评价，可借助现金流量图。现金流量图是一种反映经济系统资金运动状态的图示，即把经济系统的各现金流量绘入一时间坐标图中，表示出各现金流入、流出与相应时间的对应关系，如图 3-1 所示。

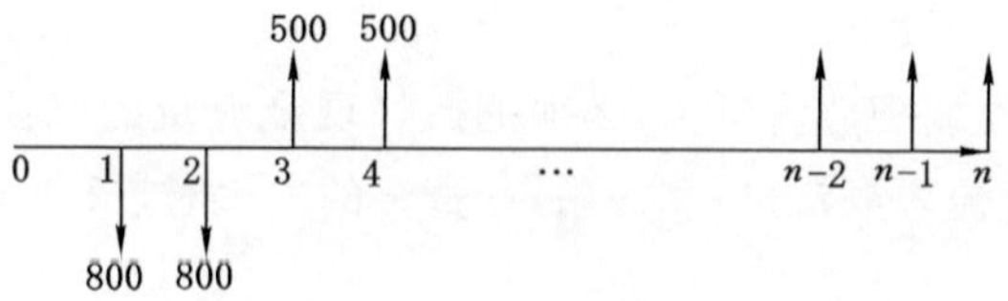

图 3-1　现金流量图

现金流量图的绘制方法和规则如下：

(1) 以横轴为时间轴，向右延伸表示时间的延续，轴上每一刻度表示一个时间单位，单位可取年、半年、季或月等，一般为年；“0”表示时间序列的起点，当期的期末同时也是下一期的期初。

(2) 相对于时间坐标的垂直箭线表示不同时点的现金流动的方向，在横轴上方的箭线表示现金流入(收入、收益)，流入为正现金流量；在横轴的下方的箭线表示现金流出(支出、费用或损失)，流出为负现金流量。

(3) 现金流量的方向(流入与流出)是对特定的系统而言的。贷款方的流入就是借款方的流出，反之亦然。其现金流量图分别如图 3-2 和图 3-3 所示。

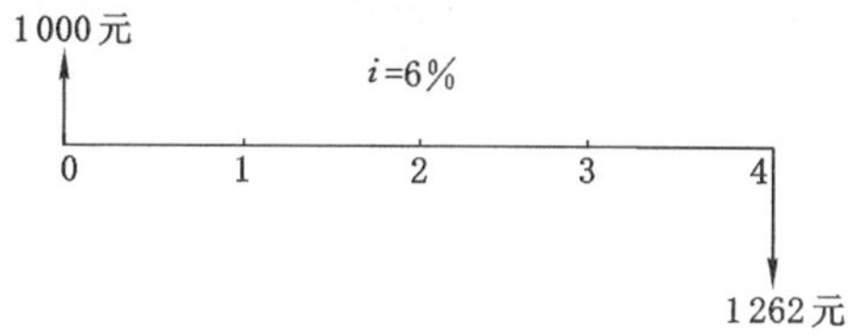

图 3-2　借款方的现金流量图

(4) 在现金流量图中，箭线长短与现金流量数值大小本应成比例。但由于经济系统中各时点现金流量的数额常相差悬殊而无法成比例绘出，故在现金流量图绘制中，箭线长短只是示意性地体现各时点现金流量数额的差异，并在各箭线上方(或下方)注明其现金流量的数值。

(5) 箭线与时间轴的交点即为现金流量发生的时点。现金流量发生的时点可服从年末

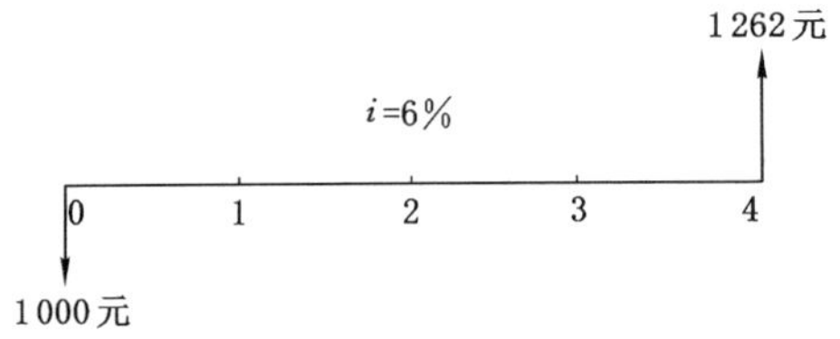

图 3-3　贷款方的现金流量图

习惯法或年初习惯法。为了计算方便，通常把现金流量所发生的具体时间，根据其性质不同定在期初或期末。一般把项目投资定在期初发生，而把项目各期发生的经营成本（费用）和销售收入（收益）定在期末发生。

总而言之，要正确绘制现金流量图，必须把握好现金流量的三要素，即现金流量的大小（资金数额）、方向（资金流入或流出）和作用点（资金的发生时点）。

3.2　资金的时间价值

3.2.1　资金时间价值的概念

3.2.1.1　资金时间价值的定义

资金的时间价值是指资金在生产经营及其循环周转过程中，随着时间推移而不断产生的增值。由于资金是以货币形态表现的劳动量，把它投入到生产或流通领域，能产生利润或利息，这种报酬（利润或利息）就是资金的时间价值。资金具有时间价值应具备两个条件：第一，应经历一定的时间；第二，资金参加生产或流通过程的周转。

对于资金的时间价值，可以从以下两个方面理解：

(1) 资金的时间价值，是资金作为生产要素，在技术创新、社会化大生产、资金流通等过程中，随时间的变化而产生的增值。资金的增值过程必须与占有市场份额的生产和流通过程相结合，如果没有市场需求，或离开了生产过程和流通领域，资金是不可能实现增值的。资金的增值过程可用图 3-4 表示。

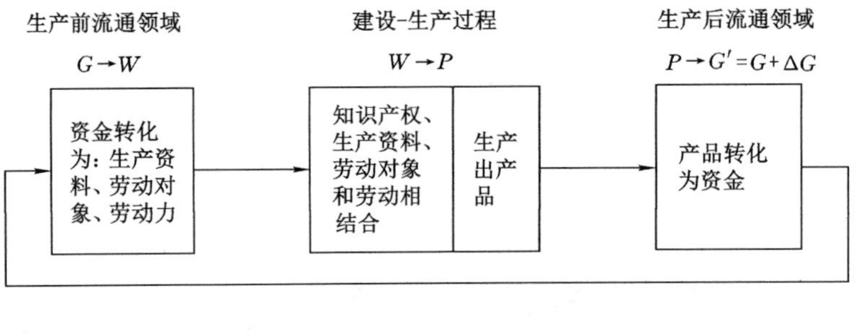

图 3-4　$(G—W—G')$资金增值过程

在确定产品有市场需求后，首先需用一笔资金(G)购买厂房和设备作为该企业生产资料的固定资产，同时还需垫支流动资金用以采购生产所需要的专有技术、原材料、辅助材料、燃料等劳动对象和招聘工人所需支出的工资；然后在生产过程中，资金以物化形式出现(W)，劳动者运用生产资料对劳动对象进行加工生产，制作新的产品，这里生产出来的新产品(P)比原先投入的资金(G)具有更高的价值(G')；最后这些新产品(P)必须在生产后的流通领域里出售给用户，才能转化为具有新增价值的资金(G')，使物化的资金(P)转化为货币形式的资金(G')，这时的 $G'=G+\Delta G$，从而使生产过程中劳动者创造的资金增值部分 ΔG 得以实现。这样就完成了以“G—W—G'”形式表示的完整的资金增值过程。

(2) 资金的时间价值，是使用稀缺资源——资金的一种机会成本，是使用货币的利息，是使用土地的租金，是使用技术要素的付费；或者是让渡资金使用权所得的报偿，是放弃近期消费所得的补偿。

由于资金时间价值的存在，使不同时点上发生的现金流量无法直接加以比较。因此，要通过一系列的换算，在同一时点上进行对比，才能符合客观实际。这种考虑了资金时间价值的经济分析方法，使方案的评价和选择变得更现实和可靠，它构成了工程经济学要讨论的重要内容之一。

3.2.1.2　研究资金时间价值的意义

工程经济活动中，时间就是经济效益，因为经济效益是在一定的时间内创造的，不考虑时间也就谈不上效益。例如，一百万的利润，是一个月创造的，还是一年创造的，其效果是大不一样的。因此，重视时间因素的研究，对工程经济分析有着重要的意义。其意义主要表现在两个方面。

(1) 促进合理有效地利用资金。当决策者认识到资金具有时间价值时，就会努力使资金流向更加合理和易于控制，从而达到合理有效利用资金的目的。如工程项目建设过程中，企业必须充分考虑资金的时间价值，努力缩短建设周期，加速资金周转，提高资金的使用效率。

(2) 促进科学地投资决策。任何一个工程建设项目从规划、建设到投入使用均需要经过一段时间，尤其是大型建设项目，投资数额大，建设周期长，在进行投资决策时必须考虑资金的时间价值，才能做出科学的决策。

3.2.2　资金时间价值的衡量尺度

资金时间价值是社会劳动创造能力的一种表现形式。衡量资金时间价值的尺度有两种：其一是绝对尺度，即利息、盈利或收益；其二是相对尺度，即利率、盈利率或收益率。

3.2.2.1　利息

利息的定义有狭义和广义之分，狭义的利息是指占用资金所付出的代价(或放弃使用资金所得到的补偿)，广义的利息是指资金投入到生产和流通领域中所获得的资金增值部分。因此，利息即包括存款(贷款)所得到(所付出)的报酬额，也包括投资所产生的净收益或利润。利息计算涉及时间，计算利息的单位称为计息周期(通常用 n 表示)，即计息一次的时间间隔，简称为计息期，有年、半年、季、月、周、日之分，相应地称为按年计息、按季计息、按月计息等。在一定时间段内，计息周期愈短，计息频数愈大。工程经济学中的利息通常指广义的利息。利息通常用 I 表示。

3.2.2.2 利率

利率即利息率,是指资金在一个计息周期内所产生的增值(利息或利润)与投入的资金额(本金)之比。通常以百分数的形式表示。

根据计息周期的不同,利率有年利率、季利率、月利率等,其中年利率通常以“%”表示,月利率通常以“‰”表示。利率通常用 i 表示。在工程技术经济评价中,除特殊指明外,利率一般是指年利率。在工程经济分析中,利息与盈利、收益、利率与盈利率、收益率是不同的概念。在分析资金信贷时使用利息和利率的概念,而在研究某项投资的经济效果时,则使用收益(或盈利)和收益率(或盈利率)的概念。项目投资通常要求其收益大于应该支付的利息,即收益率必须大于利率。

3.2.3 资金的等值原理

3.2.3.1 资金等值的概念

资金等值是指在考虑资金时间价值因素的情况下,不同时点发生的数额不等的资金可能具有相等的价值。如现在的 1 000 元与一年后的 1 200 元,其数额并不相等,但在 20%的年利率条件下,它们具有相同的价值,则可以说现在的 1 000元与一年后的 1 200 元,在 20%的年利率条件下,它们是等值的。由于资金时间价值的存在,不同时点上发生的现金流量不能直接加以比较,而必须通过资金等值计算,将不同时点上的现金流量换算到同一时点才能进行比较分析。其中,资金等值计算是指将一个时点发生的资金金额换算成另一时点的等值金额的过程。影响资金等值计算的因素有三个:资金额的大小、资金发生的时点以及利率。

3.2.3.2 资金等值计算的有关概念

为了计算资金的时间价值,可利用现金流量图对现金流量进行分析和计算,需掌握资金时间价值的相关概念。

(1) 时值与时点

资金的数值由于计算利息和随着时间的延长而增值,在每个计息期期末的数值是不同的。在某个资金时间节点上的数值称为时值。现金流量图上,时间轴上的某一点称为时点。

(2) 现值

现值又称期初值,是指发生在时间序列起点处的资金值。时间序列的起点通常是评价时刻的点,即现金流量图的零点处。

(3) 折现

将某时点处资金的时值折算为现值的过程称为折现。实际上,折现是求资金等值的一种方法。

(4) 年金

年金是指一定时期内每期有相等金额的收付款项,如折旧、租金、利息、保险金、养老金等通常都采取年金形式。年金有普通年金、预付年金和延期年金之分:每期期末收款、付款的年金称为后付年金,即普通年金;每期期初收款、付款的年金称为预付年金或先付年金;距今若干期内发生的每期期末收款、付款的年金称为延期年金。

（5）终值

终值即资金发生在(或折算为)某一特定时间序列终点的价值。

3.3　资金的等值计算

3.3.1　单利与复利的概念

3.3.1.1　单利

单利指在计算利率时,仅考虑最初的本金,而不计入在先前计息周期中所产生的利息,即通常所说的利不生利的计息方法。设 I 代表 n 个计息期所付或所收的单利总利息,其计算公式如下:

$$I = P \times i \times n \tag{3-1}$$

式中　I——总利息;

P——本金;

i——期利率;

n——计息期数。

由式(3-1)可知,在以单利计息的情况下,总利息与本金、利率以及计息周期数是成正比的线性关系。单利计息的本利和等于本金加上利息,即:

$$F = P + I = P(1 + n \times i) \tag{3-2}$$

注意,在利用式(3-2)计算本利和 F 时,要注意式中 n 和 i 反映的周期要匹配。若 i 为年利率,则 n 应为计息的年数;若 i 为月利率,则 n 应为计息的月数。

【例 3-1】　假如某人以单利方式从银行借入 1 000 万元本金用于企业扩建,年利率为 6%,单利计息,第五年末偿还。试计算各年利息及本利和。

解:由于第五年末偿付,因此,前四期的偿债额都为 0,计算过程和计算结果见表 3-1。

表 3-1　单利方式利息计算表

年 末	借款本金/万元	利息/万元	年末本利和/万元	偿还额/万元
0	1 000			
1		1 000×6%=60	1 000+60=1 060	0
2		1 000×6%=60	1 060+60=1 120	0
3		1 000×6%=60	1 120+60=1 180	0
4		1 000×6%=60	1 180+60=1 240	0
5		1 000×6%=60	1 240+60=1 300	1 300

由表 3-1 可知,单利的年利息额仅由本金产生,其新生的利息不再计入本金产生利息,这就是“利不生利”的情况。这种情形不符合经济发展的客观规律,没有体现出资金是可以增值的,即没有完全反映资金的时间价值。所以,在工程经济分析中很少使用单利,一般只在短期投资和低于一年的短期贷款中使用。

3.3.1.2 复利

复利是指在计算利息时，本金加先前计息周期内所积累的利息总额作为下一次计息周期利息的本金。也就是通常说的“利生利”“利滚利”。复利计息比较符合经济生产活动中资金运作情况，更能体现资金的时间价值。其表达式如下：

$$I_n = i \times F_{n-1} \tag{3-3}$$

式中 I_n——第 n 期利息；

f_{n-1}——第$(n-1)$期末本利和。

第 n 期末复利本利和：

$$F_n = F_{n-1} \times (1+i) = P \times (1+i)^n \tag{3-4}$$

【例 3-2】 数据同例 3-1，试按复利计算各年利息及本利和。

解：按复利计算时，计算结果见表 3-2。

表 3-2 复利方式利息计算表

年末	借款本金/万元	利息/万元	年末本利和/万元	偿还额/万元
0	1 000			
1		1 000×6%=60	1 000+60=1 060	0
2		1 060×6%=63.60	1 060+63.60=1 123.60	0
3		1 123.6×6%=67.42	1 123.60+67.42=1 191.02	0
4		1 191.02×6%=71.46	1 191.02+71.46=1 262.48	0
5		1 262.48×6%=75.75	1 262.48+75.75=1 338.23	1 338.23

从例 3-1、例 3-2 可以看出，同一笔本金，在 i（利率）、n（计息的期数）相同的情况下，用复利计息所得本利和比用单利计息所得本利和要多，而二者之差会随着 i（利率）或 P（本金）或 n（计息的月数）的增大而增大。由于经济活动中实际占用资金的情况与复利情况相符，复利计息更符合资金在社会再生产过程中运动的实际情况。因此，工程经济学分析中一般采用复利计算。

3.3.2 资金等值计算的基本公式

资金等值计算基本公式主要涉及现值(P)、未来值(F)、等额年金(A)、利率(i)和期初(n)等五个变量，主要研究 P、F、A 三者间的变换关系。资金等值计算基本公式可分为一次支付类型和等额支付类型两大类，在公式推导过程中，一般假定 i 和 n 为固定值。

3.3.2.1 一次支付类型

(1) 一次支付终值公式(已知 P，求 F)

假设在某一时间点上，有一笔资金 P，计息期利率为 i，复利计息，则到 n 期末的本利和为多少？其现金流量如图 3-5 所示。

根据式(3-4)，应为：

$$F = P(1+i)^n \tag{3-5}$$

式(3-5)中，$(1+i)^n$ 称作一次支付终值系数，通常用符号$(F/P,i,n)$来表示，该系数可

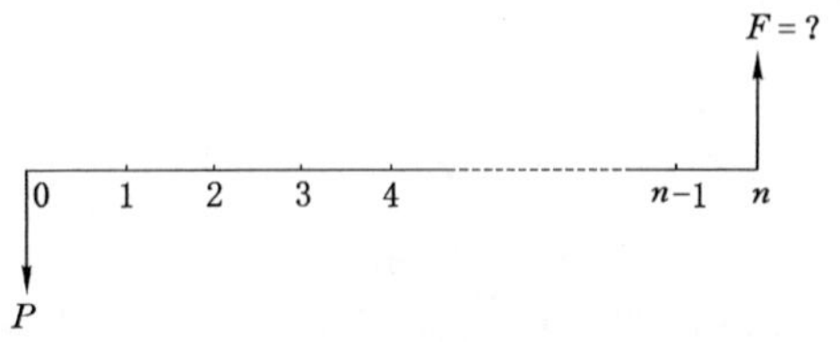

图 3-5　一次支付终值现金流量

从复利系数表中查得。

【例 3-3】 某企业从银行借款 100 万元，年利率为 10%，复利计息，试计算 5 年末连本带利一次偿还所需支付的资金额。

解：$F=P(1+i)^n=100(1+10\%)^5=161.05$（万元），也可以通过附录查出一次性支付复利终值系数，再使用 $F=P(F/P,i,n)$ 计算。其中 $(F/P,10\%,5)=1.610\,5$，因此代入式中得：$F=100(F/P,10\%,5)=100\times1.610\,5=161.05$（万元）。

(2) 一次支付现值公式（已知 F，求 P）

如果计划 n 年后积累一笔资金 F，利率 i，问现在一次投资 P 应为多少？这个问题相当于已知终值 F、利率 i 和计算期数 n，求现值 P。即将某一时点（非零点）资金的价值计算成资金的现值（零点出的值）。其现金流量如图 3-6 所示。

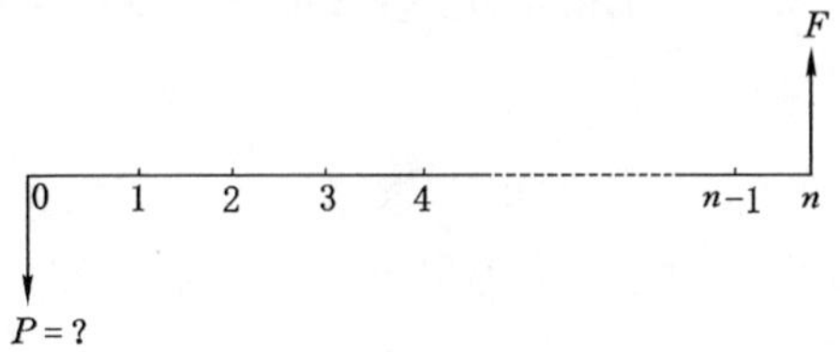

图 3-6　一次支付现值现金流量

根据式(3-5)可知：

$$P=F\frac{1}{(1+i)^n} \tag{3-6}$$

式(3-6)中，$\frac{1}{(1+i)^n}$ 为一次支付现值系数，通常用符号 $(P/F,i,n)$ 来表示，该系数可从复利系数表中查得。

【例 3-4】 如果银行年利率为 10%，假定按照复利计息，为在 5 年后获得 10 000 元款项，现在应存入银行多少资金？

解：按 $P=F(P/F,i,n)$ 计算。其中 $(P/F,10\%,5)=0.620\,9$，因此代入式中得：$P=10\,000(P/F,10\%,5)=10\,000\times0.620\,9=6\,209$（元）。

3.3.2.2　等额支付类型

等额支付是指所分析的系统中现金流入与现金流出可在多个时间点上发生，而不是集中在某一个时间点，即形成一个序列现金流量，并且这个序列现金流量数额的大小是相等的，它包括以下四个基本公式。

(1) 等额支付年金终值公式(已知 A，求 F)

等额支付序列年金终值涉及的问题是：在一个时间序列中，在利率为 i 的情况下连续在每个计息期的期末支付一笔等额的资金为 A，求 n 年后由各年的本利和累积而成的总值 F，即已知 A,i,n，求 F。类似于我们存款中的零存整取。其现金流量如图 3-7 所示。

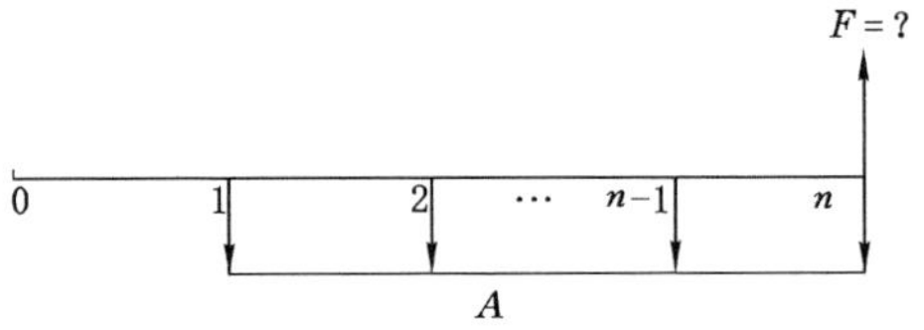

图 3-7　等额支付年金终值公式现金流量

由图 3-7，根据一次支付终值公式可得：

$$F=A+A(1+i)+A(1+i)^2+\cdots+A(1+i)^{n-1}$$

根据等比数列求和公式，可得年金终值(未来值)公式为：

$$F=A\times\frac{(1+i)^n-1}{i} \tag{3-7}$$

式(3-7)中，$\frac{(1+i)^n-1}{i}$ 称作年金终值系数，通常用符号$(F/A,i,n)$来表示。该系数可以从复利系数表中查得。

(2) 等额支付年金偿还基金公式(已知 F，求 A)

等额支付年金偿还基金的含义是为了筹集未来 n 年后所需的一笔资金，在利率为 i 的情况下，求每个计息期末应等额存入的资金额，即已知 F,i,n，求 A，类似于日常商业活动中的分期付款业务。其现金流量如图 3-8 所示。

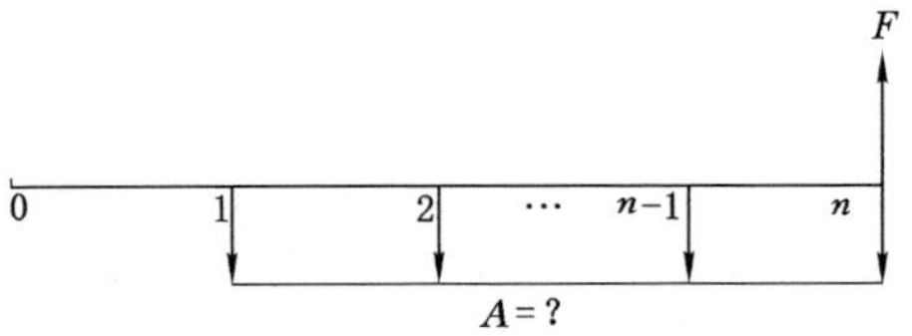

图 3-8　等额支付年金偿还基金公式现金流量

由公式(3-7)可得：

$$A=F\left[\frac{i}{(1+i)^n-1}\right] \tag{3-8}$$

式(3-8)中，$\left[\frac{i}{(1+i)^n-1}\right]$为等额支付年金偿还系数，通常用符号$(A/F,i,n)$来表示。该系数可从复利系数表中查得。

【例 3-5】 某企业 10 年以后需 10 万元作为技术改造的经费，若年利率为 10%，每年末应向银行存入多少资金？

解：① 绘制现金流量图，如图 3-9 所示。

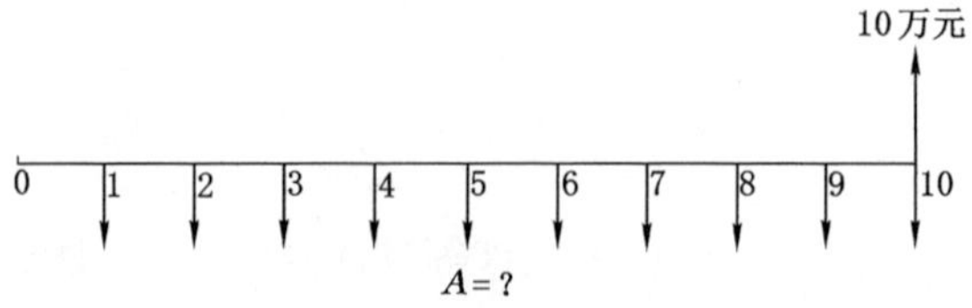

图 3-9　例 3-5 现金流量

② 计算：

$$A = F(A/F, 10\%, 10) = 10 \times 0.062\ 75 = 0.627\ 5(\text{万元})$$

(3) 等额支付年金现值公式(已知 A，求 P)

等额支付年金现值的含义是在 n 年内每年等额收支一笔资金，在利率为 i 的情况下，求此等额年金收支的现值总额，即已知 A, i, n，求 P。类似于存款中的整存零取。其现金流量如图 3-10 所示。

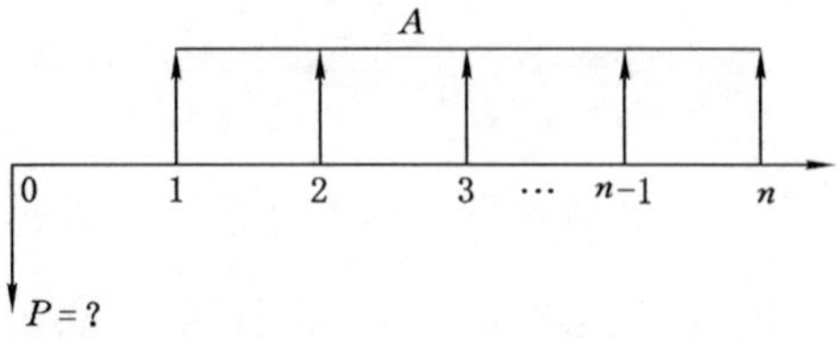

图 3-10　等额支付年金现值公式现金流量

类似于年金终值公式的计算推导，年金现值公式的计算可利用数列求和得出，也可以利用年金终值公式与折现的概念推导得出。

由式(3-6)以及式(3-7)可得：

$$P = A\left[\frac{(1+i)^n - 1}{i(1+i)^n}\right] \tag{3-9}$$

式(3-9)中，$\left[\frac{(1+i)^n - 1}{i(1+i)^n}\right]$为等额支付年金现值系数，通常用$(P/A, i, n)$来表示当利率为 i、期数为 n 时，由 A 求 P 的系数。该系数可从复利系数表中查得。

【例 3-6】　某投资项目建成后，在生产年份 10 年内每年销售收入为 1 500 万元，若年利率为 10%，该项收入折现至生产年初的现值应为多少？

解：① 绘制现金流量图，如图 3-11 所示。

② 计算：

$$P = A(P/A, 10\%, 10) = 1\ 500 \times 6.144 = 9\ 216(\text{万元})$$

(4) 等额支付年金资金还原公式(已知 P，求 A)

等额支付年金资金还原的含义是在期初一次投入资金数额为 P，欲在 n 年内全部收

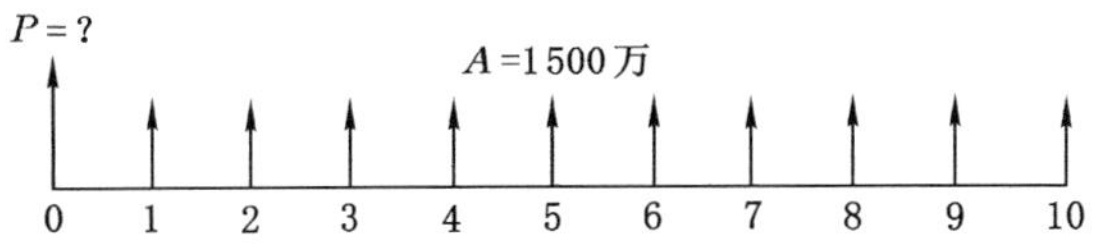

图 3-11　例 3-6 现金流量

回，则在年利率为 i 的情况下，求每年年末应该等额回收的资金，即已知 P,i,n，求 A。其现金流量如图 3-12 所示。

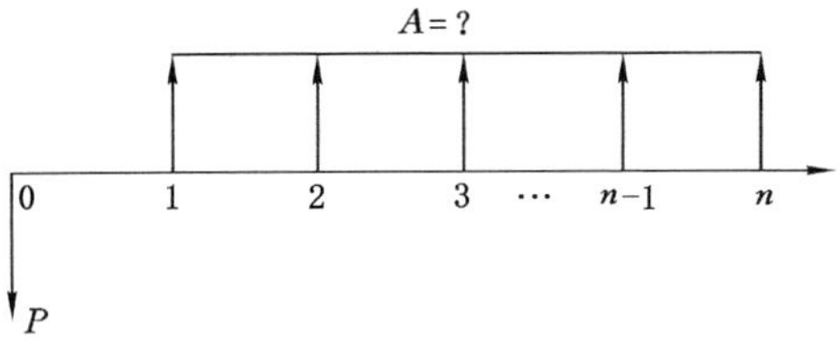

图 3-12　等额支付年金资金还原公式现金流量

由式(3-9)可得：

$$A=P\left[\frac{i(1+i)^n}{(1+i)^n-1}\right] \tag{3-10}$$

式(3-10)中，$\left[\frac{i(1+i)^n}{(1+i)^n-1}\right]$为等额支付年金资金还原系数，也称为资金回收系数，通常用$(A/P,i,n)$来表示当前利率为 i、期数为 n 时，由 P 求 A 的系数。该系数可以从复利系数表中查得。

资金回收系数是一个重要的系数。其含义是对应于工程方案的初始投资，在方案寿命期内每年至少要回收的金额。在工程方案经济分析中，如果对应于单位投资的每年实际回收金额小于相应的预计资金回收金额，就表示在给定利率 i 的情况下，在方案的寿命期之内不可能将全部投资收回。

【例 3-7】 某项贷款为 1 000 万元，年利率为 8%，分五年于每年年末等额偿还，每年末应偿付贷款多少？

解：① 绘制现金流量图，如图 3-13 所示。

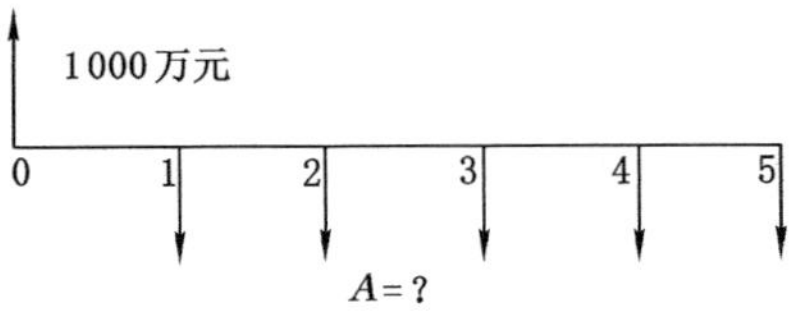

图 3-13　例 3-7 现金流量图

② 计算：

$$A=P(A/P,8\%,5)=1\ 000\times 0.250\ 5=250.5(\text{万元})$$

上述普通复利公式，在资金等值计算中最为常用，它们在现值 P、终值 F 和等额年金 A

的相互等值换算中，具有各自的功能。

复利系数存在明显的内在联系，主要关系有：

$$(F/P,i,n)=1/(P/F,i,n)$$

$$(P/A,i,n)=1/(A/P,i,n)$$

$$(F/A,i,n)=1/(A/F,i,n)$$

$$(A/P,i,n)=(A/F,i,n)+i$$

由普通复利的基本公式可以看出，各种换算系数只与 i 和 n 有关，因此，当 i 和 n 趋向某一极值时，各种换算系数也将趋于某极值，见表 3-3。

表 3-3　换算系数极值

换算系数	极值($n\to\infty$)	极值($i\to 0$)	极值($i\to\infty$)
$(A/F,i,n)$	0	$1/n$	0
$(A/P,i,n)$	i	$1/n$	∞
$(P/F,i,n)$	0	1	0
$(P/A,i,n)$	$1/i$	n	0
$(F/P,i,n)$	∞	1	∞
$(F/A,i,n)$	∞	n	∞

3.3.3 均匀梯度支付类型

均匀梯度支付系列的问题是每年以一固定的数值（等差）递增（或递减）的现金支付情况。如机械设备每年的维修费以固定的增量支付等。均匀梯度支付系列现金流量如图 3-14 所示。

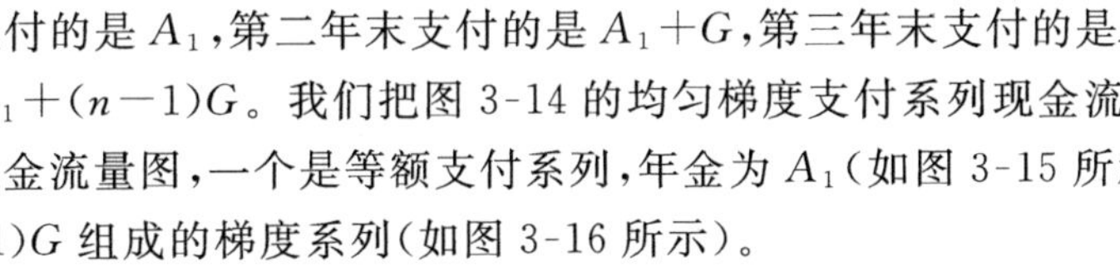

图 3-14　均匀梯度支付系列现金流量

第一年末支付的是 A_1，第二年末支付的是 A_1+G，第三年末支付的是A_1+2G，…，第 n 年末支付的是 $A_1+(n-1)G$。我们把图 3-14 的均匀梯度支付系列现金流量图分解成由两个系列组成的现金流量图，一个是等额支付系列，年金为 A_1（如图 3-15 所示），另一个是 0，G，$2G$，…，$(n-1)G$ 组成的梯度系列（如图 3-16 所示）。

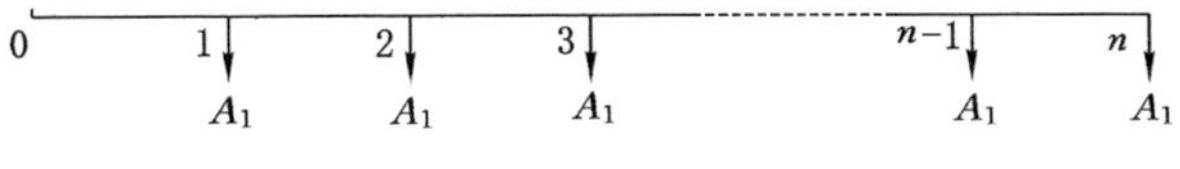

图 3-15　等额支付系列现金流量

等额支付系列是我们所熟悉的，于是剩下的就是寻找图 3-16 所示梯度系列的解决途

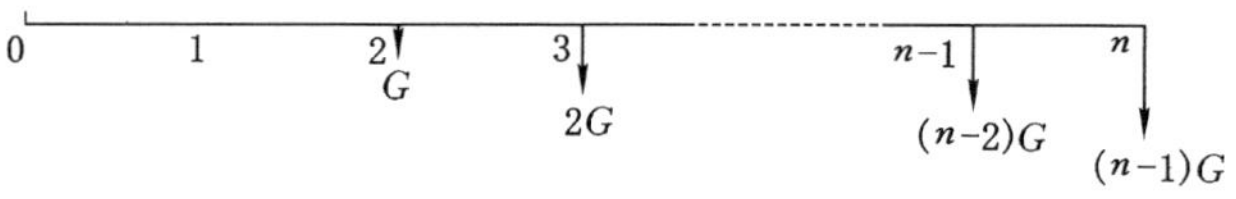

图 3-16　梯度系列现金流量

径了。

设等额支付系列的终值为 F_1，梯度系列的终值为 F_2，根据图 3-16，梯度系列的终值 F_2 为：

$$\begin{aligned}F_2 &= G(F/A,i,n-1)+G(F/A,i,n-2)+G(F/A,i,n-3)+\\&\quad G(F/A,i,2)+G(F/A,i,3)\\&= G\left[\frac{(1+i)^{n-1}-1}{i}\right]+G\left[\frac{(1+i)^{n-2}-1}{i}\right]+\\&\quad G\left[\frac{(1+i)^{n-3}-1}{i}\right]+G\left[\frac{(1+i)^{2}-1}{i}\right]+G\left[\frac{(1+i)-1}{i}\right]\\&= \frac{G}{i}[(1+i)^{n-1}+(1+i)^{n-2}+(1+i)^{n-3}+\cdots+(1+i)^{2}+\\&\quad (1+i)-(n-1)\times 1]\\&= \frac{G}{i}[(1+i)^{n-1}+(1+i)^{n-2}+(1+i)^{n-3}+\cdots+(1+i)^{2}+\\&\quad (1+i)+1]-\frac{nG}{i}\\&= \frac{G}{i}\left[\frac{(1+i)^{n}-1}{i}\right]-\frac{nG}{i}\end{aligned}$$

从而

$$\begin{aligned}F &= F_1+F_2=A_1\times\left[\frac{(1+i)^{n}-1}{i}\right]+\frac{G}{i}\left[\frac{(1+i)^{n}-1}{i}\right]-\frac{nG}{i}\\&= \left(A_1+\frac{G}{i}\right)\times\left[\frac{(1+i)^{n}-1}{i}\right]-\frac{nG}{i}\end{aligned} \tag{3-11}$$

用符号表示，式(3-11)可以写成：

$$F=\left(A_1+\frac{G}{i}\right)\times(F/A,i,n)-\frac{nG}{i}=A_1(F/A,i,n)+G(F/G,i,n)$$

其中，$\frac{1}{i}\left[\frac{(1+i)^{n}-1}{i}-n\right]$或$(F/G,i,n)$为定差终值系数。

均匀梯度支付系列的现值和等值年金的计算，可以在式(3-11)的基础上，再按一次支付和等额支付系列的公式进一步求解。

比如，均匀梯度支付现值的计算公式为：

$$\begin{aligned}P &= F(P/F,i,n)\\&= \left(A_1+\frac{G}{i}\right)\times\frac{(1+i)^{n}-1}{i}\times\frac{1}{(1+i)^{n}}-\frac{nG}{i}\times\frac{1}{(1+i)^{n}}\end{aligned}$$

$$=\left(A_1+\frac{G}{i}\right)(P/A,i,n)-\frac{nG}{i}(P/E,i,n)$$

$$=A_1(P/A,i,n)+G(P/G,i,n) \tag{3-12}$$

其中，$\frac{1}{i}\left[\frac{(1+i)^n-1}{i(1+i)^n}-\frac{n}{(1+i)^n}\right]$或$(P/G,i,n)$为定差现值系数。

均匀梯度支付等值的年金公式为：

$$A=A_1+F_2(A/F,i,n)$$

$$=A_1+\left[\frac{G}{i}\times\frac{(1+i)^2-1}{i}-\frac{nG}{i}\right](A/F,i,n)$$

$$=A_1+\frac{G}{i}-\frac{nG}{i}(A/F,i,n)$$

$$=A_1+G(A/G,i,n) \tag{3-13}$$

其中，$\left[\frac{1}{i}-\frac{1}{(1+i)^n-1}\right]$或$(A/G,i,n)$为定差年金系数。

对于递减支付系列(即第一年末支付为 A_1，第二年末支付为 A_1-G，…)的情况，只需改变相应项的计算符号，即将其每年增加一个负的数额，仍可应用式(3-11)、式(3-12)、式(3-13)进行计算。

【例 3-8】 某类建筑机械的维修费用，第一年为 200 元，以后每年递增 50 元，服务年限为 10 年，问服务期内全部维修费用的现值为多少？($i=10\%$)

解：已知 $A_1=200$ 元，$G=50$ 元，$i=10\%$，$n=10$ 年，求均匀梯度支付现值 P。

由公式(3-12)得：

$$P=\left(A_1+\frac{G}{i}\right)(P/A,i,n)-\frac{nG}{i}(P/F,i,n)$$

$$=\left(200+\frac{50}{0.1}\right)(P/A,0.1,10)-\frac{10\times 50}{0.1}(P/F,0.1,10)$$

$$=700\times 6.144\ 5-5\ 000\times 0.385\ 5$$

$$=2\ 373.65(\text{元})$$

【例 3-9】 设某技术方案服务年限 8 年，第一年净利润为 10 万元，以后每年递减 0.5 万元。若年利率为 10%，问相当于每年等额盈利多少元？

解：已知 $A_1=10$ 万元，递减梯度量 0.5 万元，$i=10\%$，$n=8$ 年，求均匀梯度支付(递减支付系列)的等值年金 A。

$$A=A_1-\frac{G}{i}+\frac{nG}{i}(A/F,i,n)$$

$$=10-5+40\times 0.087\ 4$$

$$=8.5(\text{万元})$$

3.3.4　资金等值计算小结及注意事项

上面介绍了复利计算的一次支付、等额支付和均匀梯度支付系列基本公式，现汇总为表 3-4。

表 3-4　普通复利公式汇总表

收付类型	公式名称	已知	求	普通复利公式
一次支付	终值公式	P	F	$F=P(1+i)^n$ $F=P(F/P,i,n)$
	现值公式	F	P	$P=F\times\frac{1}{(1+i)^n}$ $P=F(P/F,i,n)$
等额支付	年金终值公式	A	F	$F=A\left[\frac{(1+i)^n-1}{i}\right]$ $F=A(F/A,i,n)$
	偿债基金公式	F	A	$A=F\left[\frac{i}{(1+i)^n-1}\right]$ $A=F(A/F,i,n)$
	年金现值公式	A	P	$P=A\left[\frac{(1+i)^n-1}{i(1+i)^n}\right]$ $P=A(P/A,i,n)$
	资金回收公式	P	A	$A=P\left[\frac{i(1+i)^n}{(1+i)^n-1}\right]$ $A=P(A/P,i,n)$
一次支付	终值公式	P	F	$F=P(1+i)^n$ $F=P(F/P,i,n)$
	现值公式	F	P	$P=F\times\frac{1}{(1+i)^n}$ $P=F(P/F,i,n)$
均匀梯度支付	终值公式	G	F	$F=\left(A_1+\frac{G}{i}\right)\times\frac{(1+i)^n-1}{i}-\frac{nG}{i}$ $=A_1(F/A,i,n)+G(F/G,i,n)$
	现值公式	G	P	$P=\left(A_1+\frac{G}{i}\right)(P/A,i,n)-\frac{nG}{i}G(P/F,i,n)$ $=A_1(P/A,i,n)+G(P/G,i,n)$
	等值年金公式	G	A	$A=A_1+\frac{G}{i}-\frac{nG}{i}(A/F,i,n)$ $=A_1+G(A/G,i,n)$

运用上述公式要注意的问题如下：

(1) 方案的初始投资，假设发生在寿命期初；

(2) 寿命期内各项收入或支出，均假设发生在各期的期末；

(3) 本期的期末即是下一期的期初；

(4) P 是在计算期的期初发生；

(5) 寿命期末发生的本利和 F，记在第 n 期期末；

(6) 等额支付系列 A，发生在每一期的期末；

(7) 当问题包括 P、A 时，P 在第一期的期初，A 在第一期的期末；

(8) 当问题包括 F、A 时，F 和 A 同时在最后一期期末发生；

(9) 均匀梯度系列中，第一个 G 发生在第一期期末。

3.4　名义利率与实际利率

在实际应用中，计息周期并不一定以一年为周期，可以按半年计息一次，每季度计息一次，每月计息一次，甚至可以每日计息一次。因此，同样的年利率，由于计息期数的不同，本金所产生的利息也不同，因而有名义利率和实际利率之分。

3.4.1　名义利率

名义利率是指按年计息的利率，即计息周期为一年，等于每一计息期的利率与每年的计息期数的乘积。它是采用单利计算的方法，把各种不同计息期的利率换算为以年为计息期的利率。例如每月存款月利率为 3‰，则名义年利率为 3‰乘以 12 个月，等于 3.6%。

3.4.2　实际利率

实际利率又称有效利率，是按实际计息期计息的利率，它可以是计息周期的利率，也可以不是计息周期的利率。事实上，实际利率就是按复利计息的实际利息与本金的比值。例如每月存款月利率为 3‰，则实际月利率为 3‰；如果按月计息，则根据复利计算的方法，实际年利率为$(1+3‰)^{12}-1=3.66\%$。在资金的等值计算公式中所使用的利率都是指实际利率。当然如果计息期数为一年，则名义利率与实际利率是相等的，因此可以说两者之间的差异主要取决于实际计息期与名义计息期的差异。

【例 3-10】　设本金 $P=100$ 元，年利率为 10%，半年计息一次，求年实际利率。

解：已知名义利率为 10%，计息期半年的利率为 5%，于是年末本利和为：

$$F=P(1+i)^n=100(1+5\%)^2=110.25(\text{元})$$

年利息差为：

$$F-P=110.25-100=10.25(\text{元})$$

$$\text{年实际利率}=\frac{\text{年利息额}}{\text{本金}}=\frac{10.25}{100}=10.25\%$$

3.4.3　名义利率与实际利率的换算关系

设名义利率为 r，一年中计息的周期数为 m，周期利率为 c，年实际利率为 i。则计息周期利率为：

$$c=r/m \tag{3-14}$$

年实际利率为：

$$i=\frac{P(1+r/m)^m-P}{P}=(1+r/m)^m-1$$

名义利率与实际利率之间的关系式为：

$$i=\left(1+\frac{r}{m}\right)^m-1 \tag{3-15}$$

名义利率和实际利率两者对资金时间价值的反映程度不同，实际利率较全面地反映了资金的时间价值。当计息周期为一年，即计息周期以“年”为单位且一年内的计息次数为 1

时，名义利率、实际利率和周期利率三者相等；计息周期短于1年时，名义利率小于实际利率；名义利率越大，计息周期越短，名义利率与实际利率的差值越大。

【例3-11】 设名义利率为10%，计算计息周期为年、半年、季、月和日的年实际利率。

解：年实际利率计算见表3-5。

表3-5 年实际利率计算

名义利率	计息周期	计息次数(m)	计息周期利率(m)	年实际利率(i)
10%	年	1	10%	10%
	半年	2	5%	10.25%
	季	4	2.5%	10.38%
	月	12	0.833%	10.45%
	日	365	0.027 4%	10.51%

可以看出，每年计息周期数 m 越多，年实际利率与计息周期利率相差越大；另一方面，名义利率为10%，按季度计息时，按季度利率2.5%计息与按年利率10.38%计息，二者是等价的。所以，在工程经济分析中，如果各方案的计息期不同，就不能简单地使用名义利率来评价，而必须换算成有效利率进行评价，否则会得出不正确的结论。

3.4.4 涉及名义利率和实际利率的等值计算

资金时间价值是工程经济分析的基本原理，资金的等值计算是这个原理的具体应用。进行资金等值计算需要用到前面介绍的基本计算公式，在应用公式时要注意"死套活用"。所谓"死套"，是指严格按照公式中 F,P,i,n 的含义、相互关系、基本公式应用的条件进行套用；所谓"活用"，是指灵活应用公式，不能直接采用公式时，应当做适当变换，使其符合基本公式，在变换过程中，名义利率与实际利率的关系是常用到的方法。

3.4.4.1 计息期与支付期一致的计算

【例3-12】 年利率为8%，每季度计息一次，每季度末借款1 400元，连续借16年，求与其等值的第16年年末的将来值为多少？

解：已知 $A=1\ 400$ 元，$i=8\%$，$n=16\times4=64$，由公式可得：

$$F=A(F/A,i,n)=1\ 400\times(F/A,2\%,64)=178\ 604.53(\text{元})$$

3.4.4.2 计息期短于支付期的计算

【例3-13】 年利率为10%，每半年计息一次，从现在起连续3年每年年末等额支付500元，求与其等值的现值为多少？

解：

方法一：先求支付期的实际利率，支付其为1年，则实际利率为：

$$i_{\text{实际}}=\left(1+\frac{10\%}{2}\right)^2-1=10.25\%$$

$$P=A\frac{(1+i)^n-1}{i(1+i)^n}=500\times\frac{(1+10.25\%)^3-1}{10.25\%\times(1+10.25\%)^3}=1\ 237.97(\text{元})$$

方法二：可把等额支付的每次支付看作一次支付，利用一次支付现值公式计算，如图3-17所示。

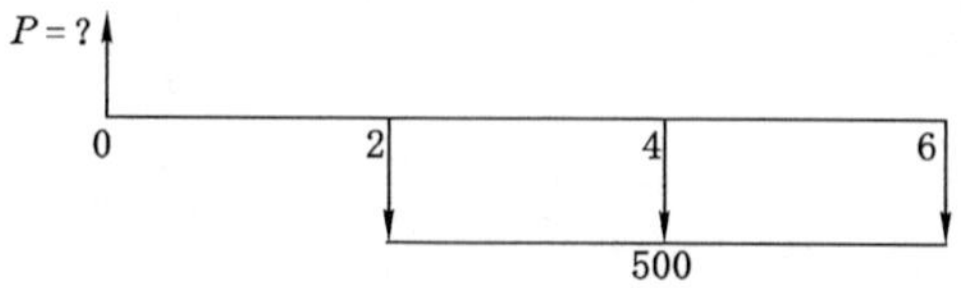

图 3-17　例 3-13 方法二

方法三:取一个循环周期,使这个周期的年末支付变成等值的计息期末的等额支付系列,从而使计息期和支付期完全相同,则可将实际利率直接代入公式计算,如图 3-18 所示。

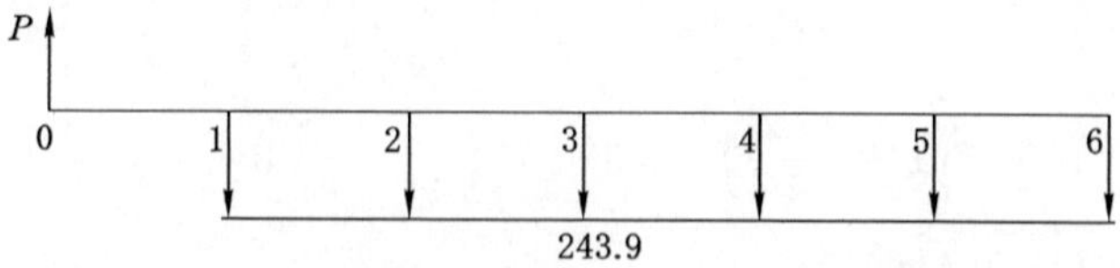

图 3-18　例 3-13 方法三

在年末存款 500 元的等效方式是在每半年末存入:

$$
\begin{aligned}
A &= 500 \times (A/F, i, n) \\
&= 500 \times (A/F, 10\%/2, 2) \\
&= 500 \times 0.487\ 8 = 243.9(\text{元})
\end{aligned}
$$

则

$$
\begin{aligned}
P &= A \times (P/A, i, n) \\
&= 243.9 \times (P/A, 5\%, 6) \\
&= 243.9 \times 5.075\ 7 \\
&= 1\ 237.97(\text{元})
\end{aligned}
$$

3.4.3.3　计息期长于支付期的计算

当计息期长于支付期时,由于计息期内有不同时刻的支付,通常规定存款必须存满一个计息期时才计利息,即在计息周期间存入的款项在该期不计算利息,要在下一期才计算利息。因此,原财务活动的现金流量图应按以下原则进行整理:相对于投资方来说,计息期的存款放在期末,计息期的提款放在期初,计息期分界点处的支付保持不变。

【例 3-14】　现金流量如图 3-19 所示,年利率为 12%,每季度计息一次,求年末终值 F 为多少?

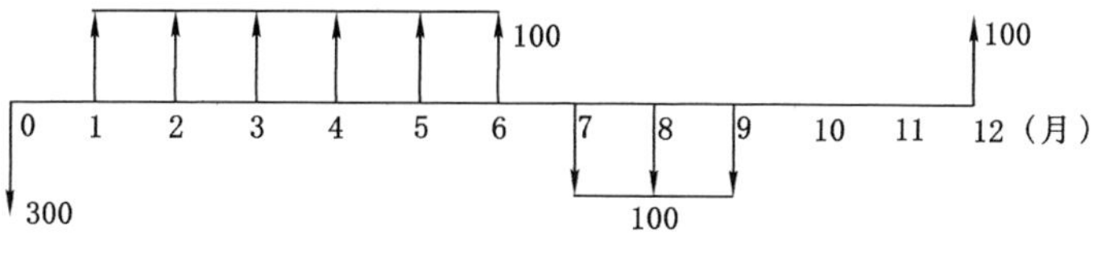

图 3-19　例 3-14 现金流量

解:按上述原则进行整理,得到等值的现金流量图,如图 3-20 所示。

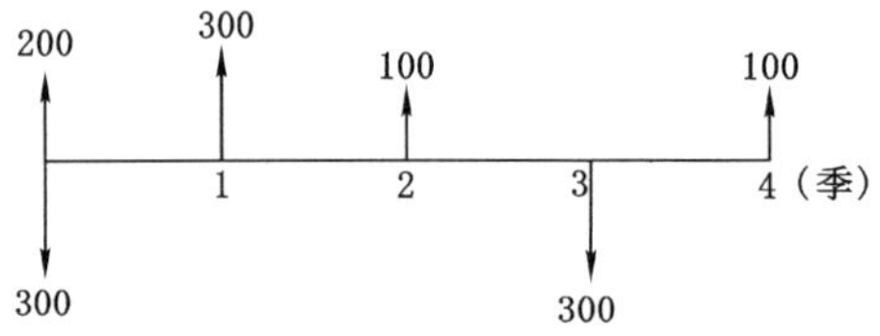

图 3-20　例 3-14 等值现金流量

根据整理过的现金流量图求得终值为：

$$F=(-300+200)\times\left(1+\frac{12\%}{4}\right)^{4}+300\times\left(1+\frac{12\%}{4}\right)^{3}+100\times\left(1+\frac{12\%}{4}\right)^{2}-300\times\left(1+\frac{12\%}{4}\right)+100$$
$$=112.36（元）$$

3.5　电子表格的应用

本书的附表给出了利息公式的计算，供查表用。但是，限于篇幅，不可能给出所有的利率 i 和计息期 n 下的系数。复利的计算除利用复利系数表以外，另一种办法是借助电子表格(Excel)算出所有的系数。

在 Excel 中根据给定的参数和已知数据就可求终值(FV)、现值(PV)。假如我们现在要将 20 000 元的现金存入银行，已知银行的利率为 7%，那么 5 年后我们得到的本利和为多少呢？(终值计算)如果我们想在未来 5 年后取得 20 000 元，那么我们现在要存多少钱进入银行？(现值计算)下面用 Excel 计算。

(1) 终值计算函数(FV)

第一步，打开 Excel 表格，切换到【插入】选项，然后我们再选择【函数】功能，如图 3-21 所示。

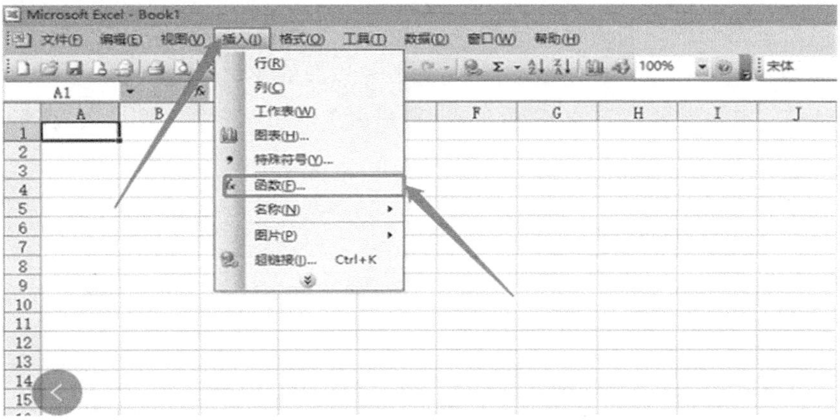

图 3-21　选择函数

第二步，选择【函数】功能区下的【财务】，在弹出的下拉菜单中，找到【FV】(FV 表示复利终值)，如图 3-22 所示。

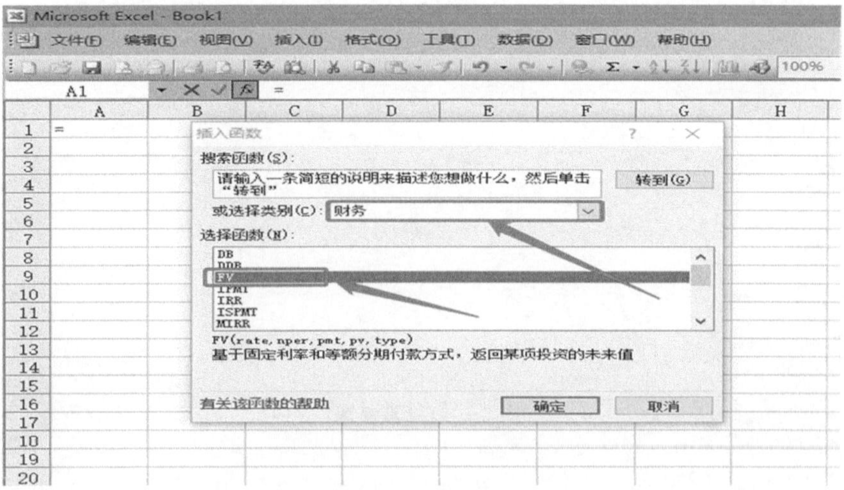

图 3-22　选择【FV】

第三步，弹出的新对话框中，(以上面的例子为例)在"Rate"框中输入"0.07"，在"Nper"框中输入"5"，在"Pv"框中输入"－20 000"，其他数值可以不考虑。("Rate"表示各期的利率，"Nper"表示所存钱的期数，"Pv"表示开始存入银行的本金，因为钱是支出，不是取得，所以是负数)，如图 3-23 所示。

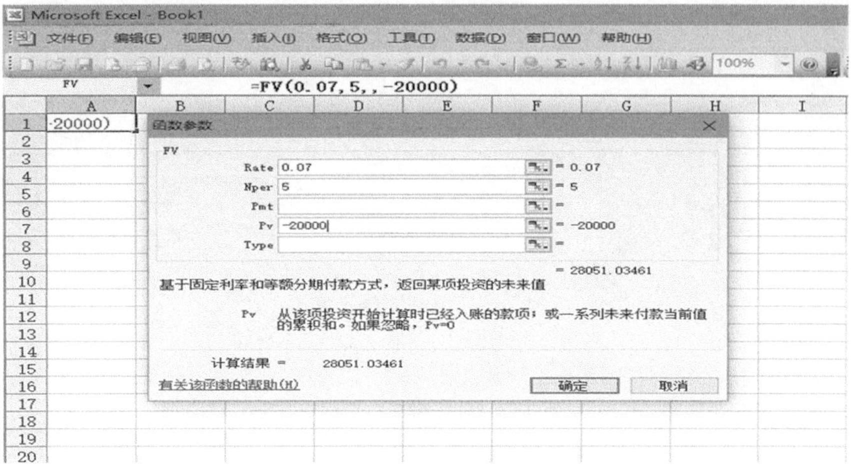

图 3-23　输入数值

第四步，点击"确定"或者直接按"Enter"键，计算结果就算出来了，如图 3-24 所示。

(2) 复利现值 PV 计算

同样是在【函数】功能区中找到【PV】(PV 表示复利现值)，在弹出的对话框后，在

图 3-24　计算结果

“Rate”中输入“0.07”,“Nepr”输入“5”,在“PV”中输入“20 000”(PV 表示复利终值)。然后再按“确定”就可以得到计算结果,Excel 自动默认负数为红字,表示要支出的钱,如图 3-25 所示。

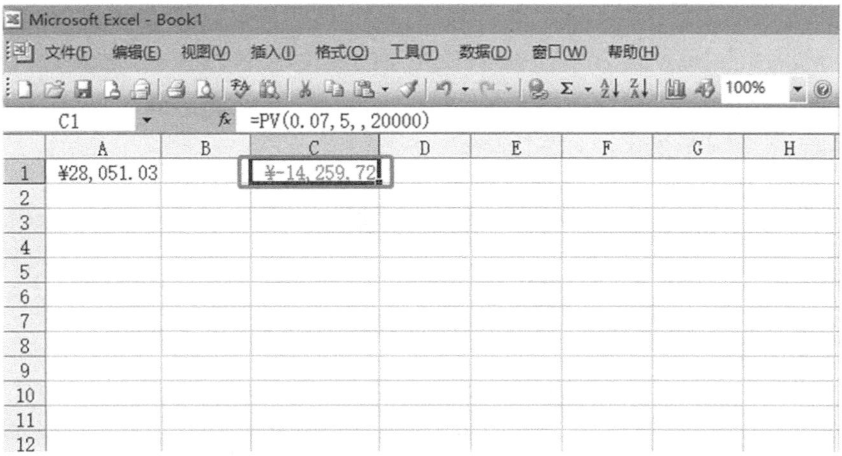

图 3-25　复利现值计算

[案例分析]

贷款利率变动对“月供族”的影响

从 2016 年年初开始,我国购房杠杆率出现了大幅上涨,引起了相关部门的注意,所以去杠杆、上调房贷利率,成为国家调控房地产市场的关键。2018 年公布的银行贷款基准利率为 4.9%。根据央行发布的数据,2018 年 1 月份的全国首套房贷款平均利率为 5.43%,相当于在基准利率的基础上上浮了11%，与2017年相比，已经上涨了21.75%。2018年6月份的全国首套房贷平均利率为5.64%，而12月份的全国首套房贷平均利率更是达到了5.71%。因大多数贷款者签订的购房合同中约定央行利息调整时房贷利率次年调整，这就意味着2019年元旦起市民就要按新利率还贷，"月供族"将要背负更重的利息负担。

按照新利率，到底"月供族"要多还多少？假设年初办理100万元的贷款，期限为20年，采取等额本息还款方式，分别按照三次调息前的利率5.43%和调息后的利率5.71%计算月还款额，即可得知"月供族"每月增加的还款负担。

按照三次调息前的年利率5.43%计算，按月计息，月还款额为：

$$A_1 = P\frac{i(1+i)^n}{(1+i)^n-1} = 100\times 10^4 \times \frac{5.43\%/12\times(1+5.43\%/12)^{12\times 20}}{(1+5.43\%/12)^{12\times 20}-1}$$

$$= 6\ 839.23(\text{元})$$

支付利息总额(按静态计算)为：

$$6\ 839.23\times 12\times 20 - 100\times 10^4 = 641\ 415.2(\text{元})$$

按照三次调息后的年利率5.71%计算，月还款额为：

$$A_2 = P\frac{i(1+i)^n}{(1+i)^n-1} = 100\times 10^4 \times \frac{5.71\%/12\times(1+5.71\%/12)^{12\times 20}}{(1+5.71\%/12)^{12\times 20}-1}$$

$$= 6\ 997.48(\text{元})$$

支付利息总额(按静态计算)为：

$$6\ 997.48\times 12\times 20 - 100\times 10^4 = 679\ 395.2(\text{元})$$

根据以上分析，按照假设的贷款情况，2018年三次加息后"月供族"每月将要多还利息158.25元，共需多付利息37 980元。2018年的三次加息大大增加了"月供族"的还贷负担，那么，加息后如何进行贷款购房更划算呢？业内人士表示，还是采用公积金贷款，调息后公积金贷款利率为3.25%，而商业贷款的利率为4.9%，相差1.65个百分点。

[案例思考]

1. 如果购房者选择等额还本方式偿还贷款，计算结果会怎样？
2. 如果购房者贷款期变为10年，计算结果又会怎样？

思考题

1. 什么是现金流量？与常规会计计算方法相比，现金流量的计算有何特点？
2. 什么是现金流量图，它的构成要素有哪些？绘制现金流量图时应注意哪些问题？
3. 什么是资金的时间价值？为什么要考虑资金的时间价值？它与资金等值的概念有何不同？
4. 影响资金的时间价值因素有哪些？
5. 什么是单利和复利？各自的计算有何不同？它们有何关系？
6. 什么是名义利率和实际利率？它们有什么关系？

本章习题

1. 某集团欲投资一新兴产业，预计该项目的经济寿命为 10 年，初始投资 200 万元，当年盈利 2 万元，因市场前景看好，第二年追加投资 300 万元，盈利 3 万元，第三年盈利 10 万元，以后每年盈利 90 万元，项目残值 100 万元，试绘制项目的现金流量图。

2. 某工程项目第一年年初从银行借入 200 万元，在以后的四年中，每年初多借 100 万元，借款利率为 8%，如果此项目于每年末等额借入，则每次的借款额是多少？

3. 若某人想从明年起的 10 年中，每年年末从银行提取 1 000 元，若按照 6%的年利率计算，则他现在应存入银行多少钱？

4. 如果某工程两年建成并投产，寿命为 10 年(投产后)，每年净收益为 10 万元，按照 10%的折现率计算刚好能够在寿命期间内把期初投资全部收回，问该工程期初投入的资金为多少？

5. 如果某人每年年末存入银行 1 000 元人民币，连续 5 年，若银行利率为 8%，则此人第六年年初可以从银行提取多少钱？

6. 某企业年初从银行贷款 3 000 万元，协议从第二年起每年年底偿还 900 万元，若银行按照 15%计息，那么该企业大约几年可以还清贷款？

7. 一家庭想买一辆汽车，销售商提供了两种付款方法，一种是一次付清购车费用 30 万元，另一种是首期付款 10 万元，以后的每年年底付清 4 万元，连续支付 7 年，若银行利率为 7%，请计算买家哪一种付款方法在兑付款金额上更加有利？

8. 某房地产开发商，今年初投资 1.5 亿元兴建了一批商品房，一年内建成，获得首期支付的房款 7 500 万元，若此开发商想获得 50%的收益率，则在今后的两年内，每年应向住户等额收取多少房款？

9. 某企业以自有资金 200 万元和银行贷款 300 万元投资建设一项目，银行贷款利率为 12%，3 年一次性还本付息，则项目的年投资收益率至少为多少才不至于拖欠银行贷款而使信誉受损？

10. 企业因资金短缺而向外提出贷款 6 000 万元，现有两家银行有贷款意向，甲银行的条件是年利率 8%，每年年末仅需偿还贷款的利息部分，第四年底还清本金和第四年的利息；乙银行的条件是年利率为 7%，但要在四年内，每年年底偿还当年利息并等额偿还本金。仅从资金总额的角度考虑哪家银行的条件更为有利？

11. 企业打算 3 年后更换主要设备，预计 3 年后的设备价格为 4 500 万元，从现在起企业每年年底应往银行存款多少？ 假定银行利率 3 年内没有变动，为 6%。

12. 企业从银行贷款 2 800 万元，贷款利率 10%，分 5 年于年底等额偿还，若第二年起改为年初偿还，每期的偿还额是多少？

13. 某企业兴建一化工工程，第一年投资 1 000 万元，第二年投资 2 000 万元，第三年投资 1 500 万元，其中第二年和第三年的投资由银行贷款，年利率为 20%，该项目从第三年起开始获利并偿还贷款，银行贷款分五年等额偿还，问每年年末应偿还银行的金额是多少？

14. 某企业从银行贷款 6 000 万元，贷款年利率 12%，偿还期三年，如果按照以下几种方案偿还贷款，哪种贷款方式所付出的总金额对企业有利？（1）每年年末偿还本金 2 000 万元和所欠利息；（2）每年年末只偿还所欠利息，第三年末一次还清本金；（3）在第三年年末一次还本付息。

15. 某企业从银行贷款 600 万元，贷款利率为 15%，使用年限为三年，若企业于第一年年底偿还银行 200 万元，则到最后期限时，还需还银行多少？

第4章 工程项目经济评价的基本方法

【本章提要与学习目标】

经济效果的评价是工程经济分析的核心内容，其目的在于确保投资决策的正确性与科学性，避免或最大限度地降低工程项目的投资风险，明确建设方案投资的经济效果水平，最大限度地提高工程项目投资的综合经济效益。本章在介绍工程项目经济效果评价指标体系的基础上，详细介绍经济评价中常用的静态评价方法与动态评价方法及相应的评价指标。

通过本章的学习，要求熟悉工程项目经济评价指标体系；重点掌握静态、动态经济评价指标的含义、特点及计算方法；理解基准收益率的概念、确定方法及影响因素；理解净现值、内部收益率与动态投资回收期的关系；了解如何借助 Excel 计算有关经济评价指标。

4.1 工程项目经济评价的指标体系

经济评价是工程项目经济分析的核心内容，其目的在于确保决策的正确性和科学性，避免或最大限度地降低投资方案的风险，明确投资方案的经济效果水平，最大限度地提高项目投资的综合经济效益，为项目的投资决策提供科学的依据。因此，正确选择经济评价方法与评价指标是十分重要的。任何一个具体评价指标，都只能从某个方面或某些方面反映项目的经济性。为了使评价工作系统而全面，就需要采用一系列指标，从多方面进行分析和考察。这些既相互联系又有其相对独立性的评价指标，就构成了工程项目经济评价的指标体系。

工程项目方案经济评价效果的好坏，一方面取决于基础数据的完整性和可靠性；另一方面则取决于选取的评价指标体系的合理性。只有选取正确的评价指标体系，经济评价的结果才能与客观实际情况相吻合，才具有实际意义。一般来讲，工程项目的经济评价指标不是唯一的，可根据不同的评价深度要求、可获得资料的多少及项目本身所处的条件不同，选用不同的指标，这些指标可以从不同侧面反映工程项目的经济效果。根据不同的划分标准，对工程项目经济评价指标体系可以进行不同的分类。

4.1.1 按是否考虑资金时间价值分类

根据工程项目评价指标体系是否考虑资金时间价值，可分为静态评价指标和动态评价指标，如图 4-1 所示。

静态评价指标是在不考虑时间因素对货币价值影响的情况下直接通过现金流量计算出来的经济评价指标。静态评价指标的最大特点是计算简便，它适用于评价短期投资项目和逐年收益大致相等的项目，另外，对方案进行初选评价时也常采用。

动态评价指标是在分析项目或方案的经济效益时，要对发生在不同时间的效益、费用计算资金的时间价值，将现金流量进行等值化处理后计算评价指标。动态评价指标能较全面

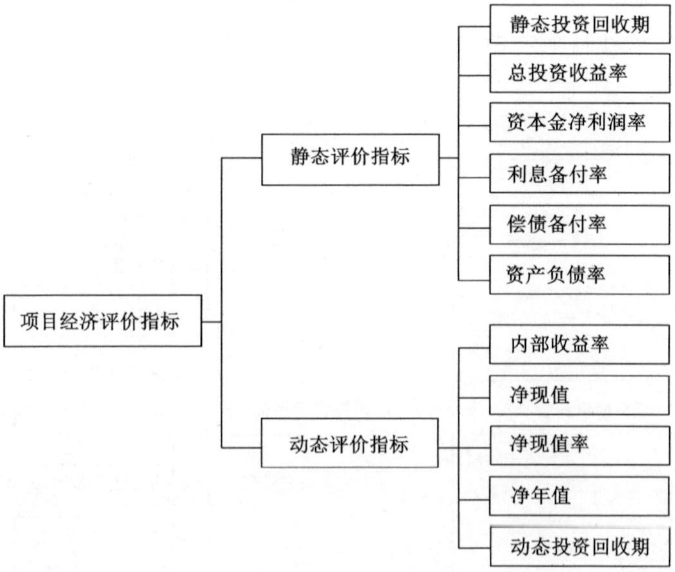

图 4-1　工程项目经济评价指标分类之一

地反映投资方案整个计算期的经济效果，适用于详细可行性研究、对项目整体效益评价的融资前分析，或对计算期较长以及处在终评阶段的技术方案进行评价。

4.1.2　按工程项目经济评价内容分类

按工程项目经济评价内容，也可将评价指标分为盈利能力分析指标、清偿能力分析指标和财务生存能力分析指标，如图 4-2 所示。

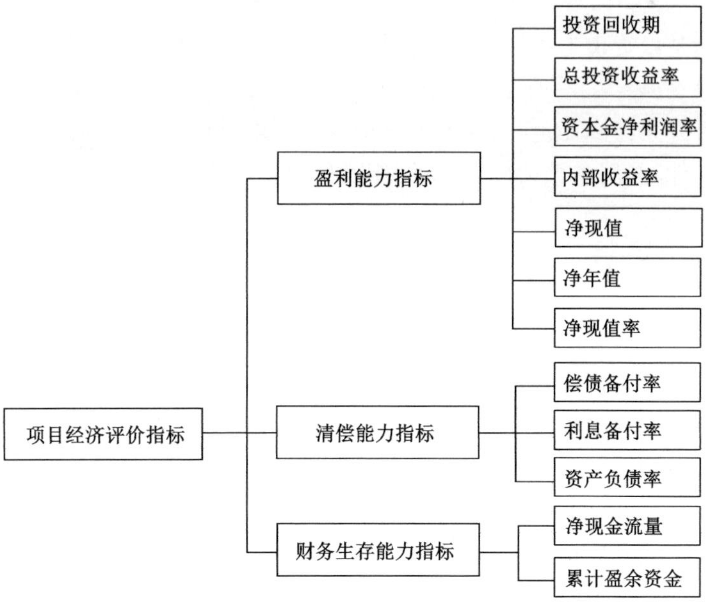

图 4-2　工程项目经济评价指标分类之二

4.1.3 按工程项目经济评价指标的性质分类

按工程项目经济评价指标的性质不同，可分为时间性、价值性和比率性指标，如图 4-3 所示。

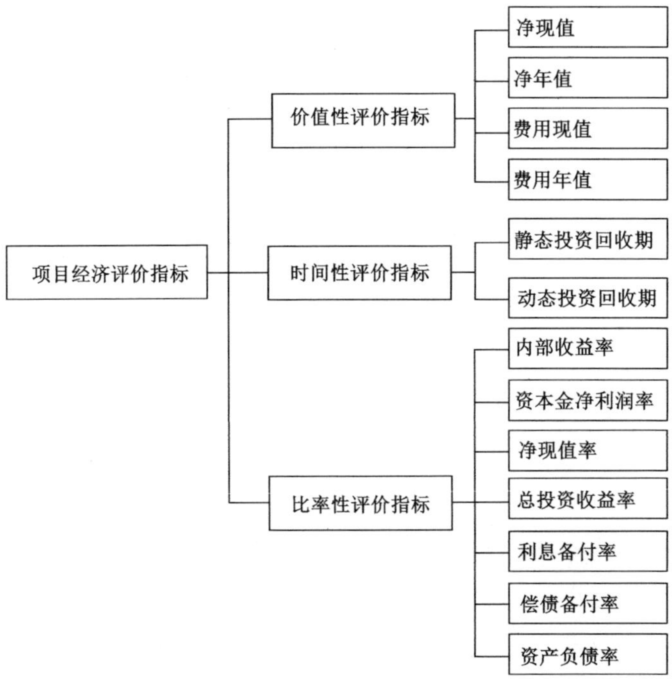

图 4-3 工程项目经济评价指标分类之三

价值性指标是以货币为量纲的指标，时间性指标是以时间为量纲的指标，比率性指标是无量纲的指标。

在工程项目方案经济评价时，应根据评价深度要求、可获得资料的多少以及工程项目方案本身所处的条件，选用多个指标，从不同侧面反映项目的经济效果。

4.2 静态评价方法

在评价工程技术方案的经济效益时，如果不考虑资金的时间因素，则称为静态评价法。静态评价法主要包括投资回收期法、投资收益率法、差额投资回收期法及计算费用等，适用于那些寿命周期较短且每期现金流量分布均匀的工程技术方案评价，同时由于这类方法计算简单，故在方案初选阶段应用较多。

4.2.1 静态投资回收期

4.2.1.1 静态投资回收期的含义

投资回收期又可称为返本期，是反映投资方案盈利能力的指标。投资回收期可分为静态投资回收期和动态投资回收期。

静态投资回收期是在不考虑资金时间价值的条件下，以每年取得的净收益（包括利润和折旧)将全部投资(固定资产和流动资产)回收所需的时间。一般以“年”为计量单位,从项目建设开始年度算起,如果自项目投产年开始算起,应予注明。其表达式为:

$$\sum_{t=1}^{P_t}(CI-CO)_t=0 \tag{4-1}$$

式中　P_t——静态投资回收期;

CI——现金流入量;

CO——现金流出量;

$(CI-CO)_t$——第 t 年净现金流量。

4.2.1.2　静态投资回收期的计算公式

静态投资回收期可根据项目现金流量表(全部投资)计算。在实践中,具体计算分为以下两种情况。

(1) 若项目建成投产后各年的净收益(即现金流量)均相同,则静态投资回收期的计算公式如下:

$$P_t=\frac{K}{A} \tag{4-2}$$

式中　K——项目投入的全部投资;

A——每年的净现金流量,即 $A=(CI-CO)_t$。

根据式(4-2)计算出的静态投资回收期是从投产年开始算起,若要求从项目建设开始年度算起,则应再加上建设期。

【例 4-1】　新建某工厂一次性投资总额 9 亿元,2 年建成投产。建成后投产产量达到设计标准时,该厂的年销售收入是 8 亿元,年产品经营成本是 6.8 亿元,试求该厂多少年可以偿还项目的总投资?

解:已知 $K=9$(亿元),$A=8-6.8=1.2$(亿元),所以静态投资回收期为:

$$P_t=\frac{K}{A}+2=\frac{9}{1.2}+2=9.5(\text{年})$$

(2) 若项目建成投产后各年的净收益不相同,则静态投资回收期可根据累计净现金流量计算,项目现金流量表中累计净现金流量由负值转向正值之间的时间,即为项目投资回收期。其计算公式为:

$$P_t=\text{累计净现金流量出现正值的年份数}-1+\frac{\text{上一年累计净现金流量的绝对值}}{\text{出现正值年份的净现金流量}} \tag{4-3}$$

4.2.1.3　静态投资回收期的判别准则

项目投资回收期越短,表明项目的盈利能力和抗风险能力越强。静态投资回收期的判别基准是行业基准投资回收期 P_c。将计算出的静态投资回收期 P_t 与行业规定的基准投资回收期 P_c 进行比较。若 $P_t \leqslant P_c$,表明项目投入的总资金能在行业规定的时间内收回,则项目可以考虑接受;若 $P_t>P_c$,则项目不可行。

【例 4-2】　某工程项目期初投资 1 000 万元,每年的收益和经营成本见表 4-1。该项目寿命期为 10 年。若基准投资回收期为 7 年,试计算该项目的投资回收期,并判断方案是否可行。

表 4-1　某工程项目的收益和成本

项目	年份										
	0	1	2	3	4	5	6	7	8	9	10
投资额/万元	1 000										
年收入/万元		400	600	600	630	650	650	650	650	650	680
年经营成本/万元		300	300	300	300	300	300	300	300	300	350

解:计算累计净现金流量,见表 4-2。

表 4-2　某工程项目累计现金流量

项目	年份										
	0	1	2	3	4	5	6	7	8	9	10
投资额/万元	1 000										
年收入/万元		400	600	600	630	650	650	650	650	650	680
年经营成本/万元		300	300	300	300	300	300	300	300	300	350
净现金流量/万元	−1 000	100	200	300	280	350	350	350	350	350	330
累计净现金流量/万元	−1 000	−900	−700	−400	−120	230					

由表 4-2 可知,累计净现金流量出现正值这一年为第 5 年。

代入公式(4-3),则静态投资回收期为:

$$P_t = \text{累计净现金流量出现正值的年份数} - 1 + \frac{\text{上一年累计净现金流量的绝对值}}{\text{出现正值年份的净现金流量}}$$

$$= 5 - 1 + \frac{|-120|}{350}$$

$$= 4.34(\text{年})$$

因为 P_t 小于行业基准投资回收期,所以项目可行。

4.2.1.4　静态投资回收期指标优点与不足

静态投资回收期概念清楚、经济意义直观、易于理解、计算简便。静态投资回收期反映的是投资资金回收的快慢,既可在一定程度上反映项目的经济效果,也可反映项目收回投资的风险。但是,由于静态投资回收期没有考虑资金的时间价值,仅以投资回收快慢为依据,考虑了投资回收之前的效益,却忽视了投资回收之后的情况,所以无法全面考虑投资项目整个寿命周期的经济效益。而且静态投资回收期仅反映该方案的投资回收速度,不能用于多方案间的相对评价,仅是一个辅助性的绝对效果评价指标。

4.2.2　投资收益率

4.2.2.1　定义

投资收益率也称投资效果系数、投资利润率,它是工程项目达到设计生产能力后正常年份的年净收益与项目总投资额的比率,如在生产期内各年净收益额变化较大,可计算生产期内的年平均净收益额。其表达式为:

$$R = \frac{H_m}{K} \times 100\% \tag{4-4}$$

式中　R——投资收益率；

H_m——年净收益或年平均净收益；

K——项目总投资额。

投资收益率的经济含义是指在投资项目正常生产年份中，单位投资每年所创造的年净收益额。投资收益率越大，说明投资效益越好。

4.2.2.2　判别准则

用投资收益率指标对项目方案进行经济评价，同样要与基准投资收益率 R_c 进行比较。若 $R \geqslant R_c$，则该方案在经济上是可取的，否则不予接受。由式(4-3)与式(4-4)可知，投资收益率与投资回收期成倒数关系。

4.2.2.3　投资收益率的应用

投资收益率是一个综合性指标，在进行项目经济评价时，根据分析目的的不同，投资收益率又具体分为全部投资收益率、全部投资利润率、资本金收益率、项目资本金净利润率等。

(1) 全部投资收益率(Return On Investment，ROI)

全部投资收益率表示全部投资的盈利水平，是指项目达到设计生产能力后正常生产年份的年息税前利润或运行期内年平均息税前利润(Earnings Before Interest and Tax，EBIT)与项目总投资(Total Investment，TI)的比率。它表明单位投资每年所创造的息税前利润额，常用于财务评价的静态盈利能力分析。

总投资收益率的计算公式为：

$$ROI = \frac{EBTI}{TI} \times 100\% \tag{4-5}$$

式中　ROI——全部投资收益率；

$EBIT$——项目正常年份的年息税前利润或运营期内年平均息税前利润，其中，年息税前利润＝年销售收入－年销售税金及附加－年总成本费用＋利息支出＝年利润总额＋利息支出；

TI——项目总投资，即项目总投资＝固定资产投资＋流动资金投资。

全部投资收益率越高，从项目获得的息税前利润就越多。对建设项目而言，若全部投资收益率高于同期银行利率，适度举债是有利的；反之，过高的负债比率将损害企业和投资者的利益。由此可以看出，全部投资收益率不仅可以用来衡量工程建设项目的获利能力，还可以作为建设工程筹资决策参考的依据。

【例 4-3】 某新建项目总投资为 4 200 万元，两年建成，投产后运行 15 年，年销售收入为 1 800 元，年经营成本为 950 万元，年销售税金为销售收入的 6%。试计算总投资收益率。

解：因题目中没提到折旧摊销费与贷款利息，可忽略不计。

$$\begin{aligned} ROI &= \frac{EBTI}{TI} \times 100\% \\ &= \frac{(1\ 800 - 950 - 1\ 800 \times 6\%)}{4\ 200} \times 100\% \\ &= 17.67\% \end{aligned}$$

(2) 全部投资利润率

全部投资利润率是指项目达到设计生产能力后的正常年份净利润或生产期内年平均净

利润与借款利息之和与项目投入总资金的比值。

$$\text{全部投资利润率}=\frac{\text{年净利润或年平均净利润}+\text{借款利息}}{\text{全部投资}}\times 100\% \tag{4-6}$$

当计算出的全部投资利润率高于行业收益率参考值时，表明用全部投资利润率表示的盈利能力满足要求。

(3) 资本金收益率

资本金收益率是指项目达到设定生产能力后的年净收益或项目生产期内的年平均净收益与项目资本金的比值。

$$\text{资本金收益率}=\frac{\text{正常年份净利润}+\text{折旧}}{\text{项目资本金}}\times 100\% \tag{4-7}$$

当计算出的资本金收益率高于行业收益率参考值时，表明用项目资本金收益率表示的盈利能力满足要求。

(4) 项目资本金净利润率(Return On Equity,ROE)

项目资本金净利润率表示项目资本金的盈利水平，是指项目达到设计生产能力后正常年份的年净利润或运营期内年平均净利润(Net Profit,NP)与项目资本金(Engineering Capital,EC)的比值。

项目资本金净利润率的计算公式为：

$$ROE=\frac{NP}{EC}\times 100\% \tag{4-8}$$

式中 ROE——项目资本金净利润率；

NP——项目正常年份的年净利润或运营期内年平均净利润；

EC——项目资本金(项目公司股东投入的资金)。

当计算出的资本金净利润率高于行业净利润率参考值时，表明用项目资本金净利润率表示的盈利能力满足要求。

4.2.2.4 投资收益率指标的优点与不足

投资收益率的经济意义明确、直观，计算简便，但没有考虑投资收益的时间因素。因此，该指标主要用于计算期较短、不具备综合分析所需详细资料的项目盈利能力分析，尤其适用于工程项目方案制订的早期阶段或工艺简单且生产变化不大的建设方案的投资经济效果评价，而不能作为主要决策依据对长期建设方案进行评价。

4.3 动态评价方法

工程技术方案的经济效益，除了要有数量的概念外，还要有时间概念。参与比较的工程技术方案，由于投资时间、投产时间、达到设计能力时间、各年经营成本以及服务年限等因素不同，所得到的投资效果也不同，因此，资金的时间因素已成为方案比较中一个不可忽视的因素。考虑资金时间因素的评价方法，称为动态评价方法。动态评价方法比较符合资金的运动规律，使评价更加符合实际，对那些经济寿命周期长、分期费用和收益的分布差异较大的工程技术方案的经济效益评价，具有十分重要的意义。动态评价方法主要包括净现值法、内部收益率法和动态投资回收期法等。

4.3.1　净现值(NPV)法

4.3.1.1　净现值的含义与计算

净现值(Net Present Value,NPV)是指工程技术方案在整个计算期内,不同时点上发生的净现金流量按预定的基准收益率折算到基准年(建设期初)的现值之和。净现值是反映工程技术方案在整个计算期内获利能力的动态评价指标。净现值计算公式为:

$$NPV=\sum_{t=0}^{n}(CI-CO)_t(1+i_c)^{-t} \tag{4-9}$$

式中　NPV——净现值;

$(CI-CO)_t$——第 t 年净现金流量;

i_c——基准收益率;

n——方案计算期。

4.3.1.2　判别准则

净现值是考察项目技术方案在其计算期内盈利能力的绝对指标。当$NPV>0$时,说明该方案除了满足基准收益率要求的盈利之外,还能得到超额收益,故该方案可行;当$NPV=0$ 时,说明该方案基本能满足基准收益率要求的盈利水平,方案勉强可行或有待改进;当 $NPV<0$ 时,说明该方案不能满足基准收益率要求的盈利水平,该方案不可行。

【例 4-4】　某项目期初(第一年年初)固定资产投资为 100 万元,投产年年初需流动资金 20 万元。该项目从第三年年初投产并达产运行。若项目每年可获销售收入 50 万元,每年需经营费用 25 万元。项目服务年限为 10 年,届时净残值为 20 万元,并将回收全部的流动资金。(假设 $i_c=10\%$)试用净现值法计算该投资方案是否可取。

解:净现值计算如下:

NPV =－投资现值＋各年净收益折现＋残值折现＋回收流动资金折现

$=-100-20\times(P/F,10\%,2)+(50-25)\times(P/A,10\%,10)\times(P/F,10\%,2)+(20+20)\times(P/F,10\%,12)$

$=-100-20\times0.8264+25\times6.144\times0.8264+40\times0.3186$

$=-100-16.528+126.935+12.744$

$=23.15$(万元)

由于 $NPV>0$,故此投资方案可行。

4.3.1.3　净现值函数

在式(4-9)中,NPV 是根据基准收益率计算的,若已知某投资方案各年的净现金流量,则该方案的净现值就完全取决于我们所选用的基准收益率,如果把收益率看作未知数,且设为 i,则 NPV 是基准收益率 i 的函数。其表达式如下:

$$NPV(i)=\sum_{t=0}^{n}(CI-CO)_t(1+i)^{-t} \tag{4-10}$$

如果以 NPV 为纵坐标,以 i 为横坐标,可以将两者的关系描绘于图中,得到净现值与折现率的关系曲线,如图 4-4 所示。

图 4-4 所示的 $NPV(i)$ 曲线是净现值函数的典型图形。实际上,$NPV(i)$ 并不总是 i 的单调递减函数,而是要根据每年的净现金流量的大小和符号及项目寿命 n 来定。不过,对于具有常规现金流量的投资方案(即在计算期内,方案的净现金流量序列的符号只改变一

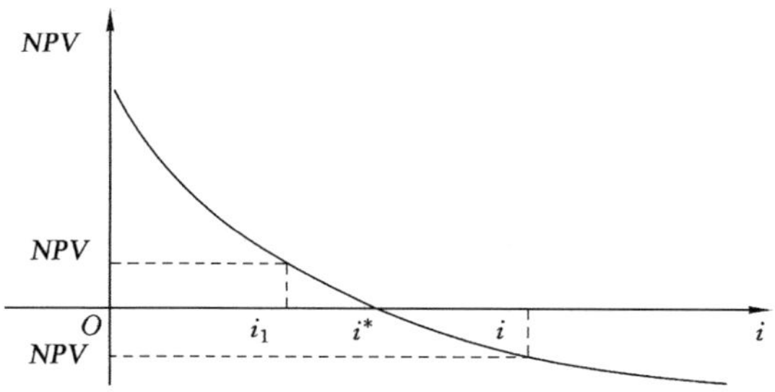

图 4-4　净现值与折现率关系曲线

次的现金流量）而言，其净现值的大小与折现率的高低有直接关系，总趋势是随着 i 的增大而减小。

按照净现值的评价准则，只要 $NPV \geqslant 0$，项目方案就可接受。但由于 NPV 是 i 的递减函数，故基准收益率定得越高，方案被接受的可能性越小。从图 4-4 可以发现，在 i^* 处，NPV 曲线与横轴相交，$NPV=0$；在 i^* 的左边，即 $i<i^*$ 时，$NPV>0$；在 i^* 的右边，即 $i>i^*$ 时，$NPV<0$。由于 $NPV=0$ 是净现值评价准则的一个分水岭，因此，可以说 i^* 是基准收益率的临界值，我们将 i^* 称为内部收益率，关于内部收益率将在稍后部分详细介绍。

通过以上分析可知，如果已知某投资方案各年的净现金流，该方案的净现值就完全取决于选用的基准收益率，基准收益率越大，净现值越小；基准收益率越小，净现值就越大。由此可见，基准收益率确定得合理与否，对投资方案经济效果的评价结论有直接的影响，定得过高或过低都会导致投资决策的失误。关于基准收益率的含义及确定原则详见本章 4.4 节。

4.3.1.4　净现值指标的优点与不足

净现值指标的优点是，考虑了资金的时间价值，并全面考虑了项目在整个计算期内的经济状况；经济意义明确，能够直接以货币额表示项目的盈利水平；评价标准容易确定，判断直观。净现值适用于项目融资前整体盈利能力分析。

净现值指标的不足之处是必须首先确定一个符合经济现实的基准收益率，而基准收益率的确定往往比较复杂，不能直接说明项目运营期间各年的经营成果，不能真正反映项目投资中单位投资的使用效率。

4.3.1.5　与净现值等价的其他指标

(1) 净现值率(Net Present Value Rate，NPVR)法

净现值率就是项目净现值与投资总额现值的比值，它是测定单位投资净现值的尺度，是一个考察项目单位投资的盈利能力的指标。其计算公式为：

$$NPVR=\frac{\text{净现值}}{\text{投资总额现值}}=\frac{NPV}{\sum_{t=0}^{n}K_t(P/F,i,n)} \tag{4-11}$$

通常净现值率是净现值指标的一个辅助指标。净现值率说明该方案单位投资所获得的超额净收益。用净现值率进行多方案比较时，为了考察资金的利用效率，以净现值率较大的方案为优。

【例 4-5】　某方案的投资额现值为 2 746 万元，其净现值为 1 044 万元（设 $i_n=10\%$），求净现值率。

解:计算净现值率

$$NPVR=\frac{\text{净现值}}{\text{投资总额现值}}=\frac{1\ 044}{2\ 746}\approx 0.38$$

净现值率约为 0.38,说明该方案除确保 10%的基准收益率外,每元投资现值还可获得 0.38 元的现值额外收益。

(2) 净年值(Net Annual Value,NAV)法

净年值法是指将各年的净现金流量按照基准收益率平均分摊到每年年末,即通过资金时间价值的等值计算将项目的净现值换算为项目计算期内各年的等额年金。其表达式为:

$$NAV=\sum_{t=0}^{n}(CI-CO)_t(1+i_c)^{-t}(A/P,i_c,n)=NPV\times(A/P,I_c,n) \quad (4\text{-}12)$$

同样,NAV 也是 NPV 的等价指标,对于单个投资方案来讲,其评价准则是,若 $NAV\geqslant 0$,则方案可以接受;反之,不可行。

【例 4-6】 某投资方案的净现金流量如图 4-5 所示,设基准收益率为 10%,求该方案的净年值。

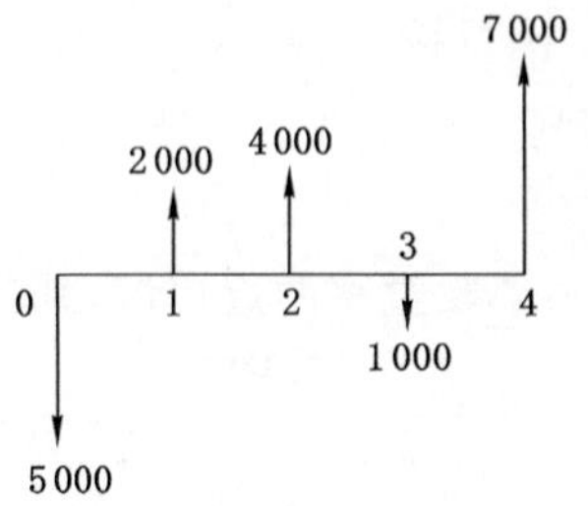

图 4-5　某投资方案现金流量图(单位:元)

解:

$$\begin{aligned}NPV&=-5\ 000+2\ 000\times(P/F,10\%,1)+4\ 000\times(P/F,10\%,2)-1\ 000\times(P/F,15\%,\\&\quad 3)+7\ 000\times(P/F,10\%,4)\\&=-5\ 000+2\ 000\times0.909\ 1+4\ 000\times0.826\ 5-1\ 000\times0.751\ 3+7\ 000\times0.683\ 0\\&=4\ 153.9(\text{元})\end{aligned}$$

$$\begin{aligned}NAV&=4\ 153.9\times(A/P,10\%,4)\\&=4\ 153.9\times0.315\ 5\\&=1\ 310.56(\text{元})\end{aligned}$$

4.3.2　内部收益率(IRR)法

净现值等于零的折现率称为内部收益率,这是一个重要的经济评价指标,下面进行详细介绍。

4.3.2.1　内部收益率的概念及计算公式

内部收益率(Internal Rate of Return,IRR),又称内部报酬率,是指使项目在整个计算期内各年净现金流量的现值等于零时的折现率,由于该指标所反映的是工程项目投资所能达到的收益率水平,其大小完全取决于方案本身,因而称为内部收益率,其表达式为:

$$NPV(IRR)=\sum_{t=0}^{n}(CI-CO)_t(1+IRR)^{-t}=0 \quad (4\text{-}13)$$

式中　IRR——内部收益率。

4.3.2.2　判别准则

根据净现值与折现率关系，以及净现值指标在评价时的判别准则，可以导出用内部收益率指标评价投资方案是否可行的判别准则。设基准收益率为 i_c，内部收益率的判别准则为：

若 $IRR>i_c$，则 $NPV>0$，项目或方案在经济上可以接受；

若 $IRR=i_c$，则 $NPV=0$，项目或方案在经济上勉强可行；

若 $IRR<i_c$，则 $NPV<0$，项目或方案在经济上应予否决。

4.3.2.3　内部收益率的计算

由式(4-13)可知，内部收益率的计算是求解一个一元多次方程的过程，要想精确地求出内部收益率是一件非常困难的事情，因此，在实际应用中，一般是采用线性插值近似计算法来求内部收益率的近似解。它的基本步骤如下：

(1) 首先根据经验，选定一个适当的折现率 i_0。

(2) 根据投资方案的现金流量情况，利用选定的折现率 i_0，求出方案的净现值 NPV。

(3) 若 $NPV>0$ 则适当使 i_0 继续增大；若 $NPV<0$ 则适当使 i_0 继续减小。

(4) 重复步骤(3)，直到找到这样的两个折现率：i_1 和 i_2，求出其所对应的净现值 $NPV_1>0$，$NPV_2<0$。

(5) 采用线性插值公式求出内部收益率的近似解，其公式为：

$$IRR=i_1+\frac{NPV_1}{NPV_1+|NPV_2|}(i_2-i_1) \tag{4-14}$$

式中　NPV_1——折现率为 i_1 时的财务净现值(正)；

NPV_2——折现率为 i_2 时的财务净现值(负)。

采用线性内插法计算 IRR 时，其计算精度与(i_2-i_1)的差值大小有关，因为折现率与净现值不是线性关系，如图 4-6 所示，i_2 与 i_1 之间的差距越小，则计算结果就越精确；反之，结果误差就越大。故为保证 IRR 的精度，i_2 与 i_1 之间的差距一般不超过 2%，最大不超过 5%。

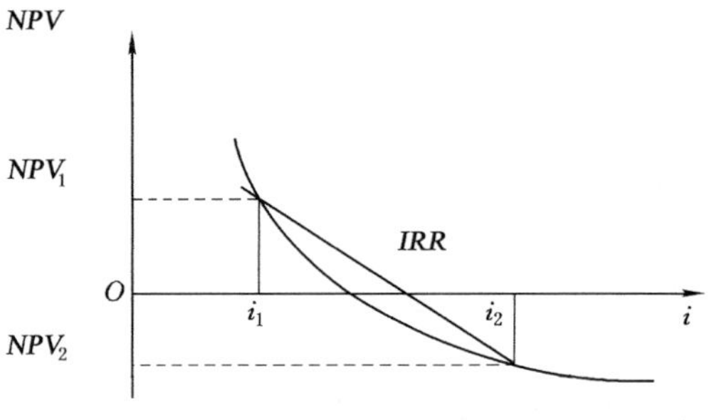

图 4-6　内部收益率线性内插法示意图

【例 4-7】 某常规投资项目净现金流量见表 4-3。当基准折现率为 12%时，试用内部收益率指标判断该项目的经济性。

表 4-3　某项目现金流量表

T 年末	0	1	2	3	4	5
净现金流量/元	−100	20	30	20	40	40

解:第一步,令 $i_1=12\%$,计算 NPV_1 的值:

$$\begin{aligned}NPV_1(i_1)&=\sum_{t=0}^{n}(CI-CO)_t(1+IRR)^{-t}\\&=-100+20\times(P/F,12\%,1)+30\times(P/F,12\%,2)+20\times\\&\quad(P/F,12\%,3)+40\times(P/F,12\%,4)+40\times(P/F,12\%,5)\\&=4.126(\text{万元})\end{aligned}$$

第二步,令 $i_2=15\%$,计算 NPV_2 的值:

$$\begin{aligned}NPV_2(i_2)&=\sum_{t=0}^{n}(CI-CO)_t(1+IRR)^{-t}\\&=-100+20\times(P/F,15\%,1)+30\times(P/F,15\%,2)+\\&\quad 20\times P/F,15\%,3)+40\times(P/F,15\%,4)+40\times(P/F,15\%,5)\\&=-4.015(\text{万元})\end{aligned}$$

第三步,用线性内插法算出内部收益率 IRR:

$$\begin{aligned}IRR&=i_1+\frac{NPV_1}{NPV_1+|NPV_2|}(i_2-i_1)\\&=12\%+\frac{4.126}{4.126+|-4.015|}(15\%-12\%)\\&=13.5\%\end{aligned}$$

由于 $IRR=13.5\%$大于基准折现率 12%,故该项目在经济上可以接受。

4.3.2.4　内部收益率的经济含义

内部收益率容易被人误解为是项目初期投资的收益率。事实上,内部收益率的经济含义是投资方案占用的尚未回收资金的获利能力,它只与项目本身的现金流量有关,即它取决于项目内部。现举例说明如下。

【例 4-8】　假设某项目投资 1 000 万元,寿命为 3 年,各年净现金流量见表 4-4。可以计算出该项目的 $IRR=10\%$。

表 4-4　某项目各年净现金流量

T 年末	0	1	2	3
净现金流量/万元	−1 000	600	450	110

根据内部收益率的概念可知,如果按照 10%的收益率,项目在寿命期末正好将全部投资收回。也就是项目在整个计算期内始终存在未回收投资,且仅在计算期末,投资才恰好被完全收回,具体收回过程如图 4-7 所示。

如果项目的现金流量发生变化,假设第 3 年的现金流量不是 110 万元,而是 150 万元,那么按照 10%的收益率不仅可以将全部资金收回,还会有 40 万元的富余,所以其内部收益

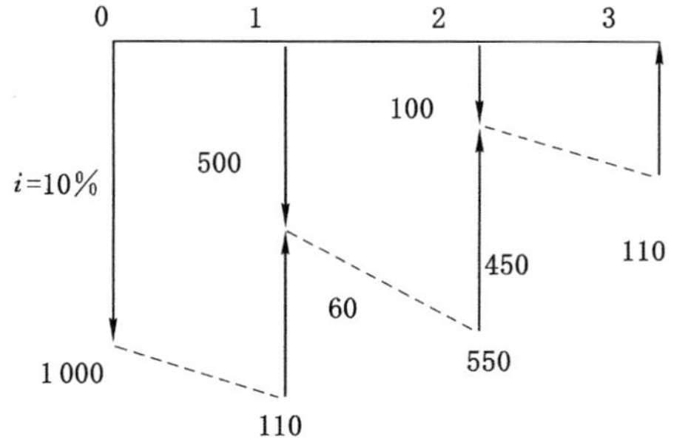

图 4-7 未回收投资现金流量示意图(单位:万元)

率就不再是 10%,而应该高于 10%。

从上面的分析可以知,项目的内部收益率是项目到计算期末正好将未收回的投资全部收回的折现率,也可以理解为项目对贷款利率的最大承担能力,是项目借入资金利率的临界值。

由此可理解,内部收益率经济含义是指项目寿命周期内项目未收回投资每年的净收益率,也即表示项目占用的尚未回收资金的获利能力,能反映项目自身的盈利能力,其值越高,方案的经济效益越好。因此,在工程经济分析中,内部收益率是考察项目盈利能力的主要动态评价指标。

4.3.2.5 关于内部收益率的说明

以上所讨论的内部收益率的线性内插法计算及经济意义只适用于常规投资项目,常规投资项目现金流的特点是计算期内净现金流量的正负号只变化一次,即所有负现金流量都出现在正现金流量之前,且所有现金流量的代数和是正的。

内部收益率的定义可严格地表述为:当 $i=i^*$ 同时满足式(4-15a)和式(4-15b)的条件时,则 $i^*=IRR$,即 i^* 是项目的内部收益率。

$$F_t(i^*) \leqslant 0(t=0,1,2,3,\cdots,n-1) \tag{4-15a}$$

$$F_t(i^*)=0(t=n) \tag{4-15b}$$

式中 F_t——第 t 期尚未回收的投资余额。

式(4-15b)只是使 $i^*=IRR$ 的必要条件,还不充分,也就是说,仅仅使净现值为零的利率不一定是内部收益率,只有加上式(4-15a)中的条件,才能保证 i^* 一定是内部收益率。把同时满足式(4-15a))与(4-15b)的项目称为常规投资项目;把仅满足式(4-15b)的项目称为非常规投资项目,即在项目计算期内,有可能某一年或某几年出现 $F_t(i^*)>0$ 的情形,表示在 $t<n$ 的某时点项目投资不仅全部收回,而且有盈余供给项目外部,从项目外部获取投资收益。因此,即使有 $i=i^*$ 为式(4-15b)的解,i^* 也不是内部收益率。换言之,非常规投资项目不能使用内部收益率指标考察期经济效果。

如前所述,内部收益率的表达式(4-13)是一个高次方程:

令 $(1+IRR)^{-1}=x,(CI-CO)_t=A_t \quad (t=0,1,\cdots,n)$

则式(4-13)变为:

$$A_0+A_1x+A_2x^2+\cdots+A_nx^n=0 \tag{4-16}$$

这是一个 n 次方程。n 次方程必有 n 个复数根(包括重根),故其正数根的个数可能不止一个。借助笛卡儿符号规则，可以判断内部收益率方程式(4-16)根的个数：在$-1<IRR<\infty$的实数域内，IRR 的正实数根的个数不会超过净现金流量序列正负号变化的次数。

通过分析不难得出，常规投资项目，式(4-16)有唯一的正数解 i^*，且 $i^*=IRR$；非常规投资项目指项目在计算期内，带负号的净现金流量不仅发生在建设期(或生产初期)，而且分散在带正号的净现金流量之中，即在计算期内净现金流量变更多次正负号。式(4-16)的解可能不止一个，其中只有满足条件式(4-15a)和式(4-15b)的实数解是内部收益率，否则该项目无内部收益率。

4.3.2.6　内部收益率指标的优点与不足

内部收益率指标的优点：考虑了资金的时间价值以及项目在整个寿命期内的经济状况；能够直观地反映项目的最大可能盈利能力；不需要事先确定一个基准收益率，而只需要知道基准收益率的大致范围即可。

内部收益率指标的不足：需要大量的与投资项目有关的数据，计算比较麻烦；对具有非常规现金流量的项目来讲，其内部收益率往往不是唯一的，在某些情况下甚至不存在。

4.3.3　动态投资回收期法

4.3.3.1　动态投资回收期的概念

动态投资回收期是在考虑资金时间价值前提下，以项目每年的净收益的现值来回收项目全部投资所需的时间。这个指标的提出主要是为了克服静态投资回收期指标没有考虑资金的时间价值，因而不适合用于计算期较长的项目经济评价的问题。

4.3.3.2　计算公式

动态投资回收期的表达式：

$$\sum_{t=0}^{P'_t}(CI-CO)_t(1+i_c)^{-t}=0 \tag{4-17}$$

式中　P'_t——动态投资回收期，年；

i_c——基准收益率。

根据式(4-17)计算 P'_t 一般比较麻烦，因此，在实际计算中，可采用如下更实用的计算式：

$$P'_t=\text{累计净现金流量现值开始出现正值的年份数}-1+\frac{\text{上一年累计净现金流量现值的绝对值}}{\text{当年净现值流量现值}} \tag{4-18}$$

动态投资回收期是考察项目财务上投资实际回收能力的动态评价指标，它反映了等值回收，而不是等额回收项目全部投资所需要的时间，因而更具有实际意义。其判别准则可根据净现值的判别准则与动态投资回收期的定义推出。设 P'_c 为基准动态投资回收期，当 $P'_t\leqslant P'_c$ 时，则项目或方案可以被接受，否则应予以拒绝。

动态投资回收期指标的优点是考虑了资金的时间价值，使投资回收时间的计算更加精确，为制定科学的投资决策提供了依据。随着技术进步的加快，项目寿命不断缩短，而且基准投资回收期随行业、地区和时期因素差异很大。

【例 4-9】　某项目方案有关数据见表 4-5，基准折现率为 10%。(1) 分别计算其静态投资回收期和动态投资回收期；(2) 若基准动态回收期为 8 年，试评价方案。

表 4-5　项目数据表　单位:万元

序号	目录	年份						
		0	1	2	3	4	5	6
1	投资支出	20	500	100				
2	其他支出				300	450	450	450
3	收入				450	700	700	700
4	净现值流量	−20	−500	−100	150	250	250	250
5	累计净现值流量	−20	−520	−620	−470	−220	30	280
6	净现值流量折现值	−20	−454.6	−82.6	112.7	170.8	155.2	141.1
7	累计折现值	−20	−474.6	−557.2	−444.5	−273.7	−118.5	22.6

解:静态投资回收期为:

$$P_t = \text{累计净现金流出现正值的年份数} - 1 + \frac{\text{上一年累计净现金流的绝对值}}{\text{出现正值年份的净现金流}}$$

$$= 5 - 1 + \frac{|-220|}{250}$$

$$= 4.88(\text{年})$$

动态投资回收期为:

$$P'_t = \text{累计净现金流量现值开始出现正值的年份数} - 1 + \frac{\text{上一年累计净现金流的现值的绝对值}}{\text{当年净现金流量现值}}$$

$$= 6 - 1 + \frac{|-118.5|}{141.1}$$

$$= 5.84(\text{年})$$

由于项目方案的动态投资回收期小于基准的动态投资回收期,则该项目可行。

容易推断,一般方案的动态投资回收期大于静态投资回收期。静态投资回收期和动态投资回收期适用于项目融资前的盈利能力分析。

4.3.4　净现值、内部收益率与动态投资回收期的关系

4.3.4.1　净现值与内部收益率的关系

由式(4-9)和式(4-13)可以看出:当 $i_c = IRR$ 时,$NPV = 0$。在 NPV 曲线图上,曲线与横轴的交点即为 IRR。NPV 与 IRR 的关系如图 4-8 所示。

NPV 与 IRR 的关系为:

当 $i_c = IRR$ 时,$NPV = 0$;

当 $i_c = i_1 < IRR$ 时,$NPV > 0$;

当 $i_c = i_2 > IRR$ 时,$NPV < 0$。

4.3.4.2　净现值与动态投资回收期的关系

由式(4-13)和式(4-17)可以看出:当 $P'_t = n$ 时,$NPV = 0$。其经济含义是:当动态投资回收期正好等于寿命期时,项目动态回收全部投资的时间就是整个寿命期。那么,可以推知,当 $P'_t < n$ 时,项目在短于寿命期的时间内就动态回收了全部投资,在回收投资以后的所得即为项目的净节余,即 $NPV > 0$;反之,当 $P'_t > n$ 时,项目回收投资的时间长于寿命

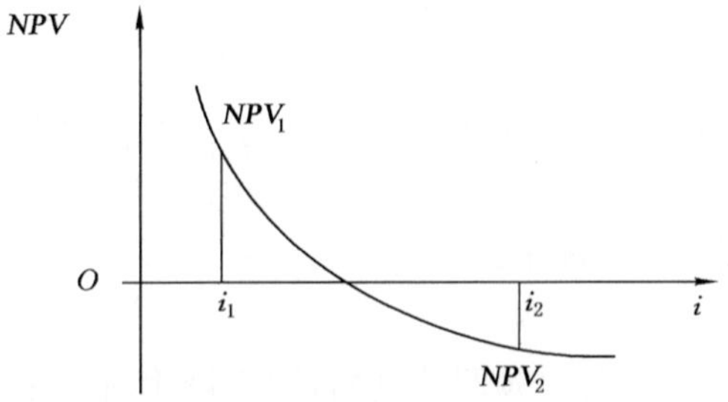

图 4-8　NPV 与 IRR 的关系

期，所以在其寿命期内不能将全部投资动态回收，因此，$NPV<0$。综上所述。两者之间的关系可归纳如下：

当 $P'_t=n$ 时，$NPV=0$；

当 $P'_t<n$ 时，$NPV>0$；

当 $P'_t>n$ 时，$NPV<0$。

4.3.4.3　净现值、内部收益率与动态投资回收期的关系

以 NPV 为纽带，可将 NPV、IRR 和 P'_t 三者之间的关系归纳如下：

$i_c=IRR \Leftrightarrow NPV=0 \Leftrightarrow P'_t=n$；

$i_c<IRR \Leftrightarrow NPV=0 \Leftrightarrow P'_t=n$；

$i_c>IRR \Leftrightarrow NPV=0 \Leftrightarrow P'_t=n$。

净现值、内部收益率与动态投资回收期三者之间的评价结论是一致的、等价的，但并不意味着这三个指标可以互相替代，它们有各自的特点，并从不同角度对项目的盈利能力进行描述，为投资者提供决策依据。

内部收益率指标是一个相对效果指标，它反映了项目未收回投资的获利能力，易于理解和接受，不需要事先准确确定基准投资收益率；同时它在某种程度上体现了项目所能够承受的最大资金成本。当然该指标只能用于判断方案的可行性，不能用于多方案的比选。

净现值是一个绝对效果指标，它是方案所能取得的超过基准收益率部分的超额收益的现值，反映了方案超过投资者最低期望盈利水平的超额的绝对数额，这是一个应用极为方便而且广泛的指标，它不仅可以判断方案的可行性，而且可以用于多方案的比选。但是，应用该指标需要事先确定基准收益率。

动态投资回收期是一个时间性指标，反映了投资回收速度的快慢，它与 NPV 有着相近的经济含义，一般很少用它来进行方案的优劣比选，但对于项目后期现金流量的准确性把握不大的情况下，用该指标来筛选项目还是比较有参考价值的。

4.4　基准收益率的概念及确定

4.4.1　基准收益率的概念

基准收益率是企业或行业或投资者确定的投资项目最低标准收益水平。它表明投资决策者对项目资金时间价值的估价，是投资应当获得的最低盈利率水平，是评价和判断项目在经济上是否可行的依据，是一个重要的经济参数。它包括两层含义：财务基准收益率和社会

折现率。

4.4.2 财务基准收益率的确定方法

财务基准收益率的测定可采用代数和法、资本资产定价模型法、加权平均资金成本法、典型项目模拟法、德尔菲专家调查法等方法，也可同时综合多种方法进行测算，将不同方法测算的结果互相验证，经协调后确定。

4.4.2.1 代数和法

若项目现金流量是按当年价格预测估算的，则应以年通货膨胀率 i_3 修正 i_c 值。这时，基准收益率可近似地用单位投资机会成本、风险贴补率、通货膨胀率之代数和表示，即：

$$i_c = (1 + i_1)(i + i_2)(1 + i_3) - 1 \approx i_1 + i_2 + i_3 \tag{4-19}$$

若项目的现金流量是按基年不变价格预测估算的，预测结果已排除通货膨胀因素的影响，就不再重复考虑通货膨胀的影响。即：

$$i_c = (1 + i_1)(1 + i_2) - 1 \approx i_1 + i_2 \tag{4-20}$$

上述近似计算的前提条件是 i_2、i_3 都为较小的数值。

4.4.2.2 资本资产定价模型法

采用资本资产定价模型法测算行业财务基准收益率的公式为：

$$k = K_f + \beta \times (K_m - K_f) \tag{4-21}$$

式中 k——权益资金成本；

K_f——市场无风险收益率；

β——风险系数；

K_m——市场平均风险投资收益率。

式(4-21)中，风险系数 β 是反映行业特点与风险的重要数值，也是测算工作的重点和基础。应在行业内抽取有代表性的企业样本，以若干年企业财务报表数据为基础数据，进行行业风险系数测算。

式(4-21)中，市场无风险收益率，一般可采用政府发行的相应期限的国债利率；市场平均风险投资收益率可依据国家有关统计数据测定。

由式(4-21)测算出的权益资金成本，可作为确定财务基准收益率的下限，再综合考虑采用其他方法测算得出的行业财务基准收益率并进行协调后，确定基准收益率的取值。

【例 4-10】 经测算，某期间政府发行国债利率为 5%，某行业的平均风险投资收益率为 10%，该行业的风险系数为 1.3，请问该行业的权益资金财务基准收益率的下限是多少？

解：利用式(4-21)得：

$$\begin{aligned} k &= K_f + \beta \times (K_m - K_f) \\ &= 5\% + 1.3 \times (10\% - 5\%) \\ &= 11.5\% \end{aligned}$$

故对该行业投资，其权益资金财务基准收益率不应低于 11.5%。

4.4.2.3 加权平均资金成本法

采用加权平均资金成本法（Weighted Average Cost of Capital，WACC）测算基准收益率的公式为：

$$WACC = K_e \frac{E}{E + D} + K_d \frac{D}{E + D} \tag{4-22}$$

式中　$WACC$——加权平均资金成本；

K_e——权益资金成本；

K_d——债务资金成本；

E——股东权益；

D——企业负债。

权益资金与负债的比例可采用行业统计平均值，或者由投资者进行合理设定。债务资金成本为公司所得税后债务资金成本。权益资金成本可采用式(4-21)资本资产定价模型确定。

根据式(4-22)测算出的行业加权平均资金成本，可作为全部投资行业财务基准收益率的下限，再综合考虑其他方法得出的基准收益率进行调整，确定全部投资行业财务基准收益率的取值。

【例 4-11】　利用例 4-10 的资料，且知该行业的平均资产负债率为 0.6，负债资金的主要来源是银行借款，且平均借款利率为 8%，请问该行业的全部投资财务基准收益率的下限是多少？

解：

$$
\begin{aligned}
WACC &= K_e \frac{E}{E+D} + K_d \frac{D}{E+D} \\
&= 11.5\% \times (1-0.6) + 8\% \times 0.6 \\
&= 9.4\%
\end{aligned}
$$

故如果对该行业投资，其全部投资财务基准收益率不应低于 9.4%。

4.4.2.4　典型项目模拟法

采用典型项目模拟法测算基准收益率，应在合理时间区段内，选择一定数量的具有行业代表性的已进入正常生产运营状态的典型项目，采集实际数据，计算项目的财务内部收益率，并对结果进行必要的分析，并综合各种因素后确定基准收益率。

4.4.2.5　德尔菲专家调查法

采用德尔菲专家调查法测算行业财务基准收益率，应统一设计调查问卷，征求一定数量的熟悉本行业情况的专家，依据系统的程序，采用匿名发表意见的方式，通过多轮次调查专家对本行业建设项目财务基准收益率取值的意见，逐步形成专家的集中意见，并对调查结果进行必要的分析，并综合各种因素后确定基准收益率。

4.4.3　财务基准收益率的影响因素

事实上，影响基准收益率的因素有很多，包括资金成本、项目风险、通货膨胀、资源供给、市场需求、项目目标、资金时间价值等方面，其中资金成本与机会成本是最基本的影响因素，而投资风险、通货膨胀和资金限制也是必须考虑的影响因素。

4.4.3.1　资金成本和机会成本(i_1)

资金成本是为取得资金使用权所支付的费用，债务资金的成本主要包括支付给债权人的利息和金融机构的手续费；权益资金的资金成本主要包括发放给股东的股息和金融机构的手续费。显然，项目投资后所获利润额必须能够补偿资金成本，然后才能有利可言。因此，基准收益率最低限度不应小于资金成本。

投资的机会成本是指投资者将有限的资金用于除拟建项目以外的其他投资机会所能获

得的最好收益。换言之，由于资金有限，当把资金投入拟建项目时，将失去从其他最好的投资机会中获得收益的机会。

显然，基准收益率应不低于单位资金成本和单位投资的机会成本两者的最高值，这样才能使资金得到最有效的利用。这一要求可用下式表达：

$$i_c \geqslant i_1 = \max\{单位资金成本,单位投资机会成本\} \tag{4-23}$$

如项目完全由企业自有资金投资建设，可参考行业基准收益率确定项目基准收益率，这时可将机会成本等同于行业基准收益率；假如投资项目资金来源包括自有资金和贷款时，最低收益率不应低于行业基准收益率与贷款利率的加权平均收益率。如果有好几种贷款时，贷款利率应为加权平均贷款利率。

4.4.3.2 风险贴补率(i_2)

在整个项目计算期内，存在着发生不利于项目的环境变化的可能性，这种变化难以预料，即投资者要冒着一定风险作决策。所以在确定基准收益率时，仅考虑资金成本、机会成本因素是不够的，还应考虑风险因素。通常，以一个适当的风险贴补率 i_2 来提高 i_c 值。就是说，以一个收益水平增量补偿投资者所承担的风险，风险越大，贴补率越高。为此，投资者自然就要求获得较高的利润，否则他是不愿去冒风险的。为了限制对风险大、盈利低的项目进行投资，可以采取提高基准收益率的办法来进行项目经济评价。

一般说来，从客观上看，资金密集项目的风险高于劳动密集的；资产专用性强的高于资产通用性强的；以降低生产成本为目的的低于以扩大产量、扩大市场份额为目的的。从主观上看，资金雄厚的投资主体的风险低于资金拮据者。

4.4.3.3 通货膨胀率(i_3)

在通货膨胀影响下，各种材料、设备、房屋、土地的价格以及人工费都会上升。为反映和评价出拟建项目在未来的真实经济效果，在确定基准收益率时，应考虑通货膨胀因素。

通货膨胀以通货膨胀率 i_3 来表示，通货膨胀率主要表现为物价指数的变化，即通货膨胀率约等于物价指数变化率。由于通货膨胀年年存在，因此，通货膨胀的影响具有复利性质。一般每年的通货膨胀率是不同的，但为了便于研究，常取一段时间的平均通货膨胀率，即在所研究的计算期内，通货膨胀率可以视为固定的。

4.4.3.4 资金限制

资金越少，越需要精打细算，使之更加有效。为此，在资金短缺时，应通过提高基准收益率的办法来进行项目经济评价，以便筛选掉盈利能力较弱的项目。

4.4.3.5 环境影响程度

项目对生态环境破坏程度越大，越应该提高基准收益率，增高项目准入门槛。

综上所述，基准收益率是项目经济评价和比较的前提条件，是投资者选择项目的依据。基准收益率决定了项目的取舍，但其确定却受诸多因素的影响，其测算所需的基础数据复杂且较难收集。为此，规定了财务基准收益率的选用依据：对于竞争性项目，财务评价时的基准收益率的确定一般以行业的平均收益率为基础，同时综合考虑资金成本、投资风险、通货膨胀以及资金限制等影响因素；对于国家投资项目以及按政府要求进行经济评价的项目使用的基准收益率是由国家组织测定并发布的社会基准收益率；在中国境外投资的项目要首先考虑国家风险因素。

4.5　运用 Excel 计算评价指标

通过前面介绍可以看出，工程项目评价指标的计算涉及的数据较多，比较烦琐，因此，实际工作中可以利用 Excel 中内置的函数进行求解，既快捷又准确。

4.5.1　净现值的计算

Excel 中设有内置函数 *NPV*，但该函数对输入的一系列数据，默认从第一年年末起计算，所以如果数据是从第一年年初开始，则应将该数据单独参与运算。

【例 4-12】 某工程总投资为 5 500 万元，投产后每年生产另支出 700 万元，每年的收益额为 1 500 万元，产品经济寿命期为 10 年，在 10 年末还能收回资金 300 万元，基准收益率为 12%，试用 Excel 计算项目的净现值，确定计算投资方案是否可取。

用 Excel 计算项目的净现值，如图 4-9 所示。

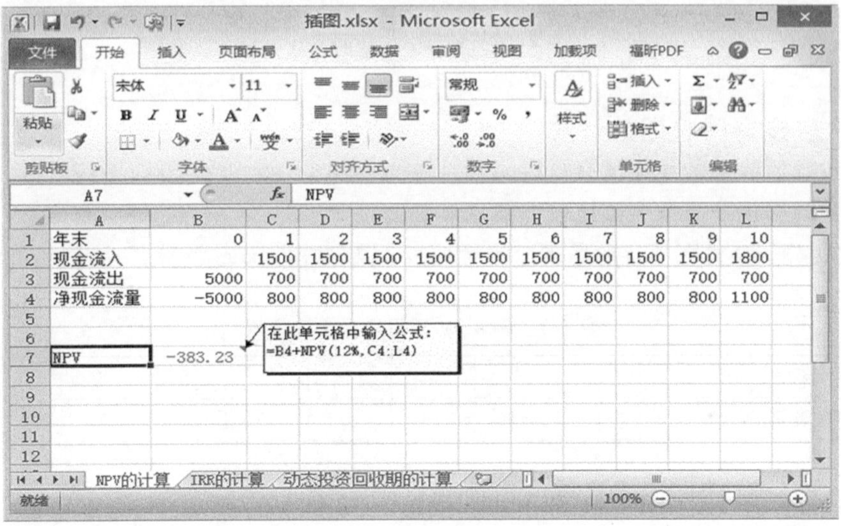

图 4-9　Excel 计算净现值示例

通过 Excel 计算出 $NPV=-383.23<0$，故此方案不可行。

4.5.2　内部收益率的计算

【例 4-13】 某项目净现金流量见表 4-6，当基准收益率 $i_c=12\%$ 时，试用 Excel 计算内部收益率，判断该项目的经济性。

表 4-6　例 4-13 项目净现金流量

年序	0	1	2	3	4	5
净现金流量/万元	−100	20	30	30	30	40

解：用 Excel 计算项目的内部收益率，如图 4-10 所示。

通过 Excel 计算出 $IRR=13.78\%>i_c=12\%$，故该项目在经济效果上是可以接受的。

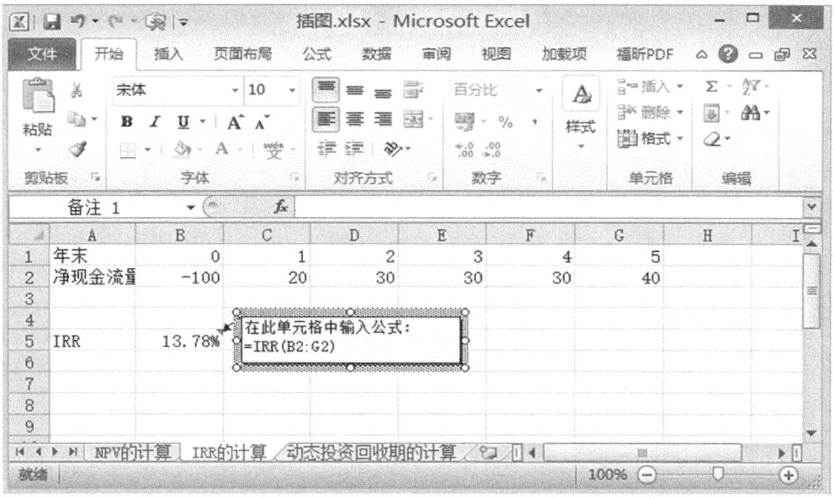

图 4-10　Excel 计算内部收益率示例

4.5.3　动态投资回收期的计算

动态投资回收期的计算没有可以直接应用的函数，但是利用 Excel 列表计算净现金流量现值及累计净现金流量也是比较方便且准确的。

【例 4-14】　某投资项目的净现金流量见表 4-7，试用 Excel 计算其动态投资回收期。

表 4-7　例 4-14 项目净现金流量表

年序	0	1	2	3	4	5	6	7	8
净现金流量/万元	−100	−80	40	60	60	60	60	60	90

用 Excel 计算项目的动态投资回收期，如图 4-11 所示。

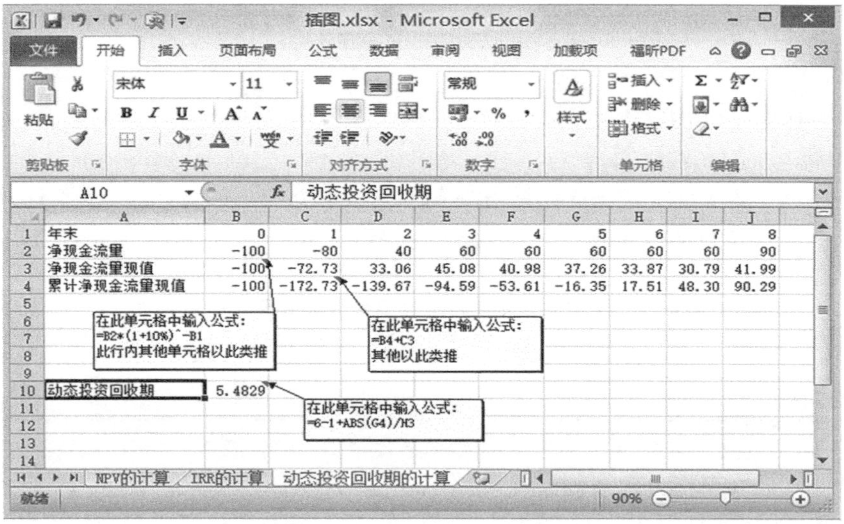

图 4-11　Excel 计算动态投资回收期示例

通过 Excel 计算出动态投资回收期，首先，应计算每年净现金流量现值，然后计算每年累计净现金流量现值，确定累计净现金流量现值开始出现正值的年份数，最后输入动态投资回收期计算公式，得出动态投资回收期为 5.482 9 年。

[案例分析]

某煤化工项目盈利能力分析

本项目为新建年产 30 万 t 煤化工项目。项目建设期 2 年，运营期 14 年，计算期为 16 年。项目总投资 95 016 万元，其中建设投资 68 634 万元，建设期借款利息 3 332 万元，流动资金 23 050 万元。

项目形成固定资产 68 066 万元，无形资产原值 3 300 万元，其他资产 600 万元，固定资产残值为零。

该项目第 1 年年初建设投资为 32 369 万元，第 2 年年初建设投资为 36 265 万元。项目第 3 年投产，于第 3 年、第 4 年年初分别投入流动资金 16 135 万元和 6 915 万元。

项目产品年产销量为 30 万 t，预测销售价格为 10 650 元/t，项目正常年份的营业收入为 319 500 万元。产品增值税税率为 17%，城市维护建设税和教育费附加分别按增值税的 7%和 3%计。项目正常年份的进项税为 44 727 万元，项目正常年份的经营成本为 272 486 万元。

投产的第 1 年生产能力仅为设计生产能力的 70%，这一年的销售收入、经营成本和进项增值税均按照正常年份的 70%估算。投产的第 2 年及其以后的各年生产均达到设计生产能力。该项目各年的销售收入、经营成本和销售税金及附加均在年末发生。该行业的基准静态投资回收期为 6 年，基准动态投资回收期为 8 年，基准收益率为 14%。以下是对该项目的经济评价过程。

首先，根据企业的投资、成本、销售收入和销售税金及附加情况编制现金流量表，见案例分析表 4-1。

案例分析表 4-1　现金流量表　　单位：万元

项目	合计	建设期		生产经营期					
		第 0 年	第 1 年	第 2 年	第 3 年	第 4 年	第 5～12 年	第 13～15 年	第 16 年
现金流入	4 400 200				223 650	319 500	319 500	319 500	342 550
营业收入	4 377 150				223 650	319 500	319 500	319 500	319 500
回收固定资产余值									
补贴收入									
回收流动资金	23 050								23 050
现金流出	3 837 878	32 369	36 265	16 135	198 326	273 445	273 445	273 445	273 445
建设投资	68 634	32 369	36 265						

案例分析表 4-1(续)

项目	合计	建设期		生产经营期					
		第 0 年	第 1 年	第 2 年	第 3 年	第 4 年	第 5～12 年	第 13～15 年	第 16 年
流动资金	23 050			16 135	6 915				
经营成本	3 733 058				190 740	272 486	272 486	272 486	272 486
增值税金及附加	13 136				671	959	959	959	959
维持运营投资									
净现金流量	562 322	−32 369	−36 265	−16 135	25 324	46 055	46 055	46 055	69 105
累计净现金流量		−32 369	−68 634	−84 769	−59 445	−13 390	355 051	493 217	562 322

1. 静态投资回收期计算

根据案例分析表 4-1 中的数据,按以下公式计算项目的静态投资回收期:

静态投资回收期=累计净现金流量首次出现正值的年份−1+出现正值年份上一年累计净现金流量的绝对值÷出现正值年份当年的净现金流量

$$静态投资回收期=5-1+(|-13\ 390|\div 46\ 055)=4.29(年)$$

2. 动态投资回收期计算

根据案例分析表 4-1 中的数据,计算各年现金流量折现值和累计折现值,计算情况见案例分析表 4-2。

案例分析表 4-2　净现金流量计算表　　单位:万元

项目	时点						
	0	1	2	3	4	5	6
净现金流量	−32 369	−36 265	−16 135	25 324	46 055	46 055	46 055
折现值	−32 369	−31 811.40	−12 415.36	17 092.74	27 268.38	23 919.63	20 982.13
累计折现值	−32 369	−64 180.40	−76 595.76	−59 503.03	−32 234.65	−8 315.02	12 667.11

按以下公式计算项目的动态投资回收期:

动态投资回收期=累计折现值首次出现正值的年份−1+上年累计折现值的绝对值÷当年净现金流量的折现值

$$动态投资回收期=6-1+(|-8\ 315.02|\div 20\ 982.13)=5.40(年)$$

3. 净现值的计算

根据案例分析表 4-1 中的数据,求该项目财务净现值:

$$\begin{aligned}NPV&=\sum_{t=0}^{n}(CI-CO)(1+14\%)^{-1}\\&=-32\ 369-36\ 265(P/F,14\%,1)-16\ 135(P/F,14\%,2)+\\&\quad 25\ 324(P/F,14\%,3)+46\ 055(P/A,14\%,12)(P/F,14\%,3)+\\&\quad 69\ 105(P/F,14\%,15)\\&=124\ 944.97(万元)\end{aligned}$$

4. 内部收益率计算

如果试算结果满足：$NPV_1>0$，$NPV_2<0$，且满足精度要求，可采用线性内插法计算出拟建项目的内部收益率 IRR。

当 $i_1=33\%$，$NPV_1=112.25$ 万元，当 $i_2=34\%$，$NPV_2=-2\ 636.72$ 万元，则可以采用线性内插法计算拟建项目的内部收益率 IRR。即：

$$
\begin{aligned}
IRR &= i_1+\frac{NPV_1}{NPV_1+|NPV_2|}(i_2-i_1)\\
&=33\%+\frac{112.25}{112.25+|-2\ 636.72|}\times(34\%-33\%)\\
&=33.04\%
\end{aligned}
$$

根据以上经济评价指标的计算结果可以得出以下结论：项目净现值为124 944.97万元，大于零；内部收益率为33.04%，大于行业基准收益率14%；息税前投资回收期为4.29年，静态投资回收期为4.29年，动态投资回收期为5.40年，均小于行业基准投资回收期。因此，该项目的财务盈利能力可满足要求。

[案例思考]

1. 在财务盈利能力分析的全部投资现金流量表中，固定资产投资为什么不包括建设期的贷款利息？

2. 应用线性内插法计算内部收益率时应注意什么？

思考题

1. 工程项目经济评价指标的划分角度有几种？
2. 净现值的经济含义是什么？
3. 内部收益率的经济含义是什么？
4. 净现值、内部收益率与动态投资回收期的关系是怎样的？
5. 财务基准收益率的确认方法有哪些？
6. 财务基准收益率的影响因素主要有哪些？

本章习题

1. 某工程项目期初投资额为2 000万元，2年建成投产。投产后每年的净收益为400万元。该项目的投资回收期为多少？

2. 某投资项目一次性投资1万元，第一年年末净现金流量为1 000元，以后每年递增400元，项目寿命期为10年，试用投资回收期法判断其在经济上是否合理，假设行业基准投资回收期 $P_c=6$ 年。

3. 某投资方案初始投资2 000万元，寿命为5年。寿命期内每年收益为900万元，年经营费用为300万元，若基准收益率为10%，试用净现值法判断该项目在经济上是否合理。

4. 已知某方案第 0 年投资 2 000 万元，第 1 年收益为 300 万元，第 2 年、第 3 年、第 4 年均获收益 500 万元，第 5 年收益为 1 200 万元，试计算该方案的内部收益率。

5. 建一临时仓库需 8 000 元，一旦拆除即毫无价值，假定仓库每年净收益为 1 360 元。

（1）使用 8 年时，其内部收益率为多少？

（2）若希望得到 10%的收益率，则该仓库至少使用多少年才值得投资？

6. 某新建项目总投资为 5 000 万元，两年建成，投产后运行 15 年，年销售收入为 2 000 元，年经营成本为 1 000 万元，年销售税金为销售收入的 6%。试计算总投资收益率。

7. 某项目有关数据见习题表 4-1，设 $i_c=10\%$，计算该项目动态投资回收期。

习题表 4-1　净现金流量表　　单位：万元

年序	投资	经营成本	销售收入	净现金流量	净现金流量现值	累计净现金流量现值
0	20			−20	−20	−20
1	500			−500	−454.6	−454.6
2	100			−100	−82.6	−557.2
3		300	450	150	112.7	−444.5
4		450	700	250	170.8	−273.7
5		450	700	250	155.2	−118.5
6		450	700	250	141.1	22.6
7		450	700	250	128.3	150.9

8. 某行业的平均风险投资收益率为 12%，该行业的风险系数为 1.1，政府发行国债利率为 5%，知该行业的平均资产负债率为 0.5，负债资金的主要来源是银行借款，平均借款利率为 7%。问题：

（1）该行业的权益资金财务基准收益率的下限是多少？

（2）该行业的全部投资财务基准收益率的下限是多少？

9. 某工程总投资为 8 000 万元，投产后每年生产另支出 9 000 万元，每年的收益额为 2 300 万元，产品经济寿命期为 10 年，在 10 年末还能收回资金 500 万元，基准收益率为 12%，试用 Excel 计算项目的净现值，确定计算投资方案是否可取。

10. 某项目净现金流量见习题表 4-2，当基准收益率 $i_c=12\%$时，试用 Excel 计算内部收益率，判断该项目的经济性。

习题表 4-2　某项目现金流量表

年序	0	1	2	3	4	5	6	7	8
净现金流量/万元	−200	−20	50	60	70	70	80	90	90

11. 某投资项目的净现金流量见习题表 4-3，试用 Excel 计算其动态投资回收期。

习题表 4-3　某项目现金流量表

年序	0	1	2	3	4	5
净现金流量/万元	−100	20	30	30	30	40

第5章 工程项目多方案经济评价

【本章提要与学习目标】

多方案经济评价是工程项目经济分析的重要内容，多方案之间比选方法与多方案之间的经济类型相关。常见的工程项目评价多方案之间关系类型有：独立方案、互斥方案、混合方案和现金流量相关方案。多方案进行评价及比选的前提是方案之间具有可比性。

通过本章的学习，要求熟练掌握工程项目各投资方案所属的类型及其特点，重点掌握互斥方案、独立方案及混合相关方案的比选原则和基本评价方法，熟悉互补方案、现金流量相关方案等比选的基本原则与评价方法。

5.1 多方案之间的关系类型及其可比性

5.1.1 工程项目经济分析的基本内容

工程项目的经济分析不仅涉及项目的经济可行性分析，而且涉及一系列可行方案的优选问题。在实践中，往往面临许多项目的选择，同时，由于技术进步，为实现某种目标会形成众多的工程技术方案，这些方案或是采用不同的技术工艺和设备，或是不同的规模和坐落位置，或是利用不同的原料和半成品等。当这些方案在技术上都是可行的，经济上也合理时，经济分析的任务就是从中选择最好的方案。同时，在投资机会研究阶段还可能存在许多投资机会的选择问题。事实上，正是由于不同投资机会以及项目的不同方案之间的经济差异，才使得投资者不断寻求投资机会，并创造更多方案以供其比较选择。

工程项目经济分析的基本内容包括单方案检验、多方案比选和不确定性分析，其中，不确定性分析在本书第 6 章详细介绍。

单方案检验是指对某个初步选定的投资方案，根据项目收益与费用的情况，通过计算其经济评价指标，然后根据各指标的判断准则来判断方案是否可行。

所谓多方案比选，就是指对通过单方案检验的多个备选方案，通过选择适当的经济评价方法与指标，来对各个方案的经济效益进行比较，最终选择出具有最佳投资效果的方案。

多方案比选要考虑的内容有：

(1) 进行方案比选时所考虑的因素。多方案比选可按方案的全部因素计算多个方案的全部经济效益与费用，进行全面的分析对比，也可仅就各个方案的不同因素计算其相对经济效益和费用，进行局部的分析对比。另外还要注意各个方案间的可比性，要遵循效益与费用计算口径相一致的原则。

(2) 各个方案的结构类型。方案类型是指一组备选方案之间所具有的相互关系，如图 5-1 所示。对于不同结构类型的方案要选用不同的比较方法和评价指标，考察的结构类型所涉及的因素有方案的计算期是否相同、方案所需的资金来源有否限制、方案的投资额是否相差过大等。

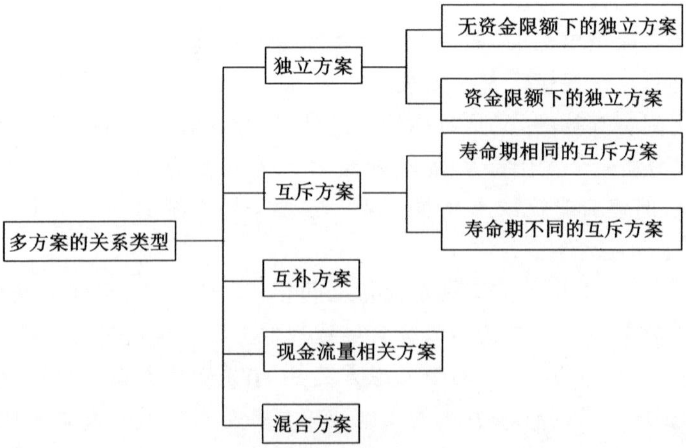

图 5-1　方案关系类型

多方案比选是一个复杂的系统工程，涉及多方面的因素，这些因素不仅包括经济因素，而且还包括项目本身以及项目内、外部的其他相关因素，如产品市场、市场营销、企业形象、环境保护、外部竞争、市场风险等，只有对这些因素进行全面的调查研究与深入分析，再结合项目经济效益分析的情况，才能比选出最佳方案，才能做出科学的投资决策。本章从项目经济效益的角度来比较和选择投资方案。

5.1.2　方案关系类型

5.1.2.1　独立方案

独立方案，又称不相关方案。即这些方案是彼此独立无关的，选择或放弃其中一个方案，并不影响其他方案的选择。显然，单一方案是独立方案的特例。

5.1.2.2　互斥方案

互斥方案是指在若干备选方案中，各个方案彼此是相互代替关系，具有排他性，选择其中任何一个方案，则其他方案必然被排斥。例如，有三家建筑企业以各自的施工方案投标竞争一个旧厂房的改造工程，此时，招标方原则上只能选择其中一家企业的施工方案，而不能同时选择两家或三家的施工方案。在工程建设中，互斥方案还可按以下标准进行分类。

(1) 按服务寿命长短不同，投资方案可分为：

① 相同寿命的方案，即参与对比或评价方案的寿命期均相同；

② 不同寿命的方案，即参与对比或评价方案的寿命期均不相同。

(2) 按规模不同，投资方案可分为：

① 相同规模的方案，即参与对比或评价的方案具有相同的产出量或容量，在满足相同功能的数量方面具有一致性和可比性；

② 不同规模的方案，参与评价的方案具有不同的产出量或容量，在满足相同功能的数量方面不具有一致性和可比性。

项目互斥方案的比较，是技术经济评价工作的重要组成部分，也是寻求合理决策的必要手段。

5.1.2.3 互补方案

在多方案中，出现技术经济互补的方案称为互补型方案。根据互补方案之间相互依存的关系，互补方案可能是对称的，如建设一个大型非坑口电站，必然同时建设铁路、电厂，它们无论在建成时间、建设规模上都是要彼此适应，缺少其中任何一个项目，其他项目就不能正常运行，它们之间是互补的，又是对称的。此外，还存在着大量不对称的经济互补，如建造一座建筑物 A 和增加一个太阳能系统 B，建筑物 A 本身是有用的，增加太阳能系统 B 后使建筑物 A 更节能，但建造建筑物 A 的同时不一定要采用系统 B。

5.1.2.4 现金流量相关方案

现金流量相关方案是指各方案现金流量之间相互影响，即方案间不完全互斥，也不完全互补，但如果若干方案中任一方案的取舍会导致其他方案现金流量的变化，这些方案之间也具有相关性。例如一过江项目，有两个考虑方案：一个是建桥方案 A，另一个是轮渡方案 B。两个方案都是收费的。此时任一方案的实施或放弃都会影响另一方案的现金流量。

5.1.2.5 混合方案

混合方案是指在一组备选方案中，既有互补方案又有替代方案，既有互斥方案又有独立方案。对于这种类型的项目决策，需要认真研究诸方案之间的相互关系，最终选择的不是单个方案，而是最佳的方案组合。

5.1.3 多方案之间的可比性

并非所有的方案都是绝对可以比较的，不同方案的规模、产出的质量和数量、产出的时间、费用的大小及发生时间，以及方案的寿命期限都不尽相同。对这些因素综合经济比较就需要一定的前提条件，简言之，就是参与比选的各方案在经济上要具有可比性。

5.1.3.1 功能的可比性

在投资机会研究阶段，功能可比性的含义主要集中在预期目标的一致性上，对于经营性项目，主要预期目标就是其经济效益；对于非经营性的公共项目，其预期目标主要是指其社会效益。两者之间不具有可比性，本章不讨论此类问题。但对于不同类型的经营性项目可以通过经济效果指标进行经济比较。

对于相同类型的经营性项目的不同技术方案，功能可比性主要是指产出的规模、质量、数量的一致性，只有当参与比选的不同方案的产出在规模、质量、数量上基本一致时，才能直接进行比选。

5.1.3.2 基础数据资料的可比性

(1) 基础数据收集、整理的方法要一致

在基础数据资料的整理过程中，要注意方法一致，例如投资估算可以采用概算法和形成资产法，总成本费用的估算可以采用生产要素法和生产成本加期间费用法，在资料收集过程中要注意不同方案应采用相同的方法。

(2) 费用效益的口径一致

费用效益口径一致包含两层含义：一是不同方案的效益和费用的计算范围一致，如商业物业投资项目中，是否包含地下停车场的收益？大型住宅小区的收益中是否包含公共用房的可能出租收益？二是对于不同方案，要注意费用和效益的相互配比性，即要考虑费用所带来的效益和效益所对应的费用。

(3) 价格基准一致性

经济评价中涉及各种要素的价格，包括设备、材料、工资单价等，在确定这些价格时，要按照相同的原则确定，或者采用基准价格——以基准年的价格确定各要素的价格，或者采用变动价格——要注意按照相同的价格变化率来预测各要素在各年的价格。

5.1.3.3　寿命期的可比性

寿命期相同即要求参与比选的备选方案具有相同的计算期，只有这样才具有可比性，但实际情况中常有寿命期不同或寿命期可视为无限的情况，对此，理论上认为是不可比的，但面临必须做出选择时，可以通过一些转化使其具有可比性。

5.2　互斥型方案的经济评价

5.2.1　互斥方案静态评价

互斥方案进行相对经济效果评价的静态方法一般包括：增量投资回收期法、增量投资收益率法、年折算费用法、综合费用法等。

5.2.1.1　增量投资回收期法

投资回收期法用于评价单方案自身的经济效益。在考察投资活动时，往往需对互斥方案之间的相对经济效益进行比较，此时就可采用增量投资回收期法(也称差额投资回收期法)。

当相互比较的方案都能满足相同需要，并满足可比要求时，则只需比较它们的投资额和经营成本，就可以进行优选。增量投资回收期法是指在不计利息的条件下，用投资额大的方案比投资额小的方案所节约的经营成本，来回收其增量投资所需的期限。其计算公式为：

$$P_a=\frac{\Delta K_0}{\Delta C_0}=\frac{K_{02}-K_{01}}{C_{01}-C_{02}} \tag{5-1}$$

式中　P_a——静态增量投资回收期；

C_{01},C_{02}——两个比较方案的年总经营成本，且 $C_{01}>C_{02}$；

K_{01},K_{02}——两个比较方案的全部投资，且 $K_{02}>K_{01}$。

在实际工作中，往往是投资大的方案经营成本较低，投资小的方案经营成本较高，此时，要计算增量投资回收期 P_a。当增量投资回收期 P_a 小于基准投资回收期 P_c 时，说明增量部分的投资经济效益是好的，因此高投资方案比较有利。否则低投资方案有利，即：当 $P_a<P_c$ 时，选投资大的方案；当 $P_a>P_c$ 时，选投资小的方案。

当两个比较方案的年产量 Q 不同时，即 $Q_1\neq Q_2$，若$\frac{K_{02}}{Q_2}>\frac{K_{01}}{Q_1}$，$\frac{C_{02}}{Q_2}<\frac{C_{01}}{Q_1}$时，其增量投资回收期 P_a 为：

$$P_a=\frac{\frac{K_{02}}{Q_2}-\frac{K_{01}}{Q_1}}{\frac{C_{01}}{Q_1}-\frac{C_{02}}{Q_2}} \tag{5-2}$$

当 $P_a<P_c$ 时，第二个方案为优；当 $P_a>P_c$ 时，第一个方案为优。

【例 5-1】　已知两建厂方案，方案甲投资为 1 500 万元，年经营成本 400 万元，年产量为 1 000 件；方案乙投资为 1 000 万元，年经营成本 360 万元，年产量为 800 件。基准投资回收期 $P_c=6$ 年。试选出最优方案。

解：计算各方案单位产量费用：

$$\frac{K_{02}}{Q_2}=\frac{1\ 500\ 万元}{1\ 000\ 件}=1.5\ 万元/件$$

$$\frac{K_{01}}{Q_1}=\frac{1\ 000\ 万元}{800\ 件}=1.25\ 万元/件$$

$$\frac{C_{02}}{Q_2}=\frac{400\ 万元}{1\ 000\ 件}=0.40\ 万元/件$$

$$\frac{C_{01}}{Q_1}=\frac{360\ 万元}{810\ 件}=0.45\ 万元/件$$

计算增量投资回收期 P_a：

$$P_a=\frac{1.5-1.25}{0.45-0.40}=5(年)$$

由此可见，$P_a<P_c$，即 5 年<6 年，故方案甲为优。

应该指出，采用单位产品费用计算的增量投资回收期法，对于产量不同的项目进行优选时，有一个假定条件，即投资与年经营成本分别与产量成正比，而这一条件在一般情况下是不成立的，故这种计算存在着误差。

增量投资回收期适用于两个方案的比较。对多个方案进行比较优选时，应按各比较方案的投资额由小到大排列次序，把投资额小的放在前面，然后计算增量投资回收期，进行替代式的淘汰，最后留下的一个方案，便是最优方案。

注意：若不按投资大小来排序，而任意进行两两对比淘汰，可能会得出错误结论。

【例 5-2】 已知 4 个相同产品产量的方案，方案数据见表 5-1。其基准投资回收期为 6 年，试选出最优方案。

表 5-1 方案数据

方案	Ⅰ	Ⅱ	Ⅲ	Ⅳ
投资/万元	25	40	20	30
经营成本/万元	11	7	15	12

解：首先按投资额大小由小到大排列次序：

Ⅲ→Ⅰ→Ⅳ→Ⅱ

然后按顺序由小到大来比较增量投资回收期：

$$P_{a1-3}=\frac{25-20}{15-11}=1.25(年)$$

因 $P_{a1-3}<P_c$(6 年)，故选Ⅰ方案，淘汰Ⅲ方案。

$$P_{a1-4}=\frac{30-25}{12-11}=5(年)$$

因 $P_{a1-4}<P_c$(6 年)，故选Ⅳ方案，淘汰Ⅰ方案。

$$P_{a4-2}=\frac{40-30}{12-7}=2(年)$$

因 $P_{a4-2}<P_c$(6 年)，故选Ⅱ方案，淘汰Ⅳ方案。

结论：Ⅱ方案最优。

注意：如果不按投资额由小到大排序，同时由小到大顺序比较淘汰，最后优选，而是选一个投资额小的方案为基础，其他方案与它作比较，最后优选，它们的结论是不一样的，可能是错误的。仍以此例，选投资额最小的Ⅲ方案为基础，其他方案都与它作比较，则各方案的增量投资回收期为：

$$P_{a1-3}=\frac{25-20}{15-11}=1.25(\text{年})$$

$$P_{a4-3}=\frac{30-20}{15-12}\approx 3.3(\text{年})$$

$$P_{a2-3}=\frac{40-20}{15-11}=2.5(\text{年})$$

显然，方案Ⅰ最优。

两种方法所得的结论不同，哪个是正确的呢？再将Ⅰ、Ⅱ两方案进行比较：

$$P_{a1-2}=\frac{40-25}{11-7}=3.75(\text{年})$$

因 $P_{a1-2}=3.75$ 年$<P_c$(6 年)，故方案Ⅱ优。

由此可见，用增量投资回收期法进行多方案优选时，应按投资额由小到大排列顺序。

5.2.1.2　增量投资收益率法

增量投资收益率法，就是通过计算互斥方案增量投资收益率，以此判断互斥方案相对经济效果，并据此选择方案。

增量投资所带来的年总成本费用上的节约与增量投资之比称为增量投资收益率。根据式(5-1)可知，增量投资收益率与增量投资回收期互为倒数。其计算公式为：

$$R_a=\frac{\Delta C_0}{\Delta K_0}=\frac{C_{01}-C_{02}}{K_{02}-K_{01}}\times 100\% \tag{5-3}$$

若计算出来的增量投资收益率大于基准投资收益率，则投资大的方案可行，它表明投资的增量($K_{02}-K_{01}$)完全可以由年总成本费用的节约($C_{01}-C_{02}$)来得到补偿。反之，投资小的方案为优方案。

前述式(5-3)仅适用于对比方案的产出量相同或区别不大的情形。当对比方案的产出量不同时，则先要作产量等同化处理，然后再计算增量投资收益率。产量等同化处理的方法有两种：用单位生产能力投资和单位产品年总成本费用计算或用扩大系数计算，即以两个方案年产量的最小公倍数作为方案的年产量，这样达到产量等同化。注意，以上两种产量等同化处理方法均假设投资和年总成本费用与产量成正比。

最后应该指出：增量投资回收期法和增量投资收益率法，只能用以衡量方案的相对经济性，而不能反映两方案自身的经济效益。

5.2.1.3　计算费用法

多方案比较时，虽然可以用增量投资回收期法将所列方案进行两两比较逐步淘汰，直至选出最优方案，但如有 n 个方案就要比较($n-1$)次，计算烦琐，而且容易出现差错，所以在多方案比较中，常采用计算费用法。

一个工程技术方案是否经济合理，既取决于一次性投资的大小，又取决于经营成本的高低，这两者不能直接相加。计算费用就是用种合乎逻辑的方法，将一次性投资与经营成本统一成为一种性质相似的费用，称为“计算费用”或折算费用。

由增量投资回收期法可知，两个互斥方案比较时，若有：

$$P_a = \frac{K_{02} - K_{01}}{C_{01} - C_{02}} \leqslant P_c \tag{5-4}$$

则方案 2 优于方案 1。

将上式移项并整理得：

$$K_{02} + P_c C_{02} \leqslant K_{01} + P_c C_{01} \tag{5-5}$$

式中 $K_{02}+P_c C_{02}$——方案 2 在基准投资回收期内的总计算费用；

$K_{01}+P_c C_{01}$——方案 1 在基准投资回收期内的总计算费用。

对于多方案，令方案 j 的总计算费用 $Z_{j总}$ 为：

$$Z_{j总} = K_{0j} + P_c C_{0j} \quad (j=1,2,\cdots,n) \tag{5-6}$$

将某一个方案的投资额 K_{0j} 与按基准投资回收期 P_c 累计的经营成本 C_{0j} 之和，称为总计算费用 $Z_{j总}$。

同理，由增量投资收益率法可知，两个互斥方案比较时，若有：

$$R_a = \frac{C_{01} - C_{02}}{K_{02} - K_{01}} \geqslant R_c \tag{5-7}$$

则方案 2 优于方案 1。

将上式移项并整理得：

$$C_{01} + R_c K_{01} \geqslant C_{02} + R_c K_{02} \tag{5-8}$$

某方案的经营成本与按基准投资收益率分摊投资额之和，称为年计算费用。

由此，可得两个计算费用的计算公式：

(1) 总计算费用计算公式：

$$Z_{总} = K_0 + P_c C_0 \tag{5-9}$$

(2) 年计算费用计算公式：

$$Z_{年} = C_0 + R_c K_0 \tag{5-10}$$

式中 $Z_{总}$——某方案的总计算费用，元；

$Z_{年}$——某方案年计算费用，元/年；

K_0——总投资额，元；

C_0——经营成本，元。

在用计算费用法进行多方案的经济评价和优选时，首先计算各方案的计算费用 $Z_{总}$ 或 $Z_{年}$，然后进行比较，其中 $Z_{总}$ 或 $Z_{年}$ 最小的方案为最优方案。

应该注意：计算费用法应用的前提条件是各互比方案间的收益相同。

计算费用法的优点是：在经济分析对比范围内，变二元值为一元值，即把投资与经营成本两个经济因素整合起来，从而大大简化了多方案的比较。它既可衡量各方案的相对差异，又可衡量各方案的实际计算费用水平。

【例 5-3】 为保证某种产品的产量达到某一水平，有 3 个建厂方案。方案 1 是改建现有工厂：一次性投资 K_{01}=2 545 万元，年经营成本 C_{01}=760 万元；方案 2 是建设新厂：一次性投资 K_{02}=3 340 万元，年经营成本 C_{02}=670 万元；方案 3 是扩建现有工厂：一次性投资 K_{03}=4 360 万元，年经营成本 C_{03}=650 万元。设 3 个方案的寿命周期相同，所在部门的基准投资收益率 R_c=10%，试用年计算费用法选择最优方案。

解:用公式 $Z_{年}=C_0+R_cK_0$ 计算:

$$Z_{年1}=C_{01}+R_cK_{01}=760+0.1\times 2\,545=1\,014.5(\text{万元})$$

$$Z_{年2}=C_{02}+R_cK_{02}=670+0.1\times 3\,340=1\,004(\text{万元})$$

$$Z_{年3}=C_{03}+R_cK_{03}=650+0.1\times 4\,360=1\,086(\text{万元})$$

取 $Z_{年}$ 最小的方案为优,故方案 2 最优。

综上所述,静态评价法评价方案简便、直观。其缺点是:① 未考虑各方案经济寿命的差异;② 未考虑各方案经济寿命期内费用、收益变化的情况;③ 未考虑各方案经济寿命期末的残值;④ 未考虑资金的时间价值。

5.2.2　互斥方案动态评价

动态评价时通过等值计算,将不同时点的净现金流量折算到同一时点,从而消除方案时间价值上的不可比。互斥方案动态评价又分为寿命期相同的互斥方案的动态评价与寿命期不相同的互斥方案的动态评价。

5.2.2.1　*寿命期相同的互斥方案的动态评价*

对于寿命期相同的互斥方案,计算期通常设定为其寿命周期,这样能满足在时间上可比的要求。寿命期相同的互斥方案的比选方法一般有净现值法、净现值率法、差额投资内部收益率法、最小费用法等。

(1) 净现值(*NPV*)法

净现值法就是通过计算各个备选方案的净现值并比较其大小而判断方案的优劣,是多方案比选中最常用的一种方法。

净现值法的基本步骤如下:

① 分别计算各个方案的净现值,并用判别准则加以检验,剔除 $NPV<0$ 的方案;

② 对所有 $NPV\geqslant 0$ 的方案比较其净现值。

根据净现值最大准则,选择净现值最大的方案为最佳方案。

【例 5-4】　某生物制药公司有三个可替代新产品生产方案 *A*、*B*、*C*,见表 5-2,但由于生产场所限制,暂时只能选择一个新产品投入生产,试用 *NPV* 指标选择最佳方案。基准收益率为 15%。

表 5-2　A、B、C 三个方案的现金流量　　单位:万元

方案	初始投资	年净收益	寿命/年
A	100	28	10
B	160	38	10
C	200	50	10

解:计算各方案的 *NPV*:

$$NPV_A=-100+28(P/A,15\%,10)=-100+28\times 5.019=40.53(\text{万元})$$

$$NPV_B=-160+38\times 5.019=30.72(\text{万元})$$

$$NPV_C=-200+50\times 5.019=50.95(\text{万元})$$

由于 C 方案的 *NPV* 大于零且数额最大,故选择 C 方案投入实施。

(2) 净现值率法

净现值率法是在净现值法的基础上发展起来的，可以作为净现值的补充指标，在净现值相同或相近时，净现值率指标可以反映单位投资的净贡献，在多方案选择中有重要作用。

在运用净现值法对多个互斥方案评价时，如果各方案的使用寿命相同，则净现值最大的方案为最优方案。但净现值只能反映工程技术方案给国民经济带来的盈利总额，而没有说明这样的盈利是在何种费用水平上取得的，即没有反映资金的利用效率。换句话说，净现值只是一个绝对经济效益指标，它没有反映方案的相对经济效益。因此，净现值最大的方案不一定就是经济效益最好的方案。如果单纯以净现值最大作为方案优选的标准，可能会出现选择盈利多但投资也大的方案为优，从而忽视了盈利额较大而投资额较少，即相对经济效益好的方案。为此，在应用净现值法评价方案时还应同时计算净现值率作为辅助评价的标准。

【例 5-5】 某项目有四个方案，甲方案财务净现值 $NPV=200$ 万元，投资现值 $I_P=3\ 000$万元；乙方案 $NPV=180$ 万元，$I_P=2\ 000$ 万元；丙方案 $NPV=150$ 万元，$I_P=3\ 000$ 万元；丁方案 $NPV=200$ 万元，$I_P=2\ 000$ 万元。据此条件，项目的最好方案是哪一个。

解：由于甲方案和丁方案的净现值相同，无法用净现值法比较其优劣，因此采用净现值率法。根据净现值率的定义得：

甲方案：$NPVR=200\div 3\ 000=0.066\ 6$

乙方案：$NPVR=180\div 2\ 000=0.09$

丙方案：$NPVR=150\div 3\ 000=0.05$

丁方案：$NPVR=200\div 2\ 000=0.10$

因此，项目的最好方案是丁方案。

净现值法和净现值率法是对寿命期相同的互斥方案进行评价时最常用的方法。有时我们在采用不同的评价指标对方案进行比选时，会得出不同的结论，这时往往以净现值指标为最后衡量的标准。

(3) 差额内部收益率(ΔIRR)法

内部收益率是衡量项目综合能力的重要指标，也是在项目经济评价中经常用到的指标之一，但是在进行互斥方案的比选时，能不能直接用各个方案内部收益率的高低来选择方案呢？答案是否定的。试看下面例题。

【例 5-6】 现有两互斥方案，其净现金流量见表 5-3，设基准收益率为 10%，试用净现值法和内部收益率法评价方案。

表 5-3　现金流量表　　单位：万元

方案	净现金流量				
	0	1	2	3	4
方案 1	−7 000	1 000	2 000	6 000	4 000
方案 2	−4 000	1 000	1 000	3 000	3 000

解：(1) 净现值 NPV 计算

$$\begin{aligned}NPV(1)=&-7\ 000+1\ 000(P/F,10\%,1)+2\ 000(P/F,10\%,2)+\\&6\ 000(P/F,10\%,3)+4\ 000(P/F,10\%,4)\\=&2\ 801.7(\text{万元})\end{aligned}$$

$$NPV(2) = -4\,000 + 1\,000(P/F,10\%,1) + 1\,000(P/F,10\%,2) + 3\,000(P/F,10\%,3) + 3\,000(P/F,10\%,4) = 2\,038.4(\text{万元})$$

(2) 内部收益率 IRR 计算

由 $NPV(IRR_1) = -7\,000 + 1\,000(P/F,IRR_1,1) + 2\,000(P/F,IRR_1,2) + 6\,000(P/F,IRR_1,3) + 4\,000(P/F,IRR_1,4) = 0$

解得：$IRR_1 = 23.67\%$

由 $NPV(IRR_2) = -4\,000 + 1\,000(P/F,IRR_2,1) + 1\,000(P/F,IRR_2,2) + 3\,000(P/F,IRR_2,3) + 3\,000(P/F,IRR_2,4) = 0$

解得：$IRR_2 = 27.29\%$

从以上情况可知，方案 1 的内部收益率低，净现值高；而方案 2 则内部收益率高，净现值低，如图 5-2 所示。

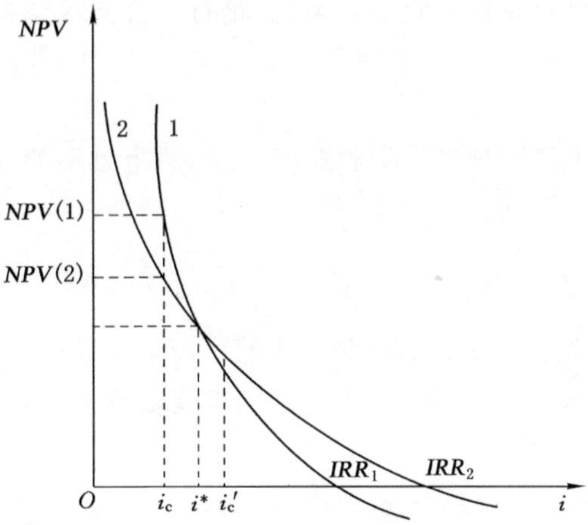

图 5-2　互斥方案净现值函数示意图

从计算结果或图 5-2 可看出，$IRR_1 < IRR_2$，如果以内部收益率为评价准则，方案 2 优于方案 1；而以净现值为评价准则，当基准收益率为 $i_c = 10\%$ 时，$NPV(1) > NPV(2)$，方案 1 优于方案 2，这就产生了矛盾。到底哪个指标作评价准则得出的结论正确呢？

由于净现值是相对效果和绝对效果合二为一的指标，评价结果有效。而用内部收益率评价互斥方案，仅有绝对效果评价结果，还要看相对效果评价结果。由于互斥方案的比选，实质上是分析投资大的方案所增加的投资能否用其增量收益来补偿，即对增量的现金流量的经济合理性做出判断，因此，我们可以通过计算增量净现金流量的内部收益率 ΔIRR，即差额投资内部收益率 ΔIRR 来比选方案，若 $\Delta IRR > i_c$，投资大的方案优于投资小的方案；反之，投资小的方案优于投资大的方案，这样就能够保证方案比选结论的正确性。

计算本例差额投资内部收益率 $\Delta IRR = 18.80\%$。差额投资内部收益率大于基准收益率 10%，投资大的方案 1 优于方案 2，与净现值评价准则的结论一致，与内部收益率直接比较的结论矛盾。若基准收益率为 $i'_c=20\%$，如图 5-2 所示，则 $NPV'(1)<NPV'(2)$，$IRR(2)>IRR(1)$，$\Delta IRR<i'_c$，无论以哪个指标为评价准则，得出的结论完全一致，方案 2 优于方案 1。也就是说，当我们取定的基准收益率 i_c 大于差额投资内部收益率时，采用净现值指标与内部收益率指标对方案进行评价得出的结论一致；当取定的基准收益率小于差额投资内部收益率时，两种方法会得出相反的结论。产生这种现象的根本原因在于净现值与内部收益率这两个评价指标的经济含义有所不同。

我们知道净现值的经济含义十分明确，对一个投资方案来说，假若其 $NPV=0$，则表明该方案的净收益刚好抵付用基准收益率所计算的利息，即方案的盈利水平恰好等于所选用的基准收益率。也就是说，该方案的净现金流量所具有的机会收益率恰好等于计算净现值时所选定的基准收益率。而内部收益率则是表明了投资方案所能承受的最高利率，或最高的资金成本，即方案的净现金流量所具有的机会成本就是该方案本身所产生的内部收益率，就是当选定的 $i_c=IRR$ 时，方案的 $NPV=0$。根据基准收益率的经济含义，它代表的是项目投资的收益期望水平，是项目投资的资金机会成本，因此，采用净现值最大准则作为方案比选的决策依据可以达到总投资的收益最大化，是符合方案比选的基本目标的。而内部收益率并未考虑真正的资金机会成本，其决策结果与资金机会成本无关，这样就难以保证比选的正确性。

差额投资内部收益率又称增量投资收益率，是指两个方案的投资增量的净现值等于零时的内部收益率。它可用下列公式计算：

$$\sum_{t=0}^{n}[(CI-CO)_{t2}-(CI-CO)_{t1}](1+\Delta IRR)^{-t}=0 \tag{5-11}$$

式中 $(CI-CO)_{t2}$——投资额大的方案第 t 年的净现金流量；

$(CI-CO)_{t1}$——投资额小的方案第 t 年的净现金流量；

ΔIRR——差额投资内部收益率；

n——计算期。

其计算与内部收益率的计算相同，也采用线性插值法求得。

式(5-11)经过变换可得出：

$$NPV_2-NPV_1=0$$

即

$$NPV_2=NPV_1 \tag{5-12}$$

由此可见，差额投资内部收益率 ΔIRR 就是两方案净现值相等时的内部收益率，反映在图 5-2 中就是两条净现值函数曲线相交时所对应的收益率。用差额投资内部收益率 ΔIRR 对多方案进行评价和优选，就能解决采用 NPV 法和 IRR 法时出现的矛盾。

差额内部收益率法也可用于仅有费用现金流量的互斥方案比选。在这种情况下，实际上是把差额投资所导致的对其他费用的节约看成是增量收益。

对于能满足相同需要的多个互斥方案，用差额投资内部收益率来评价方案时，其基本步骤如下：

① 计算各备选方案的 IRR。

② 将 $IRR\geqslant i_c$ 的方案按投资额由小到大依次排列。

③ 计算排在最前面的两个方案的差额内部收益率 ΔIRR，若 $\Delta IRR\geqslant i_c$，则说明投资大

的方案优于投资小的方案，保留投资大的方案；反之，若 $\Delta IRR < i_c$，则保留投资小的方案。

④ 将保留的较优方案依次与相邻方案两两逐对比较，直至全部方案比较完毕，则最后保留的方案就是最优方案。

【例 5-7】 某建设项目有三个设计方案，其寿命期均为 10 年，各方案的初始投资和年净收益见表 5-4，试用差额投资内部收益率法进行方案比选。（已知 $i_c=10\%$）

表 5-4　各个方案的现金流量表　　单位：万元

方案	寿命期/年	
	0	1～10
A	170	44
B	260	59
C	300	68

解：根据 *IRR* 的定义及各个方案的现金流量情况，有：

$$-170+44\times(P/A,IRR_A,10)=0 \to IRR_A=22.47\%$$

$$-260+59\times(P/A,IRR_B,10)=0 \to IRR_B=18.94\%$$

$$-300+68\times(P/A,IRR_C,10)=0 \to IRR_C=18.52\%$$

由于三个方案的 *IRR* 均大于 i_c，将它们按投资额大小排列为：A→B→C。先对方案 A 和 B 进行比较。

根据差额投资内部收益率的计算公式，有：

$$-(260-170)+(59-44)(P/A,\Delta IRR_{B-A},10)=0$$

可求出 $\Delta IRR_{B-A}=10.43\%>i_c=10\%$。

故方案 B 优于方案 A，保留方案 B，继续进行比较。

将方案 B 和方案 C 进行比较：

$$-(300-260)+(68-59)(P/A,\Delta IRR_{C-B},10)=0$$

可以求出 $\Delta IRR_{C-B}=18.68\%>i_c=10\%$，故方案 C 优于方案 B。

最后可得出结论：方案 C 为最佳方案。

在采用差额投资内部收益率法进行方案的比选时一定要注意，差额投资内部收益率只能说明增加投资部分的经济合理性，亦即 $\Delta IRR_c \geq i_c$，并不能说明全部投资的效果。因此采用此法前，应该先对备选方案进行单方案检验，只有可行的方案才能作为对比的对象。

(4) 最小费用法

在工程经济中经常会遇到这样一类问题，两个或多个互斥方案其产出的效果相同或均能满足同一需要但却难以进行具体估算。如环保、国防、教育等方面的项目，其所产生的效益无法或者说很难用货币直接计量，这样由于得不到现金流量情况，也就无法采用诸如净现值法、差额内部收益率法等方法来对此类项目进行经济评价。在这种情况下，往往根据各方案满足同样需要并假定不同方案收益相等，只需计算各方案所耗费用，并以费用最少作为方案选优的标准，这种方法称为最小费用法。最小费用法包括费用现值比较法和年费用比较法。

费用现值比较法实际上是净现值法的一个特例，费用现值的含义是指利用此方法所计算出的净现值只包括费用部分。由于无法估算各个方案的收益情况，只计算各备选方案的费用现值(PC)进行对比，以费用现值较低的方案为最优方案。其表达式为：

$$PC=\sum_{t=0}^{n}CO_t(1+i_c^{-t})=\sum_{t=0}^{n}CO_t(P/F,i_c,t) \tag{5-13}$$

【例 5-8】 某项目有 A、B 两种不同的工艺设计方案，均能满足同样的生产技术需要，其有关费用支出见表 5-5，试用费用现值比较法选择最优方案，已知基准收益率 $i_c=10\%$。

表 5-5　A、B 两方案费用支出

方案	费用/万元		寿命期/年
	投资(第一年末)	年经营成本(2～10 年末)	
A	600	280	10
B	785	245	10

解：根据费用现值的计算公式可分别计算出 A、B 两方案的费用现值为：

$PC_A=600(P/A,10\%,1)+280(P/A,10\%,9)(P/F,10\%,1)=2\ 011.40$ (万元)

$PC_B=785(P/F,10\%,1)+245(P/A,10\%,9)(P/F,10\%,1)=1\ 996.34$(万元)

由于 $PC_A>PC_B$，所以方案 B 为最佳方案。

年费用比较法是通过计算各备选方案的等额年费用(AC)并进行比较，以年费用较低的方案为最佳方案的一种方法，其表达式为：

$$AC=\sum_{t=0}^{n}CO_t(P/F,i_c,t)(A/P,i_c,n) \tag{5-14}$$

【例 5-9】 根据例 5-8 的资料，试用年费用比较法选择最佳方案。

解：根据式(5-14)可计算出 A、B 两方案的等额年费用如下：

$$AC_A=2\ 011.40\times(P/A,10\%,10)=327.46(\text{万元})$$

$$AC_B=1\ 996.34\times(P/A,10\%,10)=325.00(\text{万元})$$

由于 $AC_A>AC_B$，故方案 B 为最佳方案。

采用年费用比较法与费用现值比较法对方案进行比选的结论是完全一致的。因为实际上费用现值(PC)和等额年费用(AC)之间可以很容易进行转换。即：

$$PC=AC(P/A,i,n) \tag{5-15}$$

$$\text{或}\quad AC=PC(A/P,i,n) \tag{5-16}$$

所以，根据费用最小的原则，两种方法的计算结果是一致的，因此在实际应用中对于效益相同或基本相同但又难以具体估算的互斥方案进行比选时，若方案的寿命期相同，则任意选择其中的一种方法即可，若方案的寿命期不同，则使用年费用比较法最简单。

5.2.2.2　寿命期不同的互斥方案的动态评价

对于互斥方案来讲，如果其寿命期不同，那么就不能直接采用净现值法等评价方法来对方案进行比选，因为此时寿命期长的方案的净现值与寿命期短的方案的净现值不具有可比性。因此，为了满足时间可比的要求，就需要对各备选方案的计算期和计算公式进行适当处理，使各个方案在相同的条件下进行比较，才能得出合理的结论。

为满足时间可比条件而进行处理的方法有很多，常用的方法有净年值法、最小公倍数法和研究期法。

(1) 净年值(NAV)法

净年值法是对寿命期不相等的互斥方案进行比选时用到的一种最简明的方法。它是通过分别计算各备选方案净现金流量的等额净年值进行比较，以 NAV≥0，且 NAV 最大者为最优方案。净年值的表达式为：

$$NAV=\left[\sum_{t=0}^{n}(CI-CO)_t(1+i_c)^{-t}\right](A/P,i_c,n)=NPV(A/P,i_c,n) \quad (5\text{-}17)$$

【例5-10】 某建设项目有 A、B 两个方案，其净现金流量情况见表5-6，若基准收益率 $i_c=10\%$，试用净年值法对方案进行比选。

表5-6　A、B两方案的净现金流量　　单位：万元

方案	年序			
	1	2～5	6～9	10
A	−300	80	80	100
B	−100	50	—	—

解：先求出A、B两个方案的净现值：

$$NPV_A=-300(P/F,10\%,1)+80(P/A,10\%,8)(P/F,10\%,1)+100(P/F,10\%,10)=153.83(\text{万元})$$

$$NPV_B=-100(P/F,10\%,1)+50(P/A,10\%,4)(P/F,10\%,1)=53.18(\text{万元})$$

然后根据式(5-17)求出A、B两方案的等额净年值 NAV。

$$NAV_A=NPV_A(A/P,i_c,n_A)=153.83\times(A/P,10\%,10)=25.04(\text{万元})$$

$$NAV_B=NPV_B(A/P,i_c,n_B)=53.18\times(A/P,10\%,5)=14.03(\text{万元})$$

由于 $NAV_A>NAV_B$，且 NAV_A、NAV_B 均大于零，故方案A为最佳方案。

(2) 最小公倍数法(又称方案重复法)

最小公倍数法是以各备选方案计算期的最小公倍数作为方案比选的共同计算期，并假设各个方案均在这样一个共同的计算期内重复进行，对各个方案计算期各年的净现金流量进行重复计算，直至与共同的计算期相等。在此基础上计算出各个方案的净现值，以净现值最大的方案为最佳方案。

最小公倍数是基于重复型更新假设理论的，重复型更新假设理论包括以下两个方面：

① 在较长时间内，方案可以连续地以同种方案进行重复更新，直到多方案的最小公倍数寿命期或无限寿命期。

② 替代更新方案与原方案现金流量完全相同，延长寿命后的方案现金流量以原方案寿命为周期重复变化。

【例5-11】 某公司选择设备，有两种方案可供选择，基准收益率为10%，设备方案的数

据见表 5-7，试进行方案比较。

表 5-7 两种方案的现金流量

项目	单位	方案 A	方案 B	项目	单位	方案 A	方案 B
投资 P	元	10 000	15 000	残值 F	元	1 000	1 500
年收入 A	元	6 000	6 000	服务寿命期 n	年	6	9
年度经营费 A	元	3 000	2 500				

解：由于两个方案服务寿命期不等，计算期应取各方案服务寿命期的最小公倍数，以便在相同年限内进行比较。本题的最小公倍数为 18 年，故有：

$$
\begin{aligned}
NPV(\text{A}) = & -10\,000-(10\,000-1\,000)(P/F,10\%,6)- \\
& (10\,000-1\,000)(P/F,10\%,12)+1\,000(P/F,10\%,18)+ \\
& (6\,000-3\,000)(P/A,10\%,18) \\
= & 10\,448.9(\text{元})
\end{aligned}
$$

$$
\begin{aligned}
NPV(\text{B}) = & -15\,000-(15\,000-1\,500)(P/F,10\%,9)+1\,500(P/F,10\%,18)+ \\
& (6\,000-2\,500)(P/A,10\%,18) \\
= & 6\,997.7(\text{元})
\end{aligned}
$$

$$NPV(\text{A})>NPV(\text{B})$$

计算结果表明，方案 A 较方案 B 优。同时应当指出，由于此法延长时间，实际上夸大了两方案的差别。

利用最小公倍数法有效地解决了寿命不等的互斥方案之间净现值的可比性问题，计算较简单。但这种方法所依赖的方案可重复实施的假设不是在任何情况下都适用的。对于某些技术更新较快的产品和设备方案的比较，因为在没有到公共的计算期之前，某些方案存在的合理性已经成为问题，重复实施的假定就降低了计算方案经济效果指标的可靠性和真实性；对于某些不可再生资源开发项目，在进行计算期不等的互斥方案评选时，方案可重复实施的假定不再成立，这种情况下就不能用最小公倍数法确定计算期。另外，最小公倍数法也不适用于处理更新改造项目。

(3) 研究期法

针对上述最小公倍数法的不足，对计算期不相等的互斥方案，可采用另一种确定共同计算期的方法——研究期法。这种方法是根据对市场前景的预测，直接选取一个适当的分析期作为各个方案共同的计算期。这样不同期限的方案就转化为相同期限的方案了。

研究期的确定一般以互斥方案中年限最短或最长方案的计算期作为互斥方案评价的共同研究期。当然也可取所期望的计算期为共同研究期。通过比较各个方案在该研究期内的净现值来对方案进行比选，以净现值最大的方案为最佳方案。

对于计算期短于共同研究期的方案，仍可假定其计算期完全相同地重复延续，也可按新的不同的现金流量序列延续。需要注意的是，对于计算期（或者是计算期加其延续）比共同研究期长的方案，要对其在研究期以后的现金流量余值进行估算，并回收余值。该项余值估算的合理性及准确性，对方案比选结论有重要影响。

【例 5-12】 有 A、B 两个方案，A 方案的寿命为 4 年，B 方案的寿命为 6 年，其现金流量见表 5-8。$i_c=10\%$。(1) 试确定两方案在不同研究期下的现金流量;(2) 根据残值的不同处理方式对两方案进行比较选择。

表 5-8　A、B 两方案的年末现金流量　　单位:元

方案	年末						
	0	1	2	3	4	5	6
A	−5 000	3 000	3 000	3 000	3 000	—	—
B	−4 000	2 000	2 000	2 000	2 000	2 000	2 000

解:(1) A、B 两方案在不同研究期下的现金流量:

① 以 A 方案的寿命期(4 年)为研究期,B 方案在 4 年末考虑残值为 1 500 元,现金流量见表 5-9。

表 5-9　研究期为 4 年的 A、B 两方案的现金流量　　单位:元

方案	年末				
	0	1	2	3	4
A	−5 000	3 000	3 000	3 000	3 000
B	−4 000	2 000	2 000	2 000	2 000+1 500(残值)

② 以 B 方案的寿命期(6 年)为研究期,A 方案考虑原型更新,在重复执行到 6 年末时考虑残值为 3 500 元,现金流量见表 5-10。

表 5-10　研究期为 6 年的 A、B 两方案的现金流量　　单位:元

方案	年末						
	0	1	2	3	4	5	6
A	−5 000	3 000	3 000	3 000	3 000 −5 000	3 000	3 000 3 500(残值)
B	−4 000	2 000	2 000	2 000	2 000	2 000	2 000

③ 计划服务年限(10 年)为研究期,A、B 方案都重复执行,并在 10 年末考虑残值,现金流量见表 5-11。

表 5-11　研究期为 10 年的 A、B 两方案的现金流量　　单位:元

方案	年末										
	0	1	2	3	4	5	6	7	8	9	10
A	−5 000	3 000	3 000	3 000	3 000 −5 000	3 000	3 000	3 000	3 000 −5 000	3 000	3 000 3 500(残值)
B	−4 000	2 000	2 000	2 000	2 000	2 000	2 000 −4 000	2 000	2 000	2 000	2 000 1 500(残值)

(2) 根据残值的不同处理方式对两方案进行比较选择：

选定研究期为 4 年。

① 完全承认研究期末方案未使用价值。

$$NPV_A^{(4)} = -5\ 000 + 3\ 000(P/A, 10\%, 4) = 4\ 506.7(\text{元})$$

$$NPV_B^{(4)} = -4\ 000(P/A, 10\%, 6)\ (P/A, 10\%, 4) + 2\ 000(P/A, 10\%, 4) = 3\ 428(\text{元})$$

② 完全不承认研究期末方案未使用价值。

$$NPV_A^{(4)} = -5\ 000 + 3\ 000(P/A, 10\%, 4) = 4\ 506.7(\text{元})$$

$$NPV_B^{(4)} = -4\ 000 + 2\ 000(P/A, 10\%, 4) = 2\ 339.6(\text{元})$$

选择 A 方案。

③ 估计研究期末方案的残值为 1 500 元。

$$NPV_A^{(4)} = -5\ 000 + 3\ 000(P/A, 10\%, 4) = 4\ 506.7(\text{元})$$

$$NPV_B^{(4)} = -4\ 000 + 2\ 000(P/A, 10\%, 4) + 1\ 500(P/F, 10\%, 4) = 3\ 364.1(\text{元})$$

A 方案为优。

5.2.2.3 寿命无限的互斥方案比选

对于大型的公共项目，如运河、大坝等项目，服务年限相当长，可以看作为寿命无限的项目。对于这类项目的经济评价涉及期初投资与无限寿命的年金的相互转化计算——即永续年金的求解问题。

根据年金与现值的关系：

$$A = P \times \frac{i(1+i)^n}{(1+i)^n - 1}$$

当寿命期 $n \to \infty$ 时，$\lim\limits_{n \to \infty} \frac{i(1+i)^n}{(1+i)^n - 1} = i$，即：

$$A = Pi$$

反之有：

$$P = \frac{A}{i}$$

根据以上关系式，当寿命无限时，年金与现值之间的关系可以很容易地进行寿命无限方案的评价和比选。

【例 5-13】 某河道治理项目可以采取 A、B 两个方案，其基本数据见表 5-12。假设 $i_c = 5\%$，试比较两方案。

表 5-12 基本数据

方案	投资	n	年费用	其他
A	650 000 元，用于挖河道，铺水泥面	可永久使用	1 000 元	10 000 元/5 年修补一次水泥面
B	65 000 元，用于购置挖掘设备	10 年	每年挖掘一次，费用 34 000元	残值 7 000 元

解：

$AC_A = 650\ 000 \times 0.05 + 1\ 000 + 10\ 000(A/F, 5\%, 5) = 35\ 310$(元)

$AC_B = 65\ 000(A/P, 5\%, 10) + 34\ 000 - 7\ 000(A/F, 5\%, 10) = 41\ 861$(元)

可知 $AC_A < AC_B$，所以 A 方案优。

5.3　独立方案的经济评价

5.3.1　无资金限额下独立方案的经济评价

在无资金限额的情况下，多个独立方案的评价方法与单一方案相同。即只需检验方案本身的经济性，看它能否通过净现值、净年值或内部收益率等指标的评价标准即可，即只需进行“绝对经济效果检验”。

【例 5-14】 两个独立方案 A 和 B，现金流量见表 5-13。试分别用净现值、净年值和内部收益率法判别其经济可行性。($i_c = 15\%$)

表 5-13　方案 A、B 的现金流量　　单位：万元

方案	年　序	
	0	1～10
A	220	50
B	200	30

解：(1) 净现值法

$NPV_A = -220 + 50(P/A, 15\%, 10) = -220 + 50 \times 5.091 = 30.95$(万元)

$NPV_B = -200 + 20(P/A, 15\%, 10) = -200 + 30 \times 5.091 = -49.42$(万元)

因为 $NPV_A > 0$，$NPV_B < 0$，根据净现值判别准则，A 方案可以接受，B 方案予以拒绝。

(2) 净年值法

$NAV_A = NPV_A(A/P, 15\%, 10) = 30.95 \times 0.199\ 25 = 6.17$(万元)

$NAV_B = NPV_B(A/P, 10\%, 10) = -49.43 \times 0.199\ 25 = -9.85$(万元)

因为 $NAV_A > 0$，$NAV_B < 0$，根据净年值判别准则，A 方案可以接受，B 方案予以拒绝。

(3) 内部收益率法

假设 A 方案的内部收益率为 IRR_A，B 方案为 IRR_B，令

$$-200 + 50(P/A, IRR_A, 10) = 0$$

$$-200 + 30(P/A, IRR_B, 10) = 0$$

利用插值法，求得两方案的内部收益率为 $IRR_A = 18.7\%$，$IRR_B = 8.1\%$。由于 $IRR_A > i_c$，$IRR_B < i_c$，根据内部收益率的判断标准，故应该接受 A 方案，拒绝 B 方案。

5.3.2　资金限额下独立方案的经济评价

如果独立方案的资金是有限的，不能满足所有方案的需要，则在这种不超出资金限额的条件下，独立方案的选择有两种方法：一是方案组合法；二是净现值率排序法。

5.3.2.1　方案组合法

方案组合法的原理是：在资源限制的条件下，列出独立方案所有可能的组合，每个组

合形成一个组合方案(其现金流量为被组合方案现金流量的叠加),由于是所有可能的组合,则最终的选择只可能是其中一种组合方案,因此所有可能的组合方案形成互斥关系,可按互斥方案的比较方法确定最优的组合方案,最优的组合方案即为独立方案的最佳选择。

【例 5-15】 有三个独立的方案 A、B 和 C,寿命期皆为 10 年,现金流量见表 5-14。基准收益率为 8%,投资资金限额为 12 000 万元,要求选择最优方案。

表 5-14 方案 A、B、C 的现金流量

方案	初始投资/万元	年净收益/万元	寿命期/年
A	3 000	600	10
B	5 000	850	10
C	7 000	1200	10

解:三个方案的净现值都大于零,从单方案检验的角度看都是可行的。但是由于投资总额有限制,因此三个方案不能同时实施,只能选择其中的一个或两个方案。

(1) 列出不超过投资限额的所有组合方案。

(2) 对每个组合方案内的各独立方案的现金流量进行叠加,作为组合方案的现金流量,并按投资额从小到大排列。

(3) 按组合方案的现金流量计算各组合方案的净现值。

(4) 净现值最大者即为最优组合方案。

计算过程见表 5-15,A+C 方案为最佳组合方案,故最佳投资决策是选择 A+C 方案。

表 5-15 组合方案的现金流量及净现值表

序号	组合方案	初始投资/万元	年净收益/万元	寿命期/年	净现值/万元	结论
1	A	3 000	600	10	1 026	
2	B	5 000	850	10	704	
3	C	7 000	1 200	10	1 052	
4	A+B	8 000	1 450	10	1 730	
5	A+C	10 000	1 800	10	2 078	最佳
6	B+C	12 000	2 050	10	1 756	

5.3.2.2 *净现值率排序法*

在确定多方案的优先顺序时,如果资金没有限额,只要按净现值或净现值率指标的大小排列方案的优先顺序即可。当资金有限额时,要评价在限额内的方案并确定它们的优先顺序,以采用净现值率法较好,但必须与净现值法联合使用,经过反复试算,再确定优先顺序,这样可以得出较理想的结论,现举例说明。

【例 5-16】 资金预算限额是 60 万元,有 A～H 八个产品投资方案,各方案的净现值和净现值率见表 5-16。问在投资限额内应优先投资哪些产品方案?

表 5-16　方案资料数据

方案	投资额/元	净现值/元	净现值率
A	200 000	120 000	0.60
B	120 000	54 000	0.45
C	40 000	5 000	0.13
D	90 000	22 500	0.25
E	130 000	28 600	0.22
F	360 000	64 800	0.18
G	30 000	4 200	0.14
H	150 000	57 000	0.38

解:先根据净现值的大小排列优先顺序,见表 5-17。

表 5-17　按净现值大小排列优先顺序

顺序	方案	净现值/元	投资额/元
1	A	120 000	200 000
2	F	64 800	360 000
3	H	57 000	150 000
4	B	54 000	120 000
5	E	28 600	130 000
6	D	22 500	90 000
7	C	5 000	40 000
8	G	4 200	30 000

按 60 万元的资金限额,选择方案的优先顺序应为 A、F、C 三个方案。这三个方案的投资额总和为 60 万元,净现值总和为 189 800 元。

再根据净现值率的大小来确定优先顺序,见表 5-18。

表 5-18　按净现值率的大小排列优先顺序

顺序	方案	净现值率	投资额/元
1	A	0.60	200 000
2	B	0.45	12 000
3	H	0.38	150 000
4	D	0.25	90 000
5	E	0.22	130 000
6	F	0.18	360 000
7	G	0.14	30 000
8	C	0.13	40 000

因投资限额为60万元，应选择A、B、H、D、C五个方案，这五个方案的投资额总和为60万元，其净现值总和为258 500元。

比较两种方案选择的净现值合计总数，可以看出258 500元>189 800元。因此，按净现值率法选择方案较有利。如果将其中的D、C两方案用E方案来取代，投资额不变，而净现值可以最大。所以最后在资金预算限额60万元的前提下，选择A、B、H、E四个方案，其净现值为259 000元。

上例说明，分析评价多个投资方案资金有限额时，采用净现值率法决定优先顺序比采用净现值法优越。但是，为了选择净现值最大的方案组，使用净现值法来调整优先顺序也是必要的。上例就是先根据净现值率法选择优先顺序，然后用净现值法来调整，经过反复试算，最后得出净现值最大的组合方案。

对于有资金限额的独立方案的比选，方案组合法和净现值率排序法各有其优劣。净现值率排序法的优点是计算简便，选择方法简明扼要；缺点是经常会出现资金没有被充分利用的情况，因而不一定能保证获得最佳组合方案，必须与净现值联合使用，反复试算。而方案组合法的优点是在各种情况下均能获得最佳组合方案，但缺点是计算比较烦琐。因此在实际运用中，应该综合考虑各种因素，选用适当的方法进行方案的比选。

5.4 其他方案的经济评价

5.4.1 互补方案经济评价

经济上互补而又对称的方案可以结合在一起作为一个"综合体"来考虑；经济上互补而不对称的方案，如建筑物A和空调B则可把问题转化为对有空调的建筑物方案C和没有空调的建筑物方案A这两个互斥方案的经济比较。

5.4.2 现金流量相关方案的经济评价

现金流量相关方案的比选常采用方案组合的方法使各组合方案互斥化，与有资源限制的独立方案的比选不同的是，独立方案中组合方案的现金流量是各独立方案现金流量的叠加，而现金流量相关方案的组合方案的现金流量不是独立方案现金流量的叠加，而是考虑组合方案中各独立方案的相互影响，并对相互影响之后的现金流量进行准确估计。

【例5-17】 为了满足运输要求，有关部门分别提出要在两地之间修建一条铁路和(或)一条公路。只上一个项目时的净现金流量见表5-19。若两个项目都上，由于货运分流的影响，两项目都将减少净收益，其净现金流量见表5-20。当 $i_c=10\%$ 时，应如何选择？

表5-19 只上一个项目时的净现金流量 单位：百万元

年序		0	1	2	3～32
方案	铁路(A)	−200	−200	−200	100
	铁路(B)	−100	−100	−100	60

表 5-20　两个项目都上时的净现金流量　　单位：百万元

年序		0	1	2	3～32
方案	铁路(A)	−200	−200	−200	80
	铁路(B)	100	−100	−100	35
两项目合计		−300	−300	−300	115

解：先将两个相关方案组合成三个互斥方案，再分别计算其净现值，具体结果见表 5-21。

表 5-21　组合互斥方案及其净现值表　　单位：百万元

年序		0	1	2	3～32	*NPV*
方案	铁路(A)	−200	−200	−200	100	231.98
	铁路(B)	−100	−100	−100	60	193.9
	A+B	−300	−300	−300	115	75.29

由表 5-21 可知，方案 A 的净现值最大。因此，根据净现值最大的评价标准，A 方案为最优方案。

5.4.3　混合方案的经济评价

混合方案可以划分为先独立后互斥和先互斥后独立两种类型，由于这两种类型在同一层为单一的经济关系类型，两层之间为不同的经济关系类型，因此，混合方案又称为层混方案。正是由于层混方案的这一特点，所以层混方案的比选一般按层次进行最下层的比选，然后进行上一层的比选。

5.4.3.1　先独立后互斥混合方案的比选

根据下面例题来了解先独立后互斥混合方案的比选。

【例 5-18】　某大型零售业公司有足够资金在 A 城和 B 城各建一座大型仓储式超市，在 A 城有 3 个可行地点 A_1、A_2、A_3 供选择；在 B 城有 2 个可行地点 B_1、B_2 供选择，根据各地人流量、购买力、工资水平、相关税费等资料，收集整理相关数据见表 5-22。假设基准收益率为 10％，试进行比选。

表 5-22　相 关 数 据　　单位：万元

方案	A_1	A_2	A_3	B_1	B_2
投资	1 000	1 100	980	1 800	2 300
年收入	900	1 200	850	1 500	1 800
年经营费用	450	650	380	990	1 150
寿命期/年	10	8	9	12	10

解：根据题意可知：A_1、A_2、A_3 是互斥关系，B_1、B_2 也是互斥关系。A、B 是独立关系。因此可以先根据互斥方案的比选方法分别在 A_1、A_2、A_3 中选出最优方案，在 B_1、B_2 中选出最优方案。然后对选出的最优方案再根据独立方案的比选原则进行比选。

由于各方案寿命期不同，故根据互斥方案的比选方法 NAV 法分别计算各方案的 NAV。

$$NAV_{A_1} = -1\,000(A/P,10\%,10) + (900 - 450)$$
$$= -1\,000 \times 0.162\,7 + (900 - 450) = 287.3(\text{万元})$$
$$NAV_{A_2} = -1\,000(A/P,10\%,8) + (1\,200 - 650)$$
$$= -1\,100 \times 0.187\,4 + (1\,200 - 650) = 343.86(\text{万元})$$
$$NAV_{A_3} = -980(A/P,10\%,9) + (850 - 380)$$
$$= -980 \times 0.173\,6 + (850 - 380) = 299.87(\text{万元})$$
$$NAV_{B_1} = -1\,800(A/P,10\%,12) + (1\,500 - 890)$$
$$= -1\,800 \times 0.146\,8 + (1\,500 - 890) = 345.76(\text{万元})$$
$$NAV_{B_2} = -2\,300(A/P,10\%,10) + (1\,800 - 1\,150)$$
$$= -2\,300 \times 0.162\,7 + (1\,800 - 1\,250) = 275.79(\text{万元})$$

因为 $NAV_{A_2} > NAV_{A_3} > NAV_{A_1} > 0$，所以选择方案 A_2；

因为 $NAV_{B_1} > NAV_{B_2} > 0$，所以选择方案 B_1。

又因为该公司有足够的资金可以在两地同时建设，因此最后选择方案 A_2 和方案 B_1。

因此可以看出，先独立后互斥层混方案的比选先在互斥层根据互斥方案的比选方法进行比选，然后对选出来的最优方案在独立层中按照独立方案的比选原则进行比选。

5.4.3.2　先互斥后独立混合方案的比选

同样根据前述例题简要介绍先互斥后独立混合方案的比选。

【例 5-19】 某大型企业集团面临两个投资机会，一个是房地产开发项目，另一个是生物制药项目。由于资金限制，同时为防止专业过于分散，该集团仅打算选择其中之一。房地产开发项目是某市一个大型的城市改造项目，其中有居住物业 C_1、商业物业 C_2、一处大型的体育设施项目（包括游泳馆、体育馆和室外健身场地等）C_3，该企业可以选择全部进行投资，也可选择其中的一个或两个项目进行投资；生物制药项目有 D_1 和 D_2 两个相距遥远的地区都急需投资以充分利用当地资源，该企业的资金也可以同时支持 D_1 和 D_2 两个项目的选择。

在以上案例中假设企业集团能够筹集到的资金为 10 000 万元，各方案所需投资额和 NPV 见表 5-23。

表 5-23　基础数据　　单位：万元

方案	C_1	C_2	C_3	D_1	D_2
所需投资	4 300	5 500	4 800	3 800	4 900
NPV	1 100	1 650	900	950	1 250
NPVR	25.58%	30%	18.75%	25%	25.51%

解：所有方案的净现值都大于零，因此都是可行的。在第一组方案 C 中，由于所需总投资＝4 300＋5 500＋4 800＝14 600（万元）＞10 000 万元。根据净现值率排序法，选择 C_1+C_2 方案。

在第二组方案 D 中，所需总投资 3 800＋4 900＝8 700（万元）＜10 000 万元，因此两个方案都可选择。

两个组合方案为互斥的，根据净现值法进行比选：

组合方案 C_1+C_2 的 $NPV=1\ 100+1\ 650=2\ 750$（万元）；

组合方案 D_1+D_2 的 $NPV=950+1\ 250=2\ 200$（万元）。

根据净现值最大的原则，选择 C_1+C_2 方案。

先互斥后独立混合方案的比选是先在独立层根据独立方案的比选原则选择组合方案，然后根据互斥方案的比选原则对组合方案进行比选。

[案例分析]

某公司投资方案的选择

某公司现有三个互斥的投资方案 A_1、A_2 与 A_3，产出不同，寿命相同。各方案投资与每年净收益的原始资料见案例分析表 5-1，进行投资方案比较与选择的过程如下。

案例分析表 5-1　　单位：元

年份	方案			
	A_0	A_1	A_2	A_3
0	0	−5 000	−8 000	−10 000
1～10	0	1 400	1 900	2 500

第一步：先将方案按照初始投资的顺序排列。

第二步：选择初始方案投资最少的作为临时最优方案，这里选定全不投资方案作为临时最优方案。

第三步：选择初始投资较高的方案作为竞赛方案，计算两个方案的现金流量之差。这里选择 A_1 作为竞赛方案，假定 $i_0=15\%$。

根据净现值与内部收益率指标的计算公式，分别计算两个方案的现金流量之差的净现值或内部收益率。

$$NPV_{A_1-A_0}=-5\ 000+1\ 400\sum_{t=1}^{10}(1+15\%)^{-t}=2\ 026.32(\text{元})$$

$$IRR_{A_1-A_0}=25.0\%$$

第四步：重复上述步骤，直到所有方案比较完毕，可以找到最后的最优方案。现在以 A_1 作为临时最优方案，将 A_2 作为竞赛方案，计算方案 A_2 和方案 A_1 两个现金流量之差的净现值或内部收益率。

$$NPV_{A_2-A_1}=-3\ 000+500\sum_{t=1}^{10}(1+15\%)^{-t}=-490.60(\text{元})$$

$$IRR_{A_2-A_1}=10.5\%$$

再将 A_3 作为竞赛方案，计算方案 A_3 和方案 A_1 两个现金流量之差的净现值或内部收益率。

$$NPV_{A_3-A_1}=-5\ 000+1\ 100\sum_{t=1}^{10}(1+15\%)^{-t}=520.68(元)$$

$$IRR_{A_3-A_1}=17.6\%$$

容易证明，根据方案的净现值的大小直接进行比较，与上述的投资增额净现值、投资增额内部收益率（差额内部收益率）有完全一致的结论，但不能根据内部收益率的大小直接比较。见案例分析表 5-2。

$$\begin{aligned}NPV_B-NPV_A&=\sum_{t=0}^{N}F_{Bt}(1+i)^{-t}-\sum_{t=0}^{N}F_{At}(1+i)^{-t}\\&=F_{B0}-F_{A0}+F_{B1}(1+i)^{-1}-F_{A1}(1+i)^{-1}+\cdots+\\&\quad F_{BN}(1+i)^{-N}-F_{AN}(1+i)^{-N}\\&=F_{B-A,0}-F_{B-A,1}(1+i)^{-1}+\cdots+F_{B-A,N}(1+i)^{-N}\\&=\sum_{t=0}^{N}F_{B-A,t}(1+i)^{-t}\\&=\Delta NPV_{B-A}\end{aligned}$$

案例分析表 5-2

方案	净现值/元	优先顺序	内部收益率	优先顺序
A_0	0	4	15%	4
A_1	2 026.32	2	25%	1
A_2	1 535.72	3	19.9%	3
A_3	2 547.00	1	21.9%	2

[案例思考]

1. 什么是内部收益率？在进行多个互斥方案比较时，为什么不能直接用各个方案的内部收益率的大小来比较？

2. 应用差额内部收益率对多个互斥方案进行比较时应注意什么？

思考题

1. 简述投资方案关系有哪几种类型，试举例说明。

2. 为什么在应用净现值法进行多个互斥方案比较时，还应同时计算净现值率作为辅助评价的标准？

3. 寿命期相同的互斥方案评价方法有哪些？

4. 采用差额投资内部收益率指标对互斥方案进行比选的基本步骤有哪些？

5. 什么是现金流量相关方案？如何进行经济评价与比较？在进行混合方案经济评价与比较时，应注意哪些问题？

本章习题

1. 有 A、B 两个投资方案，方案 A 投资 10 000 元，年收入 5 000 元，年经营成本 2 200 元，残值 2 000 元，寿命期 5 年；方案 B 投资 15 000 元，年收入 7 000 元，年经营成本 4 300 元，无残值，寿命期 10 年，若基准收益率为 8%，试用现值法分析方案。

2. 修建某河的大桥，经考虑有 A、B 两处可供选点。在 A 地建桥，其投资为 1 200 万元，年维护费 2 万元，水泥桥面每 10 年翻修一次，需 5 万元；在 B 点建桥，预计投资 1 100 万元，年维护费 8 万元，该桥每 3 年刷一次油漆，需 3 万元，每 10 年整修一次需 4 万元。若利率为 10%，试比较两个方案哪个为最优。

3. 有四个独立方案，其数据见习题表 5-1，若预算资金为 30 万元，各方案寿命期均为 8 年，基准收益率为 12%，应选择哪些方案？

习题表 5-1

方案	A	B	C	D
初始投资/万元	15	14	13	17
年净收益/万元	5	4	3.5	5.5

4. 某工程方案有两个投资方案 A、B，有关数据资料见习题表 5-2。

要求：(1) 计算两个方案的差额内部收益率；

(2) 作图分析：① 基准收益率定在什么范围内，方案 A 较优？

② 基准收益率定在什么范围内，方案 B 较优？

习题表 5-2

方案	年末净现金流量/万元					内部收益率
	0	1	2	3	4	
A	−1 000	100	350	600	850	23.4%
B	−1 020	1 000	200	200	200	34.4%

5. 两个寿命不等的互斥方案 A、B，其现金流量见习题表 5-3，设 $i_c=10\%$，试利用年值法和最小公倍数法选择最优方案。

习题表 5-3

方案	年末净现金流量/万元						
	0	1	2	3	4	5	6
A	−250	80	80	80	80		
B	−200	60	60	60	60	60	60

6. 利用本章习题 5 的资料，采用研究期法进行方案比选，要求完全承认方案未使用价值。

7. 为了满足两地交通运输增长的需求，拟在两地之间建一条铁路或新开一条高速公路，也可以考虑两个项目同时采用。如果两个项目同时采用，由于分流的影响，两个项目的现金流量将会受到影响。基准收益率为 10%，有关数据见习题表 5-4。表中括号内的数据为两个项目同时采用的现金流量。试进行投资决策。

习题表 5-4

方案	年末净现金流量/万元			
	0	1	2	3～32
铁路	−20 000	−20 000	−20 000	13 000(10 000)
公路	−12 000	−12 000	−12 000	9 000(5 000)

8. 某项目有 5 个备选方案，相关资料见习题表 5-5，各方案的服务期均为 10 年。

(1) 若基准收益率为 10%，应选择哪个方案？

(2) 折现率为多少时，C 方案在经济上最优？

习题表 5-5 单位：万元

方案	A	B	C	D	E
初始投资	1 000	2 000	3 000	4 000	5 000
年净收益	350	500	950	1 200	1 520

9. 某处于投资机会研究阶段的建设项目，初步估计有三个供选择的机会，其总投资及年净收益见习题表 5-6，各方案寿命期均为 10 年，试根据增量投资收益率法、增量投资回收期法、年折算费用法和综合总费用法进行初步的方案比选（基准投资收益率为 15%，基准投资回收期为 6 年）。

习题表 5-6

方案	各方案投资、年收入与经营成本/万元		
	投资	年收入	年经营成本
A	−800	300	150
B	−1 000	380	210
C	−1 300	450	200

10. 有 6 个方案的数据见习表 5-7，设定资金限额为 30 万元，基准收益率为 10%，寿命期为 5 年。现已知方案 A_1、A_2 互斥，B_1、B_2 互斥，C_1、C_2 互斥；B_1、B_2 从属于 A_1，C_1 从属于 A_2，C_2 从属于 B_1。试选择最优的投资组合方案。

习题表 5-7

方案	A_1	A_2	B_1	B_2	C_1	C_2
初始投资/万元	12	16	9	7	8	7
年净收益/万元	4	5	3	2.5	3	2.5

第 6 章　工程项目不确定性分析与风险分析

【本章提要与学习目标】

工程项目不确定性分析与风险分析是工程项目经济评价的重要内容。由于各经济要素的未来变化带有不确定性，加之预测方法的局限性，实际发生的情况与事先的估算、预测很可能有相当大的偏差，给投资者带来投资风险。为了提高经济评价的准确度和可信度，尽量避免和减少投资决策的失误，有必要对投资方案做不确定性分析，为投资决策提供客观、科学的依据。

通过本章学习，要求熟悉项目产生不确定性和风险的原因，掌握不确定分析中盈亏平衡分析的基本原理及敏感性分析的含义、基本步骤与方法，掌握概率分析与决策的方法。

6.1　工程项目风险和不确定性概述

不确定性一是指影响工程方案经济效果的各种因素的未来变化带有不确定性；二是指预测工程方案现金流量时，由于缺乏足够的信息或预测方法上的错误，使得方案经济效果评价指标值带有不确定性。因此，根据这些数据所得出的经济评价结果就会出现误差，使得方案经济效果的实际值可能偏离其预测值，从而给投资者和经营者带来风险。

为了尽量避免决策失误，应该了解各种不确定因素发生变化时对投资方案经济效果的影响程度，这就需要进行不确定性分析，以估计项目可能承担的风险，从而确定项目在经济上的可靠性。常用的方法有盈亏平衡分析、敏感性分析和风险概率分析。一般来讲，盈亏平衡分析只适用于项目的财务评价，而敏感性分析和风险分析则同时用于财务评价与国民经济评价。

6.1.1　风险与风险分析的概念

6.1.1.1　风险的概念

关于风险的定义有多种，最基本的表述是：在给定情况下和特定时间内那些可能发生的结果之间的差异，差异越大则风险越大，这个定义强调了结果的差异。而另外一个具有代表性的定义则强调：风险是相对于预期目标而言，经济主体遭受损失的不确定性。理解风险的概念应该把握以下三要素。

（1）不确定性是风险存在的必要条件

人们对未来事物认识的局限性。可获信息的不完备性以及未来事物本身的不确定性，使得投资活动的实际结果具有不确定性，从而使经济主体可能得到低于预期的收益，甚至遭受一定的损失，导致风险。不确定性是风险的起因，不确定性与风险总是相伴而生的。

风险和不确定性是两个不完全相同但又密切相关的概念。不确定性的结果可能高于预期目标，也可能低于预期目标，而通常是将结果低于预期目标的不确定性称为风险。另外，不确定性和风险的“未知”程度不同，虽不知道确切的实际结果，但知道各种结果发生的可能性，称之为风险；连实际结果的可能性都不知道的，称之为不确定性。

（2）潜在损失是风险存在的充分条件

不确定性的存在并不一定意味着风险，因为风险是与潜在损失联系在一起的，即实际结果与目标发生的偏离，包括没有达到预期目标的损失。例如，如果投资者的目标是基准收益率15%，而实际的内部收益率在20%～30%之间，虽然具体数值无法确定，但最低的收益率都高于目标收益率，绝无风险而言。如果这项投资的内部收益率估计可能在12%～18%之间，则它是一个有风险的投资，因为实际收益率有小于目标水平15%的可能性。

（3）经济主体是风险成立的基础

风险成立的基础是存在承担行为后果的经济主体（个人或组织），即风险行为人必须是行为后果的实际承担人。如果某位投资者对其投资后果不承担任何责任，或者只负盈不负亏，那么投资风险对他就没有任何意义，投资者也不可能花费精力进行风险管理。

6.1.1.2 风险分析与不确定性分析

和不确定性与风险的关系一样，不确定性分析与风险分析也是既有联系又有区别。不确定性分析与风险分析的主要区别在于两者的分析内容、方法和作用的不同，不确定性分析只是研究各种不确定因素对方案结果的影响，但不知道这些不确定因素可能出现的状态及其发生的可能性，因而也就不知道方案出现各种结果的可能性；而风险分析则要通过预先知道不确定因素可能出现的各种状态及其可能性，求得对方案各种结果影响的可能性，进而判断方案的风险程度。

6.1.2 工程项目的不确定性和风险性

6.1.2.1 工程经济评价中的不确定因素

影响投资项目财务效益和国民经济的不确定性因素有很多，综合起来主要有以下几种因素。

（1）物价的变动。物价变动有多种情况：一是对项目总投资的影响；二是对拟建投资项目的成本影响；三是对产品销售售价的影响。对物价的分析是项目不确定性分析中的主要内容，因为它是影响投资效益水平的一个重要指标（既影响收入、成本费用、投资，又进而影响项目经济效益的静态收益指标和动态评价指标）。

（2）投资项目生产能力的变化。由于现实中的市场供求状况是不断发生变化的，因而有可能导致产品的生产量和销售量减少，从而使项目的生产能力受到影响。另外，也可能由于项目在建设过程中存在着一些问题，使项目生产能力达不到设计标准，这些都会使项目的规模效益下降，减少项目的盈利或影响国民经济的净贡献，甚至会使项目发生财务亏损。

（3）工艺技术方案和技术装备的变更。在项目执行过程中或投产过程中，发生工艺技术方案及技术装备的更改、变化，会对企业的经济效益和经营成本产生影响，从而引起投资效益指标的变化。

（4）建设工期、投产期、经济寿命期的变化。建设工期延长会增加项目投资借款的利息，提高建设成本；投产期发生变化会影响达到设计生产能力的年限；项目经济寿命期发生变化尤其是寿命期的缩短，会对项目的许多效益指标产生影响，如财务（经济）净现值、财务（经济）内部收益率等指标都是以项目的经济寿命期作为计算基础的。

（5）投资项目资金结构的变化。投资项目的建设资金或经营资金结构发生变动，如自有资金比重降低、债务资金比重上升等，会对项目的建设成本和生产经营成本产生影响，并最终反映在投资效益指标上。

(6) 利率与汇率的变动。在使用银行借款(国内或国外)资金的投资项目中，利率或汇率的变动都会影响项目实际支付的利息，即影响项目的总成本。

(7) 政策因素的变化与影响。政策性因素主要包括国家的产业政策、财税政策和体制改革等。

另外，在不确定性分析中，还应分析指标估算误差对项目经济效益的影响。

6.1.2.2　工程项目的风险性

项目风险是所有影响项目目标实现的不确定因素集合。工程项目的风险含义可从多种角度来考察。首先，风险同投资的目的有关。人们从事投资活动，总是预期一定的结果，如果对于预期的结果没有十分的把握，人们就会认为该项活动有风险。第二，风险同未来的投资结果有关。已经结束了的项目既成事实，后果已无法改变。对于投资项目，总是有多种可行方案可供人们选择，但是没有哪一个方案可确保达到预期的结果。那么，应该采取哪种方案才能不受或少受损失，并取得预期的结果呢，这就是说，风险同投资方案的选择有关。第三，如果投资项目的后果不理想，甚至失败，此时将考虑能否改变以往的方案或路线，把以后的项目做好。另外，当客观环境或者人们的思想、方针或行动路线发生变化时，项目的结果也会发生变化，这样，风险还与上述变化与关。工程投资项目多种多样，每一个项目都有各自的具体问题，风险因素较多。

按风险来源划分有自然风险和人为风险。自然风险是由于自然力的作用，造成财产毁损或人员伤亡。人为风险是由于人的活动而带来的风险。人为风险又可以细分为行为、经济、技术、政治和组织风险等。行为风险是指出于个人或组织的过失、疏忽、侥幸、恶意等不当行为造成财产毁损、人员伤亡的风险；经济风险是指人们在从事经济活动中，由于经营管理不善、市场预测错误、价格变动、供求关系发生变化、通货膨胀、汇率变动等导致经济损失的风险；技术风险是指伴随着科学技术的发展而带来的风险；政治风险是指由于政局变动等引起社会动荡而造成的财产损失和损害以及人员伤亡的风险；组织风险是指由于项目有关各方关系不协调以及其他不确定性而引起的风险。

按风险是否可管理划分有可管理和不可管理风险。可管理的风险是指可以预测，并可采取相应措施加以控制的风险；反之，则为不可管理的风险。风险能否管理，取决于风险不确定性是否可以消除以及投资活动主体的管理水平。

按风险后果的承担者划分有项目业主风险、政府风险、承包商风险、投资风险、设计单位风险、监理单位风险、供应商风险、担保方风险和保险公司风险等。这样划分有助于合理分配风险，提高项目对风险的承受能力。

按照风险表现形式主要包括市场风险、技术风险、财产风险、责任风险和信用风险。

市场风险是指由于市场价格的不确定性导致损失的可能性。具体来讲，就是由于市场需求量、需求偏好以及市场竞争格局、政治经济等方面的变化导致市场价格有可能发生不利的变化而使工程项目经济效果或企业发展目标达不到预期的水平，如销售收入、利润或市场占有率等低于期望水平。对于大多数项目来说，市场风险也是最主要的风险。

技术风险是指高新技术的应用和技术的进步使建设项目目标发生损失的可能性。在项目建设和运营阶段一般都涉及各种高新技术的应用，由于种种原因，实际的应用效果可能达不到预计的水平，从而也就可能使项目的目标无法实现，形成高新技术的应用风险。此外，建设项目以外的技术进步会使项目的相对技术水平降低，从而影响了项目的竞争力和经济效果，这就构成了技术进步风险。

财产风险是指与项目建设有关的企业和个人所拥有、租赁或使用财产，面临可能被破坏、被毁损以及被盗的风险。财产风险的来源有火灾、闪电、洪水、地震、偷窃、爆炸等。此外，与财产损失相关的可能损失还包括停产停业的损失、采取补救措施的费用和不能履行合同对他人造成的损失。

责任风险是指承担法律责任后对受损一方进行补偿而使自己蒙受损失的可能性。随着法律制度的建立健全和执法力度的加强，工程建设过程中，越多的个人和组织通过诉诸法律来补偿自己受到的损失。司法裁决可能对受害一方进行经济补偿，同时惩罚与责任有关的个人或组织。即使被告最终免除了责任，相关的费用也是必不可少的。因此，经济主体必须谨慎识别那些可能对自己造成影响的责任风险。

信任风险是指由于有关行为主体不能做到重合同、守信用而导致目标损失的可能性。在工程项目的建设过程中，合同行为作为市场经济运行的基本单元具有普遍性和经常性，如工程发包合同、销售合同等。这些合同规范了诸多合作方的行为，是使工程顺利进行的基础。但如果有行为主体钻合同的漏洞损害另一方当事人的利益或者单方面无故违反承诺，则建设项目将受到损失，这就是信用风险。

工程项目的不同阶段会存在不同的风险。风险会随着项目的进展而发生变化，不确定性会随之逐渐减少。早期阶段做出的抉择对以后阶段和项目目标的实现影响最大。

6.1.3 工程项目的风险管理

工程项目风险管理是项目管理组织、机构通过风险识别、风险估计和风险评价，并以此为基础合理使用多种管理方法、技术和手段对项目活动涉及的风险实行有效控制，采取主动行动，创造条件，尽量扩大风险事件的有利结果，妥善处理风险事故造成的不利后果，以最少的成本保证安全、可靠地实现项目的总目标。

由于项目的风险来源、风险的形成过程、风险潜在的破坏机制、风险的影响范围以及风险的破坏力错综复杂，所以单一的管理技术或单一的工程、技术、财务、组织、教育管理都有其局限性，必须综合运用多种方法、手段和措施，才能以最小的成本减少各种不利因素。因此，项目风险管理是一种综合性的管理活动，其理论和实践涉及自然科学、社会科学、工程技术、系统科学、管理科学等多学科。项目风险管理在风险估计和风险评价中使用概率论、数理统计，甚至随机过程的理论和方法。

项目风险管理的主体是项目管理组织机构。项目风险管理要求项目管理组织机构采取主动行动，而不应仅仅在风险事件发生之后被动应付。项目管理人员在认识和处理错综复杂、性质各异的多种风险时，要统观全局，抓主要矛盾，创造条件，因势利导，将不利转化为有利，将风险转化为机会。

项目风险管理的基础是调查研究、收集资料，必要时还要进行实践或试验。只有认真研究投资项目本身和环境，以及两者之间相互影响和相互作用的关系，才能识别项目面临的风险。

风险识别、风险估计和风险评价是项目风险管理的内容。但是，仅仅完成这部分工作还不能做到以最少的成本保证安全、可靠地实现项目的总目标，还必须在此基础上对风险实行有效控制，妥善处理风险事件造成的不利后果。项目风险管理的全过程，可以称为广义的项目风险管理。狭义的项目风险管理是在风险分析之后，针对风险做出决策，一般有规划、控制和监督三个阶段。

6.2 盈亏平衡分析

盈亏平衡分析又称损益平衡分析，它是通过盈亏平衡点分析项目的成本与收益平衡关系的一种方法，也是在项目不确定性分析中常采用的一种方法。

盈亏平衡点是项目盈利与亏损的分界点，它反映了项目既不盈利也不亏损时的生产经营临界水平。盈亏平衡点越低，说明项目盈利的可能性越大，亏损的可能性越小，因而项目有较大的抗风险能力。盈亏平衡点的表达形式有多种，可以用实物产量、单位产品售价来表示，也可以用生产能力利用率等相对量表示。

工程项目的经济效果会受到许多不确定性因素的影响，当这些因素发生变化时可能会导致未来盈利的项目变为亏损项目，盈亏平衡分析目的就是通过建立成本与产量、营业收入与产量之间的函数关系，计算盈亏平衡点处的产量或生产能力利用率，找出这种由盈利到亏损的临界点，以此判断项目风险的大小以及对风险的承受能力，为投资决策提供科学依据。

盈亏平衡分析可以解决以下几个问题：

(1) 在什么条件下项目能从不获得利润转化为获得利润；

(2) 在什么条件下可获得最大利润；

(3) 获得利润之后是否可以任意扩大生产规模以取得更多的利润，是否有可能在扩大生产规模之后反而转盈为亏。

由于项目的收入与成本都是产品产量的函数，我们一般根据它们之间的函数关系，将盈亏平衡分析分为两种：当项目的收入与成本都是产量的线性函数时，称为线性盈亏平衡分析；当项目的收入与成本都是产量的非线性函数时，称为非线性盈亏平衡分析。

6.2.1 线性盈亏平衡分析

(1) 单方案线性盈亏平衡分析

单方案线性盈亏平衡分析又称为量本利分析，目的是通过分析产品产量、成本与方案盈利能力之间的关系，找出投资方案盈利或亏损时，在产量、产品价格、单位产品成本等方面的临界值，以判断在各种不确定因素作用下方案的风险情况。

在盈亏平衡分析中，假设产品销量等于产量，其基本公式如下：

$$TR = (P - t)Q \tag{6-1}$$

式中 TR——年销售收入；

P——单位产品价格；

t——单位产品销售税金及附加；

Q——产品销售量。

$$TC = F + VQ \tag{6-2}$$

式中 TC——年产品总成本；

F——年固定成本；

V——单位产品可变成本。

$$B = TR - TC = (P - V - t)Q - F \tag{6-3}$$

式中 B——年总利润；

其余符号意义同前。

设盈亏平衡点产量为 Q_0，根据盈亏平衡点的定义，在盈亏平衡时 $B=0$，有：

$$TR = TC$$

即

$$(P-t)Q_0 = F + VQ_0$$

可解出

$$Q_0 = \frac{F}{P-t-V} \tag{6-4}$$

如图 6-1 所示，横轴表示产量（销售量），纵轴表示年总收入或总成本，收入曲线与成本曲线的交点即为盈亏平衡点（Break Even Point，BEP），在 BEP 的左边，总成本大于总收入，方案亏损；在 BEP 右边，总收入大于总成本，方案盈利；在 BEP 点上，收入等于成本，方案既不盈利也不亏损。

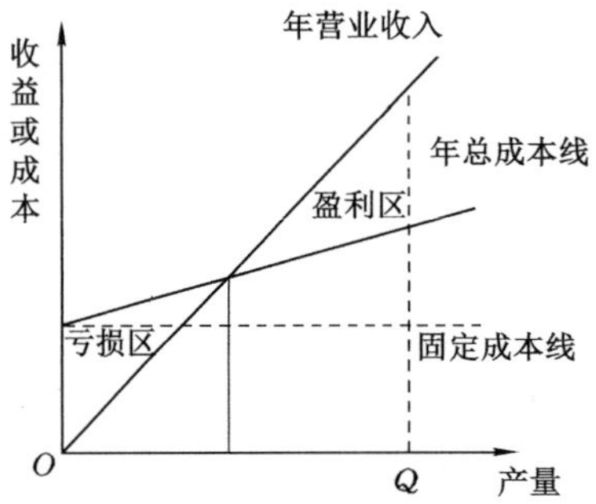

图 6-1 盈亏平衡分析图

同理，还可以得到以其他形式表示的盈亏平衡点。若已知项目的年设计产量 Q 与盈亏平衡产量 Q_0，就可以得到盈亏平衡时的生产能力利用率 U_0，即：

$$U_0 = \frac{Q_0}{Q} \times 100\% = \frac{F}{(P-t-V) \times Q} \tag{6-5}$$

若按设计能力进行生产和销售，且成本也已知时，以产品销售单价表示的盈亏平衡点为：

$$P_0 = \frac{C}{Q} = \frac{F + VQ + tQ}{Q} = \frac{F}{Q} + V + t \tag{6-6}$$

若销售单价低于 P_0，则项目不能保本。

若按设计能力进行生产和销售，且价格已定，以单位产品变动成本表示的盈亏平衡点为：

$$V_0 = \frac{(P-t)Q - F}{Q} \tag{6-7}$$

若单位产品变动成本高于 V_0，则项目不能保本。

【例 6-1】 某设计方案年产量为 12 万 t，已知每吨产品的售价为 675 元，每吨产品缴付的销售税金为 165 元，单位可变成本为 250 元，年总固定成本费用为 1 500 万元，试求用产量表示的盈亏平衡点、盈亏平衡点的生产能力利用率、盈亏平衡点的售价。

解：① $Q_0=\dfrac{F}{T-t-V}=\dfrac{1\ 500}{675-250-165}=5.77$(万 t)

② $U_0=\dfrac{Q_0}{Q}\times 100\%=\dfrac{5.77}{12}\times 100\%=48.08\%$

③ $P_0=\dfrac{F}{Q}+V+t=\dfrac{1\ 500}{12}+250+165=540$(元/t)

(2) 多方案盈亏平衡分析

多方案盈亏平衡分析是盈亏平衡分析方法的延伸，它是将同时影响各方案经济效果指标的共有的不确定因素作为自变量，将各方案的经济效果指标作为因变量，建立各方案经济效果指标与不确定因素之间的函数关系。由于各方案的经济效果函数的斜率不同，所以函数曲线必然会发生交叉，即在不确定因素的不同取值范围内，各方案的经济效果指标高低的排序不同，以此来确定方案的取舍。

盈亏平衡分析的方法用于不同方案的比较，其结果就不是盈利与亏损的问题，而是哪一个方案优劣的问题。这里的优劣是指达到相同质量、产量等前提下，哪一个方案更好。

若两个方案中，$F_2>F_1$，$V_2>V_1$，则肯定第二方案成本高，因此，第一方案较第二方案好；若 $F_2>F_1$，$V_2<V_1$，则要具体讨论。两种情况分别如图 6-2 和图 6-3 所示。

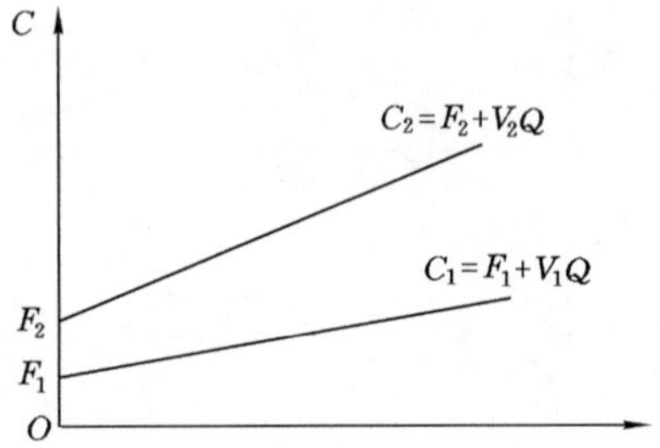

图 6-2　$F_2>F_1$ 且 $V_2>V_1$

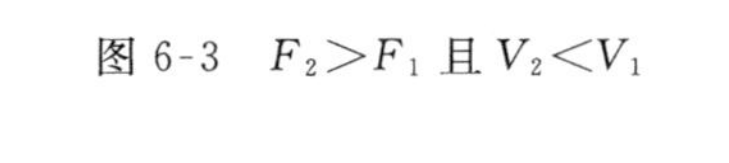

图 6-3　$F_2>F_1$ 且 $V_2<V_1$

从图 6-3 可知，只要 $F_2>F_1$ 且 $V_2<V_1$，总会有一点 Q_0 产生，该点对应的两个方案的成本相等，说明在 Q_0 的产量下，两方案的盈亏一样好。若以盈亏多少作为选择方案基准的话，当设计产量 $Q>Q_0$ 时，应选择方案二，当设计产量 $Q<Q_0$ 时，应选择方案一。

从图 6-3 可知，在 $Q=Q_0$ 时，$C_1=C_2$，因此有

$$F_1+V_1Q_0=F_2+V_2Q_0$$

则 $$Q_0=\frac{F_2-F_1}{V_1-V_2} \tag{6-8}$$

若是多个方案的盈亏平衡分析，要求每两个方案进行求解，分别求出两个方案的平衡点数量，再进行比较、选择其中最经济的方案。

【例 6-2】 某产品有两种生产方案，方案 A 初始投资为 70 万元，预期年净收益 15 万元；方案 B 初始投资 170 万元，预期年收益为 35 万元。该项目产品的市场寿命期具有较大的不确定性，如果给定基准收益率为 15%，不考虑期末资产残值，试就项目寿命期分析两方案的临界点。

解：设项目寿命期为 n，则有：

$$NPV_A = 70 + 15(P/A, 15\%, n)$$
$$NPV_B = -170 + 35(P/A, 15\%, n)$$

当 $NPV_A = NPV_B$ 时，有：

$$-70 + 15(P/A, 15\%, n) = -170 + 35(P/A, 15\%, n)(P/A, 15\%, n) = 5$$

由复利系数表得 $n = 10$ 年，如图 6-4 所示。

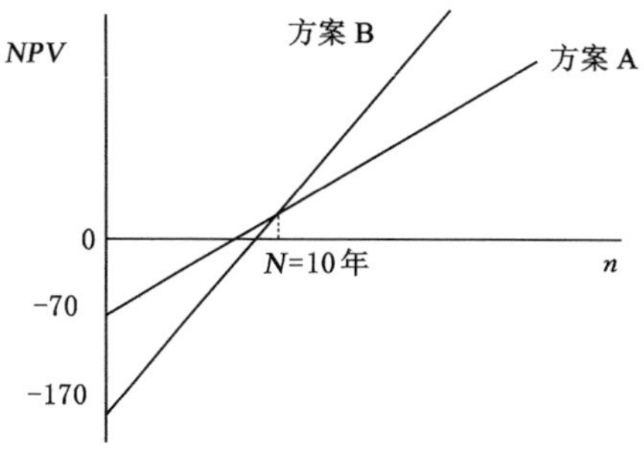

图 6-4　盈亏平衡分析图

这就是以项目寿命期为公有变量时，方案 A 与方案 B 的盈亏平衡点。由于方案 B 年净收益比较高，项目寿命期延长对方案 B 有利。故可知：如果根据市场预测项目寿命周期小于 10 年，应采用方案 A；如果寿命周期在 10 年以上应采用方案 B；当项目实际寿命期为 10 年时，方案 A 与方案 B 无差异。

6.2.2　非线性盈亏平衡分析

线性盈亏平衡分析方法简单明了，有助于尽快全面把握决策目的，但在应用中有一定的局限性。在垄断竞争下，随着项目产销量的增加，市场上产品的单位价格就要下降，因而销售收入与产销量之间是非线性关系；同时，企业增加产量，原材料价格可能上涨，同时要多支付加班费、奖金以及设备维修费，使产品的单位可变成本增加，因此，总成本与产销量之间也成非线性关系。这种情况下盈亏平衡点可能不止一个。

如图 6-5 所示，两个平衡点可以称之为盈利限制点，产量只有保持在 Q_1 和 Q_2 之间时才会盈利，否则就要亏损。

运用这种二次成本函数进行盈亏平衡分析，一般可按以下步骤进行。

第一步，求出生产总成本函数，先将成本函数按一般式表示为：$TC = a + bx + cx^2$，a、b、c 是待定系数。为确定这三个常数，可以参考项目或项目所属行业类似企业的有关历史数据。

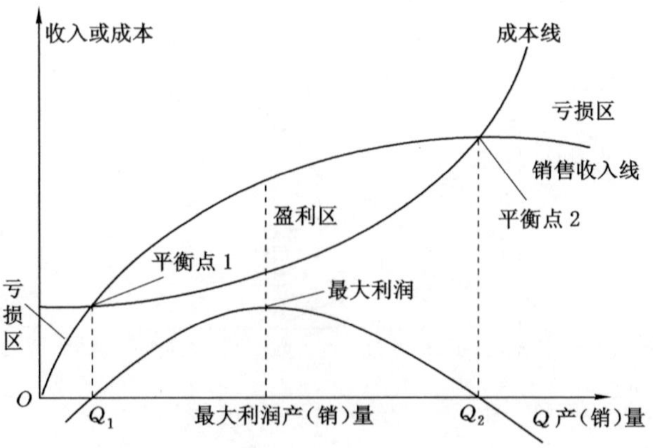

图 6-5　非线性盈亏平衡分析图

【例 6-3】 假设项目年产量为 600 件、1 000 件、2 000 件时，总成本分别为 104 千元、160 千元、370 千元，求生产总成本函数。

解：根据三组数据，可以得到以下方程组：

$$\begin{cases} C_1 = a + bx_1 + cx_1^2 \\ C_2 = a + bx_2 + cx_2^2 \\ C_3 = a + bx_3 + cx_3^2 \end{cases}$$

可以证明，由这个方程组解出的成本函数一般形式为：

$$C = C_1 \times \frac{(x - x_2)(x - x_3)}{(x_1 - x_2)(x - x_3)} + C_2 \times \frac{(x - x_1)(x - x_3)}{(x_2 - x_1)(x_2 - x_3)} + C_3 \times \frac{(x - x_1)(x - x_2)}{(x_3 - x_1)(x_3 - x_2)}$$

将已知数据代入上式，就得到总成本函数。设 x 为百件，则有：

$$C = 104 \times \frac{(x - 10)(x - 20)}{(6 - 10)(6 - 20)} + 160 \times \frac{(x - 6)(x - 20)}{(10 - 6)(10 - 20)} + 370 \times \frac{(x - 6)(x - 10)}{(20 - 6)(20 - 10)} = 50 + 6x + 0.5x^2$$

第二步，求利润函数，假设项目产品的每件销售价为 200 元，即可求得销售收入表达式，即

$$S = PQ = 20x$$

利润函数就是

$$R = S - C = 20x - 0.5x^2 - 6x - 50 = -0.5x^2 + 14x - 50$$

第三步，求盈亏平衡点，如图 6-6 所示，收入函数是一条直线，成本函数是一条二次曲线，所以它们有两个交点，这两点均符合条件：$R=0$，说明它们都是盈亏平衡点，但一个是转亏为盈点，一个是转盈为亏点。即

$$-\frac{1}{2}x^2 + 14x - 50 = 0$$

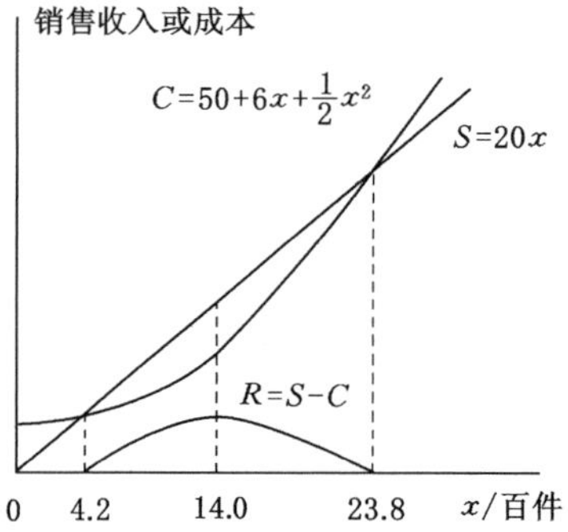

图 6-6 非线性盈亏平衡分析图

所以
$$x_0=\frac{-14\pm\sqrt{196-100}}{-1}$$

解得
$$x_0=4.2(\text{百件}),\quad x_{02}=23.8(\text{百件})$$

所以,对于项目来说,产品产量要大于 420 件、小于 2 380 件才能盈利。可见,了解成本函数是很重要的,即便是盈利的项目产品也可能因为产量扩大、成本提高而使项目亏损,故要找到一个合理经济的生产规模。

第四步,求最佳生产规模或利润最大时的生产量。利润最大时的生产量由 $\frac{\mathrm{d}R}{\mathrm{d}x}=0$ 决定。即

$$\left(-\frac{1}{2}x^2+14x-50\right)'_x=-x+14=0$$

$$x=14(\text{百件})$$

即当产量为 1 400 件时获得的利润最多,最大利润值为

$$R=-\frac{1}{2}14^2+14\times14-50=48(\text{千元})$$

至此,盈亏平衡分析的基本问题就解决了。

因此,通过盈亏平衡分析,不仅能够预先估计项目对市场变化情况的适应能力,有助于了解项目可承受风险程度,还可以对决策者确定项目的合理经济规模及对项目工艺技术方案的投资决策起到一定的参考与帮助作用,因而其应用是较为广泛的。

6.3 敏感性分析

6.3.1 敏感性分析含义与步骤

6.3.1.1 敏感性分析含义

敏感性分析是指研究某些不确定性因素(如销售收入、成本、投资、生产能力、价格、寿命、建设期、达成期等)对项目经济效益评价值(如投资收益率、现值、年值等)的影响程度,从许多不确定因素中找出敏感性因素,确定其敏感程度,并分析该因素达到临界值时项目的承受能力。投资者有必要及时把握敏感性因素,并从敏感性因素变化的可能性以及测算的误差分析项目方案的风险大小,提出相应的控制对策。

图 6-7 是敏感性分析图，表达某技术方案的某些不确定因素对投资收益率的影响。从图中可以看出，如果销售收入能增加 5%，则将影响投资收益率从目标值 20% 增加到 28%；如果生产能力下降 10%则影响投资收益率从目标值 20%下降到 14%。事实上，任何一个不确定因素的变动，都必将影响经济效益的评价目标值，只是影响的程度不同而已。

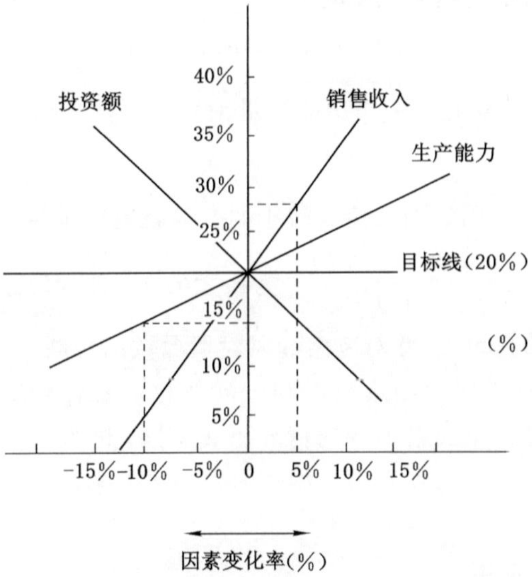

图 6-7　敏感性分析图

由图 6-7 可知，销售收入的变动对投资收益率的影响较大，而投资额的变动对投资收益率的影响较小。也就是说，投资收益率对销售收入的变化反应敏感，对投资额的变化反应不敏感。通常，将那些使经济效益评价值产生强敏感性的不确定因素称为敏感因素；反之，则称为非敏感性因素。

敏感性分析的目的是把握不确定性因素在什么范围内变化方案的经济效果最好，在什么范围内变化方案的经济效果最差，以便对不确定性因素实施控制；区分敏感性大的方案和敏感性小的方案，以便选出敏感性小即风险小的方案；从许多不确定因素中找出敏感性大的因素，向决策者提出是否需要进一步收集资料，进行研究，以提高经济分析的可靠性。

6.3.1.2　敏感性分析步骤

敏感性分析的一般步骤如下。

（1）确定进行敏感性分析的经济评价指标（f）

敏感性分析指标就是敏感性分析的具体对象。敏感性分析的对象是项目的经济效果，而项目的经济效果是用经济效果评价指标来反映的，所以，前面介绍过的经济效果评价指标（如净现值、内部收益率、投资回收期等）都可以作为敏感性分析指标。由于敏感性分析是在确定性经济分析（即假定方案中的各因素都是确定不变）的基础上进行的，所以就一般情况而言，敏感性分析指标应与确定性分析所使用的指标相一致。例如，在确定性分析中采用净现值作为评价指标，则敏感性分析指标也应采用净现值指标。

（2）选择不确定因素（x_i），并设定变动范围（$\frac{\Delta x_i}{x_i}$）

影响投资项目经济效果的不确定因素很多，对于工程建设项目而言，在项目计算期内可能发生变化的因素有：产品产量、价格、成本、固定资产投资、建设工期等。实际上我们并不需要对所有的不确定因素逐个分析，只需根据项目特点选择几个变化可能性比较大的因素来分析，并根据实际情况设定这些因素可能变动的范围，通常用变动率来表示。

(3) 计算分析指标的变动结果或变动率

计算已选定的 x_i 发生不同幅度变动所导致的分析指标的变动结果 $f(x_i+\Delta x_i)$ 或变动率 $\dfrac{f(x_i-\Delta x_i)-f(x_i)}{f(x_i)}$，建立起一一对应的数量关系，并用图或表格的形式表示出来。

(4) 寻找敏感因素

敏感因素是指该不确定因素的数值有较小的变动就能使项目经济评价指标出现较显著改变的因素。找出使得 $\dfrac{f(x_i+\Delta x_i)-f(x_i)}{f(x_i)}$ 为最大的 x_i，即为敏感因素。

(5) 计算变动因素的临界点，并对方案的风险情况做出判断

临界点是指项目允许不确定因素向不利方向变化的极限值。超过极限，项目的效益指标将不可行。例如，在其他因素不变的情况下，当建设投资上升到某值时，净现值刚好等于零，此点为建设投资上升的临界点。根据分析结果，综合评价各方案风险，优选最优方案。

6.3.2 敏感性分析的应用

敏感性分析可以分为单因素敏感性分析和多因素敏感性分析。单因素敏感性分析是假定其他因素均保持不变，分析单个不确定因素变动对方案经济评价指标的影响程度；多因素敏感性分析则是在不确定性因素两个或多个同时变化时，分析对方案经济评价指标的影响程度。

(1) 单因素敏感性分析

【例 6-4】 某投资项目用于确定性分析的现金流量见表 6-1，所采用的数据是根据对未来最可能出现情况的预测估算。由于对未来影响经济环境的某些因素把握不大，投资额、经营成本和产品价格均有可能在±20%的范围内变动。设基准折现率为 10%，试分别就上述三个不确定因素做敏感性分析。

表 6-1 某投资项目现金流量表 单位：万元

年份	0	1	2～10	11
① 投资	1 500			
② 销售收入			22 000	22 000
③ 经营成本			15 200	15 200
④ 销售税金＝②×10%			2 200	2 200
⑤ 期末残值				2 000
⑥ 净现金流量	－1 500	0	4 600	4 600＋2 000

解：设投资额为 K，年销售收入为 S，年经营成本为 C，年销售税金为 TA，期末残值为 S_v。采用净现值作为分析指标，则 $NPV=f(K,S,TA,C,S_v,i,n)$，进行确定性分析的计

算公式为：

$$NPV=-K+(S-TA-C)(P/A,10\%,10)(P/F,10\%,1)+S_v(P/F,10\%,11)$$

将表 6-1 中的有关数据代入上式可求得

$$NPV=11\ 394(\text{万元})$$

因为确定性分析的结果 $NPV>0$，所以，方案在经济上是合理的。

下面用 NPV 作为分析指标，分别就投资额、产品价格、经营成本三个不确定因素做敏感性分析。

设投资额变动的百分比为 x，经营成本变动的百分比为 y，产品价格变动的百分比为 z，则分析投资额变动对项目净现值影响的计算公式为

$$NPV=-K(1+x)+(S-TA-C)(P/A,10\%,10)(P/F,10\%,1)+S_v(P/F,10\%,11)$$

分析经营成本对项目净现值影响的计算公式为

$$NPV=-K+[S-TA-C(1+y)](P/A,10\%,10)(P/F,10\%,1)+S_v(P/F,10\%,11)$$

分析产品价格变动对项目净现值影响的计算公式为

$$NPV=-K+[(S-TA)(1+z)-C](P/A,10\%,10)(P/F,10\%,1)+S_v(P/F,10\%,11)$$

将表 6-1 中的数据代入上述三个公式，并分别取不同的 x,y,z 值，可以计算出各不确定因素在不同变动率下的净现值，计算结果见表 6-8。根据计算所得数据，可绘出每个不确定因素的敏感趋势曲线，如图 6-8 所示。

表 6-2　不确定因素的变动对净现值的影响　　单位：万元

项目	不确定因素变化幅度						
	−20%	−10%	0	+10%	+20%	平均+1%	平均−1%
投资额	14 394	12 894	11 394	9 894	8 394	−150	150
经营成本	28 374	19 884	11 394	2 904	−5 586	−849	849
产品价格	−10 725	335	11 394	22 453	33 513	1 105.95	−1 105.95

从表 6-2 中可见，三个因素中产品价格的变动对净现值的影响最大，产品价格平均变动 1%，净现值平均变动 1 105.95 万元；其次，是经营成本；投资额的变动对净现值的影响最小。从图 6-8 中也可以看出，产品价格曲线的斜率最大，投资额曲线的斜率最小。

分别利用前面的三个计算公式，可以计算出当 $NPV=0$ 时，有：

$$\begin{cases} x=76.0\% \\ y=13.4\% \\ z=-10.3\% \end{cases}$$

也就是说，如果投资额与经营成本不变，产品价格低于预期值的 13.4%以上，方案将变得不可接受。而如果产品价格与经营成本不变，投资额要增加 76%以上，才会使方案变得不可接受。

根据以上分析，对于本投资项目来说，产品价格和年经营成本都是敏感因素。因此，在

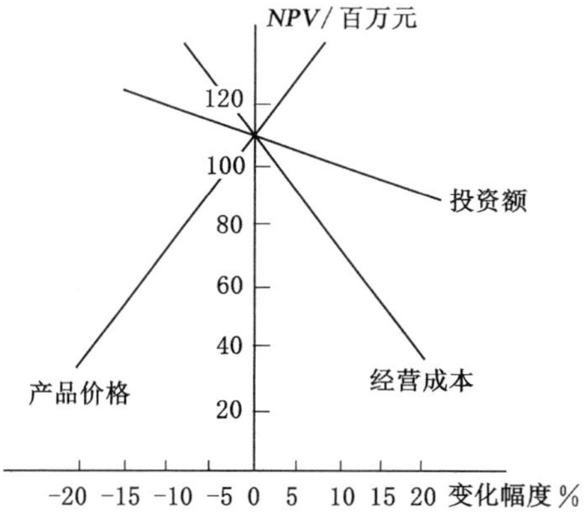

图 6-8　敏感性分析图

做出是否采用本项目的投资决策之前，应该对未来的产品价格和年经营成本可能的变动范围做出更为精确的预测和估算。如果产品价格低于原预期值 10.3%以上，或年经营成本高于原预期值 13.4%以上的可能性较大，则意味着这笔投资有较大的风险。

对决策和经营者来说，以上分析提供的信息为：项目的风险主要在生产经营期，应努力抑制成本的上升，在价格策略上不宜轻易降价；如果成本被迫必须上升，则应努力设法使价格有相应提高，以保证项目的基本效益。

同理，可以用内部收益率 *IRR* 或投资回收期 P_t 作为分析指标，分别对投资额、产品单价、经营成本等不确定因素进行敏感性分析。

(2) 多因素敏感性分析

在实际中，往往多个不确定因素对项目经济效果是同时产生作用的。所以，必须考虑多个因素同时发生变化的影响结果，也就是要采用多因素敏感性分析。多因素敏感性分析是分析、测算两种或两种以上不确定性因素同时发生变动，对项目经济效益值的影响程度，确定敏感性因素及其极限值。

多因素敏感性分析一般是在单因素敏感性分析基础上进行，分析的基本原理与单因素敏感性分析大体相同，但需要注意的是，多因素敏感性分析比单因素分析复杂得多，须进一步假定同时变动的几个因素都是相互独立的，且各因素发生变化的概率相同。如果需要分析的不确定因素不超过三个，而且经济效果指标的计算比较简单，可以用解析法与作图法相结合的方法进行分析。

【例 6-5】 根据例 6-4 给出的数据，进行两因素敏感性分析。即同时考虑投资额与经营成本的变动，分析这两个因素同时变动时对项目净现值的影响。

解：同时考虑投资额与经营成本两个因素的变动对净现值影响的计算公式为（沿用上例中的符号）

$$NPV = -K(1+x) + [S - TA - C(1+y)](P/A,10\%,10) + (P/F,10\%,1)S_v(P/F,10\%,11)$$

将表 6-1 中的数据代入，并整理后得

$$NPV = 11\ 394 - 15\ 000x - 84\ 900y$$

取 NPV 的临界值，即令 $NPV=0$，则有

$$11\,394-15\,000x-84\,900y=0$$

$$y=-0.176x+0.134\,2$$

这是一个直线方程，如果以横坐标表示 x，以纵坐标表示 y，将此直线在坐标图上表示出来即为 $NPV=0$ 的临界线(见图 6-9)，在此临界线上，$NPV=0$。所以这条直线也是投资项目能否接受的临界线，它把 xy 平面分成两个区域：

在临界线左下方区域 $NPV>0$；

在临界线右上方区域 $NPV<0$。

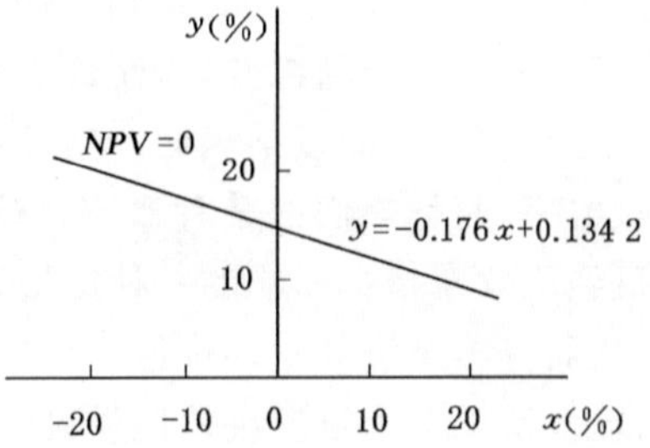

图 6-9　双因素敏感性分析图

也就是说，如果投资额与经营成本同时变动，只要变动范围不超出临界线左下方的区域(包括临界线上的点)，项目都是可以接受的。

不难得出，当成本仅上升 10%，投资额增加 20%时，项目的 $NPV=-96$，即项目已无经济效益可言。由此可见，多因素的共同作用对净现值的影响是十分显著的，是项目决策者和经营者必须深入了解的。

在影响因素超过三个的情况下，作图法已无法胜任。此时可通过计算分析多因素组合状态下的指标值来进行敏感性分析。假定指标值为 f，影响因素有 $x_1,x_2,\cdots,x_n$，每个因素可能状态有 n 个，则共有 n^m 个组合状态，计算出相应的 f 值：

$$f_1,f_2,\cdots,f_n^m$$

从中可以找出，全部不希望发生的组合状态(f 值小于目标值)和最理想的组合状态(最大的 f 值对应的状态)。这样我们便对项目的风险有系统认识，从而明确努力方向和防范、管理的重点。

当 m,n 比较大时(大于 4)，上述计算量会大幅上升，此时必须借助计算机进行计算。

6.4　概率分析

敏感性分析描述的是各种不确定状态，它衡量一个或多个因素变化的效果。敏感性分析虽然能对方案经济效益的不确定性进行初步的定量描述，但对参数不同值发生的可能性并未加以估计，故敏感性分析只是说明各影响因素的重要性，即对不确定因素的变动导致对方案经营效果的影响幅度。但是，它不能明确说明这种情况(或状态)发生的可能性有多大。因为敏感性分析没有考虑各种不确定因素在未来发生变动的概率。例如，通过敏感性分析找出的某一敏感性因素，尽管该因素较敏感，但在未来发生不利变动的可能性很小，所以它

所带来的风险并不大，而另一个不太敏感的因素在未来发生不利变动的概率却很大，实际上它所带来的风险比敏感因素更大；或者是两个同样敏感的因素，在一定的不利变动范围内，可能一个发生的概率很大，另一个发生的概率很小，很显然，前一个因素给项目方案带来的影响会很大，而后一个因素的影响就很小。为了弥补这种不足，可运用概率与数理统计理论来描述方案的风险和不确定性。这种方法称为概率分析，又叫风险分析。因此，在实际工作中，根据项目特点和实际需要，有条件时应进行概率分析。

6.4.1 基本概念

在实际中，存在着大量的各种不确定因素的工程项目，不确定因素的变动及其对项目经济效益的影响具有概率的性质。在这种情况下，如果项目经济效益评价值用净现值表示或用内部收益率表示，则都可将其看成是一个随机变量，而且这种随机变量实际上是很多其他随机变量(如价格、销售量、成本及投资等)的复杂函数，或者说，所得出的经济效益评价值不是一个确定的净现值或内部收益率，而是它们的某种概率描述。概率分析就是使用概率研究预测不确定因素对工程项目经济效益指标影响的一种定量分析方法。通过研究不确定因素按一定概率分布同时变动，从而找出经济效益评价值连续概率的分布情况，以判别项目可能发生的损益或风险，在不确定性情况下为投资决策提供科学依据。

概率分析方法是在已知概率分布的情况下，通过计算期望和标准差(或均方差)可以表示其特征。大多数的概率分析都是以净现值作为随机变量，其一般步骤如下：

(1) 列出各种要考虑的不确定因素，例如销售价格、销售量、投资额、经营成本等。

(2) 设想各不确定因素可能发生的状态，即确定其数值发生变化的几种情况。

(3) 根据历史资料或经验分别确定每种情况出现的可能性，即概率。每种不确定因素可能发生的各种情况的概率之和必须等于 1。要注意的是，若是确定主观概率则应十分慎重，否则会对分析结果产生影响。

(4) 计算净现值的期望值。常用的方法是分别求出各可能发生事件的净现值、加权净现值，然后求出净现值的期望值。

(5) 计算净现值的标准差。

(6) 求出净现值大于或等于零的累计概率，并判断项目承担风险的大小。

在大量重复事件中，期望值是用来描述随机变量的一个主要参数，期望值是反映随机变量取值的平均值，也是最大可能取值，它最接近实际值。但平均值不是一般意义上的算术平均值，而是以随机变量各取值的概率为权重的加权平均值。

根据数学上期望值的定义，净现值的期望值可用下式计算：

$$E(NPV)=\sum_{i=1}^{n}NPV_iP_i \tag{6-9}$$

式中 $E(NPV)$——NPV 的期望值；

NPV_i——各种现金流量下的净现值；

P_i——对应于各种现金流量的概率值。

一般来讲，期望值大的方案优于期望值小的方案。

方差和标准差表示随机变量的离散程度，也表示和真值的偏离程度。方差的计量单位和量纲不便于从经济意义上进行解释，所以实际统计工作中多用方差的算术平方根——标准差来测度统计数据的差异程度。净现值的方差、标准差可用下式计算：

$$\begin{cases} D(NPV) = \sum_{i=1}^{n} [NPV^{(i)} - E(NPV)]^2 \times P_i \\ \sigma(NPV) = \sqrt{\sum_{i=1}^{n} [NPV^{(i)} - E(NPV)]^2 \times P_i} \end{cases} \tag{6-10}$$

式中　σ——净现值的标准差；

其他符号意义同前。

对于期望值相同的方案，标准差越大说明其偏离期望值的程度越大，因而风险越大。

为了比较期望值不同的投资项目之间的风险程度大小，需要引进“变异系数”的概念。变异系数是标准差除以期望值的商，通常用 V 表示：

$$V = \frac{\sigma}{E(NPV)} \tag{6-11}$$

变异系数越大，则该投资项目的风险越大。

【例 6-6】 某项目的技术方案在其寿命期内可能出现的五种状态的净现金流量及其产生的概率见表 6-3，假设各年份净现金流量之间互不相关，基准折现率为 10%，求：(1) 方案净现值的期望值、方差、标准差；(2) 方案净现值不小于零的概率；(3) 方案净现值不小于 1 750 万元的概率。

表 6-3　项目净现金流量与概率

年末	五种状态概率				
	S_1	S_2	S_3	S_4	S_5
	$P_1=0.1$	$P_2=0.2$	$P_3=0.4$	$P_4=0.2$	$P_5=0.1$
0	−22.5	−22.5	−22.5	−24.75	−27
1	0	0	0	0	0
2～10	2.45	3.93	6.9	7.59	7.79
11	5.45	6.93	9.90	10.59	10.94
NPV	−7.76	0.51	17.10	18.70	17.62

解：(1) 对于状态 S_1，净现值计算结果如下：

$$\begin{aligned} NPV^{(1)} &= -22.5 + 2.45(P/A,10\%,9)(P/F,10\%,1) + 5.45(P/F,10\%,11) \\ &= -22.5 + 2.45 \times 5.759 \times 0.909\ 1 + 5.45 \times 0.350\ 5 = -7.76\text{(百万元)} \end{aligned}$$

用同样的方法可求得其他 4 种状态的净现值结果，见表 6-3。

根据式(6-9)和式(6-10)，计算方案净现值的期望值、方差、标准差如下：

$$\begin{aligned} E(NPV) &= \sum_{i=1}^{n} NPV^{(i)} \times P_i = 0.1 \times (-7.76) + 0.2 \times 0.51 + 0.4 \times 17.1 + \\ &\quad 0.2 \times 18.7 + 0.1 \times 17.62 = 11.67\text{(百万元)} \end{aligned}$$

$$\begin{aligned} D(NPV) &= \sum_{i=1}^{n} [NPV^{(i)} - E(NPV)]^2 \times P_i \\ &= [(-7.76) - 11.67]^2 \times 0.1 + (0.51 - 11.67)^2 \times 0.2 + \\ &\quad (17.1 - 11.67)^2 \times 0.4 + (18.7 - 11.67)^2 \times 0.2 + \end{aligned}$$

$$(17.62-11.67)^2\times 0.1=87.87(\text{百万元})$$

$$\sigma(NPV)=\sqrt{D(NPV)}=9.37(\text{百万元})$$

(2) 方案净现值的概率树如图 6-10 所示。从图中可知，方案净现值不小于零的概率为：

$$P(NPV\geqslant 0)=0.2+0.4+0.2+0.1=0.9$$

(3) 方案净现值不小于 1 750 万元的概率为：

$$P(NPV\geqslant 17.5\text{ 百万元})=0.2+0.1=0.3$$

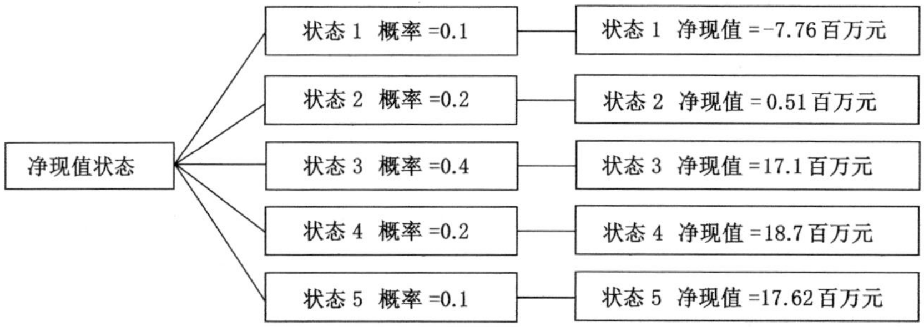

图 6-10 例 6-6 方案净现值的概率树

【例 6-7】 假定在例 6-6 中方案净现值服从均值为 11.67 百万元、标准差为 9.37 百万元的正态分布，试求：(1) 方案净现值不小于零的概率；(2) 方案净现值大于 1 750 万元的概率。

解：根据概率论的有关知识，若连续随机变量 x 服从参数为 μ（均值）、σ（标准差）的正态分布，则 x 小于 x_0 的概率为：

$$P(x<x_0)=\phi\left(\frac{x_0-\mu}{\sigma}\right) \tag{6-12}$$

ϕ 值可以由本书附录的标准正态分布表中查出。

在本例中，已知 $\mu=E(NPV)=11.67$ 百万元，$\sigma=\sigma(NPV)=9.37$ 百万元，则：

(1) 方案净现值不小于零的概率为：

$$P(NPV\geqslant 0)=1-P(NPV<0)=1-\phi\left(\frac{0-11.67}{9.37}\right)$$

$$=1-[1-\phi(1.25)]=0.894\ 4$$

(2) 方案净现值不小于 1 750 万元的概率为：

$$P(NPV\geqslant 17.5)=1-P(NPV<17.5)=1-\phi\left(\frac{17.5-11.67}{9.37}\right)$$

$$=1-[1-\phi(0.62)]=0.267\ 6$$

6.4.2 概率分析决策的准则

决策是为了实现某一目标，根据客观的可能性和科学的预测以及掌握的信息，通过正确分析、判断，对行动方案的选择所做出的决定。通过下面的例题说明决策问题的构成。

【例 6-8】 在一河面上增建一座公路桥，某建筑公司考虑是否承包这项工程。如果承包，在整个建桥过程中，遇河水为低水位，则可省工省料，公司可挣 4 万元；若在施工过程中遇上河水为高水位，就会损失 1 万元；如果不承包，未来这段时间公司也会因工程任务量少而亏损 4 000 元。据气象及水文资料分析得知，未来这段时间出现水位低的概率为 0.7，出现水位高的概率为 0.3。试根据以上资料对是否承包该项工程做出决策。

在上述例子中，河水出现低水位或高水位事先不能确定，称为自然状态，为不可控因素。公司可能采取的行动有两种——承包或不承包，称为行动方案，为可控因素。对应不同的自然状态和行动方案的损失或收益称为损益值，或称为风险值，见表 6-4。

表 6-4　修建公路桥资料

自然状态	概率	行动方案	
		承包	不承包
低水位	0.7	4	−0.4
高水位	0.3	−1	−0.4

由上述例子可以看到，构成一个决策问题通常应具备以下条件：

(1) 存在着决策人希望达到的一个明确目标，如收益较大或损失较小；

(2) 存在着两个以上不以决策人的主观意志为转移的自然状态；

(3) 存在着两个以上可供选择则的行动方案；

(4) 在各自然状态下，不同行动方案导致不同的结果，其损益值可以计算出来；

(5) 在几种不同的自然状态中今后将出现哪种自然状态，决策人不能肯定。

概率分析决策也称统计型决策或随机型决策，概率分析决策的构成除具备上述条件外，各种自然状态出现的可能性(即概率)，决策人可以预先估计或计算出来。这种决策具有一定的风险性，所以也称为风险型决策。决策的正确程度与历史资料的占有数量有关，与决策者的经验、判断能力以及对风险的看法和态度有关。

人是决策的主体，在风险条件下决策行为取决于决策者的风险态度，对同一风险决策问题，风险态度不同的人决策的结果通常有较大的差异。典型的风险态度有三种表现形式：风险厌恶、风险中性和风险偏爱。与风险态度相对应，风险决策人可以有以下决策准则：满意度准则、最小方差准则、期望值准则和期望方差准则。

6.4.2.1　满意度准则

在工程实践中，由于决策人的理性有限性和时空的限制，既不能找到一切方案，也不能比较一切方案，并非人们不喜欢“最优”，而是“最优”的代价太高。因此最优准则只存在于纯粹的逻辑推理中。在实践中只要遵循满意度准则，就可以进行决策。

满意度准则既可以是决策人想要达到的收益水平，也可以是决策人想要避免的损失水平，因此，它对风险厌恶和风险偏爱决策人都适用。

当选择最优方案花费过高或在没有得到其他方案的有关资料之前就必须决策的情况下应采用满意度准则决策。

【例 6-9】 设有表 6-5 所示的决策问题。表中的数据除各种自然状态的概率外，还有指标的损益值，正的为收益，负的为损失。如果满意度准则如下：(1) 可能收益有机会至少等于 5；(2) 可能损失不大于－1。试选择最佳方案。

表 6-5 满意度准则风险决策

方案	自然状态(S_j)			
	S_1	S_2	S_3	S_4
	状态概率 P			
	(0.5)	(0.1)	(0.1)	(0.3)
Ⅰ	3	－1	1	1
Ⅱ	4	0	－4	6
Ⅲ	5	－2	0	2

解：按准则(1)选择方案时，方案Ⅱ和方案Ⅲ有等于或大于 5 的可能收益，但方案Ⅲ取得收益 5 的概率更大一些，应选择方案Ⅲ。

按准则(2)选择方案时，只有方案Ⅰ的损失不超过－1，所以应选择方案Ⅰ。

6.4.2.2 期望值准则

期望值准则是根据各备选方案指标损益值的期望值大小进行决策，如果指标为越大越好的损益值，则应选择期望值最大的方案；如果指标为越小越好的损益值，则选择期望值最小的方案。由于不考虑方案的风险，实际上隐含了风险中性的假设。因此，只有当决策者风险态度为中性时，此原则才能适用。

【例 6-10】 对例 6-9 的决策问题，用期望值准则决策的结果见表 6-6。

表 6-6 期望值准则风险决策

方案	各方案期望值
Ⅰ	$3\times0.5-1\times0.1+1\times0.1+1\times0.3=1.8$
Ⅱ	$4\times0.5+0-4\times0.1+6\times0.3=3.4$
Ⅲ	$5\times0.5-2\times0.1+0+2\times0.3=2.9$

解：经计算，应选择期望值最大的方案Ⅱ。

6.4.2.3 最小方差准则

一般而言，方案指标值的方差越大，则方案的风险就越大。所以风险厌恶型的决策人有时倾向于用这一原则选择风险较小的方案。这是一种避免最大损失而不是追求最大收益的准则，具有过于保守的特点。

方差计算公式更为方便的表达式如下：

$$D=\sum_{i=1}^{n}x_i^2P_i-(\bar{x})^2 \tag{6-13}$$

【例 6-11】 对例 6-9 的决策问题，用最小方差准则决策的结果见表 6-7。

表 6-7　最小方差准则风险决策

方案	各方案方差
Ⅰ	$3^2\times0.5+(-1)^2\times0.1+1^2\times0.1+1^2\times0.3-(1.8)^2=1.76$
Ⅱ	$4^2\times0.5+0^2\times0.1+(-4)^2\times0.1+6^2\times0.3-(3.4)^2=8.84$
Ⅲ	$5^2\times0.5+(-2)^2\times0.1+0^2\times0.1+2^2\times0.3-(2.9)^2=5.69$

解：经计算，应选择方差最小的方案Ⅰ。

6.4.2.4　期望值方差准则

期望值方差准则是将期望值和方差通过分析厌恶系数 A 化为一个标准 Q 来决策的准则。

$$Q=\bar{x}-A\sqrt{D} \tag{6-14}$$

式中，风险厌恶系数 A 的取值范围为 0～1，越厌恶风险，取值越大，通过 A 取值范围的调整，可使 Q 值适合于任何风险偏好的决策者。

【例 6-12】　对例 6-9 的决策问题，用期望值方差准则决策的结果见表 6-8，风险厌恶系数 A 为 0.7。

表 6-8　期望值方差准则风险决策

方案	各方案的 Q 值
Ⅰ	$1.8-0.7\sqrt{1.76}=0.87$
Ⅱ	$3.4-0.7\sqrt{8.84}=1.32$
Ⅲ	$2.9-0.7\sqrt{5.69}=1.23$

解：经计算，应选择 Q 值最大的方案Ⅱ。

可见，同一个决策问题，采用不同的决策准则，代表了决策人的不同风险偏好，决策结果是不一样的，这是风险决策的最显著特点。

6.4.3　概率分析决策的方法

概率分析决策的常用方法有决策收益表法和决策树法等。

6.4.3.1　决策收益表法

决策收益表法是概率分析决策的基本方法。该表首先分别计算各方案在不同自然态下的收益值，然后根据客观概率的大小加权平均计算出各方案的期望收益值进行比较，从中选出一个最佳方案。

【例 6-13】　某食品厂产品每箱成本 50 元，售价 100 元，每箱售出后可获利润 50 元，如果当天卖不掉，每剩一箱就要损失 30 元。今年市场销售情况与去年相同，去年夏季日销售量的统计资料见表 6-9。问该厂日产计划为多少能使工厂获利最大。

表 6-9　统 计 资 料

日销量/箱	完成该销量天数/天	概率
100	18	0.2
110	36	0.4

表 6-9(续)

日销量/箱	完成该销量天数/天	概率
120	27	0.3
130	9	0.1
总计	90	1.0

解:根据题意编制决策收益见表 6-10。

表 6-10 决策收益表

生产方案	自然状态:日销售量/箱				期望利润/元
	100	110	120	130	
	概率				
	0.2	0.4	0.3	0.1	
100	5 000	5 000	5 000	5 000	5 000
110	4 700	5 500	5 500	5 500	5 340
120	4 400	5 200	6 000	6 000	4 360
130	4 100	4 900	5 700	6 500	5 140

表 6-10 的计算方法如下:

(1) 收益值的计算。以日产 120 箱为例:

当日销量为 100 箱时,有 20 箱卖不掉,所以收益值为:

$$(100\times50)-(20\times30)=4\ 400(元)$$

当日销量为 110 箱时,有 10 箱卖不掉,所以收益值为:

$$(110\times50)-(10\times30)=5\ 200(元)$$

当日销量为 120 箱时,正好卖完,收益值为:

$$120\times50=6\ 000(元)$$

当日销量为 130 箱时,也正好卖完,收益值亦为:

$$120\times50=6\ 000(元)$$

(2) 期望利润的计算,仍旧以日产 120 箱为例,期望利润为:

$$(4\ 400\times0.2)+(5\ 200\times0.4)+(6\ 000\times0.3)+(6\ 000\times0.1)=5\ 360(元)$$

其余类推。

从期望利润的计算结果可以看出,日产 120 箱方案为最佳。

由以上计算可见,各方案的期望利润都是将该方案在各种自然状态下的收益与损失加权平均计算的结果,掩盖了在偶然情况下的损失,所以具有一定的风险。

6.4.3.2 决策树法

决策树法是概率分析的另一种常用方法。决策树法是以图解方式将决策过程中各种可供选择的方案,可能出现的自然状态及其概率和产生结果,用一个树状图形表示出来,再分别计算各个方案在不同自然状态下的损益值,通过综合损益值的比较做出决策。

决策树法的决策步骤为:

（1）画决策树。决策树是决策者对某个决策问题的未来发展状况及其结果所做的预测在图上的反映。决策树一般由决策点、机会点、方案枝、概率枝等组成。画的方法是从左向右逐步进行。从决策点“□”出发，引出直线，称为方案枝，每枝代表一种方案，把方案写在相应直线的上方或下方。在各方案枝的末端有一个机会点“○”，从机会点引出的直线称为概率枝，每枝代表一种自然状态，把状态写在相应直线上方，后面注明状态概率，在概率枝的最末梢“△”注明某一方案在某一状态下的结果，相应的益损值标在结果点“△”的旁边。

（2）计算各机会点的期望值。计算时应从右向左逆向进行。

（3）修枝选优，做出决策。对比各方案期望值的大小，将期望值小的方案画“//”予以剪除，保留期望值最大的一个方案，即为最优方案。如果决策问题属于多级多阶层的，则应从右到左逐步修枝。

【例 6-14】 某工厂由于某项工艺不够好，使得产品成本高，在价格保持中等水平时无利可图，在价格低时要亏本，只有在价格高时才能盈利。现对该项工艺加以改革，用新工艺代替，取得新工艺有两种方法：一是自行研究，成功的可能性是 0.6；二是购买专利，谈判成功的可能性是 0.8。不论研究成功还是谈判成功，生产规模都考虑两种方案：一是产量不变，二是产量增加。如果研究或谈判都失败，则仍采用原工艺进行生产，并且保持原产量不变。根据市场预测，估计今后这种产品跌价、保持中等水平和涨价的可能性分别为 0.1、0.5 和0.4。通过计算，得到各方案在不同价格下的利润，见表 6-11，试用决策树法确定最优决策方案。

表 6-11　各个方案下的利润表

生产方案	自然状态：日销售量/箱				期望利润/元
	100	110	120	130	
	概率				
	0.2	0.4	0.3	0.1	
100	5 000	5 000	5 000	5 000	5 000
110	4 700	5 500	5 500	5 500	5 300
120	4 400	5 200	6 000	6 000	5 400
130	4 100	4 900	5 700	6 500	5 300

解：第一步，画决策树，如图 6-11 所示。

第二步，这是一个二级决策问题，把方框 1 称为一级决策部分，方框 5 和 6 称为二级决策部分，先计算二级决策部分各机会点的损益期望值：

点 8：$(-200)\times0.1+50\times0.5+150\times0.4=65$（万元）

点 9：$(-300)\times0.1+50\times0.5+250\times0.4=95$（万元）

点 10：$(-200)\times0.1+0\times0.5+200\times0.4=60$（万元）

点 11：$(-300)\times0.1+(-250)\times0.5+600\times0.4=85$（万元）

通过比较各方案的损益期望值，将期望值小的剪除，在决策点 5 到 8 和决策点 6 到 10 这两条直线上打“//”，并分别在决策点 5 和 6 的方框上标出 95 和 85。

第三步，计算一级决策部分各机会点的损益期望值：

点 4 和点 7：$(-100)\times0.1+0\times0.5+100\times0.4=30$（万元）

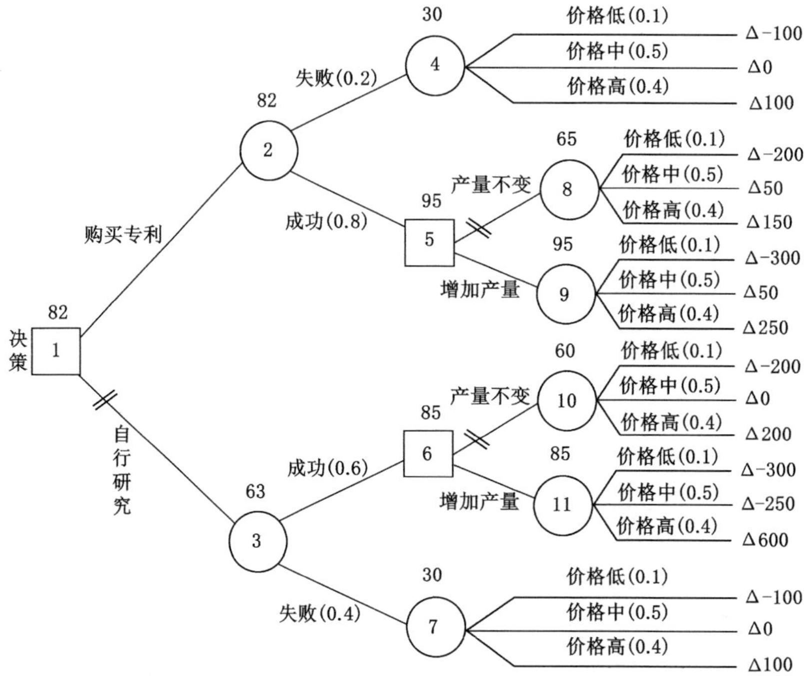

图 6-11 决策树

点 2:30×0.2+95×0.8=82(万元)

点 3:85×0.6+30×0.4=63(万元)

通过比较,在 1 到 3 的直线上画"//",并在决策点 1 的方框上标出 82。

最后得到最优决策方案,就是通过购买专利的方法取得新工艺。如果谈判成功,则使用新工艺增加产品产量;如果谈判失败,则使用原工艺保持原产量不变。

[案例分析]

某新建煤化工企业,计划投资 3 000 万元,建设期 3 年,计算期 15 年,项目报废时,残值与清理费正好抵消。基准收益率为 12%,每年的建设投资发生在年初,营业收入和经营成本均发生在年末。该建设项目各年的现金流量情况见案例分析表 6-1。

案例分析表表 6-1 现金流量表 单位:万元

项目	合计	时点						
		0	1	2	3	4	5	6～15
建设投资/万元	3 000	500	1 500	1 000				
营业收入/万元	72 100				100	4 000	5 000	6 300
经营成本/万元	61 970				70	3 600	4 300	5 400
净现金流量/万元		−500	−1 500	−1 000	30	400	700	900

按照 12%的基准收益率可得该煤化工企业建设项目的净现值 *NPV*＝921.76万元，内部收益率 *IRR*＝16.69%。从计算结果可以看出，该项目正常情况下的净现值为正值，且数值较大；内部收益率也高于投资者的期望收益率，具有较大的吸引力。对此类项目成本效益影响较大的因素是投资成本、建设周期、生产成本和价格波动。需分别对这些因素进行敏感性分析。

1. 进行建设投资增加的敏感性分析

假定该项目由于建筑材料涨价，导致建设投资上升 20%，原来 3 000 万元的投资额增加为 3 600 万元。进行敏感性分析时，首先，在基本情况表中对建设投资一栏加以调整，见案例分析表 6-2。

案例分析表 6-2　建设投资增加后现金流量表

项目	合计	时点						
		0	1	2	3	4	5	6～15
建设投资/万元	3 600	600	1 800	1 200				
营业收入/万元	72 100				100	4 000	5 000	6 300
经营成本/万元	61 970				70	3 600	4 300	5 400
净现金流量/万元		－600	－1 800	－1 200	30	400	700	900

根据案例分析表 6-2，建设投资增加后的净现值 *NPV*＝394.46 万元，内部收益率 *IRR*＝13.79%。在其他条件不变，建设投资上升 20%时，该项目的效益虽然下降，但仍高于投资者的期望，项目仍可以实施。

2. 进行项目建设周期延长的敏感性分析

假定该项目施工过程中，由于天气原因，造成部分工程返工停工，建设周期延长 1 年，并由此导致投资增加 100 万元，试生产和产品销售顺延 1 年，预测数据及计算结果见案例分析表 6-3。

案例分析表 6-3　建设周期延长后现金流量

项目	合计	时点						
建设投资/万元	3 100	500	1 400	900	300	4	5	6～15
营业收入/万元	68 100					100	5 000	6 300
经营成本/万元	58 370					70	4 300	5 400
净现金流量/万元		－500	－1 400	－900	－300	30	700	900

此时，净现值 *NPV*＝620.74 万元，内部收益率 *IRR*＝15.10%。计算表明，该项目对工期延长 1 年的敏感度不高，内部收益率在 12%以上，项目可以进行。

3. 进行经营成本增加的敏感性分析

假定由于原材料和燃料调价，使该项目投产后经营成本上升 5%，其他条件不变，将案例分析表 6-1 中的经营成本提高 5%，净现金流量和净现值相应调整后计算净现值和内部收益率。此时，净现值 *NPV*＝－182.77 万元，内部收益率 *IRR*＝10.95%。计算表明，经营成本上升对项目效益影响较大，经营成本上升 5%，导致该项目净现值小于零，内部收益率低于基准收益率。所以，在经营成本提高 5%的情况下，此方案不可行。该项目对经营成本这一因素非常敏感，必须采取有效措施降低经营成本，否则无法实现投资者的期望收益率。假如通过努力，仍不能控制经营成本提高的幅度，此项目不可行。

4. 进行价格下降的敏感性分析

在市场经济条件下，产品价格若呈上升趋势，虽然对项目效益有利，但也不能排除价格下降的可能性。假定，经过市场预测后得知，项目投产以后前两年按计划价格销售，第三年开始，由于市场需求减少，产品价格下降 3%才能薄利多销，保证生产的产品全部售出。在其他条件不变的情况下，销售收入也随之下降 3%，基本情况表将进行相应调整。据此计算出的净现值 $NPV=152.30$ 万元，内部收益率 $IRR=12.85\%$。这显示，该项目对销售价格较为敏感。当销售价格下降 3%时，虽然内部收益率下降了近 4 个百分点，但是净现值仍大于零，内部收益率仍高于基准收益率，若能保证产品销售价格不继续下降，则该项目是可行的。

5. 综合分析

对该项目的敏感性分析进行汇总、对比分析，具体见案例分析表 6-4。

案例分析表 6-4　敏感性综合分析表

敏感因素	净现值/万元	与基本情况差异/万元	内部收益率(%)	与基本情况差异(%)
基本情况	921.76	0	16.69	0
投资成本上升 20%	394.46	−527.3	13.79	−2.9
建设周期延长 1 年	620.74	−301.02	15.10	−1.59
经营成本增加 5%	−182.77	−1104.53	10.95	−5.74
销售价格下降 3%	152.30	−769.46	12.85	−3.84

从汇总表中可以得知，该煤化工企业新建项目对分析的四类影响因素的敏感程度由大到小为：经营成本增加 5%、销售价格下降 3%、投资成本增加 20%、建设周期延长 1 年。后三个因素发生时净现值仍为正值，仍能实现投资者期望的收益率。当经营成本增加 5%时，净现值降为负值，不能满足投资者需要，在财务评价和社会经济评价时，必须提出切实措施，以保证方案有较好的抗风险能力，否则需另行设计方案。

[案例思考]

1. 对建设项目进行敏感性分析的思路是什么？
2. 当不确定性因素未来可能的状况无法预测时，如何进行敏感性分析？

思考题

1. 简述盈亏平衡分析的基本原理。
2. 什么是敏感性分析？敏感性分析的目的、步骤及不足是什么？

3. 不确定分析与风险分析有何区别？

4. 什么是决策树法？怎样画决策树？

5. 风险决策的准则是什么？

本章习题

1. 某电器厂开发一种新产品，预计每台售价为 180 元。已知生产该产品的单位可变成本为 55 元，年固定成本为 65 000 元。试计算：

(1) 该产品的保本产量。

(2) 如果企业今年的目标利润为 100 万元，为获得目标利润，该产品的最低年产销量应为多少？

(3) 根据市场预测，该产品预计年销售量只能达到 8 000 台。在这种情况下，为获得目标利润，该产品的单位可变成本应该降低多少？如果单位可变成本只能降低到 50 元，为获得目标利润，年固定成本又应降低多少？

(4) 由于市场竞争激烈，该产品的市场价格预计要下降 10%。在生产该产品的单位可变成本和年固定成本都保持不变的情况下，为获得目标利润，该产品的最低年销量应为多少？

2. 项目实施有三个方案，均具有相同的生产力，具体数据见习题表 6-1。

习题表 6-1

方案	年固定费用/万元	单位变动成本/元	单件售价/元
Ⅰ	1 800	18	24
Ⅱ	3 000	12	24
Ⅲ	7 680	8	24

试计算：

(1) 各方案的盈亏平衡点产量。

(2) 当年产量为 180 万件时，应选择哪个方案？当年产量为 800 万件时，应选择哪个方案？

(3) 若方案Ⅱ投资为 5 亿元，方案Ⅲ投资为 6.5 亿元，则年产量为多少时，方案Ⅲ比方案Ⅱ多追加的投资可利用收益的增加在 5 年内收回？

3. 有一新工艺方案，因为提高技术标准而追加固定资产投资 1 万元，又知新方案的单位产品可变成本为 2.5 元，年固定成本为 1.6 万元；原方案的单位产品可变成本为 3.5 元，年固定成本为 1.2 万元。如果要求投资在 5 年内收回，问该工艺方案至少应达到多少的产量才能使新方案可行？

4. 某建筑工地需抽除积水以保证施工顺利进行，现有 A、B 两个方案可供选择。

方案 A：新建一条动力线，需购置一台 2.5 kW 电动机并线运转，投资为1 400元，第四年年末残值为 200 元，电动机每小时运行成本为 0.84 元，每年预计的维护费用为 120 元，因设备完全自动化，不需要专人看管。

方案 B:购置一台 3.86 kW 的柴油机,其购置费用为 550 元,使用寿命为 4 年,设备无残值。运行时每小时燃料费为 0.42 元,平均每小时维护费为 0.15 元,每小时的人工成本为 0.8元。

若寿命都为 4 年,基准折现率为 10%,试比较两方案的优劣。

5. 某企业加工一种产品需用某种设备,现有 A、B 两种设备可供选择。设备 A:初始投资 20 万元,预计年运行费 15 万元;设备 B:初始投资 40 万元,预计年运行费 10 万元。两种设备的使用年限均为 8 年。根据基准折现率取值不同,如何对两种设备进行选择?

6. 某投资项目其主要经济参数的估计值为:初始投资 15 000 元,寿命为 10 年,残值为零,年收入为 3 500 元,年支出为 1 000 元,投资收益率为 15%。(1) 当年收入变化时,试对内部收益率的影响进行敏感性分析;(2) 试分析初始投资、年收入与寿命三个参数同时变化时对净现值的敏感性。

7. 某方案需投资 25 000 元,预期寿命为 5 年,残值为零,每年净现金流量为随机变量,其可能发生的三种状态的概率及变量值如下:5 000 元($P=0.3$),1 000元($P=0.5$),12 000 元($P=0.2$)。若利率为 12%,试计算净现值的期望值与标准差。

8. 某投资方案,其净现值服从正态分布。净现值期望值 $E(NPV)=1\ 200$ 元,净现值方差 $D(NPV)=3.24\times10^6$。试计算:(1) 净现值大于零的概率;(2) 净现值小于 1 500 元的概率。

9. 某企业为了扩大某产品的生产,拟建设新厂。据市场预测,产品销路好的概率为0.7,销路差的概率为 0.3。有三种方案可供企业选择。

方案 1:新建大厂,需投资 300 万元。据初步估计,销路好时,每年可获利 100 万元;销路差时,每年亏损 20 万元。服务期为 10 年。

方案 2:新建小厂,需投资 140 万元。销路好时,每年可获利 40 万元;销路差时,每年仍可获利 30 万元。服务期为 10 年。

方案 3:先建小厂,3 年后销路好时再扩建,需追加投资 200 万元,服务期为 7 年,估计每年获利 95 万元。

问哪种方案最好?(做出决策树)

第 7 章　工程项目的可行性研究

【本章提要与学习目标】

可行性研究既是项目投资前的一项研究工作，又是项目经济分析系统化、实用化的方法，也是项目设想细化和项目实施方案的创造过程。本章主要介绍工程项目可行性研究的概念、作用，可行性研究的阶段划分、主要内容和工作程序、可行性研究报告的编制，以及市场调查与市场预测方法。

通过本章的学习，应掌握可行性研究的基本概念，理解可行性研究的阶段、主要内容和工作程序，熟悉市场预测的基本方法，具备初步编制可行性研究报告的能力。

7.1　可行性研究概述

7.1.1　可行性研究的含义与目的

7.1.1.1　可行性研究的含义

可行性研究是一种运用多种学科（包括工程技术学、社会学、经济学及系统工程学等）知识，对拟建项目的必要性、可能性以及经济、社会有利性进行全面、系统、综合的分析和论证，以便进行正确投资决策的研究活动，是一种综合的经济分析技术。

可行性研究的任务是以市场为前提，以技术为手段，以经济效果为最终目标，对拟建的投资项目有关的技术、经济、社会、环境等所有方面进行调查研究，对项目各种可能的拟建方案认真地进行技术经济分析论证。研究项目在技术上的先进、适用性，在经济上的合理、有利、可行性和建设上的可能性，对项目建成投产后的经济效益、社会效益、环境效益等进行科学预测和评价，据此对项目作出可行或不可行的评价，为项目投资决策部门提供决策的依据。

在项目投资决策之前，通过做好可行性研究，使项目的投资决策工作建立在科学性和可靠性的基础之上，从而实现项目投资决策科学化，减少和避免投资决策的失误，提高项目投资的经济效益。

可行性研究工作最早是在 20 世纪 30 年代开始试行，作为流域开发规划的重要阶段。由于科学技术的发展和经济建设的需要，可行性研究在大型工程项目中得到了应用，成为投资项目决策前的一个重要工作阶段。各国对重要的投资项目普遍进行可行性研究。我国从 1979 年开始，在研究西方国家运用可行性研究的经验后，经过反复酝酿，逐步将可行性研究纳入建设程序。

7.1.1.2　可行性研究的目的

可行性研究的目的是对提出的投资建议、工程项目建设方案或研究课题的所有方面，进行尽可能详细的调查研究和作出鉴定，并对下一阶段是否终止或继续进行研究提出必要的论证。或者说项目可行性研究的目的主要解决四个问题：一是项目建设的必要性；二是研究项目的技术方案及其可行性；三是研究项目生产建设的条件；四是进行财务和经济评价，解决项目建设的经济合理性。据此判断项目是“行”还是“不行”。需要说明的是，可行性并非最优而是可行，只有在可行性的基础上才能进一步求出最优方案。

7.1.2 工程项目可行性研究的主要作用

对工程项目进行可行性研究的主要作用在于为项目的投资决策从技术经济方面提供科学依据，防止和减少决策失误造成的浪费，以提高项目投资决策的水平，提高项目的投资经济效益。具体来说，工程项目的可行性研究具有以下作用。

(1) 作为项目投资决策的依据。一个项目的成功与否及效益如何，会受到社会的、自然的、经济的、技术的诸多不确定因素的影响，而项目的可行性研究，有助于分析和认识这些因素，并依据分析论证结果提出可靠或合理的建议，从而为项目的决策提供强有力的依据。

(2) 作为项目筹集资金的依据。银行等金融机构或金融组织是否会给一个项目贷款融资，其依据是这个项目是否能按期、足额归还贷款。银行只有在对贷款项目的可行性研究方面进行全面、细致的分析评估之后，才能确认是否给予贷款。例如，世界银行等国际金融组织都视项目的可行性研究报告为项目申请贷款的先决条件。

(3) 作为编制设计和进行建设工作的依据。在可行性研究报告中，对项目建设方案、产品方案、建设规模、厂址、工艺流程、主要设备和总图布置等进行了较为详细的说明，因此，在项目的可行性研究得到审批后，即可作为项目编制设计和进行建设工作的依据。

(4) 作为签订有关合同、协议的依据。项目的可行性研究是项目投资者与其他单位进行谈判，签订承包合同、设备订货合同、原材料供应合同、销售合同的重要依据。

(5) 作为项目组织管理、机构设置、职工培训、劳动定员等的依据。根据批准的可行性研究报告，进行与建设项目有关的生产组织工作，包括设置相应的组织机构、合理安排组织生产等。

(6) 作为环保部门审查项目环境影响的依据，也作为向项目所在地政府和规划部门申请建设执照的依据。可行性研究报告经审查，符合相关规定或经济立法，不造成环境污染，方能取得有关部门的许可。

(7) 作为项目进行考核和后评价的依据。要对投资项目进行投资建设活动全过程考核和事后评价，就必须有项目的可行性研究作为对照标准，尤其是项目可行性研究中有关技术标准、经济效益指标作为项目考核标准和后评价的重要依据。

7.1.3 项目建设周期与可行性研究的阶段划分

7.1.3.1 项目建设周期

可行性研究的对象是建设项目，一个建设项目大致要经历建设前期、勘测设计期、建设期及运营期四个时期，其全过程如图 7-1 所示。

建设前期是项目的孕育阶段，对工程项目的整个寿命周期，甚至对整个上层系统有决定性的影响，也是决定工程项目经济效果的关键时期，是研究和控制的重点。如果在项目实施中才发现工程费用过高、投资不足或原材料不能保证等问题，将会给投资者造成巨大损失。因此，要把可行性研究视为工程建设的首要环节。投资者为了排除盲目性，减少风险，在竞争中取得最大利润，需要在投资前花费一定的代价进行投资项目的可行性研究，以提高投资获利的可靠程度。

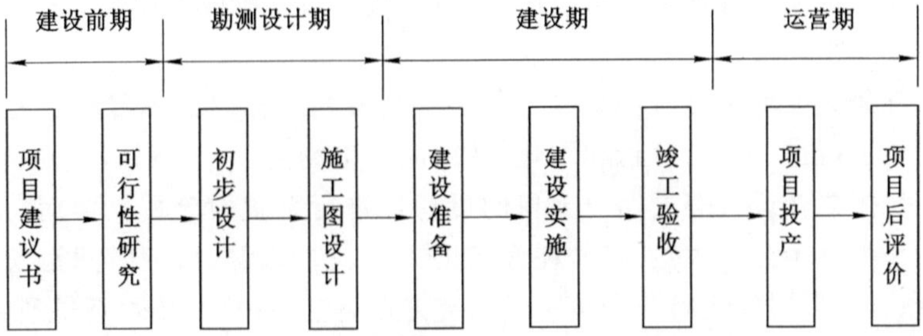

图 7-1　项目投资决策和建设全过程

7.1.3.2　可行性研究阶段划分与内容

可行性研究是投资前时期的主要工作。可行性研究工作分为 3 个阶段，即机会研究、初步可行性研究和详细可行性研究。

（1）机会研究

机会研究主要是为项目投资者寻求具有良好发展前景、对经济发展有较大贡献且具有较大成功可能性的投资、发展机会，并形成项目设想。可以说，机会研究是项目生成的摇篮。机会研究的一般方法是从经济、技术、社会及自然情况等方面发生的变化中发掘潜在的发展机会，通过创造性的思维提出项目设想。对于工业项目来说，机会研究主要通过以下几个方面来寻找投资机会：

① 在加工或制造方面有潜力的自然资源的新发现；

② 作为工业原材料的农产品生产格局的状况与趋势；

③ 由于人口或购买力增长而具有需求增长潜力的产品以及类似新产品的情况；

④ 有应用前景的新技术发展情况；

⑤ 现有经济系统潜在的不平衡，如原材料工业与加工制造业的不平衡；

⑥ 现有各工业行业前向或后向扩展与完善的可能性；

⑦ 现有工业生产能力扩大的可能性、多种经营可能性和生产技术改造的可能性；

⑧ 进口情况以及替代进口的可能性；

⑨ 投资环境，包括宏观经济政策、产业政策等；

⑩ 生产要素的成本和可得性。

机会研究又分为一般机会研究和特定项目的机会研究。一般机会研究的目的在于指明具体的投资建议，可分为地区机会研究、分部门机会研究、以资源利用机会为基础的研究。项目机会研究是要选择确定项目的投资机遇，将项目意向转变为概略的投资建议的研究。

总之，机会研究围绕着是否具有良好发展前景的潜在需求开展工作。这种研究是大范围的、粗略的，要求时间短、花钱少。

机会研究阶段相当于我国的项目建议书阶段，其主要任务是提供可能进行建设的投资项目。如果证明项目投资的设想是可行的，再进行更深入的调查研究。

机会研究比较粗略，主要依靠笼统的估计，而不是依靠详细的分析。一般来说，机会研究需要 1 个月左右的时间，研究费用约占项目投资总额的 0.2%～1.25%；该阶段投资估算的精确度为±30%。

如果机会研究证明投资项目是可行的,就可以进行下一阶段的研究。

(2) 初步可行性研究

初步可行性研究又称预可行性研究。判断机会研究所提出的项目设想是否真正可行,需要对项目设想进行进一步的分析和细化,从产品的市场需求、经济政策、法律、资源、能源、交通运输、技术、工艺及设备等方面对项目的可行性进行系统的分析。然而,一个完善的可行性研究的工作量是十分巨大的.需消耗大量的人力、物力、财力,且时间较长。因此,在投入必要的资金、人力及时间进行详细可行性研究之前,先要进行初步可行性研究。初步可行性研究主要对项目在市场、技术、环境、选点、资金等方面的可行性进行初步分析。

初步可行性研究的主要任务:

① 分析机会研究的结论,并在详尽资料的基础上做出投资决定;

② 根据项目设想产生的依据,确定是否进行下一步的详细可行性研究;

③ 确定哪些关键性问题需要进行辅助性专题研究,如市场需求预测、实验室试验、实验工厂试验等;

④ 判断项目设想是否有生命力,能否获得较大的利润。初步可行性研究是机会研究与详细可行性研究之间的一个中间阶段,它与机会研究的区别主要在于所获资料的详细程度不同。如果项目机会研究有足够的资料,也可以越过初步可行性研究阶段,直接进行详细可行性研究。如果机会研究阶段项目的有关资料不足,获利情况不明显,则要通过初步可行性研究来判断项目是否值得投资建设。

辅助研究是对投资项目的一个或几个重要方面进行的单独研究,是进行初步可行性研究和可行性研究的先决条件。辅助研究主要解决的问题:

① 产品市场需求量的估计,预测产品进入市场的竞争能力;

② 机器设备、建筑材料和生产所需原材料、燃料动力的供应情况及其价格变动的趋势;

③ 工艺技术在实验室或工厂试验情况分析;

④ 厂址方案的选择,重点是估算并比较交通运输费用和重大工厂设施的费用;

⑤ 合理经济规模的研究,估算几种不同生产规模的建厂方案的投资支出、生产成本、产品售价和可获得的利润,从而选择合理的经济规模;

⑥ 生产设备的选型,着重研究决定项目生产能力的主要设备和一些投资费用较大的设备。在提出初步可行性研究报告时,还应提出项目总投资。

与初步可行性研究或可行性研究同时进行的辅助研究,可以确保可行性研究的结果更加稳妥可靠。

初步可行性研究需要1～3个月的时间,研究费用约占0.25%～1.5%;投资估算的精确度可达±20%。

(3) 详细可行性研究

详细可行性研究即通常所说的可行性研究,又称最终可行性研究。是建设项目投资决策的基础,是在分析项目在技术上、财务上、经济上的可行性后作出投资与否的关键步骤。

通过初步可行性研究的项目一般都不会被淘汰,但具体实施方案和计划还需要通过详细可行性研究来确定。项目采用哪种方案来实现以及实现后的实际效果主要取决于详细可行性研究的结果。详细可行性研究的主要任务是对项目的产品纲要、技术工艺及设备、厂址与厂区规划、投资需求、资金融通、建设计划以及项目的经济效果等多方面进行全面、深入、系统的分析和论证，通过多方案比较，选择最佳方案。虽然详细可行性研究的研究范围没有超出初步可行性研究的范围，但其研究深度却远大于初步可行性研究的深度。

详细可行性研究应满足以下几项要求：

① 作为投资决策部门编制设计任务书的依据；

② 作为向银行和其他金融机构申请贷款的依据；

③ 作为建设部门申请建设执照和同有关部门签订合同的依据；

④ 作为项目下阶段设计的依据；

⑤ 作为采用新技术、新设备计划的依据；

⑥ 作为补充资料和政府有关部门审查的依据。

详细可行性研究需要 3～6 个月或更长的时间，研究费用大型复杂项目约占 0.2%～3.0%，小项目约占 1.0%～3.0%，建设投资估算的精确度为±10%。

在实际工作中，可行性研究的 3 个阶段未必十分清晰。有些小型和简单的项目，常把机会研究与初步可行性研究合二为一。在我国，许多项目的前两个阶段与详细可行性研究工作经常也是交叉在一起进行的。后面介绍的可行性研究主要是指详细可行性研究。

7.2　可行性研究报告的编制

7.2.1　可行性研究报告编制依据

可行性研究报告(以下简称报告)是投资项目可行性研究工作成果的体现，是投资者进行项目最终决策的重要依据。为保证报告的质量，应切实做好编制前的准备工作。充分占有信息资料，进行科学分析、比选论证。做到编制依据可靠、结构内容完整、报告文本格式规范、附图附表附件齐全，报告表述形式尽可能数字化、图表化，报告深度能满足投资决策和编制项目初步设计的需要。报告的编制主要依据为：

(1) 项目建议书、初步可行性研究报告及其批复文件。

(2) 国家和地方的经济及社会发展规划、行业部门发展规划，如江河流域开发治理规划、电力电网规划、森林开发规划等。

(3) 国家有关法律、法规、政策。

(4) 有关的基础数据资料。

(5) 有关机构发布的工程建设方面的标准、规范、定额。

(6) 国家或有关部门颁发的有关项目评价的基本参数和指标。

(7) 编制报告的委托合同。

7.2.2　可行性报告的编制步骤

可行性研究工作是一个逐步深入、循序渐进的发展过程。虽然不同项目的具体研究内容差异很大，但可行性研究所涉及的基本工作程序大致相同，可分为以下步骤：签订委托协议，组建工作小组，制定工作计划，市场调查与预测，方案研制与优化，项目评价，编写可行性研究报告，与委托单位交换意见并提交可行性研究报告。如图 7-2 所示。

(1) 签订委托协议。可行性研究报告的编制单位与委托单位，就可行性研究报告编制工作的范围、重点、深度要求、完成时间、费用预算和质量要求交换意见，并签订委托协议，据以开展可行性研究各阶段的工作。

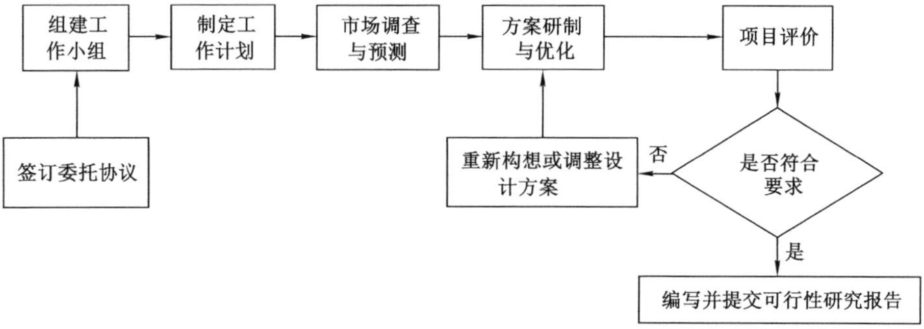

图 7-2 可行性研究的基本工作步骤

(2) 组建工作小组。根据委托项目可行性研究的工作量、内容、范围、技术难度、时间要求等，组建项目可行性研究工作小组。一般工业项目和交通运输项目可分为市场组、工艺技术组、设备组、工程组、总图运输及公用工程组、环保组、技术经济组等专业组。为使各专业组协调工作，保证报告的总体质量，一般由总工程师、总经济师负责统筹协调。

(3) 制定工作计划。这一过程需要摸清委托单位的目标与要求，了解项目研究背景，明确具体研究内容，研究工作的范围、重点、深度、进度安排、人员配置、费用预算及报告编制大纲，并与委托单位交换意见。

(4) 市场调查与预测。各专业组根据报告编制大纲进行实地调查，收集整理有关资料，包括市场和社会调查，向行业主管部门调查，向项目所在地区调查，向项目涉及的有关企业、单位调查，收集项目建设、生产运营等各方面所必需的信息资料和数据。根据收集的资料预测市场前景。

(5) 方案研制与优化。在调查研究收集资料并预测市场前景的基础上，对项目的建设规模与产品方案、场址方案、技术方案、设备方案、工程方案、原材料供应方案、总图布置与运输方案、公用工程与辅助工程方案、环境保护方案、组织机构设置方案、实施进度方案以及项目投资与资金筹措方案等，研究编制备选方案，进行方案论证比选优化后，提出推荐方案。

(6) 项目评价。对推荐方案进行环境评价、财务评价、国民经济评价、社会评价及风险分析，以判别项目的环境可行性、经济可行性、社会可行性和抗风险能力。当有关评价指标结论不足以支持项目方案成立时，应对原设计方案进行调整或重新设计。

(7) 编写并提交可行性研究报告。项目可行性研究的各专业方案，经过技术经济论证和优化之后，由各专业组分工编写。经项目负责人衔接协调综合汇总，提出报告初稿，与委托单位交换意见，修改完善，形成正式报告。

7.2.3 一般工业项目可行性研究报告编制大纲

可行性研究报告内容，体现了进行可行性研究工作的内容，是主管部门进行审批的主要依据。可行性研究的内容随行业不同而有所差别，不同行业也各有侧重，但其基本内容是相似的，包括投资必要性、技术可行性、财务可行性、组织可行性和风险分析的内容。

一般工业建设项目可行性研究的结构和内容如下。

7.2.3.1 总论

(1) 项目背景

综述项目名称、承办单位概况（新建项目是指筹建单位情况，技术改造项目是指原企业情况，合资项目是指合资各方情况）、可行性研究报告的编制依据、项目提出的理由与过程。

(2) 项目概况

项目概况包括拟建地点、建设规模与目标、建设条件、项目投入总资金及效益情况、主要技术标准与经济效果指标。

(3) 问题与建议

在综述项目投资必要性和经济意义、投资环境、提出项目调查研究的主要依据、工作范围和要求、项目建议书和有关审批文件的基础上，提出可行性研究的主要结论概要和存在问题与建议。

7.2.3.2 市场预测

市场预测就是运用科学的方法，对影响市场供求变化的诸多因素进行调查研究，分析和预见其发展趋势，掌握市场供求变化的规律，为经营决策提供可靠的依据。市场预测内容包括：国内外产品市场供应现状、预测，产品市场需求现状、预测，产品目标市场分析，产品国内、国际价格现状与预测，市场竞争力分析，市场风险分析等。

7.2.3.3 资源条件评价（指资源开发项目）

资源条件评价指资源可利用量、资源品质情况、资源储存条件、资源开发价值评价等。

7.2.3.4 建设规模与产品方案

建设规模主要内容包括：建设规模方案比选、推荐方案及其理由。

产品方案包括：产品方案构成、产品方案比选、推荐方案及其理由。

7.2.3.5 建设条件与场址选择

场址所在位置现状分析：地点与地理位置、场址土地权属类别及占地面积、土地利用现状、技术改造项目现有场地利用情况。

场址建设条件：地形、地貌、地震情况，工程地质与水文地质，气候条件、城镇规划及社会环境条件，交通运输条件，公用设施，社会依托条件，防洪、防潮、排涝设施条件，环境保护条件，法律支持条件，征地、拆迁、移民安置条件等。

厂址条件比选：建设条件比选、建设投资比选、运营费用比选、推荐场址方案、场址地理位置图。

7.2.3.6 项目设计方案

项目设计方案主要包括技术方案、主要设备方案和工程方案。

技术方案：生产方法（包括原料路线）、工艺流程、工艺技术来源（需引进国外技术的，应说明理由）、推荐方案的主要工艺（生产装置）、流程图、物料平衡图、物料消耗定额表。

主要设备方案：主要设备选型、主要设备来源（进口设备应提出供应方式）、推荐方案的主要设备清单。

工程方案：主要建、构筑物的建筑特征，扩建工程方案，特殊基础工程方案，建筑安装工程量及“三材”用量估算，技术改造项目原有建、构筑物利用情况，主要建、构筑物工程一览表。

7.2.3.7 主要原材料、燃料供应

主要原材料供应：主要原材料品种、质量与年需要量，主要辅助材料品种、质量与年需要量，原材料、辅助材料来源与运输方式。

燃料供应:燃料品种、质量与年需要量,燃料供应来源与运输方式。

主要原材料、燃料价格:价格现状,主要原材料、燃料价格预测。

编制主要原材料、燃料年需要量表。

7.2.3.8 总图布置、场内外运输与公用辅助工程

总图布置主要包括平面布置与竖向布置。

平面布置:列出项目主要单项工程的名称、生产能力、占地面积、外形尺寸、流程顺序和布置方案。

竖向布置:场区地形条件,竖向布置方式,场地标高及土石方工程量。

总图布置还包括:技术改造项目原有建、构筑物利用情况,总平面布置图(技术改造项目应标明新建和原有的以及拆除的建、构筑物的位置),总平面布置主要指标等。

场内外运输包括:场外、场内运输量及运输方式,场内运输设施及设备。

公用辅助工程:给排水工程(用水负荷、水质要求、给水方案、排水总量、排水水质、排放方式和泵站管网设施),供电工程(供电负荷供电回路及电压等级的确定、电源选择、场内供电输变电方式及设备设施),通信设施(通信方式、通信线路及设施),供热设施、维修设施、仓储设施的布置等。

7.2.3.9 节能措施、节水措施

节能措施、节水措施主要包括:节能措施、节水措施及能耗指标分析与水耗指标分析。

7.2.3.10 环境影响评价

环境影响评价主要包括:场址环境条件,项目建设和生产对环境的影响,环境保护措施方案等。

7.2.3.11 劳动安全卫生与消防

劳动安全卫生与消防主要包括:危害因素和危害程度,安全措施方案(采用安全生产和无危害的工艺与设备、对危害部位和危险作业的保护措施、危险场所的防护措施,职业病防护和卫生保健措施),消防设施(火灾隐患分析、防火等级、消防设施)。

7.2.3.12 组织机构与人力资源配置

组织机构与人力资源配置主要包括:组织机构(项目法人组建方案、管理机构组织方案和体系图、机构适应性分析),人力资源配置(生产作业班次、劳动定员数量及技能素质要求、职工工资福利、劳动生产率水平分析、员工来源及招聘方案、员工培训计划)等。

7.2.3.13 项目实施进度

项目实施进度主要包括:建设工期,项目实施进度安排,项目实施进度表(横道图)。

7.2.3.14 投资估算

投资估算主要包括建设投资估算与流动资金估算及投资估算表。建设投资估算包括:投资估算依据,建设投资估算(建筑工程费、设备及工器具购置费、安装工程费、工程建设的其他费用、基本预备费、涨价预备费、建设期利息)。

7.2.3.15 资金筹措与融资方案

资金筹措与融资方案主要包括资本金筹措、债务资金筹措及融资方案分析。

7.2.3.16 财务评价

财务评价是根据国家现行财税制度和价格体系,分析计算项目的财务效益和费用,编制财务报表,计算财务指标,考察项目盈利能力、清偿能力等财务状况,以判别财务可行性。

7.2.3.17　国民经济评价

国民经济评价是项目经济评价的核心部分。它从国家整体角度考察项目的效益和费用,考察的对象是包含项目在内的国民经济系统。主要内容包括:影子价格及通用参数选取,转移支付处理,效益费用数值调整,国民经济效益费用流量表、国民经济评价指标计算及国民经济评价结论。

7.2.3.18　社会评价

社会评价是分析拟建项目对当地社会的影响和当地社会对项目的适应性和可接受程度,从而判断项目的社会可行性。主要综述项目对社会的影响分析、项目与所在地互适性分析、社会风险分析及社会评价结论。

7.2.3.19　风险分析

风险分析是在市场预测、技术方案、工程方案、融资方案、财务评价和社会评价等论证中已进行的初步风险分析的基础上,进一步识别拟建项目在建设和运营中潜在的主要风险因素,揭示风险来源,判断风险程度,提出规避风险对策,为决策提供依据。

7.2.3.20　研究结论与建议

运用各项数据,从技术、经济、社会、财务等各方面综合论述项目的可行性,推荐一个或几个方案供决策参考,指出项目存在的问题以及结论性意见和改进建议。

7.2.3.21　附图、附表、附件

附图主要包括:场址位置图,工艺流程图,总平面布置图。

附表主要包括:投资估算表,财务评价报表,国民经济评价报表。

附件主要包括:项目建议书(初步可行性研究报告)的批复文件,环保部门对项目环境影响的批复文件,资源开发项目有关资源勘察及开发的审批文件,主要原材料、燃料及水、电、气供应的意向性协议,项目资本金的承诺证明及银行等金融机构对项目贷款的承诺函,中外合资、合作项目各方草签的协议,先进技术考察报告,当地主管部门对场址批复的文件,新技术开发的技术鉴定报告、组织股份公司草签的协议等。

可以看出,建设项目可行性研究报告的内容可概括为三大部分。首先,是市场研究,包括产品的市场调查和预测研究,这是项目可行性研究的前提和基础,其主要任务是要解决项目的“必要性”问题;第二,是技术研究,即技术方案和建设条件研究,这是项目可行性研究的技术基础,它要解决项目在技术上的“可行性”问题;第三,是效益研究,即经济效益的分析和评价,这是项目可行性研究的核心部分,主要解决项目在经济上的“合理性”问题。市场研究、技术研究和效益研究共同构成项目可行性研究的三大支柱。

7.2.4　可行性研究报告的编制要求

7.2.4.1　信息资料的采集与应用要求

编制可行性研究报告应有大量的、准确的、可用的信息资料作为支持。一般工业项目在可行性研究工作中,应逐步收集积累、整理分析市场分析资料、自然资源条件资料、原材料燃料供应资料、工艺技术资料、场(厂)址条件资料、环境条件资料、财政税收资料、金融贸易资料等方面的信息资料,并用科学的方法对采集的资料进行整理加工。信息资料的收集与应用一般应达到如下要求。

(1) 充足性要求。采集的信息资料的广度和数量,应该满足各方案设计比选论证的需要。

(2) 可靠性要求。对采集的信息资料的来源和真伪进行辨识，以保证可行性研究报告准确可靠。

(3) 时效性要求。对采集的信息资料发布的时间、时段进行辨识，以保证可行性研究报告特别是有关预测结论的时效性。

7.2.4.2　报告的深度要求

(1) 报告应能充分反映项目可行性研究工作的成果，内容齐全、结论明确、数据准确、论据充分，满足决策者定方案、定项目的要求。

(2) 报告选用的主要设备的规格、参数应能满足预订货的要求。准备的资料应能满足合同谈判的要求。

(3) 报告中的重大技术、经济方案，应有两个以上方案比选。

(4) 报告中确定的主要工程技术数据，应能满足项目初步设计的要求。

(5) 报告构造的融资方案，应能满足银行等金融部门信贷决策的需要。

(6) 报告中应反映在可行性研究过程中出现的某些方案的重大分歧及未被采纳的理由，以供委托单位与投资者权衡利弊并进行决策。

(7) 报告应附有评估或决策(审批)所必需的合同、协议、意向书、政府批件等。

7.2.4.3　报告编制单位及人员资质要求

可行性研究报告的质量取决于编制单位的资质和编写的人员的素质，承担可行性研究报告编写的单位和人员，应符合下列要求：

(1) 报告编制单位应具有经国家有关部门审批登记的资质等级证明。

(2) 编制单位应具有承担编制可行性研究报告的能力和经验。

(3) 可行性研究人员应具有所从事专业的中级以上专业职称，并具有相关的知识、技能和工作经历。

(4) 报告编制单位及人员，应坚持独立、公正、科学、可靠的原则，实事求是，对提供的可行性研究报告的质量负完全责任。

7.2.4.4　报告的文本格式要求

报告的文本排序：封面，包括项目名称、研究阶段、编制单位、出版年月，加盖编制单位印章；封一，包括编制单位资格证书，如工程咨询资质证书、工程设计证书；封二，包括编制单位的项目负责人、技术管理负责人、法人代表名单；封三，包括编制人、校核人、审核人、审定人名单；目录；正文；附图、附表、附件。

报告文本的外形尺寸统一为A4(210 mm ×297 mm)规格。

7.2.5　可行性研究报告的审批

7.2.5.1　预审

咨询或设计单位编制和上报的可行性研究报告及有关文件，按项目大小应在预审前1～3个月提交预审主持单位。预审单位认为有必要时，可委托有关方面提出咨询意见，报告提出单位应向咨询单位提供必要的资料、情况和数据，并应积极配合。预审主持单位组织有关设计、科研机构、企业和有关方面的专家参加，广泛听取意见，对可行性研究报告提出预审意见。当发现可行性研究报告有原则性错误或报告的基础依据与社会环境条件有重大变化时，应对可行性研究报告进行修改和复审。可行性研究报告的修改和复审工作仍由原编制单位和预审主持单位按照规定进行。

7.2.5.2 审批

我国建设项目的可行性研究报告,须按照国家计委的有关规定审批。

(1) 大中型建设项目的可行性研究报告,由各主管部,各省、市、自治区或全国性专业公司负责预审,报国家计委审批,或由国家计委委托有关单位审批。

(2) 重大项目和特殊项目的可行性研究报告由国家计委会同有关部门预审,报国务院审批。

(3) 小型项目的可行性研究报告,按隶属关系由各主管部,各省、市、自治区或各全国性专业公司审批。

经可行性研究证明不可行的项目,经审定后将项目取消。

7.3 市场调查方法

进行投资项目可行性研究,首先要从市场研究入手。因为一个投资项目的设想,就是市场研究的结果或源于对某一自然资源的发现和开发。因此,市场研究是可行性研究的最重要、最基础的工作。

市场研究主要是分析了解拟建项目产品的未来销路问题,而这个问题与未来市场对该项目产品的需求量与该产品占有市场的能力直接相关。因此,进行市场研究,一方面需要进行市场调查,收集有关信息资料;另一方面需要对未来市场的变化趋势进行预测。

7.3.1 市场调查概述

7.3.1.1 市场调查目标

市场调查是指系统地收集、记录和分析拟建项目有关的市场销售和供应方面的资料,以了解项目产品的现实和潜在市场,并得出有无市场和市场大小的结论。市场调查是市场预测的基础,是项目可行性研究的起点。

在项目可行性研究中,市场调查的过程实际上就是寻找投资机会的过程,机会找准了,项目就有了成功的前提。因此,项目能否成功,在很大程度上取决于投资者能否通过市场调查,找到并利用有效的机会。

在进行市场调查之前,应该首先确定市场调查的目标。市场调查的详细目标包括:市场的范围,应生产的产品数量,产品的型号、规格,各主要用户预计年消费量,产品的销售渠道,销售前景等。

7.3.1.2 市场调查的内容

市场调查的内容根据项目产品的特点和复杂程度来确定,通常包括:

(1) 拟建项目的产品历史消费量、生产量和最终用途调查;

(2) 拟建项目的产品现有生产能力现状和发展规划调查;

(3) 拟建项目的产品质量调查;

(4) 替代产品调查;

(5) 拟建项目的产品价格和成本调查;

(6) 目前的市场情况,包括国外进口和国内出口状况;

(7) 竞争对手的状况和用户反映;

(8) 政治、经济、文化、人口、就业及消费水平变动等资料。

7.3.1.3 市场调查的作用

市场调查的作用主要是提供制定决策的信息，没有市场调查，项目市场分析将难以进行，市场预测也将失去基础。可见，市场调查非常重要。识别和确定市场营销机会意味着界定那些仍未被竞争者所满足的市场需要；产生和改进营销活动意味着决定哪种计划或营销战略能最好地满足市场机会；市场调查将信息反馈给管理人员，使他们可以将实际业绩与所要求的业绩水平进行比较，同时增进对营销过程的理解，帮助人们在市场调查的执行中扩大关于市场营销的基本知识。

同样，在项目市场分析中，只有通过资料收集和实地调查取得第一手资料，专业人员才能够开展相关分析。因此，市场调查是项目可行性研究成功与否的关键一步，这也是评价可行性研究报告的一个考察点。

7.3.1.4 市场调查的步骤

市场调查过程可划分为三个阶段：调查准备阶段、调查实施阶段和调查分析研究阶段。

(1) 调查准备阶段。调查准备阶段主要确定调查目标，明确调查要求、范围和规模，调查力量的组织，确定抽样方案和样本容量等问题。在此基础上，制定一个切实可行的调查方案。

(2) 调查实施阶段。调查实施阶段的主要任务是组织调查人员，按照调查方案的要求，系统地收集信息和数据，听取各方意见，进行实地调查。

(3) 调查分析研究阶段。通过对调查信息的统计和分析，形成调查研究报告。这一环节是评价市场调查能否充分发挥作用的关键。这一阶段包括信息整理与分析、编写调查报告。

7.3.2 市场调查方法

在明确了市场调查的目标和内容以后，就可以着手进行市场调查了，在进行调查之前，应选择一种合适的调查方法，目前常用的调查方法有间接收集信息法、直接访问法和直接观察法。这几种调查方法各有其优点及局限性，选用时应视调查内容和要求的不同和经济合理性而定。

7.3.2.1 间接收集信息法

间接收集信息法，是指调研人员通过各种媒体，对信息资料进行收集、分析、研究和利用的活动。间接收集信息法一般包括查找、购买、交换、接收等具体的手段。间接收集信息法的优点是获取资料速度快、费用省，并能举一反三。缺点是针对性较差、深度不够、准确性不高，需要采用适当的方法进行二次处理和验证。

间接收集信息法应遵循如下三个原则。

先易后难原则：应先收集那些比较容易得到的历史资料和公开发表的公益性信息资料而对于那些商业性信息和内部保密信息，只有在现成资料不足时才做作进一步收集。

由近至远的原则：收集信息应从最新的近期资料着手，然后采取追踪的办法逐期向远期查找。

先内部后外部的原则：在间接收集信息时，先从本企业、本行业或与本单位有业务往来关系的贸易伙伴着手，然后再到有关的单位与行业收集有关的信息资料。

间接收集信息法的作用包括：

(1) 为直接收集信息提供指导。在实地调研之前，应制定调研计划，明确调研目的，才能做到有的放矢。而这些工作都必须根据已有的信息资料来推断。

(2) 对直接调查法起弥补修正作用。在市场经济条件下，直接调查一般难以获取竞争对手的商业信息。但通过间接信息的统计推断可以对市场的整体情况进行估计和把握，有时这些经过处理的信息还能替代实地调查的资料。

(3) 鉴定、证明直接调查法所获资料的可信度。直接调查所取得的信息资料，由于受多种因素的影响，在收集过程中容易出现某些差错。因而分析人员可以通过间接获得的信息进行对比、鉴定，证明实地调研资料的可靠程度，并及时纠正其中明显的错误。

7.3.2.2　直接访问法

直接访问法，就是将拟调查的事项，以面谈、电话或书面形式向被调查者提问，以获得所需资料信息的调查方法。

直接访问法按具体访问方式的不同分为：面谈调查、电话调查、问卷调查。

面谈调查包括将专家请进来的座谈会调查和调查人员走出去的个人访谈。优点：当面听取被调查者的意见，可以全方位观察其本身的状况和对问题的反应；信息回收率高；谈话可逐步深入，获得意想不到的信息。缺点：调查成本高，调查结果受专家水平及调查人员本身素质影响较大。

电话调查由调查人员根据抽样规定或样本范围，通过电话询问对方意见。优点：可在短时间内调查较多样本，成本较低。缺点：不易获得对方的合作，不能询问较为复杂的问题。

问卷调查是通过设计调查问卷将调查意图清晰地展现给被调查者的调查方式，是一种应用较广泛的直接调查方式。优点：调查成本低；能在短时间内使被调查者了解调查意图；节省了被调查者思考的时间；加强了调查工作的计划性和条理性。缺点：回收率较低；若被调查人员不配合，会影响调查人员的工作情绪。

7.3.2.3　直接观察法

直接观察法是调查人员在调查现场，从旁观察被调查者行为的一种调查方法。

观察法的优点是：因被调查者没有意识到自己正在接受调查，一切状况均保持自然，故准确性较高。缺点是：观察不到内在因素，有时需要做长时间的观察才能求得结果。

7.4　市场预测方法

7.4.1　市场预测概述

完成了市场调查工作之后，接下来便是根据市场调查所取得的资料进行科学分析和产品需求预测。预测是决策的基础，进行技术经济分析时，对未来发生的费用和效益及可行性研究中需要对产品的生命周期、销售量和投入物、产出物的市场价格、未来各种市场行情发生的概率等进行预测。

市场预测是在市场调查的基础上，运用科学的方法，对拟建项目产品的供应与需求的发展趋势以及相互联系的各种因素的变化，进行调查、分析、预见、判断和测算，其结果将为项目投资决策和经营决策提供依据。预测的经济效果也是十分明显的，因此重视并做好市场预测工作非常重要。

7.4.1.1　市场预测的内容

消费者对项目产品的需求有两个方面：一是质的方面，如对产品的品种、规格、型号、性能、质量、式样及价格等的需求；二是量的方面，即消费者对项目产品在数量上的需求。因此，市场预测的具体内容有市场需求量预测、市场占有率预测、技术发展预测、资源预测等。

(1) 市场需求量预测。市场需求量预测就是通过对过去和现在产品在市场上的销售情况和影响市场需求的各种因素的分析和判断，来预测市场对项目产品的需求量及发展变化趋势。

(2) 市场占有率预测。市场占有率是针对某个企业(或项目)而言的，它是指企业(或项目)的某种产品销售量(或销售额)占市场上该种产品全部销售量(或销售额)的百分比。一家企业市场占有率的增加就意味着其他企业市场占有率的降低，市场占有率预测的实质就是对项目竞争能力的预测。因此，市场占有率预测主要是对竞争对手的生产经营水平进行预测。这包括国内或国外的竞争程度、消费者的反映、可能的代用品总量等。

在市场总需求不变的情况下，市场占有率的提高也就意味着销售量的增加，所以市场占有率预测应着重考虑产品本身的特征和销售能力等影响销售量的因素。

(3) 技术发展预测。技术发展预测是对由于新技术、新工艺、新材料、新产品的出现对产品需求的影响作出估计。科学技术的飞速发展，将会给许多相关行业带来不同程度的影响。

(4) 资源预测。资源的供应直接关系到产品的生产，资源预测是对原材料、能源等供应的保证程度、发展趋势及其价格的变动情况进行估计。例如，以矿产品为原料的项目，必须对未来资源是否短缺、成本是否会大幅度上升作出重点分析和预测，以免因资源矛盾使项目决策失误。

7.4.1.2 市场预测的原则

在进行市场的预测时，应该遵循以下几条原则。

(1) 相似性原则。当人们对预测对象的过去和现在的情况并不了解时，便无法掌握其发展的规律性。但许多不同产品的需求存在着相似的演变规律，可以利用一致的、详尽的事物发展变化规律来类推预测对象的情况。预测者也可以利用预测对象在某种场合下的已知规律性来推测它在不同条件下发展的规律性。

(2) 相关性原则。因为与预测对象有关的各种因素之间存在着相互依存、相互制约、相互促进的因果关系，预测者需掌握预测对象的发展规律，只需掌握影响预测对象主要因素的发展规律，就可以此来推测预测对象的发展趋势。

(3) 延续性原则。预测对象的市场状况经常按一定的规律发展变化，并且在一定时间内以这种规律持续发展。

7.4.1.3 市场预测的程序

为了保证市场预测工作顺利进行，必须按照预定的预测程序进行，以利于各环节之间的协调，进而取得良好的预测效果。市场预测的程序大致有如下几个阶段。

(1) 确定预测目标。预测应根据决策的要求确立预测的目标，包括预测的内容、范围、精确程度、预测的期限等。

(2) 收集分析资料。资料是市场预测的依据。在预测前要依据预测目标系统而全面地收集各种有关资料，既要收集现时资料也要收集历史资料，并且对资料的真实可靠性进行分析，去掉与预测目标无关和虚假的资料，在对历史资料进行分析时应排除偶发事件。

(3) 选择预测方法并建立预测模型。基本的预测方法有很多种，预测者需要依据预测目标的要求和条件，本着效果好、经济实用的原则选择合适的预测方法，如运用定量或定性的方法并建立预测模型。

(4) 分析评价预测结果。对通过数学模型计算出的预测值要进一步分析评价，估计预测误差。由于市场因素是不断变化的，而模型又不可避免地将问题简化，所以由定量方法计算出的预测值与未来的实际情况之间存在着误差。因此，必须在计算预测值的基础上，分析时间和空间各种因素变化的情况及其影响的程度，找到可能产生的误差，利用统计检验的准则和方法进行模型参数估计和模型检验，从而进一步确定最终选定的模型。

(5) 修正预测结果。无论是定量预测还是定性预测，常常由于数据不足或主观判断不准确，与真实情况之间存在误差，因而需要对预测结果进行修正。可以用定量的方法修正定性的结果，也可以用定性的方法对定量的结果进行修正。

7.4.2　市场预测方法

市场预测的方法有很多种，可分为定性的和定量两大类。市场预测常见的方法如图 7-3 所示。

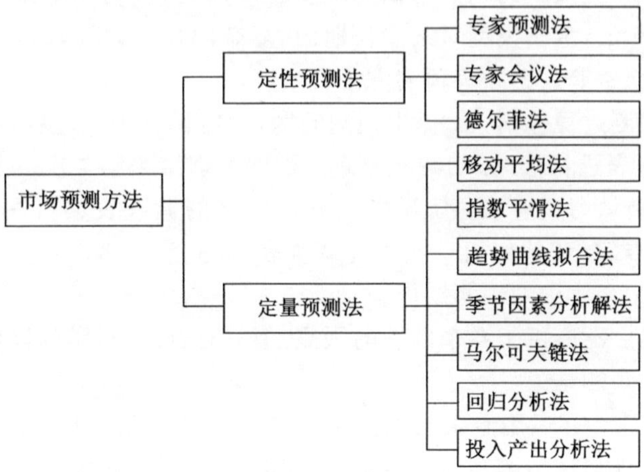

图 7-3　市场预测方法

7.4.2.1　定性预测法

定性预测是指利用直观材料，依靠个人经验和分析判断能力，对事物未来发展进行的预测，也称直观预测。定性的方法往往适用于预测对象受到各种因素的影响，又无法对影响因素进行定量分析的情况，这时预测者只能凭积累的经验、少量的数据资料和主观判断等，对事物的发展趋势和未来状态进行解释、分析和判断。如建设项目的效益与费用关系中无法量化的部分只能进行定性分析。定性预测法的基本原理是运用逻辑学的方法，来推断预测对象未来发展趋势的一种方法。定性预测常用的方法是专家预测法、德尔菲法等。它的优点是简单易行、时间快，在各类预测方法中占据重要地位。缺点是易带片面性、精度不高。

(1) 专家预测法。由专家根据自己的经验知识，对预测对象的未来发展作出判断，然后把专家的意见归纳整理形成预测结论。专家预测法又分为专家个人预测法和专家会议预测法两种。

专家个人预测法是由有专长、具有远见卓识和丰富经验的专家提出个人意见，然后将各个专家的意见收集起来归纳整理形成预测结论。该法能够充分发挥专家们的创造能力,专家提出意见时不受外部影响、没有心理压力。但此方法容易受到专家知识面、知识深度、占有资料以及对预测问题是否有兴趣等因素所制约,预测的结果会带有片面性和局限性。

专家会议预测法是向专家们提供需要预测的问题和信息,请专家事先做好准备,然后在确定的时间召开会议,由专家们各自提出预测的意见,互相交换、互相启发,弥补个人知识经验的不足,并通过讨论、补充、休整以后得出的预测结果。此方法的缺点是参加会议的人数有限,代表性不够广泛;另外,在会上发表意见时不能够畅所欲言,容易受到权威意见和大多数人意见的影响,即使有不同的意见也不愿意在会上发表或不愿意公开修正自己已经发表的意见,导致预测结果的可靠程度有限。

(2) 德尔菲法。德尔菲法是在专家个人预测法和专家会议法基础上发展起来的一种专家调查法,它以不记名方式多轮征询专家意见,最终得出预测结果的一种集体经验判断法。德尔菲法主要特点是匿名性、反馈性和收敛性。它以匿名的方式通过几轮咨询,征求专家们的意见。预测小组对每一轮的意见进行归纳和分类,作为参考资料以文件形式发给每个专家,供他们分析判断,提供新的论证。如此反复三至四轮,直到得出预测结论为止。德尔菲法简便易行、用途广泛,数学模型对某些长期的、复杂的社会、经济、技术问题的预测往往无能为力,只能使用德尔菲这类专家预测方法。

德尔菲法的预测过程包括:① 提出预测问题,制定调查表,分发给各位专家填写;② 把专家寄回来的调查表进行汇总、归纳和整理;③ 把整理结果第二次分发给专家再次征询意见,请各位专家重新填写调查表;④ 再把专家反馈来的调查表重新进行汇总、归纳和整理后,再分发给各位专家,请他们再一次填写调查表,如此反复多次;⑤ 经过多次反复征询意见,最终得出一个相当集中的预测结论。

德尔菲法虽然广泛应用于各个领域的预测,但只有合理、科学的操作,并注意扬长避短,才能够得出可靠的预测结果。

(3) 主观概率法。在运用专家预测法和德尔菲法进行预测时,可采用主观概率法来综合专家的意见。主观概率和客观概率不同,客观概率是根据事物发生的实际次数而统计出来的一种概率;而主观概率是预测人员根据过去的一些经验,对某个事物实现的可能性做出主观判断的量度。主观概率法分为以下两种。

① 算术平均法。当参加预测的专家水平相当,则把各位专家预测结果的重要程度同等对待,其计算公式为

$$\overline{Q}=\frac{\sum_{i=1}^{n}Q_i}{n} \tag{7-1}$$

式中 $\overline{Q}$——预测未来事件的平均值;

Q_i——第 i 位专家的预测值;

n——参加预测的专家人数。

② 加权平均法。当各位专家的专业水平和经验相差较大时,对各位专家预测结果的重要程度就不能平均看待,因此要对各位专家给予不同的权数。其计算公式为

$$\overline{Q}=\frac{\sum_{i=1}^{n}Q_iW_i}{n} \tag{7-2}$$

式中　W_i——第 i 位专家的权数；

其他符号意义同前。

7.4.2.2　定量预测法

定量预测法是指根据历史数据和资料，应用数理统计数学工具进行分析计算等方法预测未来，或利用事物发展的因果关系等方法预测未来，前者又称外推法，后者又称因果法。

定量预测是建立在历史数据和统计资料基础上的选择或建立合适的数学模型，通过分析和计算推断出未来的经济发展和市场变化情况。定量预测仅仅依据事物历史和现在的统计资料和情况，分析研究其发展变化规律并对未来做出预测，然而影响事物的因素是多方面的，很多因素的变化是不可预知的，很多因素也是难于量化的。例如国家政策的变化、人们消费偏好的改变，都无法用定量的指标来表示，因此定量预测的结果也是存在一定误差并需要修正的。

(1) 移动平均法

移动平均法是用分段逐点推移的平均方法对时间序列数据进行处理，找出预测对象的历史变动规律，据此建立预测模型的一种时间序列预测方法。移动平均法包括一次移动平均法、二次移动平均法和加权移动平均法。

① 一次移动平均值的计算

设实际的预测对象时间序列数据为：$y_t(t=1,2,\cdots,m)$，则一次移动平均值的计算公式为：

$$M_{t-1}^{[1]}=\frac{1}{n}(y_{t-1}+y_{t-2}+\cdots+y_{t-n})$$

$$M_t^{[1]}=\frac{1}{n}(y_t+y_{t-1}+\cdots+y_{t-n-1})$$

$$=M_{t-1}^{[1]}+\frac{1}{n}(y_t-y_{t-n}) \tag{7-3}$$

式中　$M_t^{[1]}$——第 t 周期的一次移动平均值；

n——计算移动平均值所取的数据个数。

采取移动平均法进行预测，关键在于选取用来求平均数的时期数 n。

n 值越小，表明近期观测值在预测中的作用越为重要，预测值对数据变化的反应速度也越快，但预测的修匀程度较低。n 值越大，预测值的修匀程度越高，但对数据变化的反映程度较慢。一般对始终围绕一条水平线上下波动的数据，n 值的选取较为随意；对于具有向上或向下趋势型特点的数据，为提高预测值对数据变化的反应速度，n 值宜取得小一些；同时，n 的取值还应考虑预测对象时间序列数据点的多少及预测限期的长短。通常，n 的取值范围可在 3～20 之间。

移动平均法的优点是：简单易行，容易掌握。缺点：n 值的选取没有统一的规则，不同值的选择对所计算的平均数有较大影响。

② 二次移动平均值的计算

二次移动平均值要在一次移动平均值序列的基础上进行，计算公式为：

$$M_t^{[2]}=\frac{1}{n}(M_t^{[1]}+M_{t-1}^{[1]}+\cdots+M_{t-n+1}^{[1]})$$

$$=M_{t-1}^{[2]}+\frac{1}{n}(M_t^{[1]}+M_{t-n}^{[1]}) \tag{7-4}$$

式中　$M_t^{[2]}$——第 t 周期的二次移动平均值。

(2) 利用移动平均值序列预测

利用移动平均值序列预测，公式为：

$$\hat{y}_{t+T}=a_t+b_t\cdot T \tag{7-5}$$

$$a_t=2M_t^{[1]}-M_t^{[2]} \tag{7-6}$$

$$b_t=\frac{2}{n-1}(M_t^{[1]}-M_t^{[2]}) \tag{7-7}$$

其中　t——目前的周期序号；

T——由目前到预测周期的周期间隔数；

$\hat{y}_{t+T}$——第 $t+T$ 的周期预测数；

a_t——线性预测模型的截距；

b_t——线性预测模型的斜率，即每周期预测值的变化量。

(3) 回归分析法

回归分析法，是根据预测变量(因变量)与相关因素(自变量)之间存在的因果关系，借助数理统计中的回归分析原理，确定因果关系，建立回归模型并进行预测的一种定量预测方法。回归分析分为一元回归模型和多元回归模型，下面简单介绍一元线性回归模型预测的过程。

① 建立一元线性回归方程，一元线性回归方程如下：

$$y=a+bx \tag{7-8}$$

式中　y——因变量，即拟进行预测的变量；

x——自变量，即引起因变量 y 变化的变量；

a,b——回归系数，即表示 x 与 y 之间关系的系数。

② 用最小二乘法拟合回归曲线：

$$b=\frac{n\sum xy-\sum x\sum y}{n\sum x^2-(\sum x)^2} \tag{7-9}$$

$$a=\frac{1}{n}(\sum y-b\sum x) \tag{7-10}$$

式中　n——样本数目，一般最好大于 20。

③ 计算相关系数 r，进行相关检验。

r 的计算公式为：

$$r=\frac{n\sum xy-\sum x\sum y}{\sqrt{[n\sum x^2-(\sum x)^2]\times[n\sum y^2-(\sum y)^2]}} \tag{7-11}$$

$0\leqslant|r|\leqslant 1$，$|r|$愈接近 1，说明 x 与 y 的相关性愈大，预测结果可信度愈高。一般可用计算出的相关系数 r 与相关系数临界值 r_c 相比较，r_c 是由样本数 n 和显著性水平 α 两个参数决定的。只有当$|r|>r_c$ 时，用回归方程描述 x 与 y 的关系才有意义。

④ 求置信区间

由于回归方程中自变量 x 与因变量 y 之间的关系并不是确定的，对于任意的 x_0，我们无法确切地知道相应的 y_0，只能通过求置信区间判定在给予概率下 y_0 实际的取值范围。当置信度为 95%时，y_0 的置信区间近似为 $\hat{y}_0 \pm 2\hat{\sigma}$，这意味着 y_0 的实际值发生在 $(y_0-2\hat{\sigma}, y_0+2\hat{\sigma})$，区间的概率为 95%。当置信度为 99%时，$y_0$ 的置信区间近似为 $\hat{y}_0 \pm 3\hat{\sigma}$。$\hat{y}_0$ 是与 x_0 相对应的根据回归方程计算的 y_0 的估计值，$\hat{\sigma}$ 为标准差的估计值，$\hat{\sigma}$ 的计算式为：

$$\hat{\sigma}=\sqrt{\frac{\sum (y_i-\hat{y}_i)^2}{n-2}} \tag{7-12}$$

[案例分析]

某通道工程深港双方项目可行性研究的比较

某通道工程包括大桥、口岸和接线 3 部分。

此工程的可行性研究前后历经 7 年，期间双方进行了大量信息交换与工作内容调整，包含的内容十分广泛。下面从交通需求、建设方案、环境保护和经济评价 4 个方面回顾深港双方的可行性研究，针对“研究的出发点”、“主要研究内容的完善性”、“研究方法适用性、科学性及局限性对比”等几个部分比较深港两方的异同。

1. 研究的出发点比较

深圳方面可行性研究的出发点具有需求导向特征，是为了解决深港两地之间日益增长的交通流量问题，附带有改善环境、促进双方经济发展等考量，主要聚焦在通车的车流及人流上，对社区的长期发展考虑较少。香港方面研究的出发点更具战略特征，以香港社会 2030 年的远景发展规划为基础，将此通道项目一并纳入香港整体路网，同时考虑香港社会的整体协调发展。例如，香港方面的可行性研究不仅关注此通道项目车流量的增长状况，更加关注此项目的修建会给所涉及相关地区的可持续发展能力带来什么样的变化(特别是人口增长情况)，还关注此通道对香港市政连接工程的接纳能力、环境及生态方面的影响。

2. 主要研究内容的完善性比较

(1) 香港方面可行性研究对于某通道项目交通需求方面的研究覆盖面更为广泛，且具有系统性，关注的影响因素也更为直接，其中对于某通道项目满足的评估结论表述相对更为客观。港方对于某通道项目的修建期望集中于提升跨界交通流量带来的直接综合经济收益，并由此得出了重视关联附属工程项目的结论，且从多个角度提供了翔实的数据支撑。深方所编制的可行性研究报告主要围绕此通道本身而展开，并没有充分考虑一些附属的必要连接通道项目对其运营效能的影响。而香港方面在一开始就将此通道项目的可行性报告一并列入“跨境通道项目”作为系统工程进行研究，而不是将其单独列出评估影响。从后来的建造过程和现在的运营现状来看，香港方向的评估结论能更全面地反映实际情况。

(2) 深圳方面是从建设规模与技术标准、建设条件、桥位选择、桥型方案选择、一线口岸等方面进行建设方案的可行性评估，研究覆盖的面要比香港方面的更广，深圳方面在相应的研究点上做的工作更加深入。香港方面在建设方案研究中特别重视方案造成的环境影响，把环境评估作为决定方案优劣的极其重要因素，而深圳方面则更重视从技术可行性的角度来考虑建设方案，这体现了香港方面和深圳方面在建设方案上选择的侧重点不同。

(3) 深圳、香港双方在此通道项目可行性研究环境评估部分的内容上主要有两点差异：① 香港方面更加全面地考虑社会环境，即更加关注项目周边人群对此通道项目建设可能的反应；② 香港方面更加关注西部通道未来运营时的影响。香港的环境评估研究报告综合考虑了项目的个体影响和因项目修建而引发的累积影响，而深圳方面的评估则更多地集中在项目的施工过程上。

(4) 经济评价是拟建项目工程可行性研究的重要内容，其目的是根据项目所在地区的经济发展规划，结合交通量预测和工程建设规模等研究情况计算项目的费用和效益，对拟建项目的经济合理性、财务可行性作出评价，为建设方案的比选、决策提供科学依据。在针对经济评价模块的研究中，深圳方面评价的主要内容包括：评价依据、评价内容、评价方法、评价参数、费用调整、汽车运输成本调整、效益计算、国民经济评价指标计算、敏感性分析和国民经济评价结果等。香港方面评价的主要内容包括：从香港角度对跨界通道各项建议的成本及效益进行概括经济评估，把道路工程项目的成本(如建筑成本及行程时间成本)及效益(如增加跨界贸易和商务活动及提高土地价值)的差异进行比较。此外，对是否符合全部跨界交通预测的需求还进行了经济影响质量评估，并评审各工程建议对政府财政预算的影响及可能出现的财务风险。

3. 主要研究方法适用性、科学性及局限性比较

从数据预测和分析方法上看，香港方面所应用的数据分析方法具有更加严密的逻辑性。在交通需求部分，香港方面应用的模型综合考虑了内地的经济增长预测、香港与内地间的贸易增长、内地人口预测、空间分布以及香港的人口及就业数据在未来的规划发展状况，是多元因果预测模型。而深圳方面的预可行性研究则主要应用的是一元回归方法，即认为只有一个因素在显著影响着跨界交通量。不难看出，深圳方面所建立的预测模型中过于简化了影响跨界交通的变量。另外，在深圳方面的预可行性研究中，预测交通流量的因变量选择的是内地国内生产总值、工农业生产总值等因素，没有考虑到跨界交通流量是由深港双方因素互动所产生的结果。虽然在深方 2001 年完成的工程可行性研究中对交通量预测采用了更为精密的二元回归方法，但因变量仍只取决于主要的独立经济数据，对于深港两地之间的贸易等联合数据考虑不足。双方的交通量预测之中都采用了敏感性分析的方法，所不同的是深圳方面主要是考虑口岸所提供的实际通过能力发生的变化，而香港方面则考虑的是香港人口数量可能发生的变化。

[案例思考]

1. 结合深港双方的可行性研究报告的比较分析，谈谈你对工程项目可行性研究工作的理解和认识。

2. 可行性研究中数据的收集与处理要注意哪些方面？

思考题

1. 什么是可行性研究？为什么要进行可行性研究？

2. 可行性研究报告包括哪些内容？

3. 简述可行性研究报告的编制步骤及各步骤解决的主要问题。

4. 市场需求的要素有哪些？

5. 市场调查方法有哪些？

本章习题

1. 根据有关部门统计数据分析，发现某轻工产品销售量与同期全国城镇竣工多层住宅面积有相关关系，有关数据见习题表 7-1。试建立一元线性回归方程，并求相关系数。

习题表 7-1

年份	1983	1984	1985	1986	1987	1988	1989	1990	1994	1995
轻工产品销售量/万件	46.6	61.3	46.3	53.4	79.9	102.9	141.1	109.1	49.2	51.4
竣工多层住宅面积/万 m^2	939.4	928.9	1 012.2	1 971.2	1 849.4	2 272.2	2 285.3	963.9	537.6	706.2
年份	1998	1999	2002	2003	2004	2005	2006	2007	2008	
轻工产品销售量/万件	71.2	111.4	59.5	105.8	146.5	222.1	202.4	242	227.8	
竣工多层住宅面积/万 m^2	1 073.9	1 209.3	1 440	2 164	2 055.2	2 215.2	2 178	2 880	3 377.3	

2. 某产品 20 期的需求量见习题表 7-2。试计算一次和二次移动平均值，取 $n=3$，并建立预测方程。

习题表 7-2

周期数	1	2	3	4	5	6	7	8	9	10
需求量/万件	50	52	47	51	49	48	51	40	48	52
周期数	11	12	13	14	15	16	17	18	19	20
需求量/万件	51	59	57	64	68	67	69	76	75	80

第8章 工程项目财务评价

【本章提要与学习目标】

财务评价属于经济评价的范畴，是可行性研究的核心内容，它是在合理的预测估计项目的财务效益与费用的基础上，通过评价指标的计算，考察拟建项目的获利能力和偿债能力等财务状况，据以判断项目的财务可行性。

通过本章的学习，要求能够熟悉财务评价的概念、内容和步骤，财务评价基础数据的确定方法及其相关财务报表的编制，掌握财务评价指标的计算，了解新设项目法人项目和既有项目法人项目财务评价的区别。

8.1 财务评价概述

8.1.1 财务评价概念、内容与作用

8.1.1.1 财务评价的概念

财务评价，又称财务分析，是在国家现行财税制度和市场价格体系下，站在企业或项目的立场，分析预测项目的财务效益与费用，编制财务报表，计算财务评价指标，考察拟建项目盈利能力、清偿能力和财务生存能力等，据以判断项目的财务可行性，为投资决策提供科学的依据。

财务分析可分为融资前分析和融资后分析，分别满足投资决策和融资决策的需要。一般宜先进行融资前分析，在融资前分析结论满足要求的情况下，初步设定融资方案，再进行融资后分析。在项目的初期研究阶段，例如项目建议书阶段，可只进行融资前分析。

8.1.1.2 财务评价的主要内容

一般而言，财务评价的内容主要包括以下三大部分。

(1) 财务预测。财务预测是在对投资项目的总体了解和对市场、环境、技术方案充分调查与掌握的基础上，收集和测算进行财务分析的各项基础数据。这些数据主要包括：

① 投资估算，包括固定资产投资和流动资金投资；

② 预计的产品产量与销售量；

③ 预计的产品价格，包括近期价格和未来价格变动幅度；

④ 预计的经营成本支出，包括经营成本与税金。

(2) 资金规划与计划。即对可能的资金来源、去向与数量进行调查和估算。这些资金主要包括：

① 可能获得的国家或地方政府财政拨款；

② 可能筹集到的银行或其他金融机构贷款；

③ 可能发行的企业股票、债券；

④ 可能用于本项目的企业自有资金；

⑤ 根据项目实施计划，估算出项目的逐年债务偿还额。

(3) 工程项目财务效果分析。即根据财务预测和资金规划，编制各项目财务报表，计算财务评价指标，得出项目的财务效果。此项内容有时要和资金规划交叉进行，即利用财务效果可进一步调整和优化资金规划。

进行财务效果分析时应包括两部分内容，一部分是排除财务条件的影响，将全部投资作为计算基础，在整个项目的范围内考察财务效益；另一部分是分析包括财务条件在内的因素影响的结果，以投资者的出资额为计算基础，考察自由投资的获利性，寻求最佳财务条件和资金规划方案。

8.1.1.3　财务评价的作用

(1) 衡量经营性项目的盈利能力和清偿能力

我国实行企业(项目)法人责任制后，企业法人要对建设项目的筹划、筹资、建设直至生产经营、归还贷款或债券本息以及资产的保值、增值实行全过程负责，承担投资风险。除需要国家安排资金和外部条件需要统筹安排的，应按规定报批外，凡符合国家产业政策，由企业投资的经营性项目，其可行性研究报告和初步设计，均由企业法人自主决策。因决策失误或管理不善造成企业法人无力偿还债务的，银行有权依据合同取得抵押资产或由担保人负责偿还债务。因此，企业所有者和经营者对项目盈利水平如何，能否达到行业的基准收益率或企业目标收益率；项目清偿能力如何，是否低于行业基准回收期；能否按银行要求的期限偿还贷款等问题都十分关心。此外，国家和地方各级决策部门、财务部门和贷款部门(如银行)对此也非常关心。为了使项目在财务上能站得住脚，就要进行项目财务分析。

(2) 衡量非经营性项目的财务生存能力

对于非经营性项目，如公益性项目和基础性项目，在经过有关部门批准的情况下，可以实行还本付息价格或微利价格。在这类项目决策中，为了权衡项目在多大程度上要由国家或地方财政给以必要的支持，例如进行政策性的补贴或实行减免税等经济优惠措施，同样需要进行财务分析。

(3) 合营项目谈判签约的重要依据

合同条款是合资项目和合作项目双方协作的首要前提，而合同的正式签订是以财务分析为基础的，实际上合同条款的谈判过程就是财务分析过程。

(4) 项目资金规划的重要依据

建设项目的投资规模、资金的可能来源、用款计划的安排和筹资方案的选择都是财务分析要解决的问题。为了保证项目所需资金按时提供(资金到位)，投资者(中央政府、地方政府、企业和其他投资者)、项目经营者和贷款部门都要知道拟建项目的投资金额，并据此安排资金计划和国家预算。

8.1.2　财务评价的基本步骤

财务评价主要是利用有关基础数据，通过编制财务评价报表，计算财务评价指标。财务评价的一般步骤如下。

8.1.2.1　财务评价前的准备工作

(1) 熟悉拟建项目的基本情况。主要包括可行性研究阶段的其他工作成果，项目的类型和性质，在现行财税法规范围内项目能享受的优惠等。

(2) 估算项目财务效益和费用,编制财务评价辅助报表,包括:建设投资估算表,流动资金估算表,成本费用估算表,销售收入,销售税金及附加估算表等。

8.1.2.2 进行融资前分析

融资前分析属项目决策中的投资决策,是不考虑资金来源的财务分析,重在考察项目净现金流量的价值是否大于其投资成本。由于未考虑资金来源,融资前分析只进行盈利能力分析。融资前分析的基本步骤如下:

(1) 估算建设投资、营业收入、经营成本和流动资金;

(2) 编制项目投资现金流量表,计算项目投资内部收益率、净现值和项目静态投资回收期等指标;

(3) 如果分析结果表明项目效益符合要求,再考虑融资方案,继续进行融资后分析;

(4) 如果分析结果不能满足要求,可通过修改方案设计完善项目方案,必要时甚至可据此做出放弃项目的建议。

8.1.2.3 进行融资后分析

融资后分析属于项目决策中的融资决策,是以设定的融资方案为基础进行的财务分析,重在考察项目资金筹措方案能否满足要求。融资后分析包括盈利能力分析、偿债能力分析和财务生存能力分析。融资后分析的基本步骤如下:

(1) 在融资前分析结论满足要求的情况下,初步设定融资方案;

(2) 在已有财务分析辅助报表的基础上,编制项目总投资使用计划与资金筹措表和借款还本付息表;

(3) 编制项目资本金现金流量表,计算项目资本金财务内部收益率指标,考察项目资本金可获得的收益水平。

(4) 编制投资各方现金流量表,计算投资各方的财务内部收益率指标,考察投资各方可获得的收益水平。

8.1.3 项目财务评价的基本原则

财务评价应遵循以下原则:

(1) 费用与效益计算范围的一致性原则

为了正确评价项目的获利能力,必须遵循费用与效益计算范围的一致性原则。如果在投资估算中包括了某项工程,那么因建设了该工程而增加的效益就应该考虑,否则就会低估了项目的效益;反之,如果考虑了该工程对项目效益的贡献但投资却未计算进去,那么项目的效益就会被高估。只有将投入和产出的估算限定在同一范围内,计算的净效益才是投入的真实回报。

(2) 费用与效益识别的有无对比原则

“有无对比”是国际上项目评价中通用的费用与效益识别的基本原则,项目评价的许多方面都需要遵循这条原则,财务评价也不例外。“有”是指实施项目后的将来状况,“无”是指不实施项目时的将来状况。在识别项目的效益和费用时,需注意只有“有无对比”的差额部分才是由于项目的建设增加的效益和费用,即增量效益和费用。有些项目即使不实施,现状效益也会由于各种原因发生变化。例如农业灌溉项目,若没有该项目,将来的农产品产量也会由于气候、施肥、种子、耕作技术的变化而变化;再如计算交通运输项目效益的基础——车流量,在无该项目时也会由于地域经济的变化而变化,就是为了识别真正应该算作项目效益的部分，即效益增量，排除那些由于其他原因产生的效益；同时也要找出与增量效益相对应的增量费用，只有这样才能真正体现项目投资的净效益。

有无对比直接适用于依托老厂进行的改扩建与技术改造项目、停缓建后又恢复建设项目的增量效益分析。对于从无到有进行建设的新项目，也同样适用该原则，只是通常认为无项目与现状相同，其效益与费用均为零。

(3) 动态分析与静态分析相结合，以动态分析为主的原则

国际通行的财务评价以动态分析为主，即资金时间价值原理，考虑项目整个计算期内各年的效益和费用，采用现金流量分析的方法，计算内部收益率和净现值等评价指标。由国家发展改革委、建设部联合发布的《方法与参数》从第一版(1987)、第二版(1993)，直至现行的第三版(2006)，都采用了动态分析与静态分析相结合，以动态分析为主的原则。2002 年由国家计委办公厅发文试行的《投资项目可行性研究指南》同样采用这条原则。

(4) 基础数据确定中的稳妥原则

财务评价的结果的准确性取决于基础数据的可靠性。财务评价中需要的大量基础数据都来自预测和估计，难免有不确定性。为了使财务评价结果能提供较为可靠的消息，避免人为的乐观估计所带来的风险，更好地满足投资决策的需要，在基础数据的确定和选区中遵循稳妥原则是十分必要的。

8.1.4　项目财务评价中的会计处理及价格体系

8.1.4.1　财务评价的会计处理

考察获利能力是以利润为基础的。为了尽可能使利润的预测不脱离实际情况，在进行销售(营业)收入、成本费用和相关税费的估算时必须与国家现行会计制度、税收法规相适应。只有这样，财务评价的结论才有可信度，据此作出的决策才有合理性。但它又和实际的会计行为及纳税行为有很大的不同。会计行为及纳税行为是对已经发生的销售(营业)收入、成本费用和税金等如实记账或上缴，而财务评价是对今后几年、十几年乃至更长期的销售(营业)收入、成本费用和相关税费等财务数据进行分析预测。因此，要求财务评价如同会计行为及纳税行为那样细致和详尽既不现实也无必要，应该允许财务评价中对财务报表科目进行适当的归并和简化，但是一切的归并和简化都有一个前提条件，即不影响利润的计算。

对于会计制度与税收法规相矛盾的地方，例如按照会计制度应该计入成本费用的某些支出，按税法规定却不能在所得税前扣除。在实际的财务行为中应先按会计制度的规定记账，然后再做纳税调整。在财务评价中不可能，也无必要执行这样的程序，而是可以按照从税的原则进行处理，即直接按税收法规的规定编制报表和进行计算。

8.1.4.2　财务评价的价格体系

(1) 财务评价涉及的价格体系

财务评价涉及的价格体系有三种，即固定价格体系、市价体系和时价体系。同时设计三种价格，即基价、实价和时价。

基价，是指以基年价格水平表示的，不考虑其后价格变动的价格，也称固定价格。如果采用基价，项目计算期内各年价格都是相同的，就形成了财务评价的固定价格体系。一般选择评价工作进行的年份为基年，假定某货物 A 在 2016 年的价格为 100 元，即其基价为 100 元，是以 2016 年价格水平表示的。基价是确定项目涉及的各种货物预测价格的基础，也是

估算建设投资的基础。

时价，顾名思义是指任何时候的当时价格。它包含了相对价格变动和绝对价格变动的影响，以当时的价格水平表示。以基价为基础，按照预计的各种货物的不同价格上涨率（可称为计价上涨率）分别求出它们在计算期内任何一年的时价。假定货物 A 的时价上涨率为 4%，在 2016 年基价为 100 元的基础上，2017 年的时价应为[100×(1+4%)]，即 104 元。若 2018 年货物 A 的时价上涨率为 3%，则 2018 年货物 A 的时价为[100×(1+4%)×(1+3%)]，即 107.12 元。

实价，是以基年价格水平表示的，只反映相对价格变动因素影响的价格。可以由时价中扣除通货膨胀因素影响来求得实价。若通货膨胀（严格说，只有当物价总水平超过某个幅度时，才称为通货膨胀，所以称物价总水平上涨率更为合适）为 5.2%，则 2017 年货物 A 的实价为[104×(1−5.2%)]，即 98.6 元。这可以说明，虽然看起来 2017 年 A 的价格比 2016 年上涨了 4%，但扣除通货膨胀影响后，货物 A 的实际价格反而比 2016 年降低了，这有可能是由于某种原因使得其相对价格发生了变动。

如果货物间的相对价格保持不变，即实价上涨率为零，那么实价值就等于基价值，同时意味着各种货物的时价上涨率相同，也即各种货物的时价上涨率等于通货膨胀率。

（2）财务分析采用价格体系的简化

在实践中，并不要求对所有项目，或在所有情况下，都必须全部采用上述价格体系进行财务评价，多数情况下都允许根据具体情况适当简化。

《方法与参数》和《投资项目可行性研究指南》都各自提出了简化处理的方法，虽然表达不尽相同，但实际上两者对财务分析采用价格体系的简化处理上基本是一致的，可以归纳为以下几点：

① 一般在建设期间既要考虑通货膨胀因素，又要考虑相对价格变化，包括对投资费用的估算和对经营期投入产出价格的预测。

② 项目经营期内，一般情况下盈利能力分析和偿债能力分析可以采用同一套价格，即预测到经营期的价格。

③ 项目经营期内，可根据项目和产出的具体情况，选定固定价格（项目经营期内各年价格不变）或考虑相对价格变化的变动价格（项目经营期内各年价格不同，或某些年份价格不同）。

④ 当有要求，或通货膨胀严重时，项目偿债能力分析要采用时价价格体系。

8.2 财务评价基础数据的确定、估算与报表

8.2.1 基础数据的范围与作用

财务评价涉及的基础数据很多，按其作用可以分为两类。一类是计算用数据和参数；另一类是判别用参数，或称基准参数。

（1）计算用数据和参数可分为初级数据和派生数据两类。初级数据大多是通过调查研究、分析、预测确定或相关专业人员提供的，例如产出物数量、销售价格、原材料及燃料动力消耗量及其价格、人员数量和工资、折旧和摊销年限、成本计算中的各种费率、税率、汇率、利率、计算期和运营负荷；派生数据如成本费用、销售（营业）收入、销售税金与附加、增值税等，

是通过初级数据计算、派生出来的，可供财务分析之用。

计算用数据和参数可用于编制财务评价的辅助报表和基本报表，继而进行财务分析，判别项目的财务可行性。

（2）判别用参数是指用于判别项目效益是否满足要求的基准参数，例如基准收益率或最低可接受收益率、基准投资回收期、基准投资利润率等，这些基准参数往往需要通过专门分析和测算得到，或者直接采用有关部门或行业的发布值，或者由投资者自行决定。

8.2.2　基准参数的选取

财务评价中最重要的基准参数是判别内部收益率是否满足要求的基准参数，即基准收益率或最低可接受率以及判别项目投资回收能力的基准投资回收期。

8.2.2.1　内部收益率的判别基准

《投资项目可行性研究指南》规定了三个层次的内部收益率指标，即项目财务内部收益率、项目资本金内部收益率以及投资各方内部收益率。这些指标从不同角度考察项目的盈利能力，其相应的判别基准参数即基准收益率或最低可接受收益率也可能有所不同。

（1）项目财务内部收益率的判别基准

项目财务内部收益率的判别基准是财务基准收益率，可采用行业或专业公司统一发布执行的基准数据，也可以由评价者自行设定。设定时常考虑以下因素，即行业边际收益率、银行贷款利率、资本金的资金成本等因素。近年来，采用项目加权平均资金成本为基础来确定财务基准收益率的做法已成趋势。

（2）项目资本金内部收益率的判别基准

项目资本金内部收益率的判别基准是最低可接受收益率。它的确定主要取决于当时的资本收益水平以及项目所有资本金投资者对权益资金收益的综合要求，涉及资金机会成本的概念以及投资者对风险的态度。当资本金投资者没有明确要求时，可采用社会平均或行业平均的权益资金收益水平。

（3）投资各方内部收益率的判别基准

投资各方内部收益率的判别基准是投资各方对投资收益水平的最低期望值，也可以成为最低可接受收益率。这取决于投资者的决策理念、资本实力和对风险的承受能力。

8.2.2.2　项目投资回收期的判别基准

项目投资回收期的判别基准是基准投资回收期，其取值可以根据行业水平或投资者的具体要求而定。

8.2.3　计算用数据和辅助报表

计算用的数据主要有两大类，一类是与建设投资和项目融资有关的数据，第二类是与收入和成本费用有关的数据。另外，项目计算期和运营负荷的预测和估计也是项目财务评价必不可少的基础数据。

8.2.3.1　项目计算期的分析确定

项目计算期是财务评价的重要参数，指对项目进行经济评价应延续的年限，包括建设期和生产期。评价用的建设期是指自项目资金正式投入始，到项目建成投产为止所需要的时间。建设期的确定应综合考虑项目的建设规模、建设性质（新建、扩建和技术改造）项目复杂程度、当地建设条件、管理水平与人员素质等因素，并与项目进度计划中的建设工期相协调。项目进度计划中的建设工期是指项目从现场破土动工起到项目建成投产止所需要的时间，两者的终点相同，但起点可能有差异。对于既有项目法人融资的项目，评价用建设期与建设工期一般无甚差异。但新设项目法人项目需先注册企业，届时就需要投资者投入资金，之后项目再开工建设，因而两者的起点会有差异。因此，根据项目的实际情况，评价用建设期可能大于项目实施进度中的建设工期，当行业有规定时，从其规定。

对于一期、二期连续建设的项目，滚动发展的总体项目等应结合项目的具体情况确定评价用的建设期。评价用的生产期的确定应根据多种因素综合确定，包括行业特点、主要装置（或设备）的经济寿命期（含主要产出物的寿命周期、主要装置综合折旧年限）等。当行业有规定时，从其规定。

对于中外合资项目还要考虑合资双方商定的合资年限，当按上述原则估定评价用生产期后，还要与该合资生产年限相比较，再按两者孰短的原则确定。

8.2.3.2 营销计划与运营负荷的研究确定

运营负荷是指项目运营过程中负荷达到设计能力的百分数，它的高低与项目复杂程度、技术成熟程度、市场开发程度、原材料供应、配套条件、管理因素等都有关系。在市场经济条件下，如果其他方面没有大的问题，运营负荷的高低应主要取决于市场。在项目决策分析与评价对市场和营销策略所作研究的基础上，结合其他因素研究确定分年运营负荷，作为计算各年成本费用和销售（营业）收入的基础。

运营负荷的确定一般有两种方式：一是经验设定法，即根据以往项目的经验，结合该项目的实际情况，粗估各年的运营负荷，以设计能力的百分数表示，据此估算分年成本费用和销售（营业）收入；二是营销计划法，通过制定详细的分年营销计划，制定各种产出物各年的生产量和商品量，再据此估算分年成本费用和销售（营业）收入。国内项目评价中大都采用第一种方式。但有些项目产出市场尚待开发，需逐步推广应用；或者某种产品只生产一段时间就改换更新产品，最好按实际的分年营销计划，确定各种产出物各年的生产量和商品量，多数外国公司对第二种方式比较重视。

8.2.3.3 投资估算

投资估算包括建设投资（固定资产）估算（见表 8-1）、流动资金估算（见表 8-2）。关于建设投资与流动资金方面的内容参考第 2 章中“工程经济基本经济要素”部分内容。

表 8-1 建设投资固定资产估算表

单位：万元

序号	工程或费用名称	估算价值					占固定资产投资的比例(%)
		建筑工程	设备费用	安装工程	其他费用	总值	
1	固定资产投资						
1.1	工程费用						
1.2	工程建设其他费用						
1.3	预备费用						
1.3.1	基本预备费						
1.3.2	涨价预备费						
2	建设期利息						
	建设投资合计(1+2)						

表 8-2　流动资金估算表　　单位:万元

序号	项目	最低周转天数	周转次数	投产期		达到设计能力生产期				合计
				第 3 年	第 4 年	第 5 年	第 6 年	…	第 n 年	
1	流动资产									
1.1	应收账款									
1.2	存货									
1.2.1	原材料									
1.2.2	燃料									
1.2.3	在产品									
1.2.4	产成品									
1.2.5	其他									
1.3	现金									
2	流动负债									
2.1	应付账款									
3	流动资金(1－2)									
4	流动资金本年增加额									

流动资金在投产第一年开始按生产负荷进行安排。按目前有关方面规定,资金筹措中必须考虑安排 30%的铺底流动资金,因此,一般项目应安排自有资金作为铺底流动资金,流动资金借款最多占到 70%。借款利息按各年全部流动资金借款额乘流动资金借款利率计算,并按全年计息。

8.2.3.4　投资计划与资金筹措

在估算出项目不含建设期利息的建设投资(固定资产投资)、建设期利息和流动资金后,应根据项目计划进度的安排,编制投资计划与资金筹措表(见表 8-3)。该表显示分年度的资金使用计划及资金来源构成,表的内容包括两部分:一部分是根据项目实施进度计划和投产安排,编制的分年度资金使用计划;另一部分是反映与资金使用计划相吻合的、有不同筹资渠道安排的分年度筹资计划。

表 8-3　投资计划与资金筹措表　　单位:万元

序号	项目	建设期		投产期		达到设计能力生产期				合计
		第 1 年	第 2 年	第 3 年	第 4 年	第 5 年	第 6 年	…	第 n 年	
1	总投资									
1.1	固定资产投资									
1.2	建设期利息									
1.3	流动资金									
2	资金筹措									
2.1	自有资金									

表 8-3(续)

序号	项目	建设期		投产期		达到设计能力生产期				合计
		1	2	3	4	5	6	…	n	
	其中:用于流动资金									
2.2	借款									
2.2.1	长期借款									
2.2.2	流动资金借款									
2.2.3	其他短期借款									
2.3	其他									

8.2.3.5 销售(营业)收入、销售税金与附加及增值税估算

销售收入是指销售产品取得的收入。营业收入是指提供劳务或服务所取得的收入,《投资项目可行性研究指南》将两者合称为销售(营业)收入,相当于《企业会计制度》所称的“主营业收入”。估算销售(营业)收入要在正确估计各年的生产能力利用率或运营负荷或开工率的基础上,合理预测产品或服务的价格。各种销售税金及附加按现行税法规定的税目、税率计税依据进行计算。对于生产多种产品和提供多项服务的项目,应分别估算各种产品及劳务的销售收入。对那些不便于按详细的品种分类计算销售的项目,也可采取折算为标准产品的方法计算销售(营业)收入。最后编制销售(营业)收入、销售税金与附加和增值税估算表(见表 8-4)。

表 8-4 销售收入、销售税金与附加和增值税估算表 单位:万元

序号	项目	合计	投产期		达到设计生产能力期			
			第 3 年	第 4 年	第 5 年	第 6 年	…	第 n 年
	生产负荷(%)							
1	销售(营业)收入							
1.1	产品 A 销售收入							
	单价(含税)							
	数量							
	销项税额							
1.2	产品 B 销售收入							
	单价(含税)							
	数量							
	销项税额							
2	销售(营业税金及附加)							
2.1	营业税							
2.2	消费税							
2.3	城市维护建设税							
2.4	教育费附加							

表 8-4(续)

序号	项目	合计	投产期		达到设计生产能力期			
			3	4	5	6	…	n
3	增值税							
	销项税额							
	进项税额							

注：本表适用于新设项目的销售收入、销售税金及附加和增值税的估算，以及既有项目法人项目的“有项目”、“无项目”和增量销售收入、销售税金及附加和增值税的估算。

8.2.3.6　总成本费用的估算

根据生产要素估算中总成本费用构成及各分项的估算(详见第 2 章中“工程经济学基本经济要素”部分内容)，编制总成本费用估算表(见表 8-5)。

表 8-5　总成本费用估算表　　单位：万元

序号	项目	合计	投产期		达到设计生产能力期			
			第 3 年	第 4 年	第 5 年	第 6 年	…	第 n 年
1	外购原材料费							
2	外购燃料及动力费							
3	工资及福利费							
4	修理费							
5	折旧费							
6	摊销费							
7	财务费用(利息、汇兑损失)							
7.1	其中：利息支出							
8	其他费用							
9	总成本费用(1＋2＋3＋…＋8)							
	其中：固定成本							
	可变成本							
10	经营成本(9－5－6－7.1)							

按现行财务制度规定，总成本费用由生产成本、管理费用、财务费用和销售费用组成。在财务评价时，为便于计算，在总成本费用估算表中，将总成本费用按照材料费、动力费、工资及福利费、折旧费、修理费、摊销费、利息支出、其他支出等费用要素项进行归纳后分别列出。表格中的其他费用是指在制造费用、管理费用、财务费用和销售费用中扣除工资及福利费、折旧费、修理费、摊销费、利息支出后的费用。另外，要注意扣除原材料消耗中自产自用的部分，以免重复计算。

在估算总成本费用时，事先还需要要编制固定资产折旧估算表(见表 8-6)、无形资产及其他资产摊销估算表(见表 8-7)及借款还本付息计划表(见表 8-8)等。

表 8-6　固定资产折旧估算表

单位：万元

序号	项目	折旧年限	投产期		达到设计能力生产期			
			第 3 年	第 4 年	第 5 年	第 6 年	…	第 n 年
1	固定资产合计							
1.1	原值							
1.2	折旧费							
1.3	净值							
2	房屋及建筑费							
2.1	原值							
2.2	折旧费							
2.3	净值							
3	××设备							
2.1	原值							
3.2	折旧费							
3.3	净值							

折旧费根据投资形成的全部固定资产原值及财务制度规定的计算办法计算。有关固定资产折旧费的计算详见第 2 章“工程经济学基本经济要素”部分内容。

表 8-7　无形及其他资产摊销估算表

单位：万元

序号	项目	摊销年限	原值	投产期		达到设计生产能力期			
				第 3 年	第 4 年	第 5 年	第 6 年	…	第 n 年
1	无形资产小计								
1.1	土地使用权								
1.1.1	摊销								
1.1.2	净值								
1.2	专有技术和专利权								
1.2.1	摊销								
1.2.2	净值								
2	其他无形资产								
2.1	摊销								
2.2	净值								
3	无形及其他资产合计(1+2)								
3.1	摊销								
3.2	净值								

摊销费是指无形资产和长期待摊费用等一次性投入费用的分摊。它们的性质和固定资产折旧费相同。无形资产按规定期限分期摊销。没有规定期限的，按不少于 10 年分期摊销。长期待摊费用中的开办费按不短于 5 年的期限分期摊销。

表 8-8　借款还本付息计划表　　单位:万元

序号	项目	利率(%)	投产期		达到设计生产能力期			
			第 3 年	第 4 年	第 5 年	第 6 年	…	第 n 年
1	借款及还本付息							
1.1	年初借款本息累计							
1.1.1	本金							
1.1.2	建设期利息							
1.2	本年借款							
1.3	本年应计利息							
1.4	本年还本付息							
	其中:还本							
	付息							
2	还本资金来源							
2.1	当年可用于还本的未分配利润							
2.2	折旧							
2.3	摊销							
2.4	其他资金							

借款还本付息表根据借款计划、与银行商谈的还款办法及可供还款的资金来源编制。

本表只反映项目固定资产投资各年借款本金偿还和利息支付情况,不反映流动资金借款的本息。一般用于计算偿债备付率和利息备付率等指标。流动资金在计算期末全部回收,其借款部分应在期末一次偿还。借款部分每年应计利息应反映在总成本费用表的利息支出项内。

8.2.3.7　相关税费估算

财务评价中涉及多种税费的估算,计算详见第 2 章“工程经济学基本经济要素”部分内容。不同项目涉及的税费种类和税率可能各不相同,税费计取得当是正确计算项目效益的重要因素。要根据项目的具体情况选用适宜的税种和税率,在对内、外资企业尚未统一税法之时,还应注意企业的性质,根据相应的税法计税。这些税费及相关优惠政策会因时而异,部分会因地而异,项目评价时应密切注意当时和项目所在地的税收政策,适时调整计算,使财务评价比较符合实际情况。

将财务评价(含建设投资)涉及的主要税种和计税时涉及的费用效益项目归纳于表 8-9。

表 8-9　财务评价涉及税种表　　单位:万元

税种名称	建设投资	总成本费用	销售税金及附加	增值税	利润分配
进口关税	√	√			
增值税	√	√		√	
消费税	√		√		
营业税			√		

表 8-9(续)

税种名称	建设投资	总成本费用	销售税金及附加	增值税	利润分配
资源税		自用√	销售√		
土地增值税			√		
耕地占用税					
企业所得税					
城市维护建设税			√		
教育费附加			√		
车船税	√	√			
房产税		√			
印花税	√	√			

8.2.4 财务评价基本报表

财务评价的基本报表包括现金流量表、损益表、财务计划现金流量表、资产负债表。

8.2.4.1 现金流量表

现金流量表反映项目计算期内各年的现金收支,用以计算各项静态和动态评价指标,进行项目财务盈利能力分析。根据《建设项目经济评价方法与参数》,按投资计算基础的不同,在财务分析中,投资项目的现金流量表分为:

(1) 项目财务现金流量表(表 8-10)。对于新设项目法人项目,该表不分投资资金来源,以全部投资作为计算基础,用于计算项目投入全部资金的财务内部收益率、财务净现值及项目静态和动态投资回收期等评价指标,考察项目全部投资的盈利能力,为各个投资方案(不论其资金来源及利息多少)进行比较建立共同基础。

表 8-10 项目财务现金流量表(新设项目法人项目) 单位:万元

序号	项目	合计	建设期		投产期		达到设计生产能力期			
			第 1 年	第 2 年	第 3 年	第 4 年	第 5 年	第 6 年	…	第 n 年
1	现金流量									
1.1	销售收入									
1.2	回收固定资产余额									
1.3	回收流动资金									
1.4	其他现金流入									
2	现金流入									
2.1	建设投资									
2.2	流动资金									
2.3	经营成本									
2.4	销售税金及附加									
2.5	增值税									
2.6	其他现金流入									

表 8-10(续)

序号	项目	合计	建设期		投产期		达到设计生产能力期			
			第 1 年	第 2 年	第 3 年	第 4 年	第 5 年	第 6 年	…	第 n 年
3	净现金流量(1－2)									
4	累计净现金流量									

计算指标：

计算财务内部收益率(%)

项目财务净现值(i_c=　%)

项目投资回收期(年)

(2) 项目资本金财务现金流量表(表 8-11)。市场经济条件下，在对项目基本获利能力有所判断的基础上，项目资本金盈利能力指标是投资者最终决策的最重要的指标，也是比较和取舍融资方案的重要依据。以投资者整体资本金出资额为基础，把借款本金偿还与利息支付作为现金流出，用于计算项目资本金财务内部收益率，考察项目资本金的盈利能力。

表 8-11　项目资本金财务现金流量表　　单位:万元

序号	项目	合计	建设期		投产期		达到设计生产能力期			
			第 1 年	第 2 年	第 3 年	第 4 年	第 5 年	第 6 年	…	第 n 年
1	现金流入									
1.1	销售收入									
1.2	回收固定资产余额									
1.3	回收流动资金									
1.4	其他现金流入									
2	现金流出									
2.1	项目资本金									
2.2	借款本金偿还									
2.3	借款利息支付									
2.4	经营成本									
2.5	销售税金及附加									
2.6	增值税									
2.7	所得税									
2.8	其他现金流出									
3	净现金流量(1－2)									

计算指标：

项目资本金内部收益率(%)

(3) 投资各方财务现金流量表(表 8-12)。对于某些项目，为了考察投资各方的具体收益，还需要编制从投资各方角度出发的现金流量表，计算相应的内部收益率指标。

表 8-12　投资各方财务现金流量表　　单位：万元

序号	项目	合计	建设期		投产期		达到设计生产能力期			
			第 1 年	第 2 年	第 3 年	第 4 年	第 5 年	第 6 年	…	第 n 年
1	现金流入									
1.1	股利分配									
1.2	资产处理利益分配									
1.3	租赁费收入									
1.4	技术转让收入									
1.5	其他现金流入									
2	现金流出									
2.1	股权投资									
2.2	租赁资产支出									
2.3	其他现金流出									
3	净现金流量(1－2)									

计算指标：
投资各方财务内部收益率(%)

该表栏目须根据项目具体情况和投资各方的现金流量情况选择填列，依据该表计算的投资各方财务内部收益率指标，其表达式和计算方法同项目财务内部收益率，只是所依据的表格和净现金流量内涵不同。

投资各方财务内部收益率，实际上是一个相对次要的指标，在普遍按股本比例分配利润和分担亏损和风险的原则下，投资各方的利益一般是均等的。只有投资者中的各方有股权之外的不对等的利益分配时，投资各方的收益率才会有差异，比如其中一方有技术转让方面的收益，或一方有租赁设施的利益的情况。另外，不按比例出资和进行分配的合作经营项目，投资各方的收益率也可能会有差异。

8.2.4.2　利润和利润分配表

利润和利润分配表(表 8-13)反映项目计算期内各年的营业收入、总成本费用、利润总额等情况，以及所得税税后利润的分配，用以计算总投资收益率、项目资本金净利润率等指标。

表 8-13　利润和利润分配表　　单位：万元

序号	项目	合计	建设期		投产期		达到设计生产能力期			
			第 1 年	第 2 年	第 3 年	第 4 年	第 5 年	第 6 年	…	第 n 年
1	产品销售收入									
2	销售税金及附加									
3	总成本费用									
4	利润总额(1－2－3)									
5	弥补以前年度亏损									
6	应纳税所得额(4－5)									

表 8-13(续)

序号	项目	合计	建设期		投产期		达到设计生产能力期			
			第 1 年	第 2 年	第 3 年	第 4 年	第 5 年	第 6 年	…	第 n 年
7	所得税									
8	净利润(4－7)									
9	期末未分配利润									
10	可供分配利润(8＋9)									
11	提取法定盈余公积金									
12	可供投资者分配利润(10－11)									
13	应付利润(股利分配)									
14	未分配利润(12－13)									
15	息税前利润 (利润总额＋利息支出)									
16	息税折旧摊销前利润 (15＋折旧＋摊销)									

8.2.4.3　财务计划现金流量表

财务计划现金流量表(表 8-14)反映项目计算期内各年的投资、融资及经营活动的资金流入和流出,用于安排资金使用计划,计算累计盈余资金,分析项目的财务生存能力。

表 8-14　财务计划现金流量表　　单位:万元

序号	项目	合计	建设期		投产期		达到设计生产能力期			
			第 1 年	第 2 年	第 3 年	第 4 年	第 5 年	第 6 年	…	第 n 年
	生产负荷(%)									
1	经营活动净现金流量 (1.1－1.2)									
1.1	现金收入									
1.1.1	营业收入									
1.1.2	增值税销项税额									
1.2	现金流出									
1.2.1	经营成本									
1.2.2	增值税进项税额									
1.2.3	营业税金及附加									
1.2.4	增值税									
1.2.5	所得税									
2	投资活动净现金流量(2.1－2.2)									
2.1	现金流入									
2.2	现金流出									

表 8-14(续)

序号	项目	合计	建设期		投产期		达到设计生产能力期			
			第 1 年	第 2 年	第 3 年	第 4 年	第 5 年	第 6 年	…	第 n 年
2.2.1	建设投资									
2.2.2	流动资金									
3	筹资活动净现金流量(2.1－2.2)									
3.1	现金流入									
3.1.1	项目资本金投入									
3.1.2	建设投资借款									
3.1.3	流动资金借款									
3.2	现金流出									
3.2.1	各种利息支出									
3.2.2	偿还债务本金									
4	净现金流量									
5	累计盈余资金									

8.2.4.4 资产负债表

资产负债表(见表 8-15)用于综合反映项目计算期内各年年末资产、负债和所有者权益的增减变化及对应关系,计算资产负债率。与企业会计核算中的资产负债表不同,财务评价中的资产负债表可以根据需要对其中科目进行简化。同时,根据资产负债表计算财务比率指标时,只需计算到投产后第 5 年。

表 8-15 资产负债表 单位:万元

序号	项目	建设期		投产期		达到设计能力生产期			
		第 1 年	第 2 年	第 3 年	第 4 年	第 5 年	第 6 年	…	第 n 年
1	资产								
1.1	流动资产总额								
1.1.1	应收账款								
1.1.2	存货								
1.1.3	现金								
1.1.4	累计盈余资金								
1.2	在建工程								
1.3	固定资产净值								
2	负债及所有者权益								
2.1	流动负债总额								
2.1.1	应付账款								
2.1.2	流动资金借款								
2.1.3	其他短期借款								

表 8-15(续)

序号	项目	建设期		投产期		达到设计能力生产期			
		第 1 年	第 2 年	第 3 年	第 4 年	第 5 年	第 6 年	…	第 n 年
2.2	长期借款								
	负债小计								
2.3	所有者权益								
2.3.1	资本金								
2.3.2	资本公积金								
2.3.3	累计盈余公积金								
2.3.4	累计未分配利润								

计算指标：
资产负债率(%)
流动比率(%)
速动比率(%)

8.3 财务评价经济效果分析

8.3.1 工程投资项目分类

《建设项目经济评价方法与参数》将投资项目分为新建项目和改扩建与技术改造项目两类。《投资项目可行性研究指南》按照项目的融资方式将投资项目分为既有项目法人项目和新设项目法人项目两类。

新设项目法人项目是指由项目发起人和其他投资人新组建的项目法人负责融资，并承担融资责任和风险。原来所称的新建项目一般应归为新设项目法人项目。

既有项目法人项目是由现有法人进行融资活动，并承担责任和风险。既有项目法人项目大多是依托现有企业进行建设，项目建成后仍由现有企业管理，并不组建新的项目法人，依托现有企业进行改、扩建与技术改造的项目和由现有企业发起的新建项目均属此类。

无论新设项目法人还是既有项目法人，其财务评价的基本内容主要有盈利能力分析、偿债能力分析、营运能力分析等方面。

8.3.2 项目盈利能力与效益比率分析

8.3.2.1 项目盈利能力评价指标

有关财务评价盈利能力的评价指标在第 4 章进行了介绍，本章所介绍的指标在原理上与前述指标是完全相同的，只是计算这些指标所需要的效益和费用等基础数据是站在财务评价的角度来归集和整理的，因此在指标符号前加一个“F”，以示与国民经济评价中相应指标的区别。

(1) 项目财务净现值

项目财务净现值是指按设定的折现率 i_c，计算的项目计算期内各年净现金流量的现值之和，计算公式为

$$FNPV = \sum_{i=1}^{n}(CI - CO)_t(1 + i_c)^{-t} \tag{8-1}$$

式中 $FNPV$——财务净现值；

CI——现金流入；

CO——现金流出；

$(CI-CO)_t$——第 t 年的净现金流量；

n——计算期年数；

i_c——设定的折现率。

项目财务净现值是考察项目盈利能力的绝对指标，它反映项目在满足按设定折现率要求的盈利之外所能获利的超额盈利的现值。项目财务净现值等于或大于零，表明项目的盈利能力达到或超过了设定折现率所要求的盈利水平。

可以根据评价角度分别计算全部投资的财务净现值、资本金财务净现值和投资各方财务净现值。全部投资的财务净现值就是息税前财务净现值，不考虑资金来源的融资前财务净现值；资本金财务净现值就是息税后财务净现值，是评价投资者投入资金获利能力的重要指标。

(2) 项目财务内部收益率

项目财务内部收益率是指能使项目在整个计算期内各年净现金流量现值累计等于零时的折现率，它是考察项目盈利能力的相对指标，其表达式为

$$\sum_{i=1}^{n}(CI-CO)_t(1+FIRR)^{-t}=0 \tag{8-2}$$

式中 CI——现金流入；

CO——现金流出；

$(CI-CO)_t$——第 t 年的净现金流量；

$FIRR$——财务内部收益率；

n——计算期年数。

将求得的财务内部收益率与设定的判别基准 i_c 进行比较，当财务内部收益率 $FIRR \geqslant i_c$ 时，即认为项目的盈利性能够满足要求。

同样可以站在全部投资、资本金和投资各方的角度分别计算相应的财务内部收益率。

(3) 投资回收期

投资回收期包括静态投资回收期和动态投资回收期，静态投资回收期不考虑资金时间价值，动态投资回收期考虑资金时间价值。静态投资回收期的判断依据是基准投资回收期，而动态投资回收期的判断依据是基准动态投资回收期。即：

当 $P_t \leqslant P_c$ 时，表明项目收回投资的时间短于基准投资回收期，说明项目可以接受；

当 $P'_t \leqslant P'_c$ 时，表明项目收回投资的时间短于动态基准投资回收期，说明项目可以接受。

8.3.2.2 项目效益比率评价指标

项目效益比率评价指标基本都是静态的，与前述的盈利能力指标相比，取值也较粗糙，但是通过这些比率，可以了解项目的经济效率在本行业同类项目中，处于何等水平。项目的效益比率分析中主要数据来源于利润和利润分配表，见表 8-13。

项目的效益比率指标除了前面介绍的投资收益率类指标外（详见第 4 章），《建设项目经济评价方法与参数》中着重提出了销售利润率、已占用资产回报率和净资产收益率，认为这

三个基本指标是判断项目优劣、便于项目横向比较的重要指标，是政府、项目投资者和银行债权人都比较重视和关注的基本指标。

（1）销售利润率

$$销售利润率=\frac{利润总额}{销售收入} \tag{8-3}$$

该指标反映单位销售收入所创造的税前利润。

（2）已占用资产回报率

$$已占用资产回报率=\frac{年均息税前利润}{固定资产投资+流动资金投资} \tag{8-4}$$

与传统的全部投资收益率相比，该指标的分母中不包括将来形成无形资产和递延资产的投资，该比率着重反映单位固定资产和流动资金投资获取息税前利润的能力。

（3）净资产收益率

$$净资产收益率=\frac{年税后利润}{权益资金投资} \tag{8-5}$$

该指标反映单位权益资金投资获取年税后利润的能力，它与第 4 章中的资本金净利润率有相同的含义，而且可以站在投资各方的角度进行分析。

8.3.3　项目偿债能力分析

偿债能力分析主要考察项目计算期内各年的财务状况与借款的偿还能力，包括以下指标。

8.3.3.1　借款偿还期

借款偿还期是指在有关财税规定及项目具体财务条件下，项目投产后以可用作还款的利润、折旧、摊销及其他收益偿还建设投资借款本金所需要的时间，一般以年为单位表示。该指标可由借款还本付息计划表推算。不足整年的部分可用线性插值法计算。计算出的借款偿还期指标越短，说明偿债能力越强。

借款偿还期的计算需要与各年借款还本付息的计算相结合，通过借款还本付息计划表、总成本费用表以及利润和利润分配表三表的循环计算完成。

借款偿还期的计算公式如下：

$$借款偿还期=借款偿还后开始出现盈余的年份数-开始借款年份+\frac{当前应还借款额}{当年可用于还款的资金额} \tag{8-6}$$

借款偿还期指标适用于那些不预先给定借款偿还期限，而是按项目的最大偿还能力和尽快还款原则还款的项目。对于可能预先设定还款期限的项目，应采用利息备付率和偿债备付率指标评价项目的偿债能力。

8.3.3.2　利息备付率（已获利息倍数）

利息备付率是指项目在借款偿还期内可用于支付利息的息税前利润与当期应付利息的比值，它从付息资金来源的充裕性角度反映项目偿付债务利息的能力。利息备付率的含义与计算公式均与财政部对企业效绩评价的“已获利息倍数”指标相同。用于支付利息的息税前利润等于利润总额和当期应付利息之和，当期应付利息指计入总成本费用的全部利息。

$$利息备付率=\frac{息税前利润}{当期应付利息}=\frac{利润总额+当期应付利息}{当期应付利息} \tag{8-7}$$

利息备付率最好分年计算，计算在借款偿还期内各年的利息备付率；也可以按项目的借款偿还期内总和计算，计算借款偿还期内平均的利息备付率。分年的利息备付率更能反映偿债能力。

利息备付率表示使用项目盈利偿付利息的保证倍率，对于正常经营的企业，利息备付率至少应当大于2。利息备付率高，说明利息偿付的保证度大，偿债风险小；利息备付率低于1，表示没有足够资金支付利息，偿债能风险很大。

8.3.3.3 偿债备付率(偿债覆盖率)

偿债备付率是指项目在借款偿还期内，可用于还本付息的资金与当期应还本付息金额的比值，可用于还本付息的资金包括折旧、摊销、总成本费用中列支的全部利息和税后利润；当期应还本付息金额包括还本金额及计入总成本费用的全部利息。

$$偿债备付率=\frac{可用于还本付息的资金}{当期应还本利息额} \tag{8-8}$$

偿债备付率最好在借款偿还期内分年计算，也可以按项目的借款偿还期内总和数据计算，分年计算的偿债备付率更能反映偿债能力。

偿债备付率表示可用于还本付息的资金偿还借款本身的保证倍率，正常情况应当大于1，且越高越好。偿债备付率低，说明还本付息的资金不足，偿债风险大。当这一指标小于1时，表示可用于还本付息的资金不足以偿还当期债务。

8.3.3.4 资产负债率

资产负债率是指企业一定时点负债总额同资产总额的比率。其计算公式为

$$资产负债率=\frac{负债总额}{资产总额}\times 100\% \tag{8-9}$$

资产负债率表示企业总资产中有多少是通过负债得来的，是评价企业负债水平的综合指标。适度的资产负债率既能表明企业投资人、债权人的风险较小，又能表明企业经营安全、稳健、有效，具有较强的融资能力。国际上公认的较好的资产负债率指标是60%。实践表明，行业间资产负债率差异也较大。实际分析时应结合国家总体经济运行状况、行业发展趋势、企业所处竞争环境等具体条件进行判定。

8.3.3.5 流动比率

流动比率是企业一定时点流动资产同流动负债的比率。其计算公式为

$$流动比率=\frac{流动资产}{流动负债}\times 100\% \tag{8-10}$$

流动比率用于衡量企业资金流动性的大小，考虑流动资产规模与负债规模之间的关系，判断企业短期债务到期前可以转化为现金用于偿还流动负债的能力。该指标越高，说明偿还流动负债的能力越强；但该指标过高，说明企业资金利用效率低，对企业的运营也不利。国际公认的标准比率是200%。但行业间的差异很大，一般来说，若行业的生产周期较长，流动比率应相应提高，反之，就可以相对降低。

8.3.3.6 速动比率

速动比率是反映项目快速偿付流动负债能力的指标。其计算公式为

$$速动比率=\frac{速动资产}{流动负债}\times 100\% \tag{8-11}$$

其中，速动资产=流动资产－存货。

速动比率指标是对流动比率指标的补充，是将流动比率指标的计算公式中的分子剔除了流动资产中变现力最差的存货后，计算企业实际的短期债务偿还能力，较流动比率更为准确。该指标越高，说明偿还流动负债的能力越强。与流动比率一样，该指标过高，说明企业资金利用效率低，对企业的运营也不利。国际公认的标准比率为100%。同样，行业间该指标也有较大差异，实践中应结合行业特点分析判断。

财务分析报表与财务评价指标之间的关系见表8-16。

表8-16 财务分析报表与财务评价指标之间的关系

评价内容	基本报表	静态指标	动态指标
盈利能力分析	项目投资现金流量表	项目投资静态回收期	项目投资财务内部收益率 项目投资财务净现值 项目投资动态回收期
	项目资本金现金流量表		项目资本金财务内部收益率
	投资各方现金流量表		投资各方财务内部收益率
	利润与利润分配表	总投资收益率 项目资本金净利润率	
清偿能力分析	资产负债表 建设期借款还本付息计划表	资产负债率 偿债备付率 利息备付率	
财务生存能力	财务计划现金流量表	累计盈余资金	

财务分析过程中，技术经济分析人员可以根据项目的具体情况和委托方的要求对评价指标进行取舍。

8.4 既有项目法人项目财务评价

8.4.1 既有项目法人项目的特点

与新设项目法人项目相比，既有项目法人项目的财务牵扯面广，需要数据多，复杂程度高。究其原因，它涉及项目和企业两个层次，“有项目”和“无项目”两个方面。其特殊之处主要在于：

(1) 在不同程度上利用了原有资产和资源，以增量调动存量，以较小的新增投入取得较大的新增效益。

(2) 原来已在生产经营的企业，若不改扩建，原有状况也会发生变化，因此，项目效益与费用的识别和计算较新设项目法人项目复杂。

(3) 建设期内建设与生产可能同步进行。

(4) 项目与企业既有联系，又有区别。既要考察项目给企业带来的效益，又要考察企业整体财务状况。

(5) 项目的效益和费用可随项目的目标不同而有很大差别，既有项目法人项目的目标各异，或是依托老厂新增生产线或车间，生产新品种；或是在老装置上进行技术改造，降耗、节能、提高产品质量；或是扩大老品种的生产能力，提高产量；或是达到环境保护要求，或是上述两项以上兼而有之，因此，其效益可能表现在不同方面。

既有项目法人项目的费用多样，不仅包括新增投资、新增成本费用，还可能包括因改造引起的停产损失和部分原有资产的拆除和迁移费用等。

8.4.2 既有项目法人项目盈利能力分析特点

既有项目法人项目盈利能力分析除了遵循前述新设项目法人项目报表编制和指标计算的一般性要求外，还应注意以下几个特点。

8.4.2.1 效益与费用数据分析

对既有项目法人项目的盈利能力分析要强调“有无对比”，进行增量分析。即通过对有项目和无项目两种情况下效益和费用的比较，求得增量的效益和费用数据，并计算效益指标，作为投资决策的依据，因此，可能涉及以下五种数据。

（1）现状数据，反映项目实施前的效益和费用现状，是单一的状态值。

（2）“无项目”数据，指不实施该项目时，在现状基础上考虑计算期内效益和费用的变化趋势，经合理预测得出的数值序列。

（3）“有项目”数据，指实施该项目后计算期内的总量效益和费用数据，是数值序列。

（4）新增数据，既有项目效益和费用数据与现状数据的差额，实际上大多要先估算新增数据，然后加上现状数据得出有项目数据。

（5）增量数据，是有项目效益和费用数据与无项目效益和费用数据的数额，即“有无对比”得出的数据。

8.4.2.2 增量分析为主进行盈利能力分析

既有项目法人项目的盈利能力分析要在明确项目范围和确定了上述五套数据的基础上进行。虽然既有项目法人项目的财务评价涉及五套数据，但并不要求计算五套指标。而是强调以有项目和无项目对比得到的增量数据进行增量分析为主，以增量分析的结果作为投资决策的主要依据。其主要报表为项目增量财务现金流量表、资本金增量现金流量表，格式详见表8-17和表8-18。依据表计算的指标有项目增量财务内部收益率、增量财务净现值和增量投资回收期以及资本金增量内部收益率。这些指标的含义、计算以及判别基准均与新设项目法人项目相同，只是依据的报表不同，采用的是“有无对比”的增量数据。

表8-17　项目增量财务现金流量表　　单位：万元

序号	项目	计算期					
		1	2	3	4	…	n
1	有项目现金收入						
1.1	销售收入						
1.2	回收固定资产余值						
1.3	回收流动资金						
1.4	其他现金流入						
2	有项目现金流出						
2.1	建设投资(不含建设期利息)						

表 8-17(续)

序号	项目	计算期					
		1	2	3	4	…	n
2.2	流动资金						
2.3	经营成本						
2.4	销售税金及附加						
2.5	增值税						
2.6	其他现金流出						
3	有项目净现金流量(1－2)						
4	无项目净现金流量						
5	增量净现金流量(3－4)						
6	累计增量净现金流量						

表 8-18　资本金增量财务现金流量表　　单位:万元

序号	项目	计算期					
		1	2	3	4	…	n
1	有项目现金收入						
1.1	销售收入						
1.2	回收固定资产余值						
1.3	回收流动资金						
1.4	其他现金流入						
2	有项目现金流入						
2.1	项目资本金						
2.2	借款本金偿还						
2.3	借款利息支付						
2.4	经营成本						
2.5	营业税金及附加						
2.6	增值税						
2.7	所得税						
2.8	其他现金流出						
3	有项目净现金流量(1－2)						
4	无项目净现金流量						
5	增量净现金流量(3－4)						

8.4.2.3　辅以总量盈利能力分析

必要时,既有项目法人项目的盈利能力分析也可以按“有项目”效益和费用数据编制“有项目”的现金流量表进行总量盈利能力分析。依据该表数值计算有关指标,目的是考察项目建设后的总体效果,可以作为辅助的决策依据。是否有必要进行总量盈利能力分析一般取决于企业现状与项目目标。如果企业现状亏损，而该改扩建项目的目标又是使企业扭亏为盈，那么就有必要进行总量盈利能力分析，了解改造后的预期目标能否因该项目的实施而实现。如果不能满足要求，则说明该项目方案的带动效果不足，需要改变方案才能实现扭亏为盈的目标。

8.4.2.4 关于利润和利润分配表的编制

既有项目法人项目的利润和利润分配表可以以两种形式出现。一般编制“有项目”后企业总体利润和利润分配表，表示项目实施后的总体情况，为了计算增量静态分析指标，也可以采用增量数据编制增量利润表。“有项目”后企业总体利润和利润分配表见表 8-19，增量数据与新设项目法人项目编制的增量利润表格式相同，但只计算到所得税后利润。输入的数据为增量数据。

表 8-19 利润和利润分配表 单位：万元

序号	项目	合计	计算期					
			1	2	3	4	…	n
1	产品销售收入							
2	销售税金及附加							
3	增值税							
4	总成本费用							
5	销售利润(1－2－3－4)							
6	其他业务利润							
7	对外投资收益							
8	营业外净收入							
9	利润总额(5＋6＋7＋8)							
10	弥补以前年度亏损							
11	应纳税所得额							
12	所得税							
13	税后利润(9－12)							
14	提取法定盈余公积金							
15	提取公积金							
16	提取任意盈余公积金							
17	可供分配利润(13－14－15－16)							
18	应付利润(股利分配)							
19	未分配利润(17－18)							
20	累计未分配利润							

8.4.3 既有项目法人项目偿债能力分析的特点

对新设项目法人项目，项目即为企业，而对于既有项目法人项目，根据项目范围界定的不同，可能会分项目和企业两个层次。当项目范围与企业范围一致时，“有项目”数据与报表都与企业一致，可直接进行借款偿还计算、资金平衡分析和资产负债分析；当改扩建项目的范围与企业不一致时，偿债能力分析就有可能出现项目和企业两个层次。

8.4.3.1　项目层次的借款偿还能力

首先，可以进行项目层次的偿还能力分析，编制借款还本付息计划表。并分析拟建项目用自身产生的新增收益偿还新增债务的能力，选择计算利息备付率和偿债备付率或借款偿还期指标。这种做法一般要以无项目等于现状为前提。

另外，当现状为亏损，无项目仍为亏损时，不能用有项目减去现状或有项目减去无项目的负负得正的利润还款。此时在计算用于还款的利润时，需将现状或无项目利润设为零。

当项目范围内存在原有借款，且必须拥有项目后的整体收益一并偿还时，需要计算的是有项目的借款还本付息计划，包括新增借款和原有借款。

虽然，借款偿还是由企业法人承担并负责偿还的，但计算得到的项目偿债能力指标可表示项目用自身的各项收益抵偿债务的最大能力，显示项目对企业整体财务状况的影响。计算得到的项目层次偿还能力指标可以给企业法人两种提示：一是靠本项目自身收益可以偿还债务，不会给企业法人增加债务负担；二是本项目的自身收益不能偿还债务，需要企业法人另筹资金偿还债务。

8.4.3.2　企业层次的借款偿还能力

银行等金融部门为了考察企业的整体经济实力，决定是否贷款，往往在考察现有企业财务状况的同时还要了解企业各笔借款的综合偿债能力。为了满足债权人要求，不仅需要提供项目建设前 3～5 年的主要财务报表，还需要编制企业在拟建项目建设期和投产后 3～5 年内的综合借款还本付息计划表、利润和利润分配表、资金来源与运用表和资产负债表。分析企业整体偿债能力，企业过去和未来的财务报表一般应以企业为主按金融部门的要求编制，咨询人员可以给予必要的协助。

8.5　工程项目财务评价的若干问题

8.5.1　负债比例与财务杠杆

负债比例是指项目所使用的债务资金与资本金的数量比率。财务杠杆是指负债比例对资本金收益率的放大作用。不同来源的资金所需付出的代价是不同的，因此，项目资本金收益率不仅与项目收益率有关，也与负债比例密切相关。所以有必要对负债比例加以分析。

一般说来，在有负债的情况下，全部资金的投资效果与资本金的投资效果是不同的。拿总投资收益率指标来说，项目总投资收益率一般不等于借款利率，这两种利率差额的后果将被资本金所承担，从而使资本金利润率上升或下降。

设项目总投资为 K，资本金为 K_0，借款为 K_L，项目总投资收益率为 R，借款利率为 R_L，资本金利润率为 R_0，由资本金利润率公式，可得：

$$K = K_0 + K_L$$

$$R_0 = \frac{(K \times R - K_L \times R_L)}{K_0}$$

$$= \frac{(K_0 + K_L) \times R - K_L \times R_L}{K_0}$$

$$=R+\frac{K_L}{K_0}\times(R-R_L) \tag{8-12}$$

由式(8-12)可知，当 $R>R_L$ 时，$R_0>R$；当 $R<R_L$ 时，$R_0<R$。而且资本金利润率与总投资收益率的差别被负债比例所放大，这种放大效应称为财务杠杆效应。

8.5.2 所得税前分析与所得税后分析

在融资前针对建设项目投资总获利能力进行的财务分析中，通常有两种基本的分析形式，一种所得税前分析，另一种是所得税后分析。所得税前和所得税后分析的现金流入完全相同，但现金流出略有不同，所得税前分析不将所得税作为现金流出，所得税后分析视所得税为现金流出。

项目投资息税前财务内部收益率(FIRR，Financial Internal Rate of Return)和项目投资息税前财务净现值(FNPV，Financial Net Present Value)，是投资盈利能力的完整体现，用以考察由项目方案设计本身所决定的财务盈利能力，它不受融资方案和所得税政策变化的影响，仅仅体现项目方案本身的合理性。所得税前指标特别适用于建设方案设计中的方案比选，是初步投资决策的主要指标，用于考察项目是否基本可行，并值得为之融资。在国外，公共项目、政府所属的公司和特殊免税的非营利项目，一般也只进行所得税前分析。

为了体现与融资方案无关的要求，项目投资现金流量表中的基础数据都需要剔除运营期利息的影响。因此项目投资现金流量表中的"所得税"应根据利润与利润分配表中的息税前利润(EBIT，Earnings Before Interest and Tax)乘以所得税率计算，称为"调整所得税"。

所得税后分析是所得税前分析的延伸，主要用于在融资条件下判断项目投资对企业价值的贡献，是企业投资决策依据的主要指标。另外，当各个方案的折旧方法具有显著差别以及其减免税优惠条件不同时，更需进行税后分析。

有时是进行所得税前分析还是所得税后分析，主要取决于财务基准收益率是所得税前确定的，还是所得税后确定的。

8.5.3 通货膨胀对项目财务评价的影响

通货膨胀对项目财务分析的影响，主要有以下几个方面。

8.5.3.1 财务分析基本数据

(1) 建设投资。建设投资是以基期的价格水平为依据来估算的。在几年的建设中，由于存在通货膨胀，实际的投资额高于基期的建设投资。为了使投资不留缺口，通常的做法是，在通货膨胀率不高的情况下，与投资构成中的基本预备费一并考虑；在通货膨胀率较高的情况下，除去基本预备费外，再加一项专门应付通货膨胀的涨价预备费。

(2) 产出物价格。通货膨胀会使产品市场价格(时价)持续升高，从而直接影响营业收入的大小。

(3) 投入物价格。通货膨胀对原材料、辅助材料、燃料动力等价格都产生影响，从而直接影响产品的成本估算。

8.5.3.2 借款利率

设 f 表示通货膨胀率，由于 f 的介入，利率可分为浮动利率 i_m 和实际利率 i_r。浮动利率是指不剔除通货膨胀等因素的影响的利率，亦即，银行执行的利率。实际利率是指人们预期价格不变时所要求的利率，亦即，扣除通货膨胀后的利率。f、i_m、i_r 之间的关系可以推导如下：

由
$$i_m=(1+i_r)(1+f)-1 \tag{8-13}$$
得
$$i_r=\frac{1+i_m}{1+f}-1$$
$$i_r=i_m-f-i_r f \tag{8-14}$$

当 $i_r f$ 很小时，可以忽略利息购买力的贬值，式(8-14)可简化为：
$$i_r=i_m-f \tag{8-15}$$

8.5.3.3　项目财务盈利能力分析

(1) 所得税税前分析

当项目净现金流量在计算期内各年受相同通货膨胀率影响时，有通货膨胀和无通货膨胀两种情况下的所得税税前财务内部收益率的实际值是相同的。由于通货膨胀影响，税前内部收益率的实际值(IRR_r)将低于其浮动值(IRR_m)。二者的换算公式为：
$$IRR_r=\frac{1+IRR_m}{1+f}-1 \tag{8-16}$$
$$IRR_r=IRR_m-f-IRR_r f \tag{8-17}$$
$$\text{或 } IRR_r=IRR_m-f \tag{8-18}$$

显然，以上公式与实际利率和浮动利率的换算公式完全相同。

(2) 所得税税后分析

在有、无通货膨胀两种情况下的所得税税后内部收益率的实际值是不相同的。这是因为虽然未来的收益将因通货膨胀而增加，但是各年的折旧费却是一个固定值，并不因通货膨胀而增加。因此，应纳税所得额和所得税额将因通货膨胀而增加，从而使各年税后净现金流减少，进而使税后内部收益率降低。通货膨胀率愈高，税后内部收益率的实际值愈小。有、无通货膨胀的内部收益率的关系可通过某实例体现出来，其对照表见表 8-20。

表 8-20　其实例税前、税后内部收益率比较表

情况	税前内部收益率(%)		税后内部收益率(%)	
	名义值	实际值	名义值	实际值
1. 无通货膨胀($f=0$)	11.99	11.99	8.24	8.24
2. 有通货膨胀				
(1) $f=6\%$	18.71	11.99	12.78	6.4
(2) $f=12\%$	25.43	11.99	17.61	5.01

8.5.3.4　考虑通货膨胀的财务分析方法

(1) 盈利能力分析

① 不变价格法

不变价格法采用基期不变价格，投入物和产出物都不考虑通货膨胀率。优点是：在经济稳定通货膨胀率较小时，可以获得较可靠的评价数据，且简单易行；缺点是在通货膨胀率较高情况下，按不变价格计算的各项收支金额，不能满足项目建设期用款计划。

② 建设期时价法

建设期时价法是项目盈利能力分析时常用的方法，它只考虑建设期的通货膨胀因素，以基期数据为基础，投入物和产出物考虑通货膨胀因素到建设期末，但不考虑生产期各种通货膨胀因素。优点是建设期通货膨胀率较好预测，缺点是通货膨胀因素考虑得不够全面。

③ 计算期时价法

计算期时价法是在考虑建设期通货膨胀的基础上再进一步考虑运营期的通货膨胀因素，以基期数据为基础，投入物和产出物都考虑通货膨胀因素到生产期末。优点是克服了前两种方法的不足，缺点是整个计算期的通货膨胀率不好预测。

(2) 清偿能力分析

进行清偿能力分析时，预测计算期内可能存在较为严重的通货膨胀时，应在整个计算期内采用包括通货膨胀影响的变动价格计算清偿能力指标，以反映通货膨胀因素对清偿能力的影响。

[案例分析]

某新设法人项目财务评价

1. 项目概况

某高新技术产业化项目，其可行性研究已完成市场需求预测、生产规模、工艺技术方案、建厂条件和厂址方案、环境保护、工厂组织和劳动定员以及项目实施规划诸方面的研究论证和多方案比较。项目财务分析评价在此基础上进行。项目基准收益率为12%(融资前税前)，基准投资回收期为8.3年(融资前税前)。

2. 基础数据

(1) 生产规模和产品方案。生产规模为年产1.2万t某工业原料。产品方案为A型及B型两种，以A型为主。

(2) 实施进度。项目拟两年建成，第三年投产，当年生产负荷达到设计能力的70%，第四年达到90%，第五年达到100%。生产期按8年计算，计算期为10年。

(3) 建设投资估算。建设投资估算见案例分析表8-1。

案例分析表8-1　建设投资估算表　　单位：万元

序号	工程或费用名称	估算价值					占总值比
		建筑工程	设备费用	安装工程	其他费用	总值	
1	工程费用	1 559.25	10 048.95	3 892.95		15 501.15	81%
1.1	主要生产项目	463.5	7 849.35	3 294		11 606.85	
1.2	辅助生产车间	172.35	473.4	22.95		668.7	
1.3	公用工程	202.05	1 119.6	457.65		1 779.3	
1.4	环境保护工程	83.25	495	101.25		679.5	
1.5	总图运输	23.4	111.6			135	
1.6	厂区服务性工程	117.9				117.9	
1.7	生活福利工程	496.8				496.8	

案例分析表 8-1(续)

序号	工程或费用名称	估算价值					占总值比
		建筑工程	设备费用	安装工程	其他费用	总值	
1.8	厂外工程			17.1		17.1	
2	工程建设其他费用				1 368.9	1 368.9	7%
	其中:土地费用				600	600	
3	预备费用				2 273.4	2 273.4	12%
4	建设投资合计	1 559.25	10 048.95	3 892.95	3 642.3	19 143.45	100%
	投资比例(%)	8%	52%	20%	19%	100%	

(4) 流动资金估算采用分项详细估算法进行估算，估算总额为 3 133.95 万元。流动资金借款为 2 325.63 万元。流动资金估算见案例分析表 8-2。

案例分析表 8-2　流动资金估算表　　单位:万元

序号	项目	最低周转天数	周转次数	投产期		达到设计生产能力期			
				3	4	5	6	7	8
1	流动资产			2 952.29	3 668.08	4 024.15	4 024.15	4 024.15	4 024.15
1.1	应收账款	30	12	795.96	973.96	1 062.96	1 062.96	1 062.96	1 062.96
1.2	存货			2 117.99	2 655.78	2 922.85	2 922.85	2 922.85	2 922.85
1.3	现金	15	24	38.34	38.34	38.34	38.34	38.34	38.34
2	流动负债			622.80	800.93	890.20	890.20	890.20	890.20
2.1	应付账款	30	12	622.80	800.93	890.20	890.20	890.20	890.20
2.2	预收账款								
3	流动资金(1−2)			2 329.49	2 867.15	3 133.95	3 133.95	3 133.95	3 133.95
4	流动资产增加额			2 329.49	537.66	266.80			

(5) 资金来源。项目资本金为 7 121.43 万元，其中用于流动资金 808.32 万元，其余为借款。资本金由甲、乙两个投资方出资，其中甲方出资 3 000 万元，分别于建设期每年年初投入 1 500 万元，从还完建设投资长期借款年开始，每年分红按出资额的 25%进行，经营期末收回投资。建设投资债务资金由中国银行和中国建设银行提供贷款，其中中国银行贷款年利率为 7.47%，中国建设银行贷款年利率为 7.56%；流动资金由中国工商银行提供贷款，年利率 7.29%。投资分年使用计划按第一年 60%，第二年 40%的比例分配。项目总投资资金使用计划与资金筹措见案例分析表 8-3。

(6) 工资及福利费估算。全厂定员 100 人，工资及福利费按每人每年40 000元估算，全年工资及福利费估算为 400 万元(其中福利费按工资总额的 14%计算)。

(7) 年营业收入、年营业税金及附加。产品售价以市场价格为基础，预测到生产期初的市场价格，每吨出厂价按 16 150 元计算(不含增值税)。产品增值税税率为 17%。本项目采用价外计税方式考虑增值税。城市维护建设税按增值税的 7%计算，教育费附加按增值税的 3%计算。年营业收入和年营业税金及附加和增值税估算见案例分析表 8-4。

案例分析表 8-3　资金使用计划与资金筹措表　　单位：万元

序号	项目	合计	年份				
			第 0 年	第 1 年	第 2 年	第 3 年	第 4 年
1	总投资	23 361.50	11 486.07	7 947.09	3 123.88	537.66	266.80
1.1	建设投资	19 143.45	11 486.07	7 657.38			
1.2	建设期利息	1 084.10		289.71	794.39		
1.3	流动资金	3 133.95			2 329.49	537.66	266.80
2	资金筹措	23 361.50	11 486.07	7 947.09	3 123.88	537.66	266.80
2.1	项目资本金	7 121.43	3 787.87	2 525.24	808.32	0.00	0.00
2.1.1	用于建设投资	6 313.11	3 787.87	2 525.24			
2.1.2	用于流动资金	808.32			808.32		
2.1.3	用于建设期利息	0.00					
2.2	债务资金	16 240.07	7 698.20	5 421.85	2 315.56	537.66	266.80
2.2.1	用于建设投资	12 830.34	7 698.20	5 132.14			
2.2.2	用于流动资金	2 325.63			1 521.17	537.66	266.80
2.2.3	用于建设期利息	1 084.10		289.71	794.39		
2.3	其他资金						

案例分析表 8-4　年营业收入、年营业税金及附加和增值税估算表　　单位：万元

序号	项目	合计	第 3 年	第 4 年	第 5 年	第 6～10 年
			生产负荷 70%	生产负荷 90%	生产负荷 100%	生产负荷 100%
1	产品营业收入	147 288	13 566	17 442	19 380	19 380
	单价/元		16 150	16 150	16 150	16 150
	数量/t	91 200	8 400	10 800	12 000	12 000
	销项税额	25 038.96	2 306.22	2 965.14	3 294.6	3 294.6
2	增值税及附加	1 124.04	103.53	133.11	147.9	147.9
2.1	增值税	1 124.04	103.53	133.11	147.9	147.9
	增值税销项	25 038.96	2 306.22	2 965.14	3 294.6	3 294.6
	增值税进项	13 798.56	1 270.92	1 634.04	1 815.6	1 815.6
2.2	消费税					
2.3	城市维护建设税	786.83	72.47	93.18	103.53	103.53
2.4	教育费附加	337.21	31.06	39.93	44.37	44.37
3	增值税	11 240.4	1 035.3	1 331.1	1 479	1 479

注：1. 增值税仅为计算城市维护建设税和教育费附加的依据。

2. 本报表税金的计算方法采用不含增值税的计算方法。

（8）产品成本估算。总成本费用估算见案例分析表 8-5。成本估算说明如下：

案例分析表 8-5　总成本费用估算表

单位:万元

序号	项目	合计	投产期		达到设计生产能力期					
			第 3 年	第 4 年	第 5 年	第 6 年	第 7 年	第 8 年	第 9 年	第 10 年
	生产负荷(%)		70	90	100	100	100	100	100	100
1	外购原材料	71 811	6 614.4	8 503.8	9 448.8	9 448.8	9 448.8	9 448.8	9 448.8	9 448.8
2	外购燃料、动力	9 357	861.6	1 108.2	1 231.2	1 231.2	1 231.2	1 231.2	1 231.2	1 231.2
3	工资及福利费	3 200	400	400	400	400	400	400	400	400
4	修理费	9 242.86	1 155.36	1 155.36	1 155.36	1 155.36	1 155.36	1 155.36	1 155.36	1 155.36
5	折旧费	18 485.72	2 310.71	2 310.71	2 310.71	2 310.71	2 310.71	2 310.71	2 310.71	2 310.71
6	摊销费	768.9	126.11	126.11	126.11	126.11	126.11	46.11	46.11	46.11
7	财务费用 (利息、汇兑损失)	3 873.77	1 158.21	995.28	706.37	335.76	169.54	169.54	169.54	169.54
7.1	其中:利息支出	3 873.77	1 158.21	995.28	706.37	335.76	169.54	169.54	169.54	169.54
7.1.1	长期借款利息	2 595.56	1 047.32	845.19	536.83	166.22				
7.1.2	流动资金借款利息	1 278.21	110.89	150.09	169.54	169.54	169.54	169.54	169.54	169.54
8	其他费用	4161.6	520.2	520.2	520.2	520.2	520.2	520.2	520.2	520.2
9	总成本费用 (1+2+3+4+5+6+7+8)	120 900.85	13 146.6	15 119.66	15 898.76	15 528.14	15 361.92	15 281.92	15 281.92	15 281.92
	其中:固定成本 (3+4+5+6+7+8)	39 834.57	5 670.60	5 521.93	5 251.80	4 902.40	4 681.96	4 601.96	4 601.96	4 601.96
	可变成本	81 168	7 476	9 612	10 680	10 680	10 680	10 680	10 680	10 680
10	经营成本 (9−5−6−7.1)	97 772.46	9 551.56	11 687.56	12 755.56	12 755.56	12 755.56	12 755.56	12 755.56	12 755.56

① 固定资产原值中除工程费用中的设备及工器具投资、建筑安装工程投资及其他费用中的土地费用外，还包括建设期利息以及预备费用。固定资产原值为 19 458.65 万元，按平均年限法计算折旧，折旧年限为 8 年，残值率为 5%，折旧率为 11.88%，年折旧额为 2 310.71 万元。固定资产折旧费估算见案例分析表 8-6。

案例分析表 8-6　固定资产折旧费估算表　　单位：万元

序号	项目	合计	投产期		达到设计生产能力期					
			第 3 年	第 4 年	第 5 年	第 6 年	第 7 年	第 8 年	第 9 年	第 10 年
1	固定资产									
1.1	原值	19 458.65								
1.2	当期折旧费	18 485.72	2 310.71	2 310.71	2 310.71	2 310.71	2 310.71	2 310.71	2 310.71	2 310.71
	净值		17 147.93	14 837.22	12 526.51	10 215.79	7 905.08	5 594.36	3 283.65	972.93

② 其他费用中其余部分均作为无形资产及其他资产。无形资产为 368.90 万元，采用平均年限法，按 8 年摊销，年摊销额为 46.11 万元。其他资产为 400 万元，采用平均年限法，按 5 年摊销，年摊销额为 80 万元。无形资产及其他资产摊销费估算见案例分析案例分析表 8-7。

案例分析表 8-7　无形资产及其他资产摊销费估算表　　单位：万元

序号	项目	摊销年限	原值	投产期		达到设计生产能力期					
				第 3 年	第 4 年	第 5 年	第 6 年	第 7 年	第 8 年	第 9 年	第 10 年
1	无形资产	8	368.90								
1.1	摊销			46.11	46.11	46.11	46.11	46.11	46.11	46.11	46.11
1.2	净值			322.79	276.68	230.56	184.45	138.34	92.22	46.11	0.00
2	其他资产（开办费）	5	400.00								
2.1	摊销			80.00	80.00	80.00	80.00	80.00			
2.2	净值			320.00	240.00	160.00	80.00	0.00			
3	无形及其他资产合计		768.90								
3.1	摊销			126.11	126.11	126.11	126.11	126.11	46.11	46.11	46.11
3.2	净值			642.79	516.68	390.56	264.45	138.34	92.22	46.11	0.00

③ 修理费计算。修理费按年折旧额的 50%提取，每年 1 155.36 万元。

④ 借款利息计算。流动资金借款年应计利息为 169.54 万元，建设投资长期借款采用量入偿付法的方式清偿，利息计算见案例分析表 8-8。

⑤ 固定成本和可变成本。可变成本包含外购原材料、外购燃料、动力费。固定成本包含总成本费用中除可变成本外的费用。

(9) 利润与利润分配。利润与利润分配表见案例分析表 8-9。利润总额正常年为 3

案例分析表 8-8 项目投资现金流量表

单位：万元

序号	项目	合计	建设期			投产期		达到设计生产能力期					
			第0年	第1年	第2年	第3年	第4年	第5年	第6年	第7年	第8年	第9年	第10年
	生产负荷(%)					70	90	100	100	100	100	100	100
1	现金流入	151 394.88				13 566.00	17 442.00	19 380.00	19 380.00	19 380.00	19 380.00	19 380.00	23 486.88
1.1	营业收入	147 288.00				13 566.00	17 442.00	19 380.00	19 380.00	19 380.00	19 380.00	19 380.00	19 380.00
1.2	补贴收入												
1.3	回收固定资产余值	972.93											972.93
1.4	回收流动资金	3 133.95											3 133.95
2	现金流出	121 173.90	11 486.07	7 657.38	2 329.49	10 192.75	12 087.47	12 903.46	12 903.46	12 903.46	12 903.46	12 903.46	12 903.46
2.1	建设投资	19 143.45	11 486.07	7 657.38									
2.2	流动资金	3 133.95			2 329.49	537.66	266.80						
2.3	经营成本	97 772.46				9 551.56	11 687.56	12 755.56	12 755.56	12 755.56	12 755.56	12 755.56	12 755.56
2.4	营业税金及附加	1 124.04				103.53	133.11	147.90	147.90	147.90	147.90	147.90	147.90
2.5	维护运营投资	0.00											
3	所得税前净现金流量(1－2)	30 220.98	－11 486.07	－7 657.38	－2 329.49	3 373.25	5 354.53	6 476.54	6 476.54	6 476.54	6 476.54	6 476.54	10 583.43
4	累计所得税前净现金流量	－19 303.95	－11 486.07	－19 143.45	－21 472.94	－18 099.69	－12 745.15	－6 268.61	207.93	6 684.47	13 161.02	19 637.56	30 220.98
5	调整所得税	7 284.22				368.52	796.13	1 009.93	1 009.93	1 009.93	1 029.93	1 029.93	1 029.93
6	所得税后净现金流量(3－5)	22 936.76	－11 486.07	－7 657.38	－2 329.49	3 004.73	4 558.41	5 466.61	5 466.61	5 466.61	5 446.61	5 446.61	9 553.50
7	累计所得税后净现金流量		－11 486.07	－19 143.45	－21 472.94	－18 468.21	－13 909.80	－8 443.19	－2 976.57	2 490.04	7 936.65	13 383.27	22 936.76

计算指标：项目投资财务内部收益率＝15.40%（调整所得税前）；项目投资财务净现值(i_c＝12%)＝3 868.54 万元（调整所得税前）。

项目投资财务内部收益率＝12.41%（调整所得税后）；项目投资财务净现值(i_c＝12%)＝439.73 万元（调整所得税后）。

项目投资回收期（从建设期算起）＝5.97 年（调整所得税前）；项目投资回收期（从建设期算起）＝6.54 年（调整所得税后）。

案例分析表 8-9　项目资本金现金流量表

单位:万元

序号	项目	合计	建设期			投产期		达到设计生产能力期					
			第 0 年	第 1 年	第 2 年	第 3 年	第 4 年	第 5 年	第 6 年	第 7 年	第 8 年	第 9 年	第 10 年
	生产负荷(%)					70	90	100	100	100	100	100	100
1	现金流入	151 394.88				13 566.00	17 442.00	19 380.00	19 380.00	19 380.00	19 380.00	19 380.00	23 486.88
1.1	营业收入	147 288.00				13 566.00	17 442.00	19 380.00	19 380.00	19 380.00	19 380.00	19 380.00	19 380.00
1.2	补贴收入	0.00											
1.3	回收固定资产余值	972.93											972.93
1.4	回收流动资金	3 133.95											3 133.95
2	现金流出	132 447.56	3 787.87	2 525.24	808.32	13 566.00	17 442.00	19 380.00	16 390.34	14 040.54	14 060.54	14 060.54	16 386.17
2.1	项目资本金	7 121.43	3 787.87	2 525.24	808.32								
2.2	借款本金偿还	16 240.08				2 673.73	4 078.75	4 936.83	2 225.13				2 325.63
2.3	借款利息支付	3 873.77				1 158.21	995.28	706.37	335.76	169.54	169.54	169.54	169.54
2.4	经营成本	97 772.46				9 551.56	11 687.56	12 755.56	12 755.56	12 755.56	12 755.56	12 755.56	12 755.56
2.5	营业税金及附加	1 124.04				103.53	133.11	147.90	147.90	147.90	147.90	147.90	147.90
2.6	所得税	6 315.78				78.97	547.31	833.34	925.99	967.54	987.54	987.54	987.54
2.7	维护运营投资	0.00											
3	净现金流量(1－2)	18 947.33	－3 787.87	－2 525.24	－808.32	0.00	0.00	0.00	2 989.66	5 339.46	5 319.46	5 319.46	7 100.71

计算指标:资本金财务内部收益率:18.59%。

950.18 万元。所得税按利润总额的 25%计取，法定盈余公积金在长期借款还本之后提取，按税后利润的 10%计取。

3. 融资前分析

项目投资现金流量表，见案例分析表 8-8。根据该表计算的评价指标如下。

所得税前项目投资财务内部收益率为 15.4%，项目投资财务净现值（i_c=12%时）为 3 868.54万元，静态投资回收期（含建设期）5.97 年；所得税后项目投资财务内部收益率为 12.41%，项目投资财务净现值（i_c=12%时）为 439.73 万元，静态投资回收期（含建设期）为 6.54 年。

项目投资财务内部收益率大于基准收益率，项目投资财务净现值大于零，该项目在财务上是可以接受的。

4. 融资后分析

（1）项目资本金现金流量表见案例分析表 8-9，根据该表计算资本金财务内部收益率为 18.59%。

（2）甲方财务现金流量表见案例分析表 8-10，根据该表计算甲方投资财务内部收益率为 10.27%。

案例分析表 8-10　甲方投资财务现金流量表　　单位：万元

序号	项目	合计	建设期			投产期		达到设计生产能力期					
			第 0 年	第 1 年	第 2 年	第 3 年	第 4 年	第 5 年	第 6 年	第 7 年	第 8 年	第 9 年	第 10 年
	生产负荷(%)					70	90	100	100	100	100	100	100
1	现金流入	6 750							750	750	750	750	3 750
1.1	股利分配	6 750							750	750	750	750	3 750
1.2	资产处置收益分配												
1.3	租赁费收入												
1.4	技术转让收入												
1.5	其他现金流入												
2	现金流出	3 000	1 500	1 500									
2.1	股权投资	3 000	1 500	1 500									
2.2	租赁资产支出												
2.3	其他现金流出												
3	净现金流量	3 750	−1 500	−1 500	0	0	0	0	750	750	750	750	3 750

计算指标：甲方投资财务内部收益率：10.38%。

案例分析表 8-11　利润与利润分配表

单位：万元

序号	项目	合计	投产期		达到设计生产能力期					
			第 3 年	第 4 年	第 5 年	第 6 年	第 7 年	第 8 年	第 9 年	第 10 年
	生产负荷（%）		70	90	100	100	100	100	100	100
1	营业收入	147 288.00	13 566.00	17 442.00	19 380.00	19 380.00	19 380.00	19 380.00	19 380.00	19 380.00
2	营业税金及附加	1 124.04	103.53	133.11	147.90	147.90	147.90	147.90	147.90	147.90
3	总成本费用	120 900.85	13 146.60	15 119.66	15 898.76	15 528.14	15 361.92	15 281.92	15 281.92	15 281.92
4	利润总额（1—2—3）	25 263.11	315.87	2 189.23	3 333.34	3 703.96	3 870.18	3 950.18	3 950.18	3 950.18
5	弥补以前年度亏损	0.00								
6	应纳税所得额	25 263.11	315.87	2 189.23	3 333.34	3 703.96	3 870.18	3 950.18	3 950.18	3 950.18
7	所得税	6 315.78	78.97	547.31	833.34	925.99	967.54	987.54	987.54	987.54
8	净利润（4—7）	18 947.34	236.90	1 641.92	2 500.01	2 777.97	2 902.63	2 962.63	2 962.63	2 962.63
9	可供分配的利润	18 947.34	236.90	1 641.92	2 500.01	2 777.97	2 902.63	2 962.63	2 962.63	2 962.63
10	提取法定盈余公积金	1 179.05					290.26	296.26	296.26	296.26
11	未分配利润	17 768.28	236.90	1 641.92	2 500.01	2 777.97	2 612.37	2 666.37	2 666.37	2 666.37
12	息税前利润 （利润总额＋利息支出）	29 136.89	1 474.09	3 184.51	4 039.72	4 039.72	4 039.72	4 119.72	4 119.72	4 119.72
13	息税折旧摊销前利润 （息税前利润＋折旧＋摊销）	48 391.50	3 910.91	5 621.33	6 476.54	6 476.54	6 476.54	6 476.54	6 476.54	6 476.54

其中：提取法定盈余公积金按 10%比例，待长期借款还本之后提取。

(3) 根据利润与利润分配表(案例分析表 8-11)、建设投资估算表(案例分析表 8-1)计算以下指标：

$$总投资收益率=\frac{运营期内年平均息税前利润}{总投资}\times 100\%$$

$$=\frac{29\ 136.89/8}{23\ 361.5}\times 100\%=\frac{3\ 642.11}{23\ 361.5}\times 100\%=15.59\%$$

该项目投资收益率大于行业平均利润率 8%,说明单位投资收益水平达到行业标准。

$$项目资本金净利润率=\frac{运营期内年平均净利润}{项目资本金}\times 100\%$$

$$=\frac{18\ 947.34/8}{7\ 121.43}\times 100\%=\frac{2\ 368.42}{7\ 121.43}\times 100\%=33.26\%$$

(4) 根据利润与利润分配表(案例分析表 8-11)、财务计划现金流量表(案例分析表 8-12)、建设期利息估算及还本付息计划表(案例分析表 8-13)、固定资产折旧估算表(案例分析表 8-6)、无形资产及其他资产摊销估算表(案例分析表 8-7)计算借款偿还期内项目综合利息备付率和综合偿债备付率。各年利息备付率与偿债备付率见案例分析表 8-13。

$$利息备付率=\frac{息税前利润}{当期应付利息费用}=\frac{12\ 738.02}{3\ 195.62}=3.99$$

$$偿债备付率=\frac{当期用于还本付息资金}{当期应还本付息金额}$$

$$=\frac{息税前利润+折旧+摊销-所得税}{借款利息支付+借款本金偿还}$$

$$=\frac{12\ 738.02+9\ 242.86+504.45-2\ 385.6}{3\ 195.62+13\ 914.45}=1.17$$

式中利息支付的计算见案例分析表 8-14 所示。

通过计算,项目综合利息备付率 3.99,综合偿债备付率 1.17。借款偿还期内第 1 年利息备付率小于 2,其余各年利息备付率均大于 2,并随着借款本金的偿还而逐年上升,借款偿还期末利息备付率达 12.03,项目付息保证程度较高。项目按照最大能力偿还借款本金,借款偿还期内前 3 年偿债备付率均为 1,偿还期末偿债备付率达 2.17,说明项目的偿债能力较强。

(5) 根据财务计划现金流量表(案例分析表 8-12),项目计算期内各年的净现金流量及累计盈余均为正值,各年均有足够的净现金流量维持项目的正常运营,可保证项目财务的可持续性。

5. 财务分析说明

(1) 本项目财务分析分为融资前分析和融资后分析两个层次。融资前分析从项目投资总获利能力角度,考察项目方案设计的合理性,重在考察项目净现金流的价值是否大于其投资成本,为项目投资决策提供依据;融资后分析重在考察资金筹措方案能否满足要求,融资后分析包括项目的盈利能力分析、偿债能力分析以及财务生存能力分析,进而判断项目方案在融资条件下的合理性。

(2) 本项目采用量入偿付法归还长期借款本金。总成本费用估算表(案例分析表 8-5)、利润与利润分配表(案例分析表 8-11)及建设期利息估算及还本付息计划表(案例分析

案例分析表 8-12　财务计划现金流量表

单位:万元

序号	项目	合计	建设期			投产期		达到设计生产能力期					
			第 0 年	第 1 年	第 2 年	第 3 年	第 4 年	第 5 年	第 6 年	第 7 年	第 8 年	第 9 年	第 10 年
	生产负荷(%)					70	90	100	100	100	100	100	100
1	经营活动现金流量(1.1－1.2)	42 075.72	0.00	0.00	0.00	3 831.94	5 074.03	5 643.21	5 550.55	5 509.00	5 489.00	5 489.00	5 489.00
1.1	现金流入	172 326.96				15 872.22	20 407.14	22 674.60	22 674.60	22 674.60	22 674.60	22 674.60	22 674.60
1.1.1	营业收入	147 288.00				13 566.00	17 442.00	19 380.00	19 380.00	19 380.00	19 380.00	19 380.00	19 380.00
1.1.2	增值税销项税额	25 038.96				2 306.22	2 965.14	3 294.60	3 294.60	3 294.60	3 294.60	3 294.60	3 294.60
1.2	现金流出	130 251.24				12 040.28	15 333.11	17 031.39	17 124.05	17 165.60	17 185.60	17 185.60	17 185.60
1.2.1	经营成本	97 772.46				9 551.56	11 687.56	12 755.56	12 755.56	12 755.56	12 755.56	12 755.56	12 755.56
1.2.2	增值税进项税	13 798.56				1 270.92	1 634.04	1 815.60	1 815.60	1 815.60	1 815.60	1 815.60	1 815.60
1.2.3	营业税金及附加	1 124.04				103.53	133.11	147.90	147.90	147.90	147.90	147.90	147.90
1.2.4	增值税	1 1240.40				1 035.30	1 331.10	1 479.00	1 479.00	1 479.00	1 479.00	1 479.00	1 479.00
1.2.5	所得税	6 315.78				78.97	547.31	833.34	925.99	967.54	987.54	987.54	987.54
2	投资活动净现金流量(2.1－2.2)	－10 791.33	－11 486.07	－ 7657.38	－2 329.49	－537.66	－266.80	0.00					
2.1	现金流入												
2.2	现金流出	10 791.33	11 486.07	7 657.38	2 329.49	537.66	266.80	0.00					
2.2.1	建设投资	7 657.38	11 486.07	7 657.38									
2.2.2	流动资金	3 133.95			2 329.49	537.66	266.80						
3	筹资活动净现金流量(3.1－3.2)	－9 322.52	11 486.07	7 657.38	2 329.49	－3 294.28	－4 807.23	－5 643.21	－2 560.89	－169.54	－169.54	－169.54	－2 495.17
3.1	现金流入	10 791.33	11 486.07	7 657.38	2 329.49	537.66	266.80	0.00	0.00	0.00	0.00		
3.1.1	项目资本金投入	3 333.56	3 787.87	2 525.24	808.32								
3.1.2	建设投资借款	5 132.14	7 698.20	5 132.14									

案例分析表 8-12(续)

序号	项目	合计	建设期			投产期		达到设计生产能力期					
			第 0 年	第 1 年	第 2 年	第 3 年	第 4 年	第 5 年	第 6 年	第 7 年	第 8 年	第 9 年	第 10 年
3.1.3	流动资金借款	2 325.63			1 521.17	537.66	266.80						
3.2	现金流出	20 113.85				3 831.94	5 074.03	5 643.21	2 560.89	169.54	169.54	169.54	2 495.17
3.2.1	各种利息支出	3 873.77				1 158.21	995.28	706.37	335.76	169.54	169.54	169.54	169.54
3.2.2	偿还债务本金	16 240.08				2 673.73	4 078.75	4 936.83	2 225.13				2 325.63
4	净现金流量	21 961.87	0.00	0.00	0.00	0.00	0.00	0.00	2 989.66	5 339.46	5 319.46	5 319.46	2 993.83
5	累计盈余资金		0.00	0.00	0.00	0.00	0.00	0.00	2 989.66	8 329.12	13 648.58	18 968.04	21 961.87

表 8-13)，通过利息支出、当年还本和净利润互相联系，利用三表联算得出借款偿还计划；在全部借款偿还后，计提法定盈余公积金和确定利润分配方案。财务分析的内容和步骤，如案例分析图 8-1 所示。

案例分析表 8-13　建设期利息估算及还本付息计划表　　　　单位：万元

序号	项目	合计	建设期		投产期		达到设计生产能力期	
			第 1 年	第 2 年	第 3 年	第 4 年	第 5 年	第 6 年
1	中国建设银行借款							
1.1	建设期利息	687.73	183.77	503.96				
1.1.1	期初借款余额		0.00	5 045.50	8 790.61	6 116.88	2 038.13	
1.1.2	当期借款	8 102.88	4 861.73	3 241.15				
1.1.3	当期应计利息	1 968.82	183.77	503.96	664.57	462.44	154.08	
1.1.4	期末借款余额		5 045.50	8 790.61	6 116.88	2 038.13		
1.2	其他融资费用							
1.3	小计(1.1+1.2)	687.73	183.77	503.96				
2	中国银行借款							
2.1	建设期利息	396.37	105.94	290.43				
2.1.1	期初借款余额		0.00	2 942.42	5 123.84	5 123.84	5 123.84	2 225.13
2.1.2	当期借款	4 727.47	2 836.48	1 890.99				
2.1.3	当期应计利息	1 710.84	105.94	290.43	382.75	382.75	382.75	166.22
2.1.4	期末借款余额		2 942.42	5 123.84	5 123.84	5 123.84	2 225.13	
2.2	其他融资费用							
2.3	小计(2.1+2.2)	396.37	105.94	290.43				
3	当期还本付息	16 510.01			3 721.05	4 923.94	5 473.67	2 391.35
	其中：还本	13 914.45			2 673.73	4 078.75	4 936.83	2 225.13
	付息	2 595.56			1 047.32	845.19	536.83	166.22
4	还款来源							
4.1	净利润	7 156.80			236.90	1 641.92	2 500.01	2 777.97
4.2	折旧费	9 242.86			2 310.71	2 310.71	2 310.71	2 310.71
4.3	摊销费	504.45			126.11	126.11	126.11	126.11
4.4	偿还本金来源合计				2 673.73	4 078.75	4 936.83	5 214.80
4.5	偿还本金后余额	2 989.66						2 989.66
	计算指标							
	利息备付率				1.27	3.20	5.72	12.03
	偿债备付率				1.00	1.00	1.00	2.17

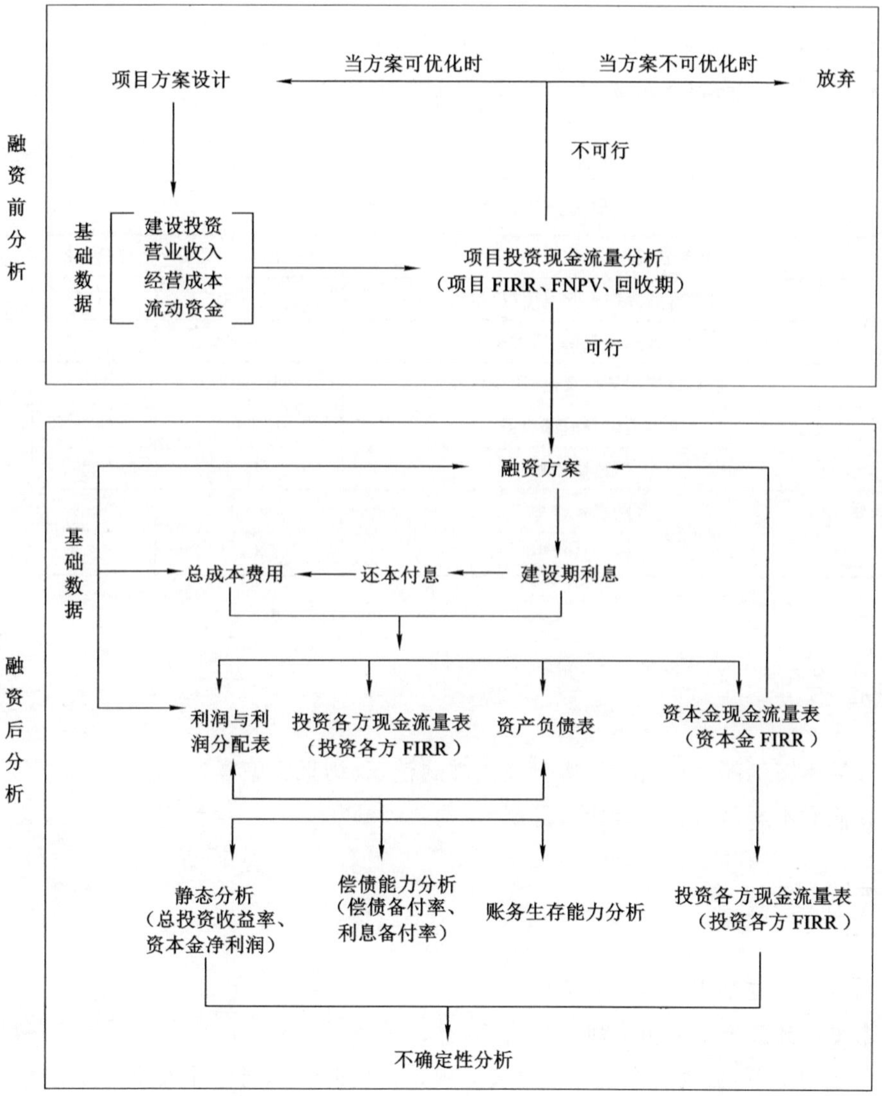

案例分析图 8-1

案例分析表 8-14　利息支付计算表　　单位：万元

项目	合计	第 3 年	第 4 年	第 5 年	第 6 年	第 7～10 年
中国建设银行借款利息支付	1 281.09	664.57	462.44	154.08		
中国银行借款利息支付	1 314.47	382.75	382.75	382.75	166.22	
流动资金中的借款数额		1 521.17	2 058.83	2 325.63	2 325.63	2 325.63
流动资金借款利息支付	1 278.21	110.89	150.09	169.54	169.54	169.54
各种借款利息支付总和	3 873.77	1 158.21	995.28	706.37	335.76	169.54

6. 评价结论

财务分析结论详见财务分析结论汇总表(案例分析表 8-15)。

从主要指标上看,财务分析结果均可行,而且生产的产品是国家急需的,所以项目是可以接受的。

案例分析表 8-15　评价结论汇总表

财务分析指标		计算结果	评价标准	是否可行
融资前分析指标	项目投资财务内部收益率(所得税前)	15.4%	>12%	是
	项目投资回收期(所得税前)	5.97 年	<8.3 年	是
	项目投资财务净现值(所得税前)	3 868.54 万元	>0	是
融资后分析指标	资本金财务内部收益率	18.59%		是
	借款偿还期	5.43 年		是
	利息备付率	3.99	>2.0	是
	偿债备付率	1.17	>1.0	是

[案例思考]

1. 如果本案例的银行贷款以等额还本方式偿还,结果会怎样?
2. 如何对本案例进行不确定性分析?

思考题

1. 财务评价的基本步骤是什么?
2. 常见的还款方式有哪几种?
3. 一般情况下,流动资金借款的偿还方式是怎样的?其利息计入什么费用项目?
4. 财务评价所涉及的税种有哪几类?
5. 项目现金流量和资本金现金流量的主要区别在哪里?
6. 根据生产要素估算,总成本费用的构成要素主要有哪些?
7. 所得税前分析与所得税后分析二者的异同是什么?

本章习题

1. 某项目计算期 20 年,各年净现金流量($CI-CO$)均在年末发生,具体情况见习题表 8-1 所列,基准收益率为 10%。试根据项目的财务净现值 $FNPV$ 判断此项目是否可行,并计算项目的投资回收期、财务净现值和财务内部收益率。

习题表 8-1

时点	1	2	3	4	5	6～20
净现金流量/元	－180	－250	150	84	112	150

2. 有一投资项目，建设投资 50 万元(不含建设期利息)，于第 1 年年初投入；流动资金投资 20 万元，于第 2 年年初投入，全部为借款，利率 8%，项目于第 2 年投产。产品销售收入第 2 年为 50 万元，第 3～8 年为 80 万元；经营成本第 2 年为 30 万元，第 3～8 年为 45 万元；增值税税率 17%；第 2～8 年折旧费每年为 6 万元；第 8 年年末处理固定资产可得收入 8 万元。经营成本和营业收入均发生在年末。

请问根据以上条件列出的项目投资现金流量表(习题表 8-2、习题表 8-3)是否正确？若有错，请改正过来。

习题表 8-2 项目投资现金流量表 单位:万元

时点	0	1	2	3～7	8
现金流入					
营业收入			50	80	80
固定资产回收					8
现金流出					
经营成本			30	45	45
建设投资(不含建设期利息)	50				
流动资金		20			
增值税			8.5	13.6	13.6
折旧			6	6	6
净现金流量	－50	－20	5.5	15.4	23.4

习题表 8-3 项目投资现金流量表 单位:万元

时点	0	1	2	3～7	8
现金流入					
营业收入			50	80	80
固定资产回收					
折旧			6	6	6
现金流出					
经营成本			30	45	45
建设投资(不含建设期利息)	50				
流动资金		20			
增值税			8.5	13.6	13.6
流动资金利息			1.6	1.6	1.6
净现金流量	－50	－20	15.9	25.8	33.8

3. 某新设项目法人项目，计算期为 12 年，其中建设期 2 年，生产期 10 年，项目现金流量表的基础数据见习题表 8-4(表中数据均按发生在期末计)，基准静态投资回收期为 7 年，折现率为 12%，每年两次计息。请根据表中基础数据，将现金流入、现金流出、净现金流量、累计净现金流量、折现现金流量和累计折现现金流量填写完整，并计算项目净现值、静态和动态投资回收期，根据上述计算结果判断项目的财务可行性。

习题表 8-4　　单位：万元

序号	项目	建设期		生产期									
		1	2	3	4	5	6	7	8	9	10	11	12
	生产负荷(%)			70	100	100	100	100	100	100	100	100	100
1	现金流入												
1.1	销售收入				3 000	3 000	3 000	3 000	3 000	3 000	3 000	3 000	
1.2	回收固定资产余值												500
1.3	回收流动资金												700
2	现金流出												
2.1	建设投资	1 200	1 800										
2.2	流动资金			500	200								
2.3	经营成本			1 200	1 700	1 700	1 700	1 700	1 700	1 700	1 700	1 700	1 200
2.4	税金			165	240	240	240	240	240	240	240	240	165
3	净现金流量												
4	累计净现金流量												
4.1	折现系数												
4.2	折现现金流量												
4.3	累计折现现金流量												

第9章　工程项目国民经济评价

【本章提要与学习目标】

国民经济评价是进行项目经济评价的重要组成部分，是从全社会的角度分析项目的国民经济费用和效益，衡量项目的宏观可行性；它是市场经济体制下，国家干预投资活动的重要手段。本章介绍项目国民经济评价的理论及相关知识。

通过本章学习，要求理解国民经济评价的概念和必要性，以及国民经济评价与财务评价的异同点；学会识别和计量国民经济评价的费用效益；了解国民经济评价的各个参数；掌握国民经济评价指标的含义及其计算方法。

9.1　国民经济评价概述

9.1.1　国民经济评价的含义

国民经济评价是在合理配置稀缺资源和保证社会经济可持续发展的原则下，从国家经济整体利益的角度出发，用影子价格、影子工资、影子汇率和社会折现率等经济参数分析、计算项目对国民经济的贡献，分析项目的经济效率、效果和对社会的影响，评价项目在宏观经济上的合理性。

为了实现国民经济持续稳定增长，提高人民生活水平，国家需要在一定时期投入一定量的资源进行项目建设，但是，资源是有限的，无论是具有不同知识水平、技术水平和管理能力的人力资源，还是资金、物资、土地和其他自然资源，在分配到各种用途中时，应力求对国家的贡献最大。当某种资源用于某一方面时，那么其他方面就不得不减少这种资源的使用量，因而国家必须按照一定的准则对资源的配置作出合理的选择。对于投资项目是否合理可行，也就不能仅仅根据财务评价的结果得出结论。

例如，某设备制造厂拟投资进行一技术改造项目，制造一种节能设备A。这种设备将给使用单位节省可观的能源。但由于制度原因，这种新型设备A的销售价格还和老设备一样，而制造厂需要为此项目付出一定的费用，那么，从财务评价的角度上就会否定这个项目。如果设备A在使用期内所节省能源的费用大于制造所花费的费用，则此项目显然是有利于国民经济、有利于社会，因此，该项目应该可行的。后者的决策依据就是本章要讨论的国民经济评价。

9.1.2　国民经济评价的作用

(1) 评价可保证资源在全社会范围内得到合理利用和有效配置，避免项目的重复建设，使拟建项目的产品符合社会需要。在市场经济的条件下，大部分工程项目的财务评价结论是可行的，可以满足投资决策要求，但针对财务现金流量不能全面、真实地反映其经济价值的项目，还需要进行国民经济评价，衡量项目给国民经济带来的贡献。国民经济评价要求从资源合理配置出发,分析投资的经济效率,全面识别整个社会为项目付出的代价,以及项目为社会所作的贡献,从而评价项目的经济合理性,即国民经济是以社会需要作为项目取舍的依据,而不是单纯地看项目是否盈利,它是从国家宏观经济的角度出发,而不是从企业和地方微观经济的角度,考虑项目的效益和费用。

(2) 国民经济评价可以确定项目消耗社会资源的真实价值。财务评价是用现行价格计算建设项目的成本和收益,但在现实中,我国现行价格往往存在"失真"现象。用这些价格评价项目,不能客观地反映项目给社会所带来的经济价值。国民经济评价则可通过影子价格进行修正,真实地反映项目消耗社会资源的价值量。

(3) 国民经济评价是市场经济体制下政府对公共项目进行分析评价的重要方法,是国家政府部门干预投资活动的重要手段。公共项目主要包括:农业、水利、铁道、公路、民航、城市建设、电信等具有公共产品特征的基础设施项目;环保、高科技产业等外部效果显著的项目;煤炭、石油、电力、钢铁、有色金属、黄金等资源开发项目;涉及石化、通信、电子、机械、重大技术装备等国家经济安全的项目;受过度行政干预的项目。通过国民经济评价来论证项目的经济价值,为制定财务方案提供依据。

(4) 国民经济评价是国家对项目审批或核准的重要依据。国家对项目审批和核准额的重点放在项目的外部效果、公共性方面,国民经济评价强调从资源配置经济效率的角度分析项目的外部效果,从而判断建设项目的经济合理性。所谓外部效果是企业或个人的行为对活动以外的企业或个人造成的影响,而该影响的行为主体又没有负担相应的责任或没有获得应有报酬的现象。即外部效果没有在项目内部的收益或支出的账面上反映出来,且不是项目本意要产生的效果。外部效果可以是积极的,也可以是消极的。例如某化工厂,按其从产生的收益和投入的成本计算,经济效果很好,但该厂排出的污水严重污染附近的湖水,致使渔业生产损失严重,甚至该厂的净收益还不足以弥补它所带来的污染造成的损失。尽管该项目从投资角度的财务评价很好,但从整个国民经济角度看,它并不可取。通过国民经济评价,可以分析各利益相关者为项目付出的代价及获得的收益,为国家审批或核准项目提供依据。

9.1.3 国民经济评价与财务评价的关系

国民经济评价和财务评价是建设项目经济评价的两个层次,既有联系和共同点,又存在区别。

9.1.3.1 国民评价与财务评价的联系

财务评价与国民经济评价之间的联系是很密切的,在很多情况下,国民经济评价是在财务评价的基础之上进行。国民经济评价利用财务评价中已经使用过的数据资料,以财务评价为基础进行所需要的调整计算,得到国民经济评价的结论。国民经济评价也可以独立进行,在项目的财务评价之前进行国民经济评价。二者的相同点在于:

(1) 评价的方法相同。两者都是经济效果评价,都是用基本的经济评价理论,即效益与费用比较的理论方法,都采用现金流量、报表分析方法,都采用 IRR、NPV 等指标。

(2) 评价的目的相同。都是为了以最小的投入获得最大的产出。

(3) 评价基础相同。都是在完成了产品需求预测、工程技术方案、资金筹措等可行性研究的基础上进行评价的。

9.1.3.2 国民经济评价与财务评价的区别

(1) 两种评价的角度和基本出发点不同。财务评价是站在项目的层次上，从项目的经营者、投资者、未来的债权人角度，分析项目在财务上能够生存的可能性，分析各方的实际收益或损失，分析投资或贷款的风险及收益。国民经济评价则是站在国家和地区的层次上，从全社会的角度分析评价项目对国民经济可能产生的费用和效益。

(2) 项目的费用与效益的含义及划分范围不同。财务评价只根据项目直接发生的财务收支，计算项目的直接费用和效益。国民经济评价则从全社会的角度考察项目的费用和效益，考察项目所消耗的有用社会资源和对社会提供的有用产品，不仅要考虑直接的费用和效益，还要考虑间接的费用和效益。而项目的有些收入和支出从全社会的角度考虑，不能作为社会费用或效益，例如税金和补贴等。

(3) 价格体系不同。财务评价使用预测的财务收支价格体系，国民经济评价则使用专用的影子价格体系。

(4) 评价内容不同。财务评价有两个方面：一是盈利能力分析；二是清偿能力分析，也就是要分析项目财务收支预算的松紧程度，分析项目借款偿还能力。而国民经济评价则只有盈利能力分析，即只有经济效益的分析，没有清偿能力分析。

(5) 采用的参数不同。财务评价采用的折现率是因行业而异的基准收益率，国民经济评价采用的是国家统一测定的社会折现率；财务评价采用的是当时的官方汇率，国民经济评价采用的是影子汇率。

9.1.4 国民经济评价的项目范围

在市场经济条件下，依赖市场调节、完全由市场竞争机制所决定的行业项目，政府不参与其投资决策，而由投资者通过财务评价自行决策，这类项目不需要进行国民经济评价。但在现行的经济体制下，往往存在市场配置资源失灵的现象，导致有些行业不能由市场力量进行调节，客观上需要通过国民经济评价来反映建设项目的真实经济价值，需要由政府进行行政干预，判断投资的合理性。一般来说，下列类型的项目需要进行国民经济评价：

(1) 自然垄断项目；

(2) 具有公共产品属性的项目；

(3) 具有明显外部效果的项目；

(4) 基础设施项目；

(5) 国家控制的战略性资源开发项目；

(6) 动用社会资源和自然资源较多的大型外商投资项目；

(7) 主要产出物和投入物的市场价格严重扭曲的项目；

(8) 国家及地方政府参与投资或给予财务补贴或减免税费的项目。

9.1.5 国民经济评价的步骤

国民经济评价的步骤与国民经济评价的内容紧密相关，国民经济评价的内容通常包括国民经济与效益的识别与处理、影子价格的测算和选取、国民经济评价指标的计算和国民经济评价报表的编制以及方案的比选。

对于一般工程项目，国民经济评价是在财务评价的基础上进行的，主要步骤如下：

(1) 效益和费用范围的调整。剔除已计入财务效益和财务费用中的国民经济内部转移支付，识别项目的间接效益和间接费用，并对其进行定量计算与定性说明。

(2) 效益和费用数值的调整。对固定资产投资、流动资金、经营费用、销售收入和外汇借款等各项数据进行调整。

(3) 分析项目的国民经济盈利能力。

(4) 分析项目的外汇效果。

某些项目,例如社会公益项目,也可直接进行国民经济评价,其主要步骤如下:

(1) 识别和估算项目的直接效益。

(2) 用货物的影子价格、土地的影子费用、影子工资、影子汇率和社会折现率等参数直接估算项目的投资。

9.2 国民经济评价效益与费用的识别

在进行国民经济评价时,首先要正确识别项目的费用和效益,这是保证项目经济评价正确性和科学性的必要前提。项目的效益是指项目对国民经济所作的贡献,分为直接效益和间接效益;项目的费用是指国民经济为项目付出的代价,分为直接费用和间接费用。

9.2.1 国民经济效益和费用

9.2.1.1 直接效益和直接费用

直接效益和直接费用可称为内部效果。直接效益是项目产出物直接生成,并在项目范围内计算的经济效益。一般表现为:增加项目产出物或者服务的数量以满足国内需求的效益;替代其他相同或类似企业的产出物,使被替代企业减去或停产导致国家有用资源耗费减少的效益;增加出口或者减少进口从而增加节支的外汇等。直接费用是项目投入物的直接经济价值。一般表现为:其他部门为本项目提供投入物,需要扩大生产规模所耗费的资源费用;减少对其他项目或者最终消费投入物的供应而放弃的效益;增加进口或者减少出口从而耗用或者减少的外汇等。此外,完全为新建生产性项目服务的商业、卫生、文化教育等生活福利设施的投资应计入项目的直接费用。这些生活福利设施所产生的效益,可视为完全体现在项目的直接效益中,一般不必单独核算。

9.2.1.2 间接效益与间接费用

间接效益和间接费用可称为外部效果。间接效益是指项目为国民经济作出了贡献,但未在直接效益中得以反映的部分。间接费用是指国民经济为项目付出了代价,但未在项目的直接费用中得以反映的部分。例如,建设一个水电站,它将产生诸如发电、防洪等直接效益,同时也将带来养殖业等间接效益;而因为土地淹没而导致农牧业遭受损失以及电站所排放的烟尘影响周边环境又将引起间接费用。再如,化工项目可增加国内化肥供应量,促进农业增产的效益,这是间接效益;但它排放的污水使得附近水域的水产品减少,则属于间接费用。如果某项目的间接费用主要是项目将引起环境污染,但该项目在可行性研究报告中已提出污染物的治理措施并实现达标排放,同时将这部分花费计入项目建设投资中,那么,在这种情况下,通常不必另外计算间接费用。

9.2.2 识别效益和费用的原则

9.2.2.1 基本原则

费用和效益都是相对于目标而言的。效益是对目标的正贡献,费用是对目标的负贡献。国民经济分析以社会资源的最优配置从而使国民收入最大化为目标,凡是增加国民收入的就是国民经济效益；凡是减少国民收入的就是国民经济费用。

9.2.2.2　边界原则

财务分析从项目自身的利益出发，其系统分析的边界是项目本身。凡是流入项目的资金就是财务收益；凡是流出项目的资金就是财务费用，如投资支出。国民经济分析则是从国民经济的整体利益出发，其系统分析的边界是国家。国民经济分析不仅需要识别项目自身的内部效果，还要识别项目对国民经济其他部门和单位产生的外部效果。

9.2.2.3　资源变动原则

在计算财务收益和费用时，依据的是货币的变动。凡是流入项目的货币就是直接效益，凡是流出项目的货币就是直接费用。国民经济分析以实现资源最优配置从而保证国民收入最大增长为目标。由于经济资源的稀缺性，就意味着一个项目的资源投入会减少这些资源在国民经济其他方面的可用量，从而减少了其他方面的国民收入，从这种意义上说，该项目对资源的使用产生了国民经济费用。同理，我们说项目的产出是国民经济收益，是由于项目的产出能够增加社会资源——最终产品的缘故。因此不难理解，在考察国民经济费用和效益的过程中，我们依据的不是货币，而是社会资源真实的变动量。

9.2.3　转移支付

项目与各种社会实体之间的货币转移，如缴纳的税金、国内贷款利息和补贴等一般并不发生资源的实际增加和耗用，称为国民经济内部的"转移支付"，不列为项目的费用和效益。在财务评价基础上进行国民经济评价时，要注意从财务效益和费用中剔除转移支付部分。

9.2.3.1　税金

无论是增值税、所得税还是关税等都是政府调节分配和供求关系的手段。纳税对于企业财务评价来说，的确是一项费用支出，但是对于国民经济评价来说，它仅仅表示项目对国民经济的贡献有一部分转移到政府手中，由政府再分配。项目对国民经济的贡献大小并不随税金的多少而变化，因而它属于国民经济内部的转移支付。

土地税、城市维护建设税和资源税等是政府为了补偿社会耗费而代为征收的费用，这些税种包含了很多政策因素，并不代表社会为项目付出的代价。因此，原则上这些税种也视为项目与政府间的转移支付，不计为项目的费用或效益。

9.2.3.2　补贴

政府对项目的补贴，仅仅表示国民经济为项目所付出的代价中，有一部分来自政府财政支出中的补贴这一项。但是，整个国民经济为项目所付代价并不以这些代价来自何处为计算依据，更不会由于有无补贴或补贴多少而改变。因此，补贴也不是国民经济评价中的费用或效益。

9.2.3.3　国内贷款利息

国内贷款利息在企业财务评价自有资金财务现金流量表中是一项费用。对于国民经济评价来说，它表示项目对国民经济的贡献有一部分转移到了政府或国内贷款机构。项目对国民经济所作贡献的大小，与所支付的国内贷款利息多少无关。因此，它也不是费用或效益。

9.2.3.4　国外贷款与还本付息

在国民经济评价中，国外贷款和还本付息根据分析的角度不同，有两种不同的处理原则。

(1) 全部投资效益费用流量表中的处理。在全部投资效益费用流量表中,把国外贷款也看作国内投资,以项目的全部投资作为计算基础,对拟建项目使用的全部资源的使用效果进行评价。随着国外贷款的发放,国外相应的实际资源的支配权力也同时转移到了国内。这些国外贷款资源与国内资源一样,也存在着合理配置的问题。因此,在全部投资效益费用流量表中,国外贷款和还本付息与国内贷款和还本付息一样,既不作为效益,也不作为费用。

(2) 国内投资效益费用流量表中的处理。为了考察国内投资对国民经济的实际贡献,应以国内投资作为计算的基础,因此在国内投资效益费用流量表中,把国外贷款还本付息视为费用。

9.2.4 效益和费用的计算原则

项目投资造成的经济费用或效益的计算,应在利益相关者基础上,研究在特定的社会经济背景条件下相关利益主体获得的收益及付出的代价,计算项目相关的费用和效益。

效益和费用的计算应该遵循以下原则:

(1) 支付意愿原则。项目产出物的正面效果的计算遵循支付意愿原则,用于分析社会成员为项目所产出的效益愿意支付的价值。

(2) 受偿意愿原则。项目产出物的负面效果的计算遵循接受补偿意愿原则,用于分析社会成员接受这种不利影响所得到补偿的价值。

(3) 机会成本原则。项目投入的经济费用的计算应遵循机会成本原则,用于分析项目所占用的所有资源的机会成本。机会成本应按资源的其他最有效利用所产生的效益进行计算。

(4) 实际价值计算原则。即应对项目的所有费用和效益采用反映真实价值的实际价格进行计算,不考虑通货膨胀的影响,但应考虑相对价格变动。

9.3 国民经济评价参数

国民经济评价参数是指在工程项目经济评价中为计算费用和效益,衡量技术经济指标而使用的一些参数,主要包括影子价格、影子汇率、影子工资和社会折现率等。

9.3.1 影子价格

9.3.1.1 影子价格的含义

影子价格是指社会经济处于某种最优状态下,能够反映社会劳动消耗、资源稀缺程度和最终产品需求状况的价格。影子价格是社会对货物真实价格的度量,只有在完善的市场经济条件下才会出现。由于完善的市场环境不存在,因此,影子价格理论上是虚拟价格,只有通过对现行价格的调整,才能求得影子价格的近似值。

影子价格是人为确定的、比交换价格更合理的价格,是一种理论价格。其合理性体现在影子价格能更好地反映产品的价值,反映市场供求状况,反映资源稀缺程度;从价格产出的效果来看,“合理”的标志是使资源配置向优化的方向发展。

影子价格不是市场上形成的交换价格,而是一种更能反映资源真实经济价值、促进资源合理利用、为实现一定的经济发展目标而人为确定的效率价格。

9.3.1.2 影子价格的选取与计算

(1) 市场定价货物的影子价格

随着我国市场经济发展和贸易范围的扩大，大部分货物的价格由市场形成，价格可以近似反映其真实价值。进行国民经济评价可将这些货物的市场价格加上或者减去国内运杂费等，作为投入物或者产出物的影子价格。

① 外贸货物影子价格，是以口岸价为基础，乘以影子汇率，加上或者减去国内运杂费和贸易费用。

$$\text{投入物影子价格(到厂价)}=\text{到岸价}(CIF)\times\text{影子汇率}+\text{进口费用} \tag{9-1}$$

$$\text{产出物影子价格(出厂价)}=\text{离岸价}(FOB)\times\text{影子汇率}-\text{出口费用} \tag{9-2}$$

② 非外贸货物影子价格，是以市场价格加上或者减去国内运杂费作为影子价格。投入物影子价格为到厂价，产出物影子价格为出厂价。

(2) 政府调控价格货物的影子价格

考虑到效率优先兼顾公平的原则，有些货物或者服务不完全由市场机制形成价格，而是由政府调控价格，例如由政府发布指导价、最高限价和最低限价等。这些货物或者服务的价格不能完全反映其真实价值。在进行国民经济评价时，应对这些货物或者服务的影子价格采用特殊方法确定。确定影子价格的原则是：投入物按机会成本分解定价，产出物按对经济增长的边际贡献率或者消费者支付意愿定价。支付意愿(Willingness to Pay，WTP)是指消费者愿意为某一最终产品或服务支付的金额。支付意愿反映了人们对所要消费的物品(或服务)的偏好。不能用市场价格来衡量支付意愿，因为有些个人愿意以比市场更高的价格来付款，这样，比以市场价格支付的支付意愿要大。下面是以政府主要调控的水、电、铁路运输等作为投入物和产出物时的影子价格的确定方法。

① 电力作为项目投入物的影子价格，一般按完全成本分解定价，电力过剩时按可变成本分解定价。电价作为项目产出物的影子价格，可按电力对当地经济的边际贡献率定价。

② 铁路运输作为项目投入物的影子价格，一般按完全成本分解定价，对运能富余的地区，按可变成本分解定价。

③ 水作为项目投入物的影子价格，按后备水源的边际成本分解定价，或者按恢复水资源存量的成本计算。水价作为项目产出物的影子价格，按消费者支付意愿或者按消费者承受能力加政府补贴计算。

(3) 特殊投入物的影子价格

项目的特殊投入物是指项目在建设、生产运营中使用的土地、自然资源等。项目使用这些特殊投入物所发生的国民经济费用，应分别采用下列方法确定其影子价格。

① 土地影子价格

土地影子价格反映土地用于该拟建项目后，不能再用于其他目的所放弃的国民经济效益，以及国民经济为其增加的资源消耗。土地影子价格按农用土地和城镇土地分别计算。

农用土地影子价格是指项目占用农用土地后国家放弃的收益，由土地的机会成本和占用该土地而引起的新增资源消耗两部分构成。土地机会成本按项目占用土地后国家放弃的该土地最佳可替代用途的净效益计算。土地影子价格中新增资源消耗一般包括拆迁费用和劳动力安置费用。农用土地影子价格可从机会成本和新增资源消耗两方面计算，也可在财务评价中土地费用的基础上调整计算。后一种具体做法是，属于机会成本性质的费用，如土地补偿费、青苗补偿费等，按机会成本的计算方法调整计算；属于新增资源消耗费用，如拆迁费用、剩余劳动力安置费用、养老保险费用等，按影子价格调整计算；属于转移支付的，如粮食开发基金、耕地占用税等，应予以剔除。

城镇土地影子价格通常按市场价格计算，主要包括土地出让金、征地费、拆迁安置补偿费等。

② 自然资源影子价格

各种自然资源是一种特殊的投入物，项目使用的矿产资源、水资源、森林资源等都是对国家资源的占用和消耗。矿产等不可再生自然资源的影子价格按资源的机会成本计算，水和森林等可再生自然资源的影子价格按资源再生费用计算。

9.3.2 影子工资

影子工资是建设项目使用劳动力、耗费劳动力资源而使社会付出的代价。在国民经济评价中，影子工资为国民经济费用，计入经营费用。

影子工资反映国民经济为项目使用劳动力所付出的真实代价，由劳动力机会成本和劳动力转移而引起的新增资源耗费两部分构成。劳动力机会成本是指劳动力如果不就业于拟建项目而从事其他生产经营活动所创造的最大效益。它与劳动力的技术熟练程度和供求状况(过剩与稀缺)有关，技术越熟练，稀缺程度越高，其机会成本越高；反之，则越低。新增资源耗费是指项目使用劳动力，由于劳动者就业或者迁移而增加的城市管理费用和城市交通等基础设施投资费用，而这些资源的消耗并没有提高劳动力的生活水平，其计算公式：

$$影子工资 = 动力机会成本 + 新增资源消耗 \tag{9-3}$$

影子工资一般是通过影子工资换算系数计算的。影子工资换算系数是影子工资与项目财务评价中劳动力的工资之间的比值，其计算公式：

$$影子工资 = 财务工资 \times 影子工资换算系数 \tag{9-4}$$

在《方法与参数》中，对于技术劳动力，采用影子工资等于财务工资，即影子工资换算系数为1。对于非技术劳动力，推荐在一般情况下采用财务工资的0.2～0.8倍作为影子工资，即影子工资换算系数为0.2～0.8；具体可根据当地的非技术劳动力供求状况确定，非技术劳动力较为富裕的地区可取较低值，不太富裕的地区可取较高值，中间状况可取0.5。

【例9-1】 某高新技术开发区软件园建设项目投资中的人工费为2亿元，其中75%为技术性工种工资。在经济费用效益分析中，若取技术性工种影子工资换算系数为1，非技术性工种影子工资换算系数为0.3，试求该项目人工费的调整值。

解：该项目人工费的调整值$=75\%\times2\times1+25\%\times2\times0.3=1.65$(亿元)

9.3.3 影子汇率及社会折现率

9.3.3.1 影子汇率

汇率是指一国货币兑换另一国货币的比率。在项目国民经济评价中，涉及外汇与人民币之间的换算应采用影子汇率。影子汇率是外币与本国货币的真实比价，反映了外汇增加或减少对国民经济贡献或损失的汇率，是外汇的影子价格。

在国民经济评价中，影子汇率通过影子汇率换算系数计算。影子汇率换算系数是影子汇率与国家外汇牌价的比值，由国家统一发布和定期调整。目前，根据我国外汇收支、外汇供求、进出口结构、进出口关税等因素综合分析，将影子汇率换算系数取值为1.08。

$$影子汇率 = 国家外汇牌价 \times 影子汇率换算系数 \tag{9-5}$$

【例9-2】 已知2017年11月4日国家外汇牌价中人民币对美元的比值为663.60/100，试求人民币对美元的影子汇率。

解：影子汇率＝663.60/100×影子汇率换算系数
＝663.60/100×1.08
＝7.166 9

9.3.3.2　社会折现率

社会折现率是指代表社会资金被占用应获得的最低收益率。它是用以衡量资金时间价值的重要参数，并用作不同年份价值换算的折现率。社会折现率的确定体现国家的政策、目标和宏观调控意图，并且既要符合基本理论，又要符合我国的实际情况，应该考虑我国近期的投资收益水平、社会资金机会成本、国际金融市场上的长期贷款利率以及国内外的资金供求状况等因素。根据一些数量经济学者的预测，我国未来 20 年内的社会资本收益率为 9%～11%。

9.4　国民经济评价指标及报表

国民经济评价包括费用效益流量分析（国民经济盈利能力分析）和外汇效果分析。费用效益流量分析的主要指标是经济内部收益率和经济净现值。产品出口创汇及替代进口节汇的项目，还要进行外汇效果分析，计算经济外汇净现值、经济换汇成本和经济节汇成本等指标。此外，还要根据需要和可能计算间接费用和间接效益，纳入费用效益流量中，对难以量化的间接费用、间接效益应进行定性分析。

9.4.1　费用效益流量分析

国民经济评价以盈利为主，评价指标包括经济内部收益率和经济净现值。

9.4.1.1　经济内部收益率（EIRR，Economic Internal Rate of Return）

经济内部收益率是反映项目对国民经济所作净贡献的相对指标。它是使项目计算期内的经济净效益流量的折现值累计等于零时的折现率。其计算式为：

$$\sum_{t=1}^{n}(B-C)_t(1+EIRR)^{-t}=0 \tag{9-6}$$

式中　B——效益流量；

C——费用流量；

$(B-C)_t$——第 t 年的净效益流量；

n——计算期。

判别准则：一般情况下，经济内部收益率大于或等于社会折现率的项目表明其对国民经济的净贡献能力超过或达到要求的水平，应认为是可以考虑接受的。

9.4.1.2　经济净现值（ENPV，Economic Net Present Value）

经济净现值是反映项目对国民经济所作贡献的绝对指标。它是用社会折现率将项目计算期内各年的净效益流量折算到建设期初的现值之和。当经济净现值大于零时，表示国家为拟建项目付出代价后，除得到符合社会折现率的社会盈余外，还可以得到以现值计算的超额社会盈余。其计算式为

$$ENPV=\sum_{t=1}^{n}(B-C)_t(1+i_s)^{-t} \tag{9-7}$$

式中　i_s——社会折现率。

判别准则：一般情况下，经济净现值大于或等于零表示国家拟建项目付出代价后，可得到符合社会折现率的社会盈余，或除了得到符合社会折现率的社会盈余外，还可以得到以现值计算的超额社会盈余，此时应认为项目是可以考虑接受的。

9.4.2 外汇效果分析指标

涉及产品创汇及替代进口节汇的项目，应进行外汇效果分析，计算经济外汇净现值、经济换汇成本、经济节汇成本指标。

9.4.2.1 经济外汇净现值(ENPVF，Economic Net Present Value of Foreign Exchange)

经济外汇净现值是评价项目对国家外汇收支影响的重要指标，用以衡量项目对国家外汇的真实净贡献(创汇或节汇)和净消耗(用汇)。其计算式为：

$$ENPVF=\sum_{t=1}^{n}\frac{(FI-FO)_t}{(1+i_s)^t} \tag{9-8}$$

式中 FI——外汇流入量；

FO——外汇流出量；

$(FI-FO)_t$——第 t 年的净外汇流量。

当产品按替代进口计算时，应按净外汇效果计算经济外汇净现值。

一般情况下，经济外汇净现值大于或等于零的项目，从外汇获得或节约的角度看，应是可以考虑接受的。

9.4.2.2 经济换汇成本或经济节汇成本

经济换汇成本是指项目在计算期内为生产出口产品而投入的国内资源现值(用影子价格计算，以人民币元为单位)与生产出口产品经济外汇净现值(以美元为单位)之比，亦即换取 1 美元外汇(现值)所需要的人民币金额(现值)。它是分析、评价项目实施后在国际上的竞争力，进而判断其产品是否出口的指标。其计算式为：

$$\text{经济换汇成本}=\frac{\sum_{t=1}^{n}DR_t(1+i_s)^{-t}}{\sum_{t=1}^{n}(FI'-FO')_t(1+i_s)^{-t}} \tag{9-9}$$

式中 DR_t——项目在第 t 年为生产出口产品投入的国内资源的经济价值(包括投资、原材料、工资、其他投入和贸易费用等)；

FI'——出口产品的外汇流入；

FO'——生产出口产品的外汇流出(包括应由出口产品分摊的投资与经营费用中的外汇部分)。

当产品按替代进口考虑时，应计算经济节汇成本，即节约 1 美元外汇(现值)所需要的人民币金额。它等于项目计算期内生产替代进口产品所投入的国内资源的现值与生产替代进口产品的经济外汇净现值之比，即

$$\text{经济节汇成本}=\frac{\sum_{t=1}^{n}DR'_t(1+t_s)^{-t}}{\sum_{t=1}^{n}(FI''-FO'')_t(1+i_s)^{-t}} \tag{9-10}$$

式中 DR'——项目在第 f 年为生产替代进口产品所投入的国内资源的经济价值；

FI''——生产替代进口产品所节约的外汇；

FO''——生产替代进口产品的外汇流出。

经济换汇成本或经济节汇成本(元/美元)小于或等于影子汇率时,表明项目产品的出口或替代进口是有利的。

9.4.3 国民经济效益费用流量表

国民经济效益费用流量表分为基本报表和辅助报表两大类。基本报表一般包括国民经济效益费用流量表(全部投资)、国民经济效益费用流量表(国内投资)和经济外汇流量表。为编制基本报表服务的四种辅助报表包括:出口(替代进口)产品国内资源流量表、国民经济评价投资表、销售收入或经营费用调整计算表,具体格式参见《建设项目经济评价方法与参数》。

9.4.3.1 基本报表 1——国民经济效益费用流量表(全部投资)(表 9-1)

国民经济效益费用流量表(全部投资)以全部投资作为计算的基础,用以计算全部投资经济内部收益率、经济净现值等指标,考察项目全部投资对国民经济的净贡献,并据此判别项目的经济合理性。

表 9-1　国民经济效益费用流量表(全部投资)　　单位:万元

序号	项目	建设期		投产期		达到设计能力生产期				合计
		第 1 年	第 2 年	第 3 年	第 4 年	第 5 年	第 6 年	…	第 n 年	
	生产负荷(%)									
1	效益流量									
1.1	产品销售(营业)收入									
1.2	回收固定资产余值									
1.3	回收流动资金									
1.4	项目间接效益									
2	费用流量									
2.1	固定资产投资									
2.2	流动资金									
2.3	经营费用									
2.4	项目间接费用									
3	净效益流量(1−2)									

计算指标:经济内部收益率:

经济净现值(i_s=　　%)。

9.4.3.2 基本报表 2——国民经济效益费用流量表(国内投资)(表 9-2)

表 9-2　国民经济效益费用流量表(国内投资)　　单位:万元

序号	项目	建设期		投产期		达到设计能力生产期				合计
		第 1 年	第 2 年	第 3 年	第 4 年	第 5 年	第 6 年	…	第 n 年	
	生产负荷(%)									
1	效益流量									
1.1	产品销售(营业)收入									

表 9-2(续)

序号	项目	建设期		投产期		达到设计能力生产期				合计
		第1年	第2年	第3年	第4年	第5年	第6年	…	第n年	
1.2	回收固定资产余值									
1.3	回收流动资金									
1.4	项目间接效益									
2	费用流量									
2.1	固定资产投资中国内投资									
2.2	流动资金中国内资金									
2.3	经营费用									
2.4	流至国外的资金									
2.4.1	国外借款本金偿还									
2.4.2	国外借款利息偿还									
2.4.3	其他									
2.5	项目间接费用									
3	净效益流量(1－2)									

计算指标：经济内部收益率：

经济净现值(i_s=　　%)。

国民经济效益费用流量表(国内投资)以国内投资作为计算的基础，将国外借款利息和本金的偿付作为费用流出，用以计算国内投资经济内部收益率、经济净现值等指标，作为利用外资项目经济评价和方案比较取舍的依据。

9.4.3.3　基本报表3——经济外汇流量表(见表9-3)

经济外汇流量表适用于涉及出口创汇或替代进口节汇的项目，反映各年净外汇流量和净外汇效果，用以计算经济外汇净现值、经济换汇成本或节汇成本，衡量项目对国家外汇的净贡献以及在国际上的竞争力。

表 9-3　经济外汇流量　　单位：万元

序号	项目	建设期		投产期		达到设计能力生产期				合计
		第1年	第2年	第3年	第4年	第5年	第6年	…	第n年	
	生产负荷(%)									
1	外汇流入									
1.1	产品销售(营业)收入									
1.2	外汇借款									
1.3	其他外汇收入									
2	外汇流出									
2.1	固定资产投资中外汇支出									
2.2	进口原材料									
2.3	进口零部件									

表 9-3(续)

序号	项目	建设期		投产期		达到设计能力生产期				合计
		第 1 年	第 2 年	第 3 年	第 4 年	第 5 年	第 6 年	…	第 n 年	
2.4	技术转让费									
2.5	偿付外汇借款利息									
2.6	其他外汇支出									
3	净外汇流量(1－2)									
4	产品替代进口收入									
5	境外汇效果(3＋4)									

计算指标：经济外汇净现值(i_s=　　%)：

经济换汇成本或经济节汇成本：

经济费用效益流量表一般在项目财务评价基础上进行调整编制，有些项目也可以直接编制。在财务评价基础上编制国民经济效益费用流量表应注意以下问题：

(1) 剔除转移支付，将财务现金流量表中列支的销售税金及附加、所得税、特种基金、国内借款利息作为转移支付剔除。

(2) 计算外部效益与外部费用，并保持效益费用计算口径的统一。

(3) 用影子价格、影子汇率逐项调整建设投资中的各项费用，剔除涨价预备费、税金、国内借款建设期利息等转移支付项目。进口设备购置费通常要剔除关税、增值税等转移支付。建设安装工程费按材料费、劳动力的影子价格进行调整；土地费用按土地影子价格进行调整。

(4) 应收、应付款及现金并没有实际耗用国民经济资源，在费用效益分析中应将其从流动资金中剔除。

(5) 用影子价格调整各项费用，对主要原材料、燃料及动力费，用影子价格进行调整；对劳动工资及福利费，用影子工资进行调整。

(6) 用影子价格调整计算项目产出物的销售收入。

(7) 费用效益分析各项销售收入和费用支出中的外汇部分，应用影子汇率进行调整，计算外汇价值。从国外引入的资金和向国外支付的投资收益、贷款本息，也应用影子汇率进行调整。

[案例分析]

某新型 LED 芯片项目费用效益分析

某公司欲投资建设一个生产新型 LED 芯片的项目，生产的 LED 芯片销往国内作为 LED 照明灯具的原材料。该项目建设期 2 年，生产经营期 18 年，计算期 20 年。建设投资第一年投入 40%，第二年投入 60%；流动资金从第三年起分 2 年等额投入。第三年投产，生产负荷达到 85%，第四年生产负荷达到 100%。该项目生产的新型 LED 芯片为市场定价的货物，市场价格为 2.1 元/只(含增值税)，该项目正常年份年产量为 18 000 万只，据预测，项目投产后将导致该产品的市场价格下降 5%，而且很可能挤占国内原有厂家的部分市场份额，国内运费均值为 100 元/万只。计算期末回收固定资产余值为 3 500.31 万元。该项目无外部效益和外部费用。该工程项目总投资情况，见案例分析表 9-1。

案例分析表 9-1　项目总投资情况

序号	项目	人民币/万元	外币/万美元
1	建设投资	12 012.90	980.10
1.1	设备及工器具投资	4 466.00	589.00
1.2	建筑工程投资	4 250.00	
1.3	安装工程投资	1 165.00	220.00
1.4	工程建设其他投资	608.00	82.00
	其中：土地费用	122.00	
1.5	基本预备费	1 048.90	89.10
1.6	涨价预备费	475.00	
2	建设期利息	864.00	
3	固定资产投资	12 876.90	980.10
4	流动资金	3 257.00	

美元兑换人民币的外汇牌价为 6.07 元人民币/美元，影子汇率换算系数为 1.08。该项目建筑工程投资影子价格换算系数为 1.1。设备及工器具投资、安装工程投资及除土地费用外的工程建设其他投资中的人民币投资影子价格换算系数均为 1。该项目占用基本农田的机会成本为 82.03 万元，新增资源消耗为机会成本的 40%。基本预备费费率为 10%。该项目应收账款为 2 348 万元，存货为 1 920 万元，现金为 186 万元，应付账款为 1 197万元。

该项目原材料有 A、B、C 三种，原料 A 和 C 为市场定价的外贸货物，其到岸价分别为 693 美元/t 和 340 美元/t，年耗用量分别为 3 万 t 和 1.8 万 t，国内运费为 92 元/t，贸易费率为 6%；原料 B 为非外贸货物，经测定，影子价格为 3 407 元/t，年耗用量 2.23 万 t。

该项目年耗用电力 3 260.5 万 kW·h，年耗用煤炭 2 万 t，年耗用水 332 万 t。电力影子价格为 0.28 元/kW·h，煤炭影子价格为 182 元/t，水影子价格为0.98元/t。年工资及福利费为 270 万元，影子工资换算系数为 0.8；调整后年修理费为 414.51 万元；调整后年其他费用为 2 980.06 万元。该项目建设投资和流动资金投入均在年初发生，其余经济效益和经济费用流量均遵循年末习惯法，社会折现率为 8%。

根据以上资料进行该项目的费用效益分析过程如下。

1. 调整项目投资费用

根据以上数据，进行项目投资费用的调整，调整情况见案例分析表 9-2。

案例分析表 9-2　项目费用效益分析表

序号	项目	财务评价			国民经济评价		
		外币/万美元	人民币/万元	人民币合计/万元	外币/万美元	人民币/万元	人民币合计/万元
1	建设投资	980.10	12 012.90	17 962.11	980.10	11 997.52	18 422.67
1.1	建筑工程费		4 250.00	4 250.00		4 675.00	4 675.00
1.2	设备购置费	589.00	4 466.00	8 041.23	589.00	4 466.00	8 327.25
1.4	安装工程费	220.00	1 165.00	2 500.40	220.00	1 165.00	2 607.23
1.4	其他费用	82.00	608.00	1 105.74	82.00	600.84	1 138.40
1.4.1	其中：土地费用		122.00	122.00		114.84	114.84
1.5	基本预备费	89.10	1 048.00	1 589.74	89.10	1 090.68	1 674.79
1.6	涨价预备费		475.00	475.00			
2	建设期利息		864.00	864.00			
3	流动资金		3 257.00	3 257.00		1 920.00	1 920.00

2. 经营费用估算

根据以上数据，利用影子价格计算该项目的经营费用，具体见案例分析表 9-3。

案例分析表 9-3　项目经营费用估算表

序号	项目	单位	年耗用量	影子价格/元·t^{-1}	年费用/万元
1	外购原材料				26 738.80
1.1	原料 A	万 t	3.00	4 907.61	14 722.84
1.2	原料 B	万 t	2.23	3 407.00	7 597.61
1.3	原料 C	万 t	1.80	2 454.64	4 418.35
2	外购燃料及动力				1 602.30
2.1	电力	万 kW·h	3 260.50	0.28	912.94
2.2	煤炭	万 t	2.00	182.00	364.00
2.3	水	万 t	332.00	0.98	325.36
3	工资及福利费				216.00
4	年修理费				414.51
5	其他费用				2 980.06
1+2+3+4+5					31 951.67

3. 项目直接效益分析

取“有项目”和“无项目”两种情况下市场价格的平均值作为测算影子价格的依据，计算该产品的影子价格为：

$$[2.7\times(1-1.5\%)+2.7]\div 2\div(1+17\%)\times 10\ 000-100=22\ 400(\text{元/万只})$$

则该项目的直接效益为：

$$22\ 400\times 18\ 000\div 10\ 000=40\ 320(\text{万元})$$

4. 项目费用效益评价

编制项目投资经济费用效益流量表，见案例分析表 9-4。

案例分析表 9-4　项目投资经济费用效益流量表

序号	项目	合计/万元	时点					
			建设期			生产期		
			0	1	2	3	4～19	20
1	效益流量	725 132.31				34 272.00	40 320.00	45 740.31
1.1	项目直接效益	719 712.00				34 272.00	40 320.00	40 320.00
1.2	回收固定资产余值	3 500.31						3 500.31
1.3	回收流动资金	1 920.00						1 920.00
2	费用流量	622 631.64	7 369.07	11 053.60	28 118.92	3 2911.67	31 951.67	31 951.67
2.1	建设投资	18 422.67	7 369.07	11 053.60				
2.2	流动资金	1 920.00			960.00	960.00		
2.3	经营费用	602 288.97			27 158.92	31 951.67	31 951.67	31 951.67
3	净效益流量	102 500.67	−7 369.07	−11 053.60	−28 118.92	1 360.33	8 386.33	8 386.33

根据上表，计算经济内部收益率为 13.46%，经济净现值为 21 126.97 万元。该项目经济净现值 $ENPV>0$，经济内部收益率 $EIRR>8\%$。因此，从资源配置效率角度，该项目具有经济合理性。

[案例思考]

1. 在该项目的费用效益分析中，土地的影子价格和投入物 A 的影子价格是如何计算的？

2. 该项目所生产的 LED 芯片影子价格为什么不包含增值税。

思考题

1. 什么是项目国民经济评价？其评价的意义何在？
2. 简述国民经济评价与财务评价的区别和联系。
3. 什么是影子价格？影子价格有哪些计算方法？在国民经济评价如何确定？
4. 简述国民经济评价的步骤。
5. 国民经济评价的计算指标有哪些？
6. 工程项目国民经济评价的经济净现值不小于零的经济意义是什么？

本章习题

1. 某项目财务评价中非技术性工种劳动力的平均工资和福利费为 945 元/月，其影子工资换算系数为 0.8。求该项目中非技术性工种劳动力的影子工资。

2. 某进口产品，其国内现行价格为 216 元/t，其影子价格换算系数为 2.36，国内运费及贸易费为 38 元，人民币对某外币的影子汇率为 6.0。求该进口产品用外币表示的到岸价格 CIF。

3. 某项目 M 的投入物为 G 厂生产的 A 产品，由于项目 M 的建成使原用户 W 由 G 厂供应的投入物减少，一部分要靠进口，已知条件如下：M 距 G 100 km，G 距 W 130 km；W 距港口 200 km，进口到岸价为 300 美元/t，影子汇率 9 元人民币/美元，贸易费按采购价的 6%计算，国内运费为 0.05 元/t · km。求项目 M 投入物到厂价的影子价格。

第10章 价值工程

【本章提要与学习目标】

价值工程,也称价值分析,是通过各相关领域的协作,对研究对象的功能与费用进行系统分析,研究如何以最低寿命周期成本,来实现对象(产品、作业或服务等)的必要功能,旨在提高其价值的一种有组织的技术经济管理思想和管理技术。本章主要介绍价值工程的对象选择及信息资料收集,功能分析与功能评价,方案创造与方案评价以及价值工程在工程项目方案评选中的应用。

通过本章的学习,要求理解价值工程的基本原理、熟悉价值工程对象的选择和信息资料收集;掌握功能分析和功能评价的方法;了解方案创造与评价及价值工程的应用。

10.1 价值工程概述

10.1.1 价值工程的产生与发展

价值工程产生于20世纪40年代的美国,创始人是美国通用电气公司采购部门的设计工程师麦尔斯。第二次世界大战期间,美国军工生产极度膨胀,造成原材料供应不足,给民用生产带来极大困难。麦尔斯发现人们使用某种材料的目的,并不在于此种材料本身,而在于它所具有的功能。因此,可以用具有相同功能且价格低廉的代用品取代原有价格昂贵的材料。从这一指导思想出发,麦尔斯提出一套正规的方法,在该方法中,工作人员按小组审查该公司制造产品的功能(功能分析),通过小组人员的创造性和创造技法来改革产品,降低了产品成本而不影响其效用。这套方法就是价值分析(Value Analysis,VA)。尽管所用的大部分技术不是新的,但功能分析方法的基本原理是独特的。1947年,麦尔斯把这些研究成果发表在《美国机械师》上,此举标志着价值分析的正式产生。此后,价值工程在工程设计和施工、产品研究开发、工业生产、企业管理等方面取得了发展,产生了巨大的经济效益和社会效益。

我国从1978年开始推广价值工程,许多企业积极学习,从寻找替代材料、改进产品设计、改进工艺方案,到指导新产品的开发与设计等方面,都取得了较好的经济效益。1987年,价值工程作为管理标准中的国家标准正式颁布。

10.1.2 价值工程的原理

10.1.2.1 价值工程的概念

价值工程是以提高研究对象价值和有效利用资源为目的,通过有组织的创造性工作,寻求用最低的全寿命周期成本,可靠地实现所研究对象的必要功能,以获得最佳综合效益的一种管理思想和管理技术。其中,价值工程中“工程”的含义是指为实现提高价值的目标所进行的一系列分析研究的活动。

10.1.2.2 价值工程的基本要素

价值工程与一般的投资决策理论不同，一般的投资决策理论研究的目的是如何提高项目的投资效果，强调项目的可行性，而价值工程是研究获得研究对象必要功能时如何省时、省钱、省力的技术经济分析方法，以功能分析和功能改进为研究重点。在价值工程的定义中，要真正理解价值工程的含义，必须明确价值工程的三个基本要素及关系：价值、功能和全寿命周期成本。

（1）价值

价值工程中所述的“价值”是一个相对概念，是指价值工程研究对象所具有的功能与形成功能的费用之比。它是衡量一个研究对象经济效益高低的尺度，可以用表示为：

$$V=\frac{F}{C} \tag{10-1}$$

式中 V——价值；

F——研究对象的功能；

C——获得相应功能的全寿命周期成本，即从研发、设计、试验、试制、生产、销售、使用、维修直到报废所支出费用的总和。

从公式中我们可以看出，价值工程中的价值是一种比较价值或相对价值的概念，对象的效用或功能越大，成本越低，价值就越大。

（2）功能

价值工程中的“功能”是指对象能够满足某种要求的一种属性，可解释为用途、效能、作用等。例如，住宅的功能是提供居住空间，建筑物基础的功能是承受和传递荷载等。以产品来说，人们在市场上购买商品的目的是购买它的功能，而非产品本身的结构。例如，人们买彩电，是因为彩电有“收看彩色电视节目”的功能，而不是单纯为了买它的集成元件、显像管等元器件。企业生产的目的，是通过生产获得用户所期望的功能，而结构、材质等是实现这些功能的手段。价值工程分析研究对象，首先是分析其功能，而不是分析其结构。在分析功能的基础上，再去研究结构、材质等问题。

价值工程自始至终都要求围绕用户要求的功能，对事物本质进行思考。功能是各种事物所共有的属性。根据功能的不同特性，可做如下分类。

① 按功能的重要程度分类，一般可分为基本功能和辅助功能。基本功能是指实现该对象的用途必不可少的功能，是对象的主要功能，如果不具备这种功能，对象就失去其存在的价值。例如承重墙的基本功能是承受荷载。辅助功能是为了更有效地实现基本功能而添加的功能，是次要功能，是为了实现基本功能而附加的功能。

② 按功能的性质分类，功能可划分为使用功能和美学功能。使用功能从功能的内涵上反映对象使用属性，而美学功能是从其外观反映功能的艺术属性。无论是使用功能还是美学功能，它们都是通过基本功能和辅助功能来实现的。对象的使用功能和美学功能要根据对象的特点而有所侧重。有的对象突出其使用功能，例如地下电缆、地下管道等；有的对象突出其美学功能，例如墙纸、壁画等。当然，很多对象两种功能兼而有之，例如手表。

③ 按功能的量化标准分类，功能可分为过剩功能和不足功能。过剩功能是指对象具有的超过满足用户需求或标准功能水平的功能。不足功能是相对于过剩功能而言的，表现为对象功能水平低于标准功能水平，不能完全满足用户需要。不足功能和过剩功能是价值工

程的主要研究问题。

④ 按用户的需求分类，功能可分为必要功能和不必要功能。必要功能是指用户所要求的功能以及实现用户所需求功能有关的功能，使用功能、美学功能、基本功能、辅助功能等均可能成为必要功能；不必要功能是指不符合用户要求的功能。不必要功能包括三类：一是多余功能，二是重复功能，三是过剩功能。不必要的功能很可能产生不必要的费用，这不仅增加了用户的经济负担，而且还浪费了资源。因此，价值工程所指的功能，通常指必要功能，即充分满足用户要求的功能。

⑤ 按总体与局部分类，功能可划分为总体功能与局部功能。总体功能和局部功能是目的和手段的关系，对象各局部功能是实现对象总体功能的手段，而对象的总体功能又是产品各局部功能要达到的目的。

上述分类有助于分辨、确定研究对象各种功能的性质和重要程度。价值工程正是抓住研究对象功能这一本质，通过对其功能的分析研究，正确、合理地确定研究对象的必要功能、消除不必要功能，加强不足功能、削弱过剩功能，改进设计，降低对象成本。因此，可以说价值工程是以功能分析为中心，在可靠地实现必要功能基础上考虑如何降低对象成本。

（3）成本

对于成本的理解，需要把握以下两个方面：

① 对象的成本是寿命周期成本，由生产成本和使用成本组成。

从对象被研究开发、设计制造、用户使用直到报废为止的整个时期，称为对象的寿命周期。一般分为自然寿命和经济寿命。价值工程一般以经济寿命来计算和确定对象的寿命周期。

产品寿命周期成本是指为实现和使用产品的功能所支付的全部费用，即从产品被研究开发、设计制造、销售使用直到停止使用的经济寿命期间所发生的各项费用之和。产品的寿命周期成本包括生产成本和使用成本两部分，即 $C=C_1+C_2$。如图 10-1 所示，生产成本是产品在研究开发、设计制造、运输施工、安装调试过程中发生的成本；使用成本是用户在使用过程中所发生的费用总和，包括产品的维护、保养、管理、能耗等方面的费用。

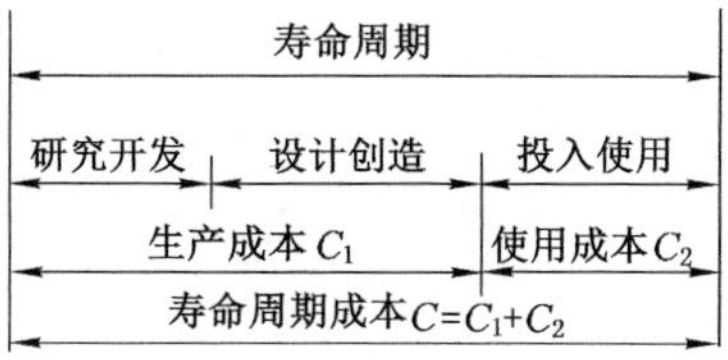

图 10-1　寿命周期与寿命周期成本的关系图

产品的寿命周期成本与产品的功能有关。如图 10-2 所示，在一定的技术水平下，生产成本与产品的功能呈正比关系，使用成本与产品的功能呈反比关系；图 10-2 中寿命周期成本呈马鞍形变化，寿命周期最小值 C_{min} 所对应的功能水平是从成本方面考虑的最适宜功能水平。

② 价值工程中的成本，指实现功能所支付的全部成本或费用。

价值工程中的成本计算是以功能为对象进行的。一般一个产品往往包含许多零部件，

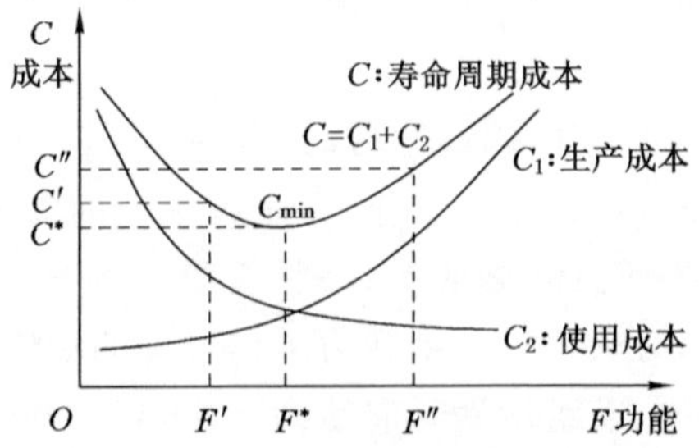

图 10-2　寿命周期成本与功能的关系图

且有多个不同的功能,其中的一个功能可能由一个或多个零部件实现,一个零部件可能有一个或多个功能。价值工程中的成本,计算的是功能成本。当一个功能由多个零件实现时,可将各零件成本相加得到功能成本;当一个零件具有多个功能时,可根据该零件花费在各种功能上的实际成本进行分摊,这与一般财会工作中的成本计算是有区别的。

10.1.2.3　提高价值途径

根据价值的公式,提高价值的途径可以通过下列5种途径实现,见表10-1。

(1) 成本降低,功能提高,其价值大大提高;

(2) 功能不变,成本降低,其价值提高;

(3) 成本不变,功能提高,可使价值提高;

(4) 成本略有提高而使功能大大提高,其价值也提高;

(5) 功能降低一点,成本大大降低,其价值也提高(功能降低必须在顾客允许的范围之内)。

表10-1　提高价值的途径

途径	依据	适用范围	措施
(1) $V\uparrow\uparrow=\frac{F\uparrow}{C\downarrow}$	顾客喜欢"物美价廉"的产品	新产品设计,老产品更新,重大技术革新项目	采取新技术、新工艺、新材料、新方法
(2) $V\uparrow=\frac{F\rightarrow}{C\downarrow}$	顾客在功能相当的前提下,总是选择价格便宜的	已定型产品,质量较稳定产品,功能基本满足了用户要求的产品	用采取新技术等手段降低成本
(3) $V\uparrow=\frac{F\uparrow}{C\rightarrow}$	顾客在价格相当的前提下,总是选择质量好者	功能不足的产品,质量较差的产品,竞争能力差的产品	用采取新技术等手段增加功能
(4) $V\uparrow=\frac{F\uparrow\uparrow}{C\uparrow}$	顾客喜欢多功能、新颖的产品	高档产品,新型产品,特殊功能产品	采用新构思、新技术、新材料等
(5) $V\uparrow=\frac{F\downarrow}{C\downarrow\downarrow}$	顾客喜欢"经济实惠"的产品	消耗产品,特别是一次性使用的消耗品	以简代繁,以差代好

10.1.2.4　价值工程的特点

(1) 价值工程的目标是提高价值,满足用户的需求。因此,必须从对象功能和成本的关系上考虑问题,以最低的全寿命周期成本实现对象必要功能。

(2) 价值工程的核心是进行功能分析,必须以使用者的功能需求为出发点,采用系统的观点和方法进行深入研究。

(3) 价值工程致力于提高价值的创造性活动,强调不断改革和创新,开拓新构思和新途径,侧重于在对象的研制与设计阶段开展工作,寻求技术上的突破。

(4) 价值工程是以集体的智慧开展的有计划、有组织的管理活动。价值工程研究的问题涉及对象的整个寿命周期,必须组织一个智力结构合理的集体,共同研究,发挥集体智慧、经验和积极性,有计划、有领导、有组织地开展活动,以达到提升对象价值的目的。

10.1.3 价值工程的工作程序

价值工程的执行过程,实质是一个分析问题、发现问题、解决问题的过程。图 10-3 所示为价值工程的执行过程。可以看出,价值工程可分为两个大的阶段。第一个阶段是发现和分析问题;第二个阶段是解决问题。对于一个产品或零部件,对其进行价值分析是通过提问展开的,通常可提出表 10-2 中的 8 个问题。价值工程的实施步骤可分为功能定义、功能评价、创造新方案三个基本步骤,而将这三个步骤再具体化,即表 10-2 所列的 11 个详细工作步骤。

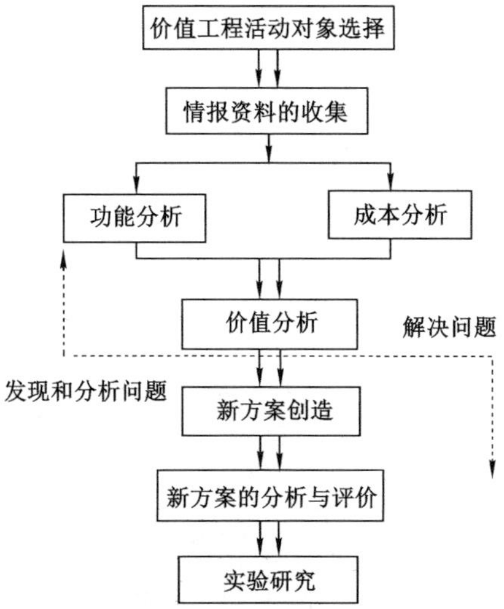

图 10-3 价值工程执行过程

表 10-2 价值工程的工作程序

决策的一般程序	价值工程实施步骤		价值工程提问
	基本步骤	详细步骤	
分析	(1) 功能定义	收集信息资料	这是什么?
		功能定义	它的作用是什么?
		功能整理	它的必要功能是什么?
	(2) 功能评价	功能成本分析	它的成本是什么?
		功能评价	它的价值是多少?
		选择对象范围	

表 10-2(续)

<table>
<tr><th rowspan="2">决策的一般程序</th><th colspan="2">价值工程实施步骤</th><th rowspan="2">价值工程提问</th></tr>
<tr><th>基本步骤</th><th>详细步骤</th></tr>
<tr><td rowspan="5">综合评价</td><td rowspan="5">(3) 创造新方法</td><td>方案创造</td><td>有无其他具有同样作用的方案?</td></tr>
<tr><td>初步评价</td><td>它的成本是多少?</td></tr>
<tr><td>具体化调查</td><td rowspan="3">它能可靠地实现必要功能吗?</td></tr>
<tr><td>详细评价</td></tr>
<tr><td>提案审批</td></tr>
</table>

10.2 对象选择及信息资料收集

10.2.1 价值工程分析对象的选择

开展价值工程首先要确定对象。价值工程研究的对象是物品或工作。物品包括产品、零部件、工具、夹具等;工作包括工程、作业、工艺、工序、管理、机关服务等。凡是这些物品或工作都可选为研究的对象。

10.2.1.1 价值工程分析对象的选择原则

企业应根据自己的发展方向、经营目的、存在的问题,薄弱环节来选择价值工程对象,以提高生产率、提高质量、降低成本、提高价值和提高经济效益为目标。

初涉价值工程的单位,选择对象应先易后难,先小后大,先从比较熟悉而有改进潜力的地方入手,取得经验,逐步扩大选择范围。优先选择下列项目:

(1) 同企业的发展方针密切相关,适应社会需要的项目;

(2) 投入的人力、物力、财力不多,预计在短期内可以取得成果的项目;

(3) 有明显的改进余地,节约潜力较大,或积累效益较多的项目;

(4) 信息资料较齐全,目标比较明确,有发展前途的项目;

(5) 具备某方面的技术管理人才,对某些问题有改进能力,并预计成功率较高的项目。

根据上述原则,再从不同角度寻找问题,列出清单,然后按轻重缓急作出安排。

10.2.1.2 价值工程分析对象的选择方法

(1) 寿命周期分析法

对于任何一个产品来讲,都有一个从研制、生产、使用到被淘汰的过程,我们称之为产品的寿命周期。

任何一种产品的寿命周期都可以分为投入期、成长期、成熟期和衰退期四个阶段。反映产品寿命周期不同阶段产品销售量或需求量变化的曲线,称为产品寿命周期曲线,如图 10-4 所示。产品处于不同阶段,其销售量和盈利情况会有很大的差别,企业对不同阶段所采取的策略也不同。因此,企业应经常对产品处于哪个阶段进行分析,以便正确地选择价值分析的重点对象。

① 投入期

投入期是指新产品研制成功投产后,初步投入市场开始销售的阶段。由于顾客对产品

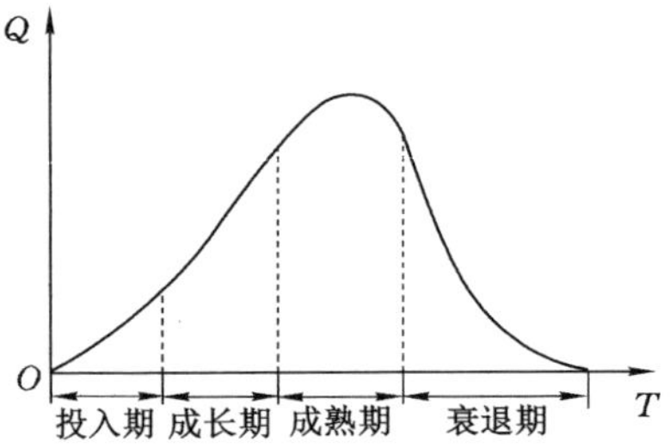

图 10-4　产品寿命周期曲线

认识不够，使之销售量增长幅度缓慢，销售前景不明朗。此时，应选择成功可能性大的产品。通过价值工程活动，重点分析如何使产品获得较好的工艺性，从而提高产品的质量和可靠性，努力实现用户所需求的功能。

② 成长期

产品成长期，此时期销售量迅速增加，曲线呈上升趋势，企业在这个时期已投入了一定量的资金，还将继续投资。市场上生产此种产品的厂家增加，销售竞争加剧。为了提高产品的竞争力，使企业多获利，应选择成本高、竞争激烈的产品作为价值分析的对象。

③ 成熟期

产品到达成熟期时，销售量最大，成本最低，利润最高。为保证利润，企业可以通过改变式样、改进质量、提高功能等办法延长成熟期。应着重新产品的研制和老产品的改造。图 10-5即为产品寿命周期延长的情况。

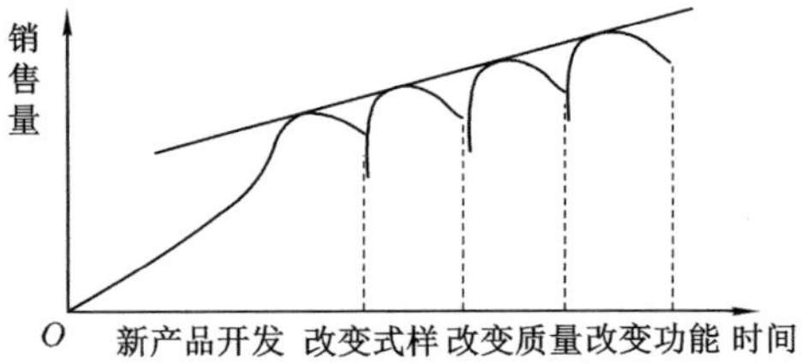

图 10-5　产品寿命周期的延长曲线

④ 衰退期

产品一旦进入衰退期，销售量迅速下降，企业纷纷转产。此时价值工程的研究对象应以用户要求为基准，研究老产品的价值改善，以延长寿命周期。

(2) ABC 分类法

ABC 分类法是意大利经济学家巴雷特提出的，故又称巴雷特分析法。它是根据研究对象在技术或经济上的主要特征，进行分类排队，分清重点和一般，从而有区别地实施管理的一种科学的定量分类管理方法。其基本原理为“关键的少数和次要的多数”，抓住关键的少数可以解决问题的大部分。在价值工程中，这种方法的基本思路是：首先将一个产品的各种零件(或企业的各种产品)按成本的大小，从大到小依次排列，然后，分别求出各零件的累计成本和累计成本所占百分比，零件累计件数和累计件数所占百分比，最后，绘成成本累计分配图，如图 10-6 所示，然后分出 A、B、C 三类，划分参考值见表 10-3。其中 A 类零部件是价值工程的主要研究对象。

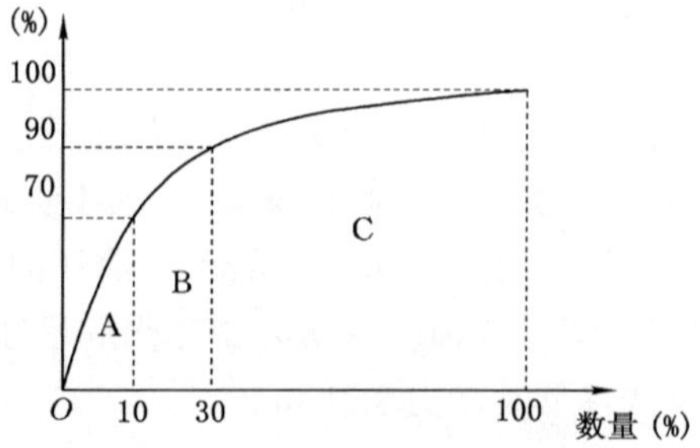

图 10-6　ABC 分析曲线

表 10-3　A、B、C 类别划分参考值

分类	数量占总数的百分比	成本占总成本的百分比
A类	10%左右	70%左右
B类	20%左右	20%左右
C类	70%左右	10%左右

【例 10-1】 某产品由 10 个零件组成，有关情况见表 10-4。试用 ABC 分类法确定该产品中可能作为价值工程研究对象的零件。

解：根据有关资料，绘制 ABC 分类表，见表 10-4。由此，A、B 两类零件应考虑作为价值工程分析的对象。

表 10-4　某产品 ABC 分类法

零件序号	零件名称	零件成本	件数	累计				分类
				件数	占零件总数(%)	成本	占成本总额(%)	
1	A	120	1	1	10	120	32.9	A
2	B	100	1	2	20	220	60.3	
3	C	30	1	3	30	250	68.5	B
4	D	28	1	4	40	278	76.2	
5	E	26	1	5	50	304	83.3	
6	F	15	1	6	60	319	87.4	C
7	G	12	1	7	70	332	90.1	
8	H	12	1	8	80	344	94.2	
9	I	11	1	9	90	355	97.3	
10	J	10	1	10	100	365	100	
合计		365	10		100	365	100	

ABC 分类法的优点是能抓住重点，把占成本比重大的零部件或工序选为价值分析对象，利于集中精力、突破重点，以取得较大成果，同时简便易行。但在实际工作中，有时由于

成本分配不合理,造成成本比重不大但用户认为功能重要的对象可能被漏选,这一缺点可以通过经验分析法、强制确定法等方法来补充修正。

(3) 百分比分析法

百分比分析法是一种通过分析产品对两个或两个以上技术经济指标的影响程度的大小(百分比),来选择价值工程对象的方法。例如,某厂生产用的动力消耗大大超过同类企业的一般水平。开展价值工程活动时,首先分析各产品动力消耗的比重,见表10-5;然后与各产品的产值比重进行比较,发现A、C两种产品动力消耗比重超过产值比重,遂确定A、C两产品为价值工程分析对象,设法降低其动力消耗和成本。

表10-5　各产品动力消耗比重与产值比重

产品	A	B	C	D	E	F	G	合计
动力消耗比重(%)	34	29	17	10	5	3	2	100
产值比重(%)	26	36	12	12	7	4	3	100

百分比法的优点是,当企业在一定时期要提高某些经济指标且拟选对象数目不多时,具有较强的针对性和有效性。缺点是不够系统和全面,有时为了更全面、更综合地选择对象,百分比法可与经验分析法结合使用。

(4) 强制确定法

强制确定法,又称评定价值系数法。它包括"01"评分法和"04"评分法以及环比评分法,在价值工程对象选择、功能评价和方案评价中都可以应用。

在对象选择中,先求出分析对象的功能系数、成本系数,然后得出价值系数,以揭示出分析对象的功能与成本之间是否相符。如果不相符,价值系数低的被选为价值工程研究对象,价值系数等于1的不作为价值工程研究对象,价值系数大于1的视具体情况而定。

功能评价系数=每个对象的功能得分÷各个对象的功能得分和

成本系数=每个对象的成本÷各个对象的成本和

价值系数=功能评价系数÷成本系数

强制确定法从功能和成本两方面综合考虑,比较适用、简便,不仅能明确揭示出价值工程的研究对象所在,而且具有数量概念。但这种方法缺点是根据价值系数偏离1的程度决定对象选择的优先顺序,有时不能有效选出对提高价值影响更大的对象。而且一次分析的零件数目也不能太多,以不超过10个为宜。在零部件很多时,可以先用ABC分类法、经验分析法选出重点零件,再用强制确定法细选;也可以用逐层分析法,从部件选起,然后在重点部件中选出重点零件。

(5) 最适合区域法

选择改善对象的方法有许多,最常用的方法之一是最合适区域法。

最合适区城法是田中于1973年提出的,该方法在根据价值系数确定价值工程对象时,还考虑到了由于对象的功能重要度系数与成本系数的绝对值不同对产品价值的实际影响有很大差异这一因素。

由 $V=F/C$ 可知,当价值系数 $V=1$ 时是最理想的,也就是说,该对象所分配的成本和其提供的功能相当,事实上这是很少有的。通常情况下,价值系数 V 不是大于1就是小于 1。这样就提出了一个在价值系数 V 很少等于 1 的情况下，根据价值系数选定价值工程对象的最合适区域法。如果以成本系数 c 为横坐标，以功能重要度系数 f 为纵坐标，如图 10-7 所示，则与横坐标轴成 45°角的直线即是 $V=1$ 的理想价值线。围绕该线有一朝向原点由两条曲线包围的喇叭形区域，称为最合适区域。凡落在这个区域的对象，其功能与成本是适应的，可不必作为 VE 对象，在合适区域外的点，特别是远离曲线的点，都应优先列为 VE 对象。

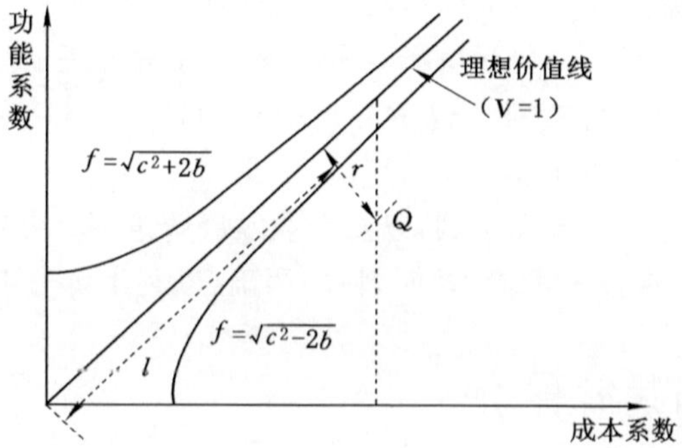

图 10-7 最适合区域图

田中认为，离原点越远的点，允许的差异应越小，即距离标准线 $V=1$ 的距离越小。设有一任意点 Q，其坐标为(c,f)，由图 10-7 可看出，Q 离原点越远，即 l 越大，意味着其功能及成本系数的绝对量越大，改善的余地大，故应作为重点改善对象；反之，若离远点近，说明对全局的影响小，属于次要改善对象。同时，Q 点距离 $V=1$ 线的垂直距离 r 越大，表示与标准线的偏离越大，改进的余地也越大，应作为重点改善目标。因此，可用 l 与 r 的乘数综合反映 Q 点的这两个因素。令 $b=rl$ 为一个定值，则包括 Q 点所存在区域的两条曲线的方程式为：

$$f=\sqrt{c^2-2b} \qquad f=\sqrt{c^2+2b}$$

其中：

$$b=\frac{1}{2}|c^2-f^2| \tag{10-2}$$

式中 f——功能系数；

c—— 成本系数；

b——设定参数，它影响区域的宽窄。

根据上式所画出的区域就是田中的最合适区域，这种方法称为最合适区域法。

10.2.2 信息资料收集

当价值工程活动的对象选定以后，就要开展信息资料收集工作了，这是价值工程不可缺少的重要环节。收集信息资料的目的是为分析研究问题，为决策提供依据。信息资料的准确性和时效性通常对工作的成败至关重要。通过对信息资料的分析对比，可以打开思路，激发人们的灵感，找到解决问题的方法，制订改进方案。

开展价值工程活动需收集的信息资料涉及许多方面的内容，一般应围绕研究对象进行，并对收集到的信息进行分类、整理。一般包括下述几方面的内容：

(1) 用户方面的信息资料。包括用户使用产品的目的、使用条件和环境，使用中产品的故障和事故及用户对改进产品性能、产品价格、售后服务等方面提出的要求。用户的要求和意见是开展价值工程活动的出发点。

(2) 科学技术方面的信息资料。包括产品的产生和发展演变历史,国内外同类产品的有关技术资料(技术规范、质量标准、设计图纸、有关文献等),有关新材料、新工艺、新技术、标准化和科研方面的新动态。

(3) 生产方面的信息资料。包括零件、产品的生产工艺要求及有关信息,生产组织和管理方面的情报以及生产中存在的问题。

(4) 供应方面的信息资料。包括原材料、产品配件、外协加工等方面的情况。

(5) 销售方面的信息资料。包括市场竞争状况,产品销售特点、营销策略、需求预测等。

(6) 成本费用方面的信息资料。包括各种材料的价格、消耗定额、包装、存储、运输费用、生产加工费用、外部协作的成本等。

(7) 政府和国家的有关法规和条例,以及产业发展政策等。

总之,收集信息资料要注意准确、及时、目的明确,以利于价值工程活动的分析研究。

10.3 功能分析与功能评价

功能分析是价值工程的核心。用户购买一个产品,是为了产品的某一特殊功能。用户在心目中评价的"价值"是产品的特殊功能与购买这一产品的费用是否相当。价值工程以用户所需要的功能为出发点,研究成本与功能之间的关系。所谓功能分析与评价则是通过对功能下定义、对功能进行整理、对功能进行评价这一系列活动,来达到用最少的成本去实现必要功能的目的。

10.3.1 功能定义

10.3.1.1 功能定义的概念

什么是定义? 定义就是"指出概念所反映的对象的本质属性"。

功能定义是把研究对象的功能用准确简洁的语言加以描绘,以区别各产品或部件之间的特性。不同的产品有不同的用途,而同一产品中不同的零件所起的作用也不同,功能定义,其实质就是寻找这些功能的过程。

10.3.1.2 功能定义的目的

(1) 明确所要求的功能。价值工程的根本问题,是摆脱以事物(产品结构)为中心的研究,转向以功能为中心的研究,这是价值工程取得成功的必要条件。要从产品的具体结构转向功能,必须彻底搞清并正确掌握用户所要求的功能,而这一点不进行功能定义是无法实现的。

(2) 使功能评价容易进行。功能评价是比较产品和零件的功能与成本的关系,看其是否匹配。要比较功能与成本的关系,不仅要彻底搞清产品和零件的功能,而且要把功能定量地表达出来。如果不进行功能定义或者功能定义做得不好,就会给功能评价带来困难而使价值工程活动无法继续进行。

(3) 扩大设计思路。价值工程的目的是要创造出价值高的方案来,这不是研究现行方案能够解决的问题,而应从产品的功能出发。如果只考虑现行的结构,就会束缚思想。有了功能的定义,就可以抛开原来的结构,开阔设计思路。

10.3.1.3 功能定义的方法

对功能下定义时要体现功能定义的目的,即用简洁的语言表达功能;定量地表达功能;

为达到开阔思路而抽象地表达功能。

（1）功能定义用一个动词和一个名词表达即所谓的双词法。功能定义是价值分析的基础，如果功能表达不清楚，必然为下面的功能分析和方案创造带来困难。因此，定义时要力求简洁、明确、肯定、不能含糊。通常是用一个动词加一个名词表达。如同一个句子中主语后边的谓语和宾语。例如：手表的功能是"指示时间"。有时为了能够表达得清楚，须加形容词予以补充，但应尽量简洁，能不用的尽量不用。

（2）动词要尽量用抽象的词汇。动词使用好了，进行方案创造时思路就开阔，反之就会限制思路，不利于提出好的方案。

例如，在对钻孔这一用户需要进行功能定义时，可有多种定义，如下所示：

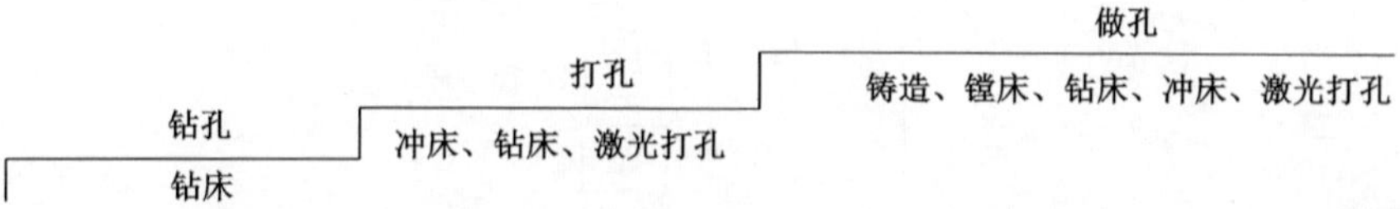

定义越抽象，思路就越开阔。如果将其定义为钻孔，则立即会想到用钻床钻孔；若定义为打孔，则会想到，不仅钻床可打孔，激光、冲床均可打孔；若再定义为做孔，则铸造、镗床可以做孔。

（3）名词要尽量用可测定的词汇。这样有利于对功能进行定量化。例如：

物品名　　　　功能定义

桌腿　　　　　支承重量（桌面）

给桌腿的功能下定义为支承重量比支承桌面要好很多。

下面是小型手电筒的功能定义，见表10-6。

表10-6　小型手电筒的功能定义

编号	零件	零件功能
1	盖	连接导体（决定回路元件位置）
2	灯泡	发光，支承灯丝，流通电流
3	开关	接通触电，切断触电
4	开关弹簧	构成触点，构成回路，流通电流
5	止动弹簧	构成触点，构成回路，流通电流
6	外壳	容纳电池，固定底板
7	底簧	保持接触，流通电流

从表10-6小型手电筒的定义中可以看出，同一个零件可以有几个功能，而一个功能又可以由几个零件来完成。

10.3.2　功能整理

功能整理使用的技术是比塞韦在1965年开发的功能分析系统技术。此技术把双词功能定义按照目的和手段排列成层次结构。这个层次结构根据产品存在的理由或基本功能来扩展，把实现一项基本功能所必需的所有功能的相互关系直观地显示出来。它是一个树形图，以层次结构的方式描绘功能之间的相互关系。

10.3.2.1　功能整理的概念

在功能定义阶段，对于对象产品必须实现的功能，以及每个零部件的功能，要逐个加以明确，并下定义。这些已经明确下了定义的各个功能，是不能各自单独存在的。为了实现整体功能，各个功能之间应该有一定的内在联系，通过功能整理搞清楚各个功能之间的内在关系是从属关系，还是并列关系，然后绘制功能系统图，如图 10-8 所示。功能的从属关系是目的和手段的关系。通过功能系统图，就能搞清楚它是通过怎样的一个功能系统来实现产品所要求的功能。

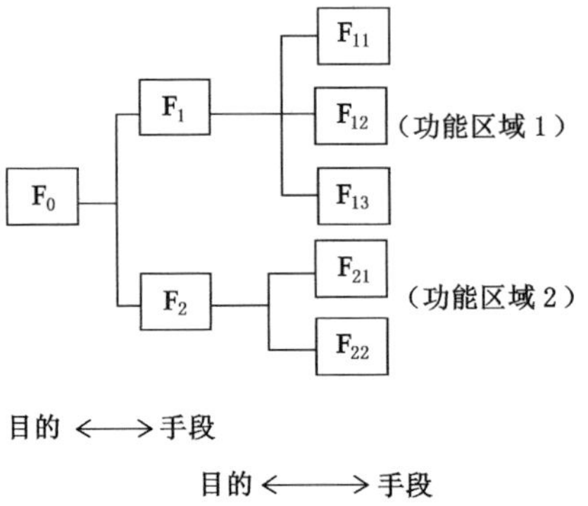

图 10-8　功能系统图基本模式

从图 10-8 的功能系统图可见：

(1) 功能之间的关系是通过上位功能和下位功能的位置表现出来的，上位功能是下位功能的目标，而下位功能是上位功能的手段。例如，图中 F_1 相对于 F_0 是下位功能，F_0 是 F_1 的上位功能，而 F_1 相对于 F_{11} 是上位功能，F_{11} 是 F_1 的下位功能。实现 F_{11}、F_{12}、F_{13} 功能的目的是为了实现 F_1 功能，而实现 F_1、F_2 功能的目的是为了实现 F_0，或者说 F_0 功能的实现手段是 F_1、F_2，其余类推。

(2) 全部功能划分为几个功能区域，图 10-8 中划分为两个功能区域。

产品愈复杂，功能之间的联系也愈复杂。如果不从功能的角度去研究分析问题，就不可能掌握必要功能，发现不必要功能，也看不清功能之间的相对重要性，更提不出设计的最佳方案。所谓功能整理，就是按照一定的逻辑体系，把各个构成要素的功能相互连接起来，绘制功能系统图，从局部功能和整体功能的相互关系分析研究问题，以便掌握必要功能，发现和消除不必要功能，明确功能改善区域。

10.3.2.2　功能整理的方法

我们按照目的与手段，上位与下位之间的功能关系，以及功能之间的并列关系来整理产品的功能，这就是产品功能的逻辑体系。

根据功能之间的逻辑关系，进行功能整理可有两种方法：

(1) 从产品的最终目的开始。可以提出这样的问题："此功能是通过什么办法实现的？"由此追问出其手段功能，然后再以这一手段功能为目的，进一步追问其手段，如此一步步地提出问题，步步地将其全部功能整理出来。此种方法多用于新产品的开发设计，因为一般的新产品并无固定结构，通常是用户提出对最终功能的要求。

(2) 从产品的具体结构即从最终手段开始。提出这样的问题:"此功能的目的是什么?"以此推出其目的功能,再以目的功能为手段,进一步提问,直到追问出最终功能为止。通常在老产品改造中使用这种方法,因为老产品改造,许多是从某一具体结构存在的问题入手分析的。

10.3.2.3　功能系统图的绘制

功能整理就是绘制功能系统图。功能系统图不仅能表示设计的意图或设计构思和隐藏在产品里面的功能体系,而且能表示用户的要求和实现这种要求的构思。功能系统图可详可略,根据需要而定。因为绘制一个产品全面详尽的功能系统图是一件很费力费时的工作,不是十分必要时不一定都绘制出来,可以分系统、分级、分段地进行。另外,同一产品如从不同角度分析,可以有不同的功能系统。因此,功能系统并无唯一答案,因分析目的而异。

功能系统图是产品及其组成零件、部件功能的一览图。这张图明了产品最终目的和最终用途,也表明了实现产品最终目的和最终用途的全部手段,即各零部件的功能。

图10-9是以小型手电筒的功能整理为例画出的功能系统图。

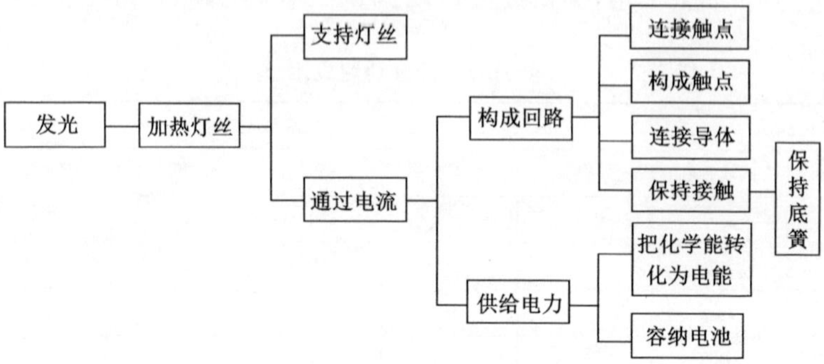

图10-9　小型手电筒的功能系统图

10.3.2.4　功能整理的目的

(1) 掌握必要的功能;

(2) 发现和消除不必要的功能;

(3) 审查功能定义的正确性;

(4) 明确功能区域;

(5) 明确变革的着手点。

通过功能整理可知道应该抓哪一级功能来改变其实现的方法比较合适,能明确变革的着手点。一般,越是以上一级功能为变革对象,价值就越有可能较大幅度地提高;越是以下一级功能为变革对象,虽然改进方案易于具体化,但改善的价值范围幅度却比较小。

10.3.2　功能评价

完成了研究对象的功能分析以后,就应该评价研究对象(各子功能)的功能价值,即所解答的问题是"成本是多少"和"价值是多少"。其目的是找出低价值功能区域,明确需要具体改进的功能范围,将实现功能的最低成本作为功能目标成本(即功能评价值),并与功能的现实成本进行比较,求出两者的比值(功能价值)和两者的差值(改善期望值),然后选择功能价值低、改善期望值大的研究对象作为价值工程活动的重点对象。

功能评价的基本步骤如下:

(1) 求功能评价值(或功能重要性系数);

(2) 确定功能现实成本(或功能成本系数);

(3) 计算功能价值系数;

(4) 计算成本降低幅度,即改善期望值;

(5) 选择功能价值低、改善期望值大的对象作为价值工程研究对象。

10.3.2.1　功能现实成本的确定

确定功能现实成本的方法可用列表法来进行。表 10-7 中,假设要计算 $F_1 \sim F_6$ 功能的现实成本,这 6 种功能是由 4 种构成要素(或零部件)来实现的。首先将各构成要素的名称和成本填入表中,然后将功能填入表中,把各构成要素的现实成本逐一分摊到有关功能上去,分摊的比例按功能的重要程度来确定。如 B 要素有 4 种功能 F_2、F_3、F_4 和 F_6,但 F_4 所起的作用是 F_2 的 4 倍、F_6 的 2 倍、F_3 的 200/150 倍,因而按照这一比例,将 B 要素的成本 500 元分摊给 F_2 50 元、F_3 150 元、F_4 200 元、F_6 100 元。最后将各项功能分摊的成本加以汇总,得出 $C_1 \sim C_6$ 功能目前成本,例如功能 F_1 分摊到成本 C_1 为 150 元。

表 10-7　计算功能成本

构成要素			功能或功能区域					
序号	名称	成本/元	F_1	F_2	F_3	F_4	F_5	F_6
1	A	300	100		100			100
2	B	500		50	150	200		100
3	C	140	50	40			50	
4	D	60				40		20
合计		C	C_1	C_2	C_3	C_4	C_5	C_6
		1 000	150	90	250	240	50	220

10.3.2.2　功能评价值的确定

功能的现实成本确定起来还比较容易,但功能评价值 F(目标成本)则较难确定。功能评价的依据是用户对各个功能的需要,而用户的需要又是千差万别的,所以了解大多数用户对功能的需要,来确定功能评价值是十分困难的。但没有功能评价就没有价值工程,所以人们采用各种方式来进行探讨。

(1) 经验估计法。组织各方面的专家对实现某一功能的最低成本进行估计,待数据处理后确定。

(2) 理论计算法。由理论计算公式或经过适当变换后的公式,找出功能和成本之间的关系,求出功能最低成本的一种方法。但这种方法必须凭借力学、物理或工程设计的计算公式,故使用范围有限。

(3) 实际调查法。通过调查收集资料,把实现同功能的方式方法排列起来,找出其中成本最低者为功能评价值。

(4) 功能重要性评价法。即先确定功能评价系数,然后确定功能评价值的方法。

功能评价系数的确定可用“01”评分法、“04”评分法、直接评分法等来确定功能评价系数。下面重点介绍常用的环比评分法。

某产品的功能系统如图 10-10。

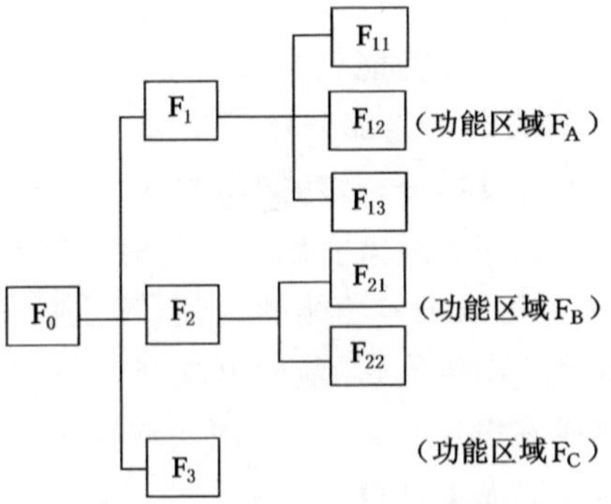

图 10-10　某产品的功能系统

首先确定相互比值，将相邻功能进行比较，如 F_A 与 F_B 比较，F_A 重要性为 F_B 的 2 倍；F_B 与 F_C 比较，F_B 重要性为 F_C 的 3 倍。其次，计算修正比值，把 F_C 的修正比值定为 1，则 $F_B=1\times3=3$；$F_A=3\times2=6$。然后确定功能评价系数，见表 10-8。用目标成本和功能评价系数相乘即得功能评价值，见表 10-9。

表 10-8　环比评分法确定功能评价系数

功能区	系　数		
	相互比值	修正比值	功能评价系数
F_A	2	6	0.6
F_B	3	3	0.3
F_C	—	1	0.1
合计	—	10	1.0

表 10-9　产品功能评价值计算

功能区	功能评价系数	功能评价值/元
F_A	0.6	480
F_B	0.3	240
F_C	0.1	80
合计	1.0	800

10.3.2.3　功能的价值分析

前面我们已介绍过，价值等于功能与成本之比，只要求出了功能评价值和功能的现实成本，就可以求出功能的价值，从而对价值进行分析、评价。

根据价值公式(10-1)，即

$$V=\frac{F}{C} \tag{10-3}$$

当 $V=1$ 时，表示 $F=C$，即花费的现实成本与实现功能所必需的最低成本相当，这是最理想的状态。

当 $V<1$ 时，表示 $F<C$，即花费的现实成本大于实现功能所必需的最低成本，说明成本过高或功能有过剩现象。此时应将此功能列为价值工程的分析对象。

当 $V>1$ 时，说明研究对象的该功能部分比较重要，但分配的成本较少，即功能现实成本低于功能评价值。此时应进行具体分析，功能与成本的分配可能已较理想，或者有不必要的功能，或者应该提高成本，满足评价对象实现其应具有的功能要求。

在进行功能的分析时，不仅可以求各功能的价值，确定价值工程改善的对象，而且可以计算出各功能和产品的成本节约期望值，并预计出改善后的产品成本。

【例 10-2】 产品的目标成本设定为 530 元，现实成本为 650 元，根据“01”评分法确定的功能评价系数及其功能的现实成本见表 10-10。

要求：进行价值分析。

解：根据有关资料，编制的价值分析表见表 10-10。

表 10-10　价值分析表

功能	A	B	C	D	E	F	G	得分合计	功能评价系数	按功能重要度分配的目标成本/元	现状成本/元	成本系数	价值系数	成本降低幅度/元	成本节约期望值/元
(1)	(2)							(3)	$(4)=\frac{(3)}{\sum(3)}$	(5)=(4)×目标成本	(6)	$(7)=\frac{(6)}{\sum(6)}$	$(8)=\frac{(4)}{(7)}$	(9)=(6)−(5)	(10)
A	×	1	1	0	1	1	1	5	0.24	127.2	180	0.28	0.86	52.8	52.8
B	0	×	1	0	1	1	1	4	0.19	100.7	210	0.33	0.58	109.3	109.3
C	0	0	×	0	1	1	1	3	0.14	74.2	28	0.04	3.5	−46.2	0
D	1	1	1	×	1	1	1	6	0.28	148.4	87	0.13	2.2	−61.4	0
E	0	0	0	0	×	0	1	1	0.05	26.5	90	0.14	0.36	+63.5	63.5
F	0	0	0	0	1	×	1	2	0.10	53.0	47	0.07	1.42	−6.0	0
G	0	0	0	0	0	0	×	0	0	0	8	0.01	0	+8.0	+8.0
合计								21	1.00	530	650	1.00	—	120	233.6

从表 10-10 的计算结果中可以看出 A，B，E，G 四个功能的价值系数小于 1，应列为价值改善的重点对象。

10.4　方案创造与方案评价

10.4.1　方案的创造

功能分析和功能评价，为我们指明了价值工程工作的方向、目标和范围。但目标能否实现，关键是能否有创造性地提出新的方案。制订新的方案即方案创造，是充分发挥智慧、知识和创造才能的阶段，必须开阔思路、勇于创新，只有充分发挥各种专业人才的优势才能做好这项工作。因此，在方案创造阶段，要充分发挥价值工程人员的创造精神，尽可能多地提出改进设想和构思设计，以便从中挑出最优方案。只有把所有可能的方案提出来，做到整体详尽，才有可能从中择优。

方案创造的具体步骤及内容如图 10-11 所示。从图中可以看出这些步骤是交叉进行的。

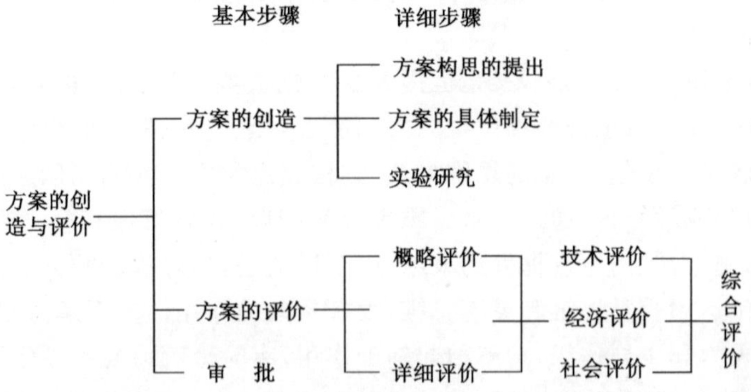

图 10-11　方案的创造与评价的步骤及内容

10.4.1.1　什么是创造

创造可定义为“通过对过去的经验和知识的分解与组合，使之实现新功能。”也就是说，创造只不过是对过去的经验和知识的分解与结合，但问题在于分解和结合的能力。人们积累了很丰富的经验和知识，我们要把这些经验和知识作为一种输入，灵活运用，通过创造，输出或产生方案，如图 10-12 所示。

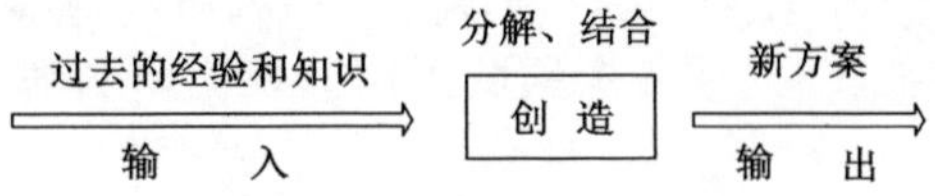

图 10-12　创造过程

为了提出方案以创造一种产品，需要有分解和结合的能力，需要有灵活运用经验和知识的能力，这种能力就是创造能力。

创造能力会受到许多方面的阻碍而难以发挥。主要有以下方面。

（1）认识方面：被周围的现象所迷惑，抓不住问题的实质；不能从不同的问题中找出共同点；受自己所设条件的束缚；遗漏了所给的条件；颠倒了目的与手段、本质与现象的关系；感觉器官上的偏差；颠倒了因果关系；把表面相似误认为实质相同。

（2）文化方面：生搬硬套，墨守成规；想尽快辨明是非；认为什么都想打听是一种不好的习惯；推理和逻辑万能论；认为热衷于空想是浪费时间；过分竞争与过分妥协；盲目相信统计；知识的一般化；知识过多和知识过少。

（3）感情方面：害怕别人批评；怕出大问题会被人看不起；拘泥于问题的某一点；过分急躁；对某些人容易感情用事；嫌麻烦；没有魄力；保守的本能。

基尔福特把人类具有的知识功能分解为 5 种：① 知识——掌握知识，理解这些知识的功能；② 记忆——记住已得到知识的功能；③ 分散的思考——产生多种答案的功能；④ 集中的思考——求出唯一正确答案的功能；⑤ 评价——判断知识是否正确，是否合适和质量好坏的功能。

由此可见，要充分发挥①、②、③的功能，避开④、⑤的功能，就能构思出方案。

创造能力是每个人都具有的能力，重要的是怎样把它发挥出来。

10.4.1.2 创造性思维

创造性思维来源于客观实践，又是运用人脑的创造能力进行积极探索的结果。它包括形式逻辑思维和审美逻辑思维两种思维方式。前者是理智的、概念的思维方式，它构成理解力和分析力；后者是想象的、直觉的思维方式，它构成想象力。人们在创造过程中，一方面不可能不利用已有的科学知识，通过逻辑思维来分析问题，思索答案；另一方面又必须在原有知识和经验的基础上，跳出原有框框的束缚，中断旧的逻辑，寻找新的突破，实现思想的新飞跃。为此，就必须运用直觉思维和灵感思维，发挥想象的作用。把理解力和想象力巧妙地结合起来，有时想象力起主导作用，理解力起辅助作用，有时理解力起主导作用，想象力起辅助作用。一个完整的创造过程可能发生若干主导中心的转移，每次转移都形成认识的一次螺旋上升，最后完成创造过程。

创造性思维具有下列特征：

(1) 求异性。创造性思维具有求异性，敢于对司空见惯或“完美无缺”的事物提出怀疑，敢于向传统的陈规旧习挑战，敢于否定自己思想上的“框框”，从新的角度思考问题，善于运用同中求异和异中求同的思维方式。

(2) 创新性。具有与前人不同的独特见解，突破一般思维的惯例，提出新原理，创造新模式，贡献新方法。

(3) 联动性。联动思维引导人们由已知探索未知进而开阔思路。如针对面包多孔松软的特点进行横向连动的特征转移，在各个领域人们开发出塑料海绵，多孔塑料、夹气混凝土等不同产品。

(4) 多向性。从不同角度思考问题是创造性思维的重要特征。

(5) 综合性。把某些从属于不同事物，表面看来没有联系，或从属于相同事物，表面看来有联系的功能要素，进行新的有机组合实现创新。如电子表的计时功能与圆珠笔的书写功能，过去分别属于不同事物，从表面看来没有联系，但组合成电子表笔就形成一种创新。

(6) 洞察性。洞察性也是创造性思维的一种特征，要抓住人们不注意的问题和现象，深入研究而取得成果，X 射线的发现就是一例。1895 年，伦琴在进行阴极射线实验时，无意中发现在荧光屏上有荧光，他没有放过这个现象，这种肉眼看不见的不知名的射线即 X 射线。

10.4.1.3 方案创造的技术方法

方案创造的理论依据是功能载体具有替代性。创造技法是基于创造工学中创造性思维的特征和规律，而开发的各种激发人的创造力的技术方法。据统计，自 20 世纪 30 年代以来，共开发出创造技法 340 多种。下面举一些有代表性的例子。

(1) 头脑风暴法

头脑风暴法以开小组会的方式进行，会议人数以 5～10 人为宜。会议由熟悉设计对象、善于启发归纳的人主持。这种开会方法与普通开会的区别在于：① 不批判别人的意见；② 欢迎自由奔放地提意见；③ 希望提出大量方案；④ 要求在改善和结合别人意见的基础上提方案。

小组成员提出方案，不要互相批评，一旦进行了批评，就会抑制小组成员相互的分散思考，不利于构思方案。所谓自由奔放，就是要刺激人们的思考能力，使过去的经验和知识处于容易释放的状态。所谓提出大量方案，无非是为了创造尽可能多的解决问题的机会，寻找解决问题的各种可能性。一开始不要考虑方案的质量，等到寻找了一切可能性之后，再考虑方案质量。如果考虑质量，分散思考就受到抑制。对已提出的方案不加评论，但可以结合别人的方案加以发展，使方案更有说服力。按照这4条规则，就能使与会的成员在头脑中卷起风暴。集中集体的智慧在激发、诱发和综合的基础上，必然会出现一些新颖而有价值的想法和方案。为了能激发灵感，会议时间不宜过长，约一小时即可，会议气氛融洽，甚至对会场环境、噪声、温度、湿度、布置的光线也有要求。

这种方法的特点是简单易行，且能互相启发、集思广益，比同样人数单独提方案的效果要好。其缺点是会后整理工作量较大。

(2) 哥顿法

哥顿法是20世纪60年代由哥顿发明的，它也是以召集座谈会的方式进行。特点是将提出的问题适当抽象，然后让大家提出各种设想，在类比法的基础上进行创造性思维。例如，用类比模仿生物的机理，创造、设计直升机的方案。直升机的开发设计—有没有在空中可停留上下起飞的生物—蜻蜓—蜻蜓飞机的机理—直升机。会议后期主持人再提出具体要解决的问题，以便提出各种设想。

(3) 奥斯本提问法

奥斯本提问法通过有系统地提出问题，针对问题进行思考，使设计所需要的信息更充分，解法设想更趋于合理和完善。

奥斯本在研制新产品时提出以下问题：

① 就现有产品稍加改变，能有新的用途吗？

② 能否借用别的经验或发明？过去有类似东西吗？有什么东西可模仿？

③ 能否对产品进行某些改变？如改变颜色、运动形式、元件形状等。

④ 能否增加一些东西？如增加组件、增加长度、增加刚度等。

⑤ 能否减少一些东西？如取消组件、压缩体积、缩短尺寸等。

⑥ 能否相互替换？如改变结构、改变顺序、改变布置等。

⑦ 能否把某些东西颠倒过来？如上下颠倒、里外颠倒、正反颠倒等。

⑧ 能否采用代替的东西？如用别的材料、别的元件、别的工艺、别的动力等。

⑨ 能否形成组合？如目标组合、方案组合、部件组合等。

(4) 检核表法

检核表法是运用系统的提问方式，激发人的思维，产生新的构思。对应解决的问题逐个研究，并检查解决的结果如何。一般检核表的内容包括：功能要求如何？提方案时思想解放吗？对新的设想进一步讨论过吗 ？征求过有关专家的意见吗？市场上有类似产品吗？专用件能用标准件替代吗？有更好的供应商吗？有更好的代用材料吗？公差精度有没有过高要求？工艺能否改革？零部件能减少或合并吗？等等。

(5) 阿尔诺特提问法

阿尔诺特提问法是美国麻省理工学院为解决设计过程的问题而提出的。

① 增加功能。在原有的基础能增加新功能吗？

② 提高性能。在便携、耐用、可靠、修理、保养等方面能否改善？

③ 降低成本。是否能在去掉多余零件、选用便宜材料、采用更简单的制造方法等方面减少费用、降低成本？

④ 增加销售。对商品特点、产品的设计包装等方面是否作了研究？

(6) 优缺点列举法

优缺点列举法就是首先找出需克服的缺点，如找不出缺点则列出希望达到的要求即优点，然后进一步激发思维提出创造设想的方法。该方法重点解决影响较大的项目。

还有一些其他方法，如：德尔菲法、输入输出法、形态综合法、希望列举法、特性列举法、635 法，反问探求法等，这里就不一一赘述。

10.4.2 方案的制定

在方案创造阶段，提出了大量的设想和意见，要形成方案，还要进行适当的分析、归纳、整理，对内容大致相同的设想合并归类。设想内容不明确的要适当具体化。各设想之间，在内容上可以互相补充。表面上离主题较远的设想，要抓住其实质，使设想与主题联系起来。这样就可以得到大量可行的方案。经方案概略评价后，选择出少数较优方案，进行方案的具体制定。在具体制定方案时，必须把功能系统图和结构系统图联系起来，以功能系统图为中心来研究设计结构系统，使总体结构能保证最终功能的实现。

调查是具体化过程的必要活动。一方面要进行收集信息的一般活动，另一方面使方案进一步提高。必须坚持不懈地做调查选择，直到把在技术上和经济上都能满足要求的方案画出简图。有了图形的方案，可以进一步做优、缺点的调查，以便克服缺点，发扬优点，把方案进一步提高。缺点和优点要有基准，即以现有的同样功能和成本作为基准。关于功能，要在性能和可靠性等方面同现有的进行比较。所谓优点，就是比现有的东西还要好的地方；而缺点则是不如现有东西的地方。在分析缺点时，价值工程人员要参加讨论，明确这些缺点的实质。下一步要针对这些缺点，收集克服缺点的信息，想办法一个一个地克服。一般一个缺点要提出五个左右的解决办法，由价值工程小组成员共同商量，评价一下这些办法是否能完全克服缺点，如果能，就采用这种办法修正最初的具体方案简图，得出新的具体方案简图。然后，对新的具体方案按照同样办法，列举优、缺点，想出克服缺点的办法，并收集有关信息，再以一般信息为基础来评价这些办法。评价的结果应该是明确了哪些办法能克服缺点，再一次对这些办法具体化。当再次具体化以后，又调查它的优、缺点。这样的循环（创造—评价—具体化—调查—创造—评价—具体化—调查……）最少也要进行三次。如果具体化的循环进行不下去了，那么具体化的新方案就解决不了，就需研究其原因。如果能进行下去，就可得到价值较高的改进方案。如果在循环中发现某方案有致命的缺点，就应该放弃此方案。

10.4.3 方案的评价

方案评价主要有概略评价和详细评价两个步骤。

概略评价主要是在方案创造阶段对提出的很多设想，进行粗略评价。目的是从许多设想方案中选出价值较高的方案，作为具体制定方案的基础。

详细评价主要是对具体制定的方案进行详细评价，从中选取最优方案。目的是对许多改进方案提供全面、准确、可靠的评价依据，正式提交审查。

不论是概略评价还是详细评价，方案的评价都包括技术评价、经济评价、社会评价以及综合评价。

10.4.3.1 技术评价

技术评价是以用户需要的功能为依据，包括：功能实现程度（性能、质量、寿命等）；可靠性；维修性；操作性；安全性；整个系统的协调；与环境条件的协调。

工程上的这些最低要求、期望的满足程度和技术性能等技术指标，有些不能用数量来表示，如外观、可维修性、安全可靠性等；有些即使可用数量表示，它们的计量单位也不相同，如噪声（dB）、效率（%）、货币（元）、表面粗糙度（μm）、燃料消耗量（L/100 km）等。由于计量单位不同，不能用简单的加法来进行总的判断，从而给技术评价带来了困难。

（1）直接打分法

为了把这些用不同计量单位表示的技术性能和无法用数量表示的技术要求，用一个统一的尺度来判断，工程常用直接打分的办法来评价方案的优劣，完成好的给高分，完成差的给低分。

在进行这样的评价时，可用一个能实现全部评价特征的理想方案（理想的技术解决方案）作为基准。用它与其他几个设计方案进行比较，通过打分的办法，来确定各方案达到要求的理想程度（见表10-11）。

表10-11 评分标准

很好（理想的）	4分
好的	3分
过得去	2分
勉强过得去	1分
不能满足要求	0分

例如，有一传动装置，设计了两个传动结构方案草图，试用直接打分法评价这两个方案的优劣。见表10-12。

表10-12 传动装置的技术评价

目标判据	评分		
	方案Ⅰ	方案Ⅱ	方案Ⅲ
1. 零件数	3	4	4
2. 体积	2	3	4
3. 重量	2	3	4
4. 加工简易程度	2	4	4
5. 维护	3	3	4
6. 使用寿命	4	3	4
总分数	16	20	24

由表10-12可见，方案Ⅱ比方案Ⅰ优，但距理想设计还有一段差距，还可以找出薄弱环节加以改进。

(2) 加权打分评价法

加权打分评价法与直接打分评法的区别，是把目标判据的重要性考虑进去，而不是像直接打分那样把目标判据都按同等重要性看待，这样更切合实际一些，评分标准按百分制给分，规定最低为 70 分，最高为 90 分。

下面举一个可移式摇臂钻床的例子，这台钻床要求：高、低可移性，初始投资少，使用经济，性能良好，坚实耐用。加权打分评价法见表 10-13。

表 10-13 加权打分评价法

方案		目标判据					
		性 能	耐用性	可移性	初投资	使用经济	总评
A	专家打分	70	73	72	70	75	
	得分	14	13	16	16	13	72
B	专家打分	89	78	76	88	81	
	得分	18	14	17	20	14	83
C	专家打分	76	89	74	71	87	
	得分	16	16	16	16	15	78
D	专家打分	70	72	88	75	70	
	得分	14	13	19	17	12	75

首先根据设计要求，确定评价的目标判据。这些目标判据的重要性，可用加权系教来表示。加权系数大时，重要性大；加权系数小时，重要性小，且使其总加权系数等于 1。加权系数的确定可采用专家评定法和强制确定法。总评是加权后的总得分，总得分高的方案是最优方案，得分低的方案是较差方案。本例方案 B 得 83 分，是最优的方案。

10.4.3.2 经济评价

经济评价主要分析和研究产品成本能否降低和降低的程度、实现目标成本的可能性；创新方案的适用期限与数量；实施方案所需费用、节约额与投资回收期以及实现方案所需的生产条件等。经济评价的方法有：

(1) 总额法。在比较不同方案的成本指标或利润指标时可采用总额法，即在方案比较时，将影响成本或利润的全部因素加以计算，求出总成本或总利润进行比较。

用总额法进行利润比较：如果 A 方案的销售收入为 12 000 元，总成本费用为 9 000 元；B 方案的销售收入为 10 000 元，总成本费用为 8 000 元，则：

A 方案 12 000 元－9 000 元＝3 000 元

B 方案 10 000 元－8 000 元＝2 000 元

评价结果因 A 方案利润为 3 000 元，比 B 方案利润 2 000 元大，可认为 A 方案有利。

(2) 直接成本计算法。直接成本计算法是把固定成本与可变成本区分开分别进行计算。目的是剔除产量变动对单位成本的影响，以便如实评价因方案改善而带来的经济效益。

固定成本是在一定的技术和生产组织条件下，不随产量变化的费用，但就单位成本中分摊的固定成本而言，固定费用是随产量而变化的；可变费用在一定的技术和组织条件下，是随产量而变化的,但就单位成本而言,它又是不随产量而变化的。因此,若固定成本与可变成本不分开计算时,当产量变化时,由于两类费用对单位成本的影响不同,在单位成本的变动中,同时包含着产量变化和方案改善两种因素。但如不剔除增产的因素,则根据成本降低来评价方案优劣,可能会存在夸大或低估的问题。

表10-14是固定成本与可变成本不分开的产品成本计算。

表10-14 产品成本计算表 单位:元

项目	月份					
	2月		3月		4月	
	成本	单位成本	成本	单位成本	成本	单位成本
材料费	6 000	150	9 000	150	12 000	150
工资	3 000	75	4 000	67	5 000	62.5
经费	2 400	60	2 600	43	2 800	35
总计	11 400	285	15 600	260	19 800	247.5
产量	40台		60台		80台	

由表10-14可见,单位成本逐月下降,而产量连月上升,无法判断产量变动对成本降低有多大影响。

若把固定费用和可变费用分开来分别计算,见表10-15。

表10-15 产品成本计算表 单位:元

项目		月份					
		2月		3月		4月	
		成本	单位成本	成本	单位成本	成本	单位成本
可变费用	直接材料费用	6 000	150	9 000	150	12 000	150
	直接工资费用	2 000	50	3 000	50	4 000	50
	变动经费	400	10	600	10	800	10
	小计	8 400	210	12 600	210	16 800	210
固定费用	间接工资费用	1 000	25	1 000	16.67	1 000	12.5
	间接经费	2 000	50	2 000	33.33	2 000	25
	小计	3 000	75	3 000	50	3 000	37.5
合计		11 400	285	15 600	260	19 800	247.5
产量		40台		60台		80台	

表10-15是用直接成本计算法对同一产品计算成本。由表可见,单位成本中的可变费用每月并无变化,而固定费用则逐月下降,下降的比例与产量增长比例完全一致。由此判断单位成本的变动完全是由产量的增加而引起的。在评价方案时,只有剔除了产量变动对成本的影响,才能正确评价。

10.4.3.3 社会评价

社会评价是除考虑方案的技术性、经济性外,从企业、用户及国家三方面利益出发评价方案的优劣。通常考虑的因素有国家和政府机关的有关政策、法令;有无严重的污染、噪声;是否破坏生态平衡等问题。进行社会评价时,不仅有价值工程活动小组的人参加,通常还采用走访调查,请有关部门和人员参与。

10.4.3.4 综合评价

前面讲的评价均是从方案的一个侧面进行分析评价,而一个方案的优劣并不完全取决于某方面,因此,必须对方案进行综合分析评价,最后决定取舍。综合评价不仅包括技术、经济、社会方面的分析,而且还包括市场、原材料来源、能源、劳动力资源、科技发展情况等各方面的分析。具体方法有:优缺点列举法,直接评分法,加权评分法,连乘评分法等。下面简单介绍连乘评分法。

连乘评分法是将方案的各个方面规定各自的评分标准,对方案从这几个方面打分,最后将各方案的分数相乘,分数最高的方案为优。表 10-16 是应用连乘评分法进行方案综合评分的实例。

表 10-16 产品连乘评分表 单位:元

内容	评分等级	评分标准	方案			
			A	B	C	D
产品功能	功能好	3	3			
	功能稍次	2		2		
	功能再次	1			1	2
产品销路	销路大、地区广	3	3			
	销路中等	2		2	2	
	销路很小	1				1
预计盈利	30%以上	4	4			
	25%以上	3		3		
	20%以上	2			2	
	15%以上	1				1
合计		—	36	12	4	2

根据表中评定,A 方案的得分最高,因此取 A 方案。

10.4.4 方案的实施和成果总评价

10.4.4.1 提案审批

确定最佳方案后,根据需要有必要通过试验证明的,则要进行试验研究。然后编写正式提案,提请有关人员和部门审批。

为争取决策部门的理解和支持、使得提案获得批准,要有侧重地撰写出具有充分说服力的提案书。提案的内容包括:对象名称及现状、改善的原因、功能定义、改进要点、用户要求、改善后方案预计达到的目的、功能满足程度与成本水平和效果等。它由图纸、表格和文字说明三部分组成。

10.4.4.2 方案实施

经过批准后,编制详细的方案实施计划,然后组织有关部门和人员实施。实施过程中价值工程工作人员要进行跟踪检查,取得全体实施人员的密切合作,发现问题要及时研究解决,以保证任务的完成。实施过程中,还要注意各种资料和数据的收集,为今后的工作积累经验。

10.4.4.3　成果总评

方案实施以后,要对价值工程活动的成果进行总体评价。

(1) 技术性能评价

方案实施后,对用户提出的原产品功能上的缺点和不足,是否已取得明显效果,产品的可靠性、安全性指标是否先进等方面进行评价。

(2) 经济效果评价

方案的经济效果评价可计算如下指标:

① 产品成本降低率

$$\text{产品成本降低率}=\left(1-\frac{\text{新产品单位成本}}{\text{原产品单位成本}}\right)\times 100\% \tag{10-4}$$

② 年成本节约总额和年净节约额

$$\text{年成本节约总额}=\text{单位成本降低额}\times\text{年预计销售量} \tag{10-5}$$

$$\text{年净节约额}=\text{年节约总额}-\text{一次性费用} \tag{10-6}$$

式中,一次性费用指开展价值工程活动的费用,包括有关人员工资、资料费等。

一般情况下 ,年净节约额为正值。如果年净节约额为负值,则说明初期的投资在一年内回收不回来。

③ 投资回收期

$$T=\frac{\text{一次性费用}}{\text{年节约总额}} \tag{10-7}$$

(3) 社会效果评价

在方案实施以后,社会效果评价包括是否填补国内外科学技术或产品品种空白,是否满足国家经济发展需要及国家重点建设方面所做的贡献,是否节约了贵重稀缺物质资料,是否节约了能源消耗,以及对保护自然环境、防止或减少污染的影响等。

(4) 工作总结

要进行工作总结,应检查计划是否如期完成,对开展价值工程活动的经验、教训进行总结,提出改进意见,以便今后更好地开展工作。

[案例分析]

价值工程在某工程项目方案评选中的应用

某城市高新技术开发区软件园电子大楼工程吊顶工程量为18 000 m^2,根据软件生产工艺的要求,车间的吊顶要具有防静电、防眩光、防火、隔热、吸音等五种基本功能以及样式新颖、表面平整、易于清理三种辅助功能。工程技术人员采用价值工程选择生产车间的吊顶材料，取得了较好的经济效果。以下是分析过程。

1. 情报收集

工程人员首先对吊顶材料进行广泛调查，收集各种建筑吊顶材料的技术性能资料和有关经济资料。

2. 功能分析

技术人员对软件生产车间吊顶的功能进行了系统分析，绘出了功能系统图，如案例分析图 10-1 所示。

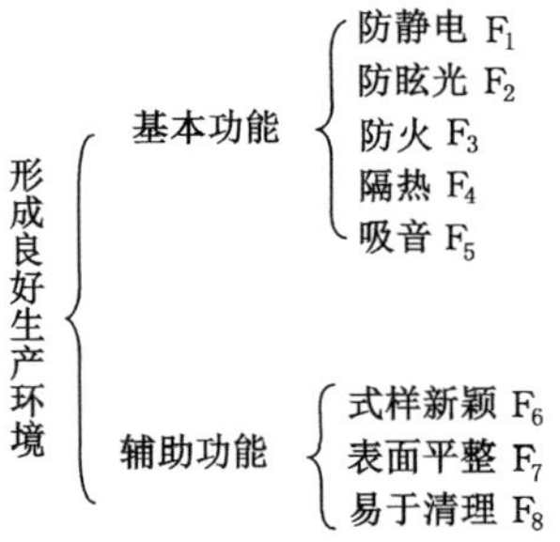

案例分析图 10-1　某软件生产车间吊顶功能系统图

3. 功能评价

根据功能系统图，技术人员组织使用单位、设计、施工单位共同确定各种功能权重。使用单位、设计单位、施工单位评价的权重分别设定为 50%、40% 和 10% ，各单位对功能权重的打分采用 10 分制，各种功能权重见案例分析表 10-1。

案例分析表 10-1　吊顶功能权重

功能	使用单位评价(50%)		设计单位评价(40%)		施工单位评价(10%)		功能权重
	$F_{使用}$	$0.5\times F_{使用}$	$F_{设计}$	$0.4\times F_{设计}$	$F_{施工}$	$0.1\times F_{施工}$	$\frac{0.5F_{使用}+0.4F_{设计}+0.1F_{施工}}{10}$
F_1	4.12	2.060	4.26	1.704	3.18	0.318	0.408
F_2	1.04	0.520	1.35	0.540	1.55	0.155	0.122
F_3	0.82	0.410	1.28	0.512	1.33	0.133	0.106
F_4	0.91	0.455	0.55	0.220	1.06	0.106	0.078
F_5	1.10	0.550	0.64	0.256	1.08	0.108	0.091
F_6	0.98	0.490	1.12	0.448	1.04	0.104	0.104
F_7	0.64	0.320	0.48	0.192	0.53	0.053	0.035
F_8	0.39	0.195	0.32	0.128	0.23	0.023	0.035
合计	10	5	10	4	10	1	1

4. 方案创建与评价

根据车间工艺对吊顶功能的要求,吊顶材料考虑铝合金加聚丙烯腈纤维板、膨胀珍珠岩板和聚氯乙烯板三个方案。

(1) 计算成本系数

三个方案的单方造价、工程造价、年维护费等见案例分析表10-2。基准折现率为10%,吊顶寿命为10年。各方案成本系数计算见表10-2。

案例分析表10-2 各方案成本系数计算表

方案	铝合金加聚丙烯腈纤维	膨胀珍珠岩板	聚氯乙烯板
单方造价/元·m^{-2}	112.53	26.00	20.00
工程造价/万元	202.54	46.80	36.00
年维护费/元	35 067	23 400	36 000
折现系数	6.144 6	6.144 6	6.144 6
维护费现值/万元	3.506 7×6.144 6=21.55	2.340 0×6.144 6=14.38	3.600 0×6.144 6=22.12
总成本现值	224.09	61.18	58.12
成本系数	224.09/(224.09+61.18+58.12)=0.653	61.18/(224.09+61.18+58.12)=0.178	58.12/(224.09+61.18+58.12)=0.169

(2) 计算功能系数

对三个方案采用10分制进行功能评价。各分值乘以功能权重得功能加权分,对功能加权分的和进行指数处理后可得各方案的功能系数。计算过程见案例分析表10-3。

案例分析表10-3 各方案功能系数计算表

功能	功能权重	铝合金加聚丙烯腈纤维		膨胀珍珠岩板		聚氯乙烯板	
		分值	加权分值	分值	加权分值	分值	加权分值
防静电 F_1	0.408	8	3.264	9	3.672	5	2.040
防眩光 F_2	0.122	7	0.854	9	1.098	8	0.976
防火 F_3	0.106	5	0.530	9	0.954	6	0.636
隔热 F_4	0.078	8	0.624	6	0.468	4	0.312
吸音 F_5	0.091	8	0.728	10	0.910	5	0.455
式样新颖 F_6	0.104	10	1.040	9	0.936	8	0.832
表面平整 F_7	0.056	10	0.560	9	0.504	8	0.448
易于清理 F_8	0.035	9	0.315	8	0.280	9	0.315
合计	1	65	7.915	69	8.822	53	6.014
加权分值指数化		7.915÷(7.915+8.822+6.014)		8.822÷(7.915+8.822+6.014)		6.014÷(7.915+8.822+6.014)	
功能系数		0.348		0.388		0.264	

根据各方案的功能系数和成本系数计算其价值系数，计算结果见案例分析表 10-4。

案例分析表 10-4　各方案价值系数计算表

方案	铝合金加聚丙烯腈纤维板	膨胀珍珠岩板	聚氯乙烯板
功能系数	0.348	0.388	0.264
成本系数	0.653	0.178	0.169
价值系数	0.533	2.180	1.562
最优方案		√	

5. *方案优选*

根据各方案的价值系数，生产车间的吊顶材料选用膨胀珍珠岩板。

[案例思考]

1. 什么是价值工程分析技术？其评价的意义何在？
2. 简述价值工程分析的基本工作步骤。

思考题

1. 价值工程分析中，价值的含义是什么？提高价值的途径有哪些？
2. 什么是全寿命周期成本？价值工程中为什么要考虑全寿命周期成本？
3. 什么是功能？应如何进行功能定义？
4. 什么是功能整理？怎样绘制功能系统图？
5. 什么是功能评价？如何进行功能评价？
6. 方案的创造有哪些方法？如何进行方案的评价？

本章习题

1. 某办公楼设计，设计师根据业主的使用要求，提出了三个备选方案。有关专家决定从五个方面(分别以 F_1～F_5 表示)对各方案的功能进行评价，并对各功能的重要性分析如下：F_1 相对于 F_4 很重要，F_1 相对于 F_2 较重要，F_2 和 F_3 同样重要，F_4 和 F_5 同样重要。各方案的单位面积造价及专家对各方案的功能的打分，加权平均后的结果见习题表 10-1。

习题表 10-1　各方案的功能评分表

功能	方案对功能满足程度评分		
	方案 A	方案 B	方案 C
F_1	9	8	9
F_2	8	9	8
F_3	8	10	10

习题表 10-1(续)

功能	方案对功能满足程度评分		
	方案 A	方案 B	方案 C
F_4	7	7	8
F_5	9	9	8
单位面积造价/元·m^{-2}	1 380	1 320	1 360

问题：

(1) 试用 04 评分法计算各功能的权重。

(2) 用功能系数法选择最佳设计方案(要列出计算式)。

(3) 在确定某一设计方案后，设计人员按限额设计要求，确定建安工程目标成本额为 1 200万元。然后以主要分部工程为对象进一步开展价值工程分析。各部分工程评分值及目前成本见习题表 10-2。试分析各功能项目的功能系数、目标成本(要求分别列出计算式)及应降低额，并确定功能改进顺序(注：计算结果保留小数点后 3 位)。

习题表 10-2　某工程功能评分及目前成本

功能项目	功能得分	目前成本/万元	功能项目	功能得分	目前成本/万元
基础结构工程	18	240	装饰工程	28	380
主体结构工程	42	523	安装工程	12	150

2. 某工程项目有四种不同的设计方案，方案综合考虑适用性(F_1、F_2、F_3)、安全性(F_4)、美观性(F_5)和其他功能(F_6)四个方面，方案论证过程采取业主、设计单位、项目管理公司综合评价方案的方法，三方意见的权重分别为 40%、35%、25%，各方案的平方米造价以及功能权重评分及各方案的功能满足程度评分见习题表 10-3、习题表 10-4。

习题表 10-3　功能权重评分表

功能权重系数评分			
	业主评分/%	设计单位评分/%	项目管理公司评分/%
F_1	40	35	30
F_2	15	12	17
F_3	8	4	5
F_4	27	20	23
F_5	8	16	13
F_6	2	13	12

习题表 10-4　方案评分表

功能	方案对功能满足程度评分			
	A	B	C	D
F_1	10	10	9	8
F_2	10	9	10	9
F_3	5	9	10	10
F_4	10	10	9	10
F_5	8	8	10	9
F_6	7	9	8	10
各方案单方造价/元·m^{-2}	1 400	1 350	1 460	1 360

问题：

(1) 根据上述资料计算功能权重系数。

(2) 计算成本系数。

(3) 计算功能评价系数。

(4) 计算价值系数。

(5) 确定最佳方案。

第 11 章　设备磨损的补偿及更新经济分析

【本章提要与学习目标】

设备是现代化企业生产的重要物质和技术手段，企业都存在着如何使技术结构合理化、如何使企业机械设备利用率高、运营良好等问题，这就必须对设备磨损的类型及补偿方式、设备更新方案的比选进行科学的技术经济分析。本章主要介绍设备磨损与补偿决策、设备更新决策、设备更新分析方法及设备现代化改装的经济评价。

通过本章的学习，要求理解设备磨损与更新的有关概念，掌握设备磨损的类型、设备经济寿命的计算、设备更新的经济分析和评价方法，了解设备现代化改装的概念、意义及其经济评价。

11.1　设备的磨损、补偿

设备在使用或者闲置过程中，由于物理作用(如冲击力、摩擦力、振动、扭转、弯曲)、化学作用(如锈蚀、老化)或技术进步的影响，造成继续使用该设备将不能维持良好性能和取得预期效果，或该设备根本不能再使用，或该设备虽然能使用但经济上已经不合理等，此时就认为设备遭受了耗损或损坏，这些耗损或损坏就称为设备的磨损。

磨损是设备陈旧落后的主要原因，有磨损就需要进行补偿，以恢复设备的生产能力。补偿有三种形式：修理、更新和改造。采用哪种形式，需要进行经济分析。

11.1.1　设备的磨损

设备更新源于设备的磨损，磨损分为有形磨损和无形磨损。设备磨损是有形磨损和无形磨损共同作用的结果。

11.1.1.1　设备的有形磨损(又称物理磨损)

设备被使用或在自然环境下，使设备的实体产生磨损，称为设备的有形磨损。设备有形磨损又可分为第Ⅰ类有形磨损和第Ⅱ类有形磨损。

(1) 第Ⅰ类有形磨损

设备在使用过程中，由于各种外力的作用，使零部件产生实体磨损、变形和损坏称为第Ⅰ类有形磨损。产生第Ⅰ类有形磨损的原因有摩擦磨损、机械磨损和热损伤。

第Ⅰ类有形磨损可使设备精度降低，劳动生产率下降。当这种有形磨损达到一定程度时，整个设备的功能就会下降。导致设备故障频发、废品率升高、使用费剧增，甚至难以继续正常工作，丧失使用价值。

(2) 第Ⅱ类有形磨损

自然环境的作用是造成设备有形磨损的另一个原因，设备在闲置中受自然力的作用产生锈蚀，如金属件生锈、橡胶件老化等，或是由于缺乏必要的保护、保养而自然丧失精度和工作能力，失去使用价值，称为第Ⅱ类有形磨损。

这两种有形磨损都将造成设备的技术性陈旧。设备的磨损程度是衡量使用设备经济性的基础。设备的磨损程度表达式为：

$$\alpha = \frac{\delta_{实际}}{\delta_{允许}} \tag{11-1}$$

式中 α——零件的磨损程度；

$\delta_{实际}$——零件的实际磨损量；

$\delta_{允许}$——零件的最大允许磨损量。

这里用经济指标的度量方法，在计算个别零件磨损程度 α 的基础上，来确定整个设备的平均磨损程度 α_p：

$$\alpha_p = \frac{\sum_{i=1}^{n} \alpha_i K_i}{\sum_{i=1}^{n} K_i} \tag{11-2}$$

式中 α_p——设备的有形磨损程度；

n——磨损零件总数；

α_i——设备中 i 零件的磨损程度；

K_i——i 零件的价值。

也可用修理费用估价设备的有形磨损，公式为：

$$\alpha_p = \frac{R}{K_1} \tag{11-3}$$

式中 α_p——设备的有形磨损程度；

R——修复全部磨损零件所需的修理费用；

K_1——在确定设备磨损程度时该种设备再生产的价值。

从经济的角度分析，设备的有形磨损程度指标不能超过 $\alpha_p = 1$ 的极限。

11.1.1.2　设备的无形磨损(又称经济磨损)

设备无形磨损，是指由于科学技术进步、社会经济环境变化而不断出现性能更加完善、生产效率更高的设备，使原有设备的价值降低，或者是生产同样结构设备的价值不断降低而使原有设备贬值。设备无形磨损也称经济磨损。

设备无形磨损也可分为第Ⅰ类无形磨损和第Ⅱ类无形磨损。

(1) 第Ⅰ类无形磨损

第Ⅰ类无形磨损是由于设备制造工艺不断改进，成本不断降低，劳动生产率不断提高，使生产同种设备的劳动耗费相应降低，而使原有设备相对贬值。

这种无形磨损的后果只是现有设备原始价值部分贬值，设备本身的技术特性和功能即使用价值并未降低，故不会影响现有设备的使用，不存在提前更换设备的问题。

(2) 第Ⅱ类无形磨损

第Ⅱ类无形磨损是由于技术进步，社会上出现了结构更先进、技术更完善、生产效率更高、耗费原材料和能源更少的新型设备，而使原有设备相对陈旧落后造成的。

这种无形磨损的出现不仅使原有设备价值降低，而且使用价值也受到严重影响。由于技术上更先进的新设备的发明和应用，使原有设备的生产效率大大低于社会平均生产效率，如果继续使用，有可能使产品成本明显高于社会平均成本，会相对降低经济效益，这就需要更新设备代替原有设备。但是否更换，取决于原设备贬值的程度。

第Ⅱ类无形磨损导致原有设备使用功能降低的程度与技术进步的具体形式有关。当技术进步表现为不断出现功能更完善、效率更高的新设备，但加工方法没有原则性变化时，将使原有设备的使用功能大幅度降低；当技术进步表现为采用新的加工对象如新材料时，则原有设备的使用功能完全丧失，加工旧材料的设备必然要被淘汰；当技术进步表现为改变原有生产工艺，采用新的加工方法时，则为旧工艺服务的原有设备也将失去使用功能；当技术进步表现为产品的更新换代时，不能适用于新产品生产的原有设备也将丧失使用功能，即被淘汰。

衡量设备的无形磨损常采用价值指标，利用设备价值降低系数来表示无形磨损程度。

$$\alpha_1 = \frac{K_0 - K_1}{K_0} = 1 - \frac{K_1}{K_0} \tag{11-4}$$

式中　α_1——设备的无形磨损程度；

K_0——设备的原始价值；

K_1——考虑到第Ⅰ类、Ⅱ类无形磨损时设备的再生产的价值。

有了设备的有形磨损和无形磨损的衡量指标后，就可以得出两种磨损同时发生的综合衡量方法。综合磨损程度的公式为：

$$\alpha = 1 - (1 - \alpha_p)(1 - \alpha_1) \tag{11-5}$$

式中　α——设备的综合磨损程度(用设备原始价值的比率来表示)；

α_p——设备的有形磨损程度；

α_1——设备的无形磨损程度；

$(1-\alpha_p)$——设备有形磨损后的残余价值(用原始价值比率表示)；

$(1-\alpha_1)$——设备无形磨损后的残余价值(用原始价值比率表示)；

$(1-\alpha_p)(1-\alpha_1)$——设备综合磨损后的残余价值(用原始价值比率表示)。

任何时候设备在两种磨损作用下的残余价值 L 可用下式表示：

$$\begin{aligned} L &= (1 - \alpha)K \\ &= [1 - 1 + (1 - \alpha_p)(1 - \alpha_1)]K_0 \\ &= \left(1 - \frac{R}{K_1}\right)\left(1 - \frac{K_0 - K_1}{K_0}\right)K_0 \\ &= K_1 - R \end{aligned} \tag{11-6}$$

由此可见，任何时候设备在两种磨损作用下的残余价值 L，等于设备再生产的价值减去修理费用。

【例 11-1】　某设备的原始价值 $K_0 = 10\ 000$ 元，目前需要修理，其费用 $R = 3\ 000$ 元，若该种设备再生产的价值 $K_1 = 10\ 000$ 元，则：

$$\alpha_p = \frac{3\ 000}{7\ 000} \approx 0.43$$

$$\alpha_1 = \frac{10\ 000 - 7\ 000}{10\ 000} \approx 0.3$$

$$\alpha = 1 - (1 - 0.43)(1 - 0.3) \approx 0.6$$

故 $$L=(1-\alpha)K_0=(1-0.6)\times 10\,000=4\,000(\text{元})$$

通过以上分析可以看出，两种磨损都同时引起设备原始价值的降低。不同之处是有形磨损的设备，特别是有形磨损严重的设备，在大修之前通常不能正常工作，而无形磨损的设备，却不影响其继续使用。

11.1.2 设备磨损的补偿

设备受到磨损需要补偿，磨损形式不同，补偿方式也不同。由图 11-1 可见，设备的补偿方式有修理、改装和更新三种形式。有形磨损的补偿可以是修理或更新；无形磨损的补偿可以是改装或更新。补偿分为局部补偿和完全补偿。修理、改装属于局部补偿；更新属于完全补偿。

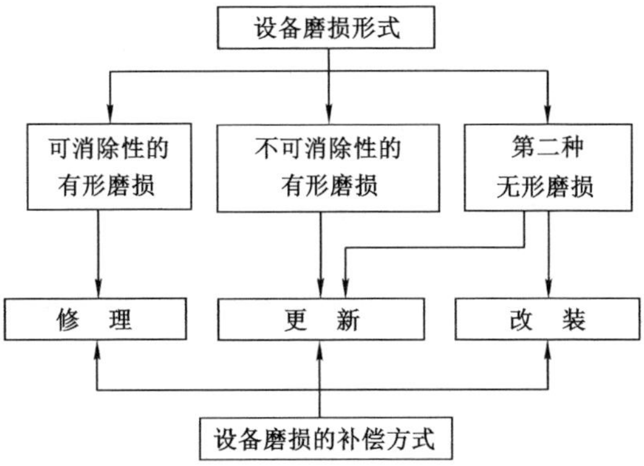

图 11-1 设备磨损的补偿

11.1.2.1 设备大修理

设备修理是修复由于正常的或不正常的原因而造成的设备损坏和精度劣化，通过修理更换已经磨损老化和腐蚀的零部件，使设备性能得到恢复。其实质是对设备有形磨损进行补偿，手段是修复或更换，目标是恢复设备性能。按修理的程度和工作量的大小。一般分为小修理、中修理和大修理。设备的小、中、大修理不仅在工作量和工作内容上有区别，而且所需要的费用、资金来源也不同。中、小修所需费用直接计入生产成本，而大修费用则由大修费用项目开支。

如果一次大修理的费用超过该设备的再生产费用，这种修理就是不合理的。这个条件称为大修理的起码条件：

$$R < K_1 - O \tag{11-7}$$

式中 R——大修理费用；

K_1——设备的再生产费用；

O——设备残值。

符合上述条件的大修理，在经济上是不是最佳方案呢？如果设备在大修之后，其生产技术性能与相同用途新设备没有区别的话，即修后设备能完全当作新设备使用，则上述公式衡量修理的经济性便是合理的。但实际情况并非如此，修理后的设备与新设备相比，技术故障多，设备停歇时间长，日常维护和小修的费用多，与设备使用有关的费用增加，同时，大修理的间隔期也缩短了。因此，用修理过的设备生产单位产品的成本高于用具有相同用途的新设备生产单位产品的成本，这种大修理也是不合理的。只有大修理后使用该设备生产的单位产品成本，在任何情况下都不超过用相同用途的新设备生产的单位产品成本时，这样的大修理在经济上才是合理的。

11.1.2.2　设备更新

设备更新主要是以结构更先进、技术更完善、效率更高、性能更好、消耗更低、外观更新颖的设备代替落后、陈旧，存在第二种无形磨损，在经济上不宜继续使用的设备。这是实现企业技术进步，提高经济效益的主要途径。

11.1.2.3　设备现代化改装

大修理和更新是磨损补偿的两种方式。更新是完全补偿，但存在两个问题：一是市场能否及时提供更新所需的新设备？二是陈旧设备一律更新是否最佳？能否找到一种既能补偿有形磨损，又能补偿无形磨损的其他补偿方式呢？这种方式就是现代化改装。

改装可分为简单改装和现代化改装两种形式。设备简单改装是通过改装扩大或改变设备的容量、功率、体积和形状，以满足产量或加工的要求。这种设备简单改装可充分利用现有设备，减少新设备购置费，节省投资，但不能提高设备现代化水平，不能实现企业的技术进步。设备现代化改装是应用现代化的技术成就和先进经验，根据生产的具体需要，改变旧设备的结构，或增加新部件、新装置和新附件，以改善旧设备的技术性能与使用指标，使它局部达到或全部达到目前生产的新设备的水平。这种现代化改装可使原设备提高加工质量和生产效率，降低消耗，全面提高经济效益。加强设备的现代化改装，是快速、经济、有效的更新改造方式。

设备现代化改装是对现有企业技术改造的有效措施。在技术上能克服现有设备技术落后的状态，促进设备的技术进步，扩大设备生产能力，提高设备质量。在经济上也是优越的，因为改装是在原有设备的基础上进行的，原有设备的许多零部件可以继续使用，因此所需投资往往比用新设备要少。同时现代化改装有很大的针对性和适应性，能适应生产的具体要求。在某些情况下，其适应性程度甚至超过新设备，某些技术性能达到或超过现代新设备的水平。由此可见，设备现代化改装较设备更新更具有现实意义。

除此之外，还应做好设备的经常性维修和故障预测工作。维修对设备性能的影响如图 11-2 所示。

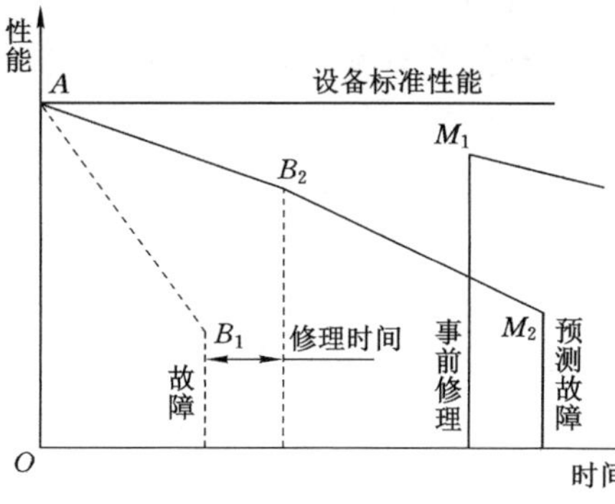

图 11-2　维修对设备性能的影响

如果经常性的维护保养工作做得不好，就会如图 11-2 中虚线所示，设备的性能很快从 A 点恶化到 B_1 点，提前发生故障，导致生产中断，中断的时间即为从 B_1 到 B_2 的修理时间。

如果经常性的维护保养工作做得好，就可以延缓设备恶化过程。并可以在预测故障 M_2 发生之前，选择适当的 M_1 时间进行事前修理，保持继续使用设备的能力。这样在 M_2 时就不会发生故障，生产也不会突然中断了。

11.2 设备更新及其经济分析

11.2.1 设备更新的概念、原则及特点

11.2.1.1 设备更新的概念

设备更新就是用比较经济、比较完善、性能和效率更高的设备，来更换已经陈旧了的在技术上不能继续使用，或在经济上不宜继续使用的设备。就实物形态而言，设备更新是用新的设备替换陈旧落后的设备；就价值形态而言，设备更新是设备在运行中消耗掉的价值的重新补偿。设备更新的目的，是为了提高企业生产的现代化水平，尽快形成新的生产能力。

设备更新有原型更新和技术更新两种形式。

原型更新又称简单更新，使用同型号设备以新换旧。这种更新主要是用来更换已损坏的或陈旧的设备。设备在使用过程中避免不了有形磨损的作用，引起设备的维修费用，特别是大修费用以及其他运行费用的不断增加。这时进行原型设备替换，有利于减少机型，减轻维修工作量，能保证原有产品质量，减少使用老设备的能源、维修费支出，缩短设备的役龄，在经济上也是合算的。原型设备的更新通常由设备的经济寿命决定，即当设备运行到它的经济寿命时，就进行更新。但原型更新不具有更新技术的性质，因此，不产生技术进步。

技术更新是以结构更先进、技术更完善、性能更好、效率更高、能源和原材料消耗更少的新型设备，来换掉技术上陈旧落后、遭到第Ⅱ类无形磨损、在经济上不宜继续使用的设备。它是实现企业技术进步，提高经济效益的主要途径。

11.2.1.2 设备更新的原则

我国设备拥有量已经形成不小的规模，但技术水平较低、老设备多、质量差、效率低。设备更新工作应遵循下列基本原则：

(1) 应坚持独立自主，自立更新，挖潜、革新和改造的方针。要充分发挥本企业的生产和技术潜力，对于引进设备项目，要做到由学到创，洋为中用。

(2) 必须要有战略规划。应根据需要与可能，有计划、有步骤、有重点地进行。要优先解决生产能力薄弱的环节，使设备能力配套，提高企业的综合生产能力。

(3) 要讲究经济效益。合理确定设备最佳更新期，以最少的费用获得最佳效果，原有设备余值较大者，继续使用更为有利；原有设备的使用费用增长较快时，提早更换更为有利；与原有设备相同功能的新设备、新技术发展越快，越早更换越有利。

(4) 更新下来的设备要合理、充分地利用。设备更新的目的在于：提高设备构成的技术先进性，改善设备，改变设备拥有量的构成比，促进技术进步，使先进的、效率高的设备比重逐步提高，以提高产品质量，降低成本，提高劳动生产率，适应国民经济发展的需要，获得更好的经济效益。

11.2.1.3 设备更新的特点分析

(1) 设备更新的中心内容是确定设备的经济寿命。由于磨损的存在，设备的使用价值和经济价值逐渐消失，因而设备具有一定的寿命。根据设备考察方面的不同，可将设备寿命

划分成以下几个范畴：

① 自然寿命(也称物理寿命)

自然寿命是指设备从全新状态下开始使用，直到不能再用而予以报废的全部时间过程。自然寿命主要取决于设备有形磨损的速度。

② 技术寿命

技术寿命它是指设备在开始使用后持续的能够满足使用者所需要的功能的时间。技术寿命的长短，主要取决于无形磨损的速度。技术进步速度越快，设备的技术寿命越短。例如一台 2G 手机，即使完全没有使用过，它的功能也可能完全被性能更优越的 4G 手机取代，这时它的技术寿命可认为等于零。

③ 折旧寿命

折旧寿命是根据财政部规定的固定资产使用年数进行折旧，直到使设备净值为零的全部时间。

④ 经济寿命

经济寿命是从经济角度看设备最合理的使用期限，是由有形磨损和无形磨损共同决定的。具体来说是指能使投入使用的设备等额年总费用(包括购置费用和使用费用)最低或等额年净收益最高的期限。

通常，新设备是原始费用高但运行和维修费用低，而旧设备却恰恰相反。实际上，当一台全新设备投入使用后，随着使用年限的延长，平均每年分摊的设备原始费用将越来越少。而与此同时设备的使用费却是逐年增加的(称为设备的劣化)。因此，随着使用年限的延长，平均每年分摊的原始费用减少的效果会因为使用费的增加而减少，直至原始费用的减少不足以抵消使用费用的增加，显然，这时如果继续使用设备并不经济，所以就存在设备的经济寿命。如果过了设备的经济寿命还继续使用设备，经济上是不合算的，称为“恶性使用阶段”。

在后续分析中，假设设备产生的收益相同，只比较设备的成本。在所有的设备使用期限中，能使设备等额年总费用最低的那个使用期限就是设备的经济寿命，如图 11-3 所示。年费用由两部分组成：一是资金恢复费用，指设备的原始费用扣除设备弃用时的估计残值(净残值)后分摊到设备使用各年上的费用；二是年平均使用费。在设备更新分析中，经济寿命是确定设备最优更新期的主要依据。

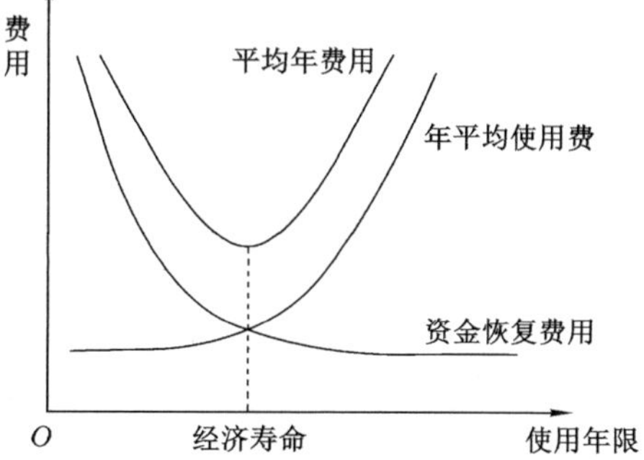

图 11-3　设备经济寿命

(2) 从咨询师的立场分析问题

设备更新问题的要点是站在咨询师的立场上,而不是站在旧资产所有者的立场上考虑问题。咨询师并不拥有任何资产,故若要保留旧资产,首先要付出相当于旧资产当前市场价值的现金,才能取得旧资产的使用权,这是设备更新分析的重要概念。

(3) 只考虑未来发生的现金流量

旧设备经过磨损,其实物资产的价值会有所降低。但旧设备经过折旧后所剩下的账面价值,并不一定等于其当前的市场价值,即更新旧设备往往会产生一笔沉没成本。

沉没成本=旧设备账面价值-当前市场价值(残值)

或沉没成本=(旧设备原值-历年折旧费)-当前市场价值(残值)

设备更新分析中又一重要的特点是在分析中只考虑今后发生的现金流量,对以前发生的现金流量及沉没成本,因为它们都属于不可恢复的费用,与更新决策无关,故不需再参与经济计算。

(4) 只比较设备的费用

通常在比较设备更新方案时,假定设备产生的收益是相同的,因此只对它们的费用进行比较。

(5) 设备更新分析以费用年值法为主

不同设备方案的服务寿命不同,因此通常都采用年值法进行比较。新设备往往具有较高的购置费和较低的运营成本,而需要更新的旧设备往往具有较低的重置费和较高的运营费。

11.2.2 设备更新的经济分析

设备更新经济分析就是确定一套正在使用的设备何时应该更新以及是否应该用更经济的设备来替代或者改进现有设备。

对企业来说,设备更新问题的决策是很重要的,如果因为暂时的故障就将现有的设备报废处理,或者因为片面追求先进和现代化而购买最新型的设备,都有可能造成资本的流失;而对于一个资金比较紧张的企业可能会选择另一个极端的做法,即恶性使用设备(拖延设备的更新直到其不能再使用为止)。恶性使用设备对企业来说是一种危险的做法。它必须依靠低效率的设备所生产的高成本和低质量的产品与竞争对手们利用现代化的设备生产的低成本和高质量的产品进行竞争。显然,这会使企业处于一个极为不利的地位。因此,对企业来说,设备更新的经济分析是一个很重要的工作。

11.2.2.1 设备更新与设备寿命的关系

(1) 按设备物理寿命更新

设备的磨损难以修复,设备已不能再继续使用时,用同类型设备进行更换。这种方式是十分落后和不经济的。因为,即使更换了设备(同类型),但设备在使用后期维修费用急剧上升,设备性能下降,故障率增高,致使生产效率低、产品质量差、企业经济效益低下。

(2) 按设备经济寿命更新

现有设备在物理寿命、产品质量生产效率均能满足要求时,由于经济寿命上的原因应用同类型的设备进行更换,即按照设备的经济寿命来确定设备的使用年限和更新时机。

(3) 按设备技术寿命更新

用新型的效率更高、性能更完善的设备更换尚能继续使用,但与新设备比较经济性较差的现有设备。这种更新方式是促进生产发展和技术进步的重要途径，是设备更新的发展方向。

11.2.2.2　设备合理更新期的确定

(1) 设备经济寿命的计算（同类型设备更换的最佳时机）

在设备更新分析中，往往是在已知新、旧设备经济寿命的基础上进行经济评价，但由于经济评价结果对新、旧设备的经济寿命十分敏感，因此，仅凭假设或推测来确定设备的经济寿命就显得不够谨慎，必须通过科学合理的方法来计算设备的经济寿命。原则是使设备一次性投资和各年经营费用的总和达到最小。计算的方法很多，运筹学的一个重要分支——更新论，专门用数学方法研究设备的更新模型。

① 不考虑资金时间价值的年平均总费用法：

$$AC(T)=\frac{K_0-L_T}{T}+\frac{1}{T}\sum_{j=1}^{T}C_j \tag{11-8}$$

式中　$AC(T)$——设备使用 T 年更新时，年平均总费用；

K_0——设备的原始费用；

L_T——T 年的设备残值（或转让价格）；

C_j——第 j 年设备的运行费用；

T——设备第 T 年更换。

若不考虑设备残值即 $L_T=0$ 时，则：

$$AC(T)=\frac{K_0}{T}+\frac{1}{T}\sum_{j=1}^{T}C_j \tag{11-9}$$

若 $AC(T)$最小，则经济寿命为 T^*。

② 考虑资金时间价值的年平均总费用法

$$AC(T)=\left[K_0+\sum_{j=1}^{T}C_j(1+i)^{-j}-L_T(1+i)^{-T}\right](A/P,i,T) \tag{11-10}$$

当 $AC(T)$最小时，则经济寿命为 T^*。

③ 设备低劣化值计算法

设备在使用过程中由于磨损的加剧，设备的年运行费用逐年递增，这种现象称为设备的低劣化。若这种低劣化每年以 λ 的数值等额增加，则设备使用第 T 年时的运行费用为：

$$C_T=C_1+(T-1)\lambda \tag{11-11}$$

设备使用 T 年时，年平均总费用为

$$AC(T)=\frac{K_0-L_T}{T}+C_1+(T-1)\frac{\lambda}{2} \tag{11-12}$$

式中　C_1——设备使用第 1 年的运行费用；

λ——设备低劣化值。

其他符号意义同前。

确定设备经济寿命，即计算 $AC(T)$为最小值时，T 为几年。一般设 L_T 为常数，求 $AC(T)$的极小值。

$$\frac{\mathrm{d}AC(T)}{\mathrm{d}T}=-\frac{K_0-L_T}{T^2}+\frac{\lambda}{2}$$

令$\frac{dAC(T)}{dT}=0$，则

$$T=\sqrt{\frac{2(K_0-L_T)}{\lambda}} \tag{11-13}$$

【例 11-2】 某设备原始费用为 10 000 元，第 1 年运行费用为 5 000 元，以后每年增加 800 元，试求该设备的经济寿命和对应的年平均总费用。

解：设 $L_T=0$，则

$$T=\sqrt{\frac{2K_0}{\lambda}}=\sqrt{\frac{2\times 10\ 000}{800}}=5(\text{年})$$

$$AC(5)=\frac{K_0}{5}+C_1+(5-1)\frac{\lambda}{2}=\frac{10\ 000}{5}+5\ 000+4\times\frac{800}{4}$$

$$=2\ 000+5\ 000+1\ 600=8\ 600(\text{元})$$

所以，该设备的经济寿命为 5 年，设备使用 5 年的年平均总费用为 8 600 元。

【例 11-3】 某公司用 1 000 元购入设备 A，经预测 A 设备物理寿命为 8 年，使用后逐年的运行费用见表 11-1。公司基准收益率为 10%，设备残值为零，试求 A 设备的经济寿命。

表 11-1 A 设备逐年运行费用表 单位：元

年限	1	2	3	4	5	6	7	8
运行费用	500	1 000	1 800	2 600	3 500	4 500	6 500	9 600

解：将表中数据一次带入式(11-10)中得：

$AC(1)=11\ 500.00$ 元　　$AC(5)=4\ 374.40$ 元

$AC(2)=6\ 499.90$ 元　　$AC(6)=4\ 390.70$ 元

$AC(3)=5\ 079.50$ 元　　$AC(7)=4\ 613.20$ 元

$AC(4)=4\ 545.60$ 元　　$AC(8)=5\ 049.00$ 元

因为 $AC(5)$最小，所以 A 设备的经济寿命为 5 年。

(2) 设备技术寿命的计算(新型高效设备更换的最佳时机)

用经济寿命作为设备的最佳更新期，是以同类型设备更换为前提的，这只考虑了对设备有形磨损的补偿。但是由于科学技术的飞速发展，不断有新的效率更高、性能更好的设备出现。此时，设备的最佳更新期就可能比设备的经济寿命要短，需要提前更换，即设备的经济寿命还未到来但由于无形磨损的原因导致继续使用现有设备不如用新型高效设备更换为好。此时确定的设备最佳更新时机实际上就是设备的技术寿命。

设备技术寿命的计算，事实上就是对继续使用现有设备还是更换新型高效设备这两个方案进行经济评价，看选择哪一个方案更为有利。

设备技术寿命的确定有很多种方法，现主要介绍两种比较简单的方法。

① 年费用比较法

年费用比较法是分别计算新型设备和现有设备的年均总费用，然后进行比较。如采用新型高效设备年均总费用小于继续使用现有设备的年均总费用，则应考虑用新型高效设备

更换现有设备；相反，则应继续使用现有设备。

需要注意的是，确定现有设备的价值时要按当前估价，而不能考虑其最初购置费以及目前账面净值，因为从经济分析的角度来看，它们都属于沉没成本。以前的购置费及其会计折旧的账面余值，都是在新设备出现以前所确定的现有设备价值，而新设备的出现，必然使得现有设备过时，并使其价值降低。

【例 11-4】 某公司有一台设备，目前残值为 8 000 元，如继续使用尚能使用 3 年(即经济寿命还剩 3 年)，有关资料见表 11-2。

表 11-2　现有设备资料　　单位：元

项目	年份		
	1	2	3
运行费用	2 000	3 000	5 000
年末残值	6 000	4 000	3 000

现有一新型高效设备，售价为 20 000 元，基准收益率 8%，经测算经济寿命为 8 年，等值年成本为 4 800 元(计算方法同前)。问现有设备是否需要更换？如更换何时最佳？

解：计算新旧设备的经济寿命和经济寿命期内的等值年成本：

$AC(1)=8\ 000\times1.08-(6\ 000-2\ 000)=4\ 640$(元)

$AC(2)=(8\ 000+2\ 000\times0.925\ 8+3\ 000\times0.857\ 3-4\ 000\times0.857\ 3)\times0.560\ 8$
$=5\ 044$(元)

$AC(3)=(8\ 000+2\ 000\times0.952\ 8+3\ 000\times0.857\ 3+2\ 000\times0.793\ 8)\times10.388\ 0$
$=5\ 769$(元)

由计算结果可知，旧设备继续使用一年的等值年成本最低，经济寿命为 1 年，等值年成本为 4 640 元，而新设备根据题意知经济寿命为 8 年，等值年成本为 4 800 元。所以不应马上更换。

因为 $AC(1)\leqslant4\ 800\leqslant AC(2)$，所以旧设备应继续使用 1 年后，再更换新型设备。

② 总费用比较法

当现有设备经济寿命还未结束，但项目的任务有限制为 M 年时，则应采用总费用比较法。总费用比较法的含义是分别计算在 M 年内不同更新时机组合的费用现值，选费用现值最小的组合为最佳方案。旧设备使用 T 年则新设备使用$(M-T)$年。计算公式为：

$$P_{\mathrm{w}}(T)=L_{00}-L_{0T}(1+i)^{-T}+\sum_{j=1}^{T}C_{0j}(1+i)^{-j}+\frac{1}{\beta}\left[I_{10}-L_{1T}(1+i)^{T-M}+\sum_{j=1}^{M-T}C_{1j}(1+i)^{-j}\right](1+i)^{-T} \tag{11-14}$$

式中　$P_{\mathrm{w}}(T)$——旧设备使用 T 年，新设备使用$(M-T)$年的费用现值；

L_{00}——决策时旧设备的可转让价格；

L_{0T}——旧设备在第 T 年末的残值；

C_{0j}——旧设备第 j 年的运行费用；

β—— 生产效率系数，以旧设备为1，表示新设备的效率为旧设备的 β 倍；

L_{1T}——新设备运行 $(M-T)$ 年时年末残值；

I_{10}——新设备的原始费用；

C_{1j}——新设备第 j 年的运行费用。

当 $P_w(T)$ 最小时，T 即为设备的最佳更新时机。

【例 11-5】 某公司有一批设备还可使用 4 年，现在出售，每台售价可达5 000元。若继续使用，每年资料见表 11-3。

表 11-3 旧设备运行费用和残值表 单位：元

使用年限	0	1	2	3	4
年运行费用		2 000	2 500	3 300	4 300
年末残值	5 000	4 500	3 500	2 000	1 000

现市场上出现一种新型高效设备，工作效率为旧设备的 3 倍，价格为 20 000 元，物理寿命为 8 年，使用期间各年的运行费用资料见表 11-4。

表 11-4 新设备运行费用和残值表 单位：元

使用年限	1	2	3	4	5	6	7	8
年运行费用	3 000	3 200	3 500	4 000	4 500	5 000	6 000	8 000
年末残值	15 000	12 000	10 000	8 000	6 000	5 000	5 000	5 000

公司长远规划将在 6 年后调整产业方向，向国际商贸进出口业务发展，不再涉足传统机械加工制造，如公司基准收益率为 8%，试分析公司哪年更新设备最佳？

解：将已知条件带入公式，可得：

$P_w(0)=11\ 359.06$ 元 $P_w(3)=15\ 415.01$ 元

$P_w(1)=12\ 035.22$ 元 $P_w(4)=17\ 772.74$ 元

$P_w(2)=13\ 241.78$ 元

因为 $P_w(0)$ 最小，因此，旧设备不应继续使用，应马上更换新型高效设备。

11.2.2.3 设备更新方式的选择

前面已经讲过，对目前企业正在使用的设备，其更新方式实际上包括：继续使用现有设备，现有设备大修理，用同类型设备更换现有设备，用新型高效设备更换现有设备，对现有设备进行现代化改装这五种不同的方式。对设备更新方式的选择一般用费用现值法或等值年成本法进行评价。以上五种方式的费用现值计算公式如下。

(1) 现有设备继续使用方式的现值

$$P_{WO}=\frac{1}{\beta_0}\left[L_{00}-L_{0T}(1+i)^{-T}+\sum_{j=1}^{T}C_{0j}(1+i)^{-j}\right] \tag{11-15}$$

式中 P_{WO}——现有设备继续使用 T 年时费用现值；

β_0——现有设备生产效率系数；

L_{00}——决策时设备可转售价格；

L_{0T}——现有设备 T 年末残值；

C_{0j}——现有设备第 j 年运行费用。

（2）现有设备进行大修方式的费用现值

$$P_{WR}=\frac{1}{\beta_R}\left[L_{00}+R-L_{RT}(1+i)^{-T}+\sum_{j=1}^{T}C_{Rj}(1+i)^{-j}\right] \tag{11-16}$$

式中　P_{WR}——设备大修后使用 T 年时费用现值；

β_R——大修后设备生产效率系数；

R——设备一次大修费用；

L_{RT}——大修后设备第 T 年末残值；

C_{Rj}——大修后设备第 j 年的运行费用。

（3）用同类型设备更换现有设备方式的费用现值

$$P_{WT}=\frac{1}{\beta_N}\left[P_N-L_{00}-L_{NT}(1+i)^{-T}+\sum_{j=1}^{T}C_{Nj}(1+i)^{-j}\right] \tag{11-17}$$

式中　P_{WT}——同类型设备更换后使用 T 年时费用现值；

β_N——同类型新设备生产效率系数，一般为 1；

P_N——同类型新设备的原始费用；

L_{NT}——同类型新设备 T 年末的残值；

C_{Nj}——同类型新设备第 j 年的运行费用。

（4）用新型高效设备更换现有设备方式的费用现值

$$P_{WH}=\frac{1}{\beta_H}\left[P_H-L_{HT}(1+i)^{-T}+\sum_{j=1}^{N}C_{Hj}(1+i)^{-j}\right]-L_{00} \tag{11-18}$$

式中　P_{WH}——新型设备更换现有设备后使用 T 年时费用现值；

β_H——新型设备生产效率系数；

P_H——新型设备的原始费用；

L_{HT}——新型设备使用 T 年末的残值；

C_{Hj}——新型设备第 j 年运行费用。

（5）现有设备现代化改装方式的费用现值

$$P_{WM}=\frac{1}{\beta_M}\left[P_N+L_{00}-L_{MT}(1+i)^{-T}+\sum_{j=1}^{T}C_{Mj}(1+i)^{-j}\right] \tag{11-19}$$

式中　P_{WM}——现有设备现代化在改装后使用 T 年的费用现值；

β_M——现有设备现代化改装后效率提高系数；

P_N——设备现代化改装所需费用；

L_{MT}——设备现代化改装后使用第 T 年末残值；

C_{Mj}——设备现代化改装后第 j 年运行费用。

以上五种更新方式的选择，一般和 T 值的取值大小有关，在 T 值一定的情况下，选择费用现值小的更新方式。如各方案服务年限不同，则宜改用年成本法。

【例 11-6】　假定几种方案分项费用原始资料见表 11-5。表中对旧设备使用到 N 年后的残值未考虑进去，这些方案中设备使用后的残值是不等的，也不可能为零，只是本例未考虑。

表 11-5 资料表

方案	基本投资/元	劳动生产率提高系数	各年经营费用/元								
			1	2	3	4	5	6	7	8	9
旧设备继续使用	$K=0$	0.7	250	300	350	400	450	500	530	700	910
设备更新	$K_{更}=1\ 625$	1.3	20	50	100	150	200	260	320	380	450
设备现代化改装	$K_{改}=1\ 200$	1.25	30	55	110	170	220	280	360	450	540
设备大修	$K_{修}=700$	0.98	30	100	175	250	320	400	480	610	720
旧设备在更换年份的残值/元		150									

解:根据本章式(11-15)、式(11-16)、式(11-18)、式(11-19),计算出各方案逐年费用总和,见表 11-6。

表 11-6 计算出的费用总额　　单位:万元

年份	各方案 C			
	$C_{旧}$	$C_{修}$	$C_{更}$	$C_{改}$
1	330.7	771	1 114.2	982.2
2	697.9	828.4	1 147.2	1 019.2
3	1 095	973.2	1 208.3	1 089.8
4	1 515	1 160.2	1 293.1	1 189.7
5	1 952.8	1 413.5	1 397.9	1 309.5
6	2 402.8	1 670.7	1 523.9	1 450.7
7	2 844.2	1 956.2	1 667.4	1 618.6
8	3 384.2	2 292.4	1 825.2	1 813
9	4 034.2	2 659.7	1 998.3	2 053

以费用总额最小的方案为最佳方案,即总的使用成本最低者为最优方案。由表 11-9 可见:如果设备只考虑使用 2 年,2 年后将更新换代,$C_{旧}$ 方案为最佳,就是说旧设备原封不动地使用,连修理也不用;如果打算使用 3～4 年,最佳方案是对原设备进行一次大修;如果估计设备将使用 8 年,最佳方案是对原设备进行现代化改装;如果使用年限在 8 年以上,则用高效率新结构的设备进行更新换代,即设备更新是最佳方案。

11.3 设备更新分析方法的应用

11.3.1 新添设备优劣比较的经济分析

新添设备指新购或新租设备,新添设备的优劣比较主要是从多种试用的型号中选择一种最经济的型号以及比较租用设备合算还是购置设备合算的问题。

11.3.1.1 新购设备的优劣比较

新购设备的优劣比较,首先是确定需要比较的各型号新购设备的经济寿命,然后通过比较经济寿命期内各方案的年费用来判断方案的优劣。

11.3.1.2　购置设备和租赁设备的优劣比较

(1) 设备的租赁

设备租赁是随着企业资产所有权和使用权的分离而产生的设备使用形式。它是指设备的承租者按照租赁契约的规定，定期向出租者支付一定数额的租赁费从而取得设备的使用权，设备的所有权不发生转移，仍然归出租者所有。

设备租赁对双方的有利之处表现在以下两方面。

① 从出租者来看，由于出租设备的所有权不发生变化，因而不会伴随像资金贷款形式那样大的投资风险，并且可以避免设备的使用效率低和设备闲置，出租设备所得的租金一般也高于设备的价值。

② 从承租者来看，可以解决购置设备资金不足和借款受到限制等问题，可以将节约下来的资金用到更为有利和迫切的生产方面，更重要的是，承租者通过租赁提高了生产能力，从而能获得更多的收益，同时避免承担因技术进步而造成的更新风险。

(2) 设备租赁的形式

① 经营性租赁

经营在租赁是由出租者向承租者提供一种特殊服务的租赁，即出租者除向承租者提供租赁物外，还承担租赁设备的保养、维修、老化、贬值以及不再续租的风险。这种方式带有临时性，因而租金较高。承租者往往采用这种方式租赁，因为它不仅适用于技术更新较快、租期较短的设备，而且承租设备的使用期往往也短于设备的寿命期，并且经营性租赁设备的租赁费计入企业成本，可减少企业所得税，承租人可根据自身需要决定是中止还是继续租赁设备。

② 融资性租赁

融资性租赁是一种融资和融物相结合的租赁方式。它是由双方明确租赁的期限和付费义务，出租者按照要求提供规定的设备，然后以租金形式回收设备的全部资金，这种租赁方式是以融资和对设备的长期使用为前提的，租赁期相当于或超过设备的寿命期，租赁对象往往是一些贵重、大型的设备，由于设备是承租者选定的，出租者对设备的整机性能、维修保养、老化等不承担责任。对于承租者来说，融资租入的设备属于固定资产，可以计提折旧计入企业成本，而租赁费一般不直接列入企业成本，由企业税后支付，但租赁费中的利息和手续费(按租赁合同约定，手续费可包括在租赁费中或者一次性支付)可在支付时计入企业成本，作为纳税所得额中准予扣除的项目。

(3) 设备租赁的现金流量及与购置方案的比较

经营性租入设备方案的净现金流量为：

净现金流量＝销售收入－经营成本－租赁费－销售税及附加－(销售收入－经营成本－租赁费－销售税金及附加)×所得税税率

融资性租赁的设备方案净现金流量为：

净现金流量＝销售收入－经营成本－租赁费－销售税及附加－(销售收入－销售成本－折旧费－租赁费中的手续费和利息－销售税金及附加)×所得税税率

而在相同条件下，购置设备方案的净现金流量为：

净现金流量＝销售收入－经营成本－设备购置费－销售税及附加－(销售收入－经营成本－折旧费－利息－销售税金及附加)×所得税税率

下面通过例子说明设备租赁方案与购置方案的比较方法。

【例 11-7】 某企业需要某种设备，其购置费为 10 000 元，以自有资金购买，估计使用期为 10 年，10 年后的残值为 0。如果采用融资租赁的方案，同类设备年租赁费为 1 600 元（其中利息部分为 200 元），当设备投入使用后，企业每年的销售收入为 6 000 元，销售税及附加为销售收入的 10%，设备年经营成本为1 200元/年，所得税税率为 33%。采用直线折旧法，该企业的基准收益率为 10%。要求比较租赁方案和购置方案。

解：(1) 采用购置方案

年折旧额＝1 000÷10＝1 000(元)

年利润＝6 000－6 000×10%－1 200－1 000＝3 200(元)

税后利润＝3 200×(1－3%)＝2 144(元)

投入使用后年净现金流量＝2 144＋1 000＝3 144(元)

净现值＝－1 000＋3144(P/A,10%,10)＝9 329.88(元)

(2) 采用租赁方案

折旧同购置方案。

年利润＝6 000－6 000×10%－1 200－1 000－200＝3 000(元)

税后利润＝3 000×(1－33%)＝2 010(元)

投入使用后年净入使用量＝2 010＋1 000－(1 600－200)＝1 610(元)

净现值＝1 610×(P/A,10%,10)＝9 893.45(元)

(3) 比较两方案

通过计算，租赁方案的净现值高于购置方案的净现值，因此，可以认为租赁方案优于购置方案。

11.3.2 因过时而发生的更新

因过时而发生的更新主要是无形磨损作用的结果。对现有设备来说，任何一项与该设备有关的构造和运行技术的新发展及改进，都有可能促进设备的提前更新。人们可能会因为新设备的购置费用较大，而趋向于保留现有设备，然而新设备将带来运营费用、维修费用的减少以及产品质量的提高。设备更新的关键是，新设备与现有设备相比的节约额可能比新设备投入的购置费用的价值要大。

【例 11-8】 某单位 3 年前花 40 万元购置了一台磨床，磨床一直运行正常，但现又有了一种改进的新型号，售价为 35 万元。并且其运营费用低于现有磨床。现有磨床和新型磨床各年的残值（当年转让或处理价格）及运营费用见表 11-7。磨床还需使用 4 年，新磨床的经济寿命为 6 年。设 i＝15%。分析是否需要更新。

表 11-7　现有磨床和新型磨床各年的残值及运营费用表　　单位：元

年份	现有磨床		新型磨床	
	运营费	残值	运营费	残值
0		120 000		350 000
1	34 000	70 000	2 000	300 000
2	39 000	40 000	10 000	270 000
3	46 000	25 000	12 000	240 000

表 11-7(续)

年份	现有磨床		新型磨床	
	运营费	残值	运营费	残值
4	56 000	10 000	15 000	200 000
5			20 000	170 000
6			26 000	150 000

解:因为磨床还需要使用 4 年,所以对于新磨床来说,只要考虑前 4 年的情况,现有设备的 40 万元的购置费是沉没成本,只考虑 12 万元的现行市场价格。

$$AC_{旧}=[120\ 000+34\ 000(P/F,15\%,1)+39\ 000(P/F,15\%,2)+46\ 000(P/F,15\%,3)+56\ 000(P/F,15\%,4)-10\ 000(P/F,15\%,4)]\times(A/P,15\%,4)=82\ 524(元)$$

$$AC_{新}=(350\ 000-200\ 000)(A/P,15\%,4)+200\ 000\times15\%+[2\ 000(P/F,15\%,1)+10\ 000(P/F,15\%,2)+10\ 000(P/F,15\%,2)+12\ 000(P/F,15\%,3)+15\ 000(P/F,15\%,4)]\times(A/P,15\%,4)=91\ 567(元)$$

因新型磨床的年费用高于现有磨床,所以现在不应进行更新。

11.3.3 由于性能降低而发生的更新

设备性能降低表现为运行费用过多、维修费用增加、废品率上升和附加设备费用增加等。当设备使用费增加时,就需要对设备进行更新分析,而且这种更新分析是连续进行的,即如果确定在本周期(一个周期通常为一年)内不需要更新,分析是否需要在下一个周期或者后面的某个周期开始之前进行更新。

因性能降低而发生的更新分析,首先是确定是否需要更新现有设备(旧设备),由于新设备的使用年限一般并不相等,因而通常用年费用法进行比较;如果确定了需要进行更新,那么下一步就是确定应该在什么时间进行更新。具体的分析方法是连续计算各年的旧设备年费用,并与新设备的年费用进行比较,直到某一年旧设备的年费用高于新设备的年费用,则在该年年初或在上一年的年末更新现有设备。

【例 11-9】 某单位的一台旧机器,目前可以转让,价格为 25 000 元,下一年将贬值 10 000元,以后每年贬值 5 000 元,由于性能退化,它今年的使用费为80 000元,预计今后每年将增加 10 000 元。它将在 4 年后报废,残值为 0。现有一台新型的同类设备,它可以完成与现在设备相同的工作,购置费为 160 000 元,年平均使用费为 60 000 元,经济寿命为 7 年,期末残值为 15 000 元,并预计该设备在 7 年内不会有大的改进。设基准收益率 $i_c=12\%$。问是否需要更新现有设备?如果需要,应该在什么时间更新?

解:确定新设备的年平均费用

$$AC_{新}=(16\ 000-15\ 000)(A/P,12\%,7)+15\ 000\times12\%+60\ 000=93\ 572(元)$$

确定旧设备持续使用 4 年的年平均费用

$$AC_{旧}=25\ 000\times(A/P,12\%,4)+80\ 000+10\ 000\times(A/P,12\%,4)=101\ 819(元)$$

显然，旧设备的年费用高于新设备的年费用，那么旧设备需要更新，但如果做出马上就应更新的决策，可能是错误的，这需要进一步的分析。

如果旧设备再保留使用一年，则一年的年费用为

$AC_{旧1}=(25\ 000-15\ 000)(A/P,12\%,1)+15\ 000\times12\%+80\ 000=93\ 000$(元)

小于新设备的年平均费用，所以旧设备在第一年应该继续保留使用。

如果旧设备再保留使用到第二年，则第二年一年的年费用为

$AC_{旧2}=(15\ 000-10\ 000)(A/P,12\%,1)+10\ 000\times12\%+90\ 000=96\ 800$(元)

显然，如果保留使用到第二年，第二年的年费用高于新设备的年平均费用，则旧设备在第二年使用之前就应该更新。

因此，现有设备应该再保留使用一年，一年后更新为新设备。

11.3.4 由于能力不足而发生的更新

当运行条件发生变化时，现有设备可能会出现生产能力不足的问题。这时面对的更新问题：一是更换现有设备，购置生产能力满足要求的新设备，老设备留着备用或者转让；二是现有设备继续保持使用，同时再购买一台附加的新设备或对现有设备进行改进，以满足生产能力的需要。

【例 11-10】 某厂 6 年前花 8 400 元购置了设备 A，当时预计它有 12 年的寿命，残值为 1 200 元，年使用费基本保持在 2 100 元。由于对机器 A 所加工的零件的需求量成倍增加，现有设备 A 的生产能力已不能满足要求。为解决这个问题，有两个方案。

(1) 购进与设备 A 完全相同的 A 型机器，现购买价为 9 600 元，寿命期和年使用费与 A 相同，残值为 1 600 元。

(2) 现在设备 A 可折价 3 000 元转让，再购进生产同样零件的 B 型机器，生产能力是 A 型机器的两倍，购置费为 17 000 元，寿命期为 10 年，年使用费基本稳定在 3 100 元，残值估计为 4 000 元。

设 $i_c=10\%$，比较选择两个更新方案。

解：对这个问题，可换个角度考虑，能使问题更清晰一点。假设将现在的设备 A 以 3 000元卖出，然后需要购进生产这种零件的设备，方案(1)是花 3 000 元买一台已使用 6 年的 A 型机器加一台购置费为 9 600 元的新的 A 型机器，方案(2)是花 17 000 元购置一台 B 型机器。

两方案的现金流量如图 11-4 所示。分别计算方案(1)和方案(2)的年费用为：

$AC(1)=(3\ 000-1\ 200)(A/P,10\%,6)+1\ 200\times10\%=2\ 100+$

$(9\ 600-1\ 600)(\mathrm{A/P},10\%,12)+1\ 600\times10\%+2\ 100=6\ 067.68$(元)

$AC(2)=(17\ 000-4\ 000)(A/P,10\%,10)+4\ 000\times10\%+3\ 100=5\ 615.1$(元)

方案(1)的年费用高于方案(2)的年费用，因此，应该选择方案(2)，即将旧 A 型机器折价 3 000 元处理，购入 B 型机器。

11.3.5 设备继续使用的年限为未知的更新分析

有时对设备还需要继续使用的年限不能确定，这时可对设备使用年限的多种可能情况进行更新分析。

【例 11-11】 现有设备的经济寿命期限还有 3 年，现对其更新进行经济分析，各个更新方案的数据见表 11-8，其中继续使用旧设备的初始费用是指旧设备现在的处理价格，设备

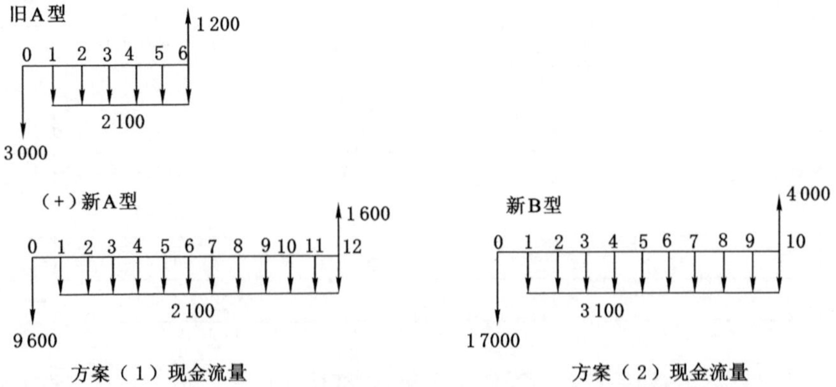

图 11-4　两方案现金流量

使用年限未定，试确定不同使用年限的设备更新方案的选择。基准收益率 $i_c=10\%$。

表 11-8　各个更新方案的数据　　单位：元

方案	继续使用旧设备		原型设备替换		高效新设备替换		旧设备现代化改装		旧设备大修理	
初始费用	2 000		15 000		21 000		12 000		5 000	
年末	年运营费	年末残值	年运营费	年末残值	年运营费	年末残值	年运营费	年末残值	年运营费	年末残值
1	4 000	1 200	1 000	12 200	600	18 000	1 600	9 000	2 700	3 000
2	5 200	600	1 200	9 500	800	15 200	1 800	6 700	3 300	1 800
3	6 400	300	1 600	7 000	1 100	13 200	2 000	4 700	3 900	600
4			2 000	5 000	1 400	11 200	2 300	3 000	5 000	300
5			2 400	3 500	1 700	10 000	2 600	1 700	6 000	100
6			2 800	2 000	2 000	9 000	3 100	1 000	7 000	100
7			3 400	1 000	2 300	8 000	3 800	700		
8			4 600	500	2 600	7 000	4 700	200		
9			5 600	30	2 900	6 500	5 700	200		
10			6 800	100	3 300	6 000	6 800	200		

解：利用公式(11-10)，计算每个方案使用年限平均年费用，列于表 11-9。

表 11-9　每个方案使用年限平均年费用　　单位：元

使用年限	继续使用旧设备	原型设备替换	高效新设备替换	旧设备现代化改装	旧设备大修理
1	5 000	5 300	5 700	5 800	5 200
2	5 438	5 214	5 557	5 419	5 010
3	5 437	5 165	5 274	5 193	5 091
4	0	5 065	5 155	5 037	5 149

表 11-9(续)

使用年限	继续使用旧设备	原型设备替换	高效新设备替换	旧设备现代化改装	旧设备大修理
5	0	4 956	4 969	4 900	5 326
6	0	4 916	4 843	4 779	5 544
7	0	4 883	4 775	4 718	0
8	0	4 910	4 743	4 767	0
9	0	4 980	4 695	4 837	0
10	0	5 108	4 680	4 961	0

从表 11-7 可以看出，如果设备还需使用 1 年，继续使用旧设备有利，且无须对其改进和修理；如果设备尚要使用到 2～3 年，则对设备大修理后继续使用；如果要使用到 4～7 年，则选择旧设备现代化改装有利；如果设备要使用 8 年以上(包括 8 年)，则使用高效新设备替换有利。

[案例分析]

某旧设备更新方案的选择

某旧设备各种更新方案各项费用的原始资料，见案例分析表 11-1，i_c 为 10%，选择最佳更新方案的过程如下。

对设备更新方式的选择一般用费用现值法，计算出不同服务年限各方案现值总费用，见案例分析表 11-2。

从计算结果可以看出，如果设备只使用 1 年，以使用旧设备的方案为最佳。如果只打算使用 2～4 年，最佳方案是对原设备进行一次大修理。如果估计设备将使用 5～6 年，最佳方案是对原设备进行现代化技术改造。如果使用期在 7 年以上，则用高效新型设备替换旧设备的方案最佳。

案例分析表 11-1　更新方案各项费用原始资料表　　单位：元

方案	投资	生产效率系数	经营成本与年末残值	1	2	3	4	5	6	7	8	9	10
继续使用旧设备	P_1=3 000	a_1=0.7	C	1 400	1 800	2 200							
			L	1 200	600	300							
用原型设备更新	P_2=16 000	a_2=1	C	450	550	650	750	850	950	1 050	1 150	1 250	1 350
			L	9 360	8 320	7 280	6 240	5 200	4 160	3 120	2 080	1 300	1 300
用新型设备更新	P_3=20 000	a_3=1.3	C	350	420	490	560	630	700	770	840	910	980
			L	11 520	10 240	8 600	7 250	5 700	4 700	4 000	3 000	2 000	2 000
进行技术改造	P_4=11 000	a_4=1.2	C	550	680	810	940	1 070	1 200	1 330	1 460	1 590	1 720
			L	90 000	8 000	6 700	5 700	4 700	3 700	2 700	1 700	1 000	1 000
旧设备大修理	P_5=7 000	a_5=0.98	C	700	950	1 200	1 450	1 700	1 950	2 200	2 450	2 700	2 950
			L	64 000	5 800	5 200	4 700	3 800	3 000	2 200	1 400	700	700

注：C 表示各年经营成本，L 表示各年末残值。

案例分析表 11-2　不同服务年限各方案现值总费用　　单位：元

方案	年份									
	1	2	3	4	5	6	7	8	9	10
继续使用旧设备	4 545.4*	7 520.6	10 268.3							
用原型设备更新	7 900	9 987.6	11 882.4	13 602.2	15 163.2	16 580.1	17 866.0	19 033.2	19 962.4	20 553.0
用新型设备更新	6 871.3	8 442.7	10 022.8	11 284.1	12 486.7	13 340.8	140 04.2*	14 701.3*	15 326.0*	15 629.3*
进行技术改造	5 265.1	7 042.0	8 863.9	10 349.5	11 715.5*	12 971.5*	14 126.1	15 187.4	16 056.8	16 641.5
旧设备大修理	4 916.5	6 863.3*	8 687.9*	10 409.4*	12 345.6	14 157.4	15 885.4	17 537.2	19 069.2	20 257.3

注：“*”表示不同服务年限各设备更新方案中的最佳总费用现值。

[案例思考]

1. 如果设备在不同更新方式下的投资发生变化，对更新方案结果会产生怎样的影响？

2. 如果基准收益率变为 12%，对更新方案结果会产生怎样的影响？

思考题

1.联系实际，举例说明何为设备的有形磨损、无形磨损，各有何特点？设备磨损的补偿形式有哪些？

2.设备的技术寿命、自然寿命和经济寿命有何区别和联系？设备更新分析有何特点？

3.简述设备更新的原则。

4.简述设备现代化改装的现实意义。

本章习题

1. 某种机器，原始费用为 2 000 元，第一年年度使用费为 1 000 元，以后每年增加 200 元，任何时候都不计残值，不计利息，求机器的经济寿命。

2. 某开发商开发的别墅区，在设计时设计师考虑选择家用中央空调系统。现有两种品牌的家用中央空调系统供选择。

A 型：初始购置费（包括安装费用）为 7.6 万元，年平均运行费用 4 260 元（按现行电价计算）。

B 型：初始购置费（包括安装费用）为 6.0 万元，年平均运行费用 5 080 元（按现行电价计算）。

空调平均使用寿命为 20 年，均无残值。基准收益率为 6%。

(1) 请选择最优型号；

(2) 与 B 型相比，A 型为一知名品牌，具有低故障率、稳定性好、运行可靠、智能化程度高、售后服务体系完善等优点，综合考虑以上因素，如何进行选择？

3. 某场因生产需要 3 年前花 1 800 元购入一台抽水机，年度使用费为 1 000 元，估计还能使用 5 年，不计残值。现在，该厂有一个机会，花 2 700 元可以购买一台新的抽水机，估计寿命为 5 年，也不计残值，年度使用费为 400 元。假如现在购买新的抽水机，旧抽水机可以以 200 元售出，基准贴现率为 6%，问企业是否应该淘汰原有抽水机？

4. 某工厂 5 年前花费 27 000 元安装了一套输送设备系统，估计系统的使用寿命为 20 年，年度使用费为 1 350 元。由于需输送的零件数增加了 1 倍，现有两种方案可供选择。

方案 A：保留原输送设备系统，再花 22 000 元安装一套输送能力、使用寿命、年度使用费等和原系统完全相同的输送设备系统。

方案 B：花费 31 000 元安装一套输送能力增加 1 倍的系统，其年度使用费为 2 500 元，使用寿命为 20 年。安装此系统后，原系统能以 6 500 元售出。

三种系统使用寿命期末的残值均为原始费用的 10%，基准收益率 $i_c=12\%$，选择研究期为 15 年，试比较 A、B 两种方案。

习题参考答案

第3章 现金流量与资金时间价值

2. 415.4 万元。

3. 6 943.42 元。

4. 50.78 万元。

5. 5 867 元。

6. 6～7 年。

7. $F_1=30$(万元)；$F_2=31.56$(万元)。

8. 13 500.34 万元。

9. 25%。

10. $F_1=7\ 920$(万元)；$F_2=7\ 050$(万元)。

所以，第二种付款方式在兑付款金额上更加有利。

11. 1 413.32 万元。

12. 671.466 万元。

13. 1 037.45 万元。

14. $F_1=9\ 177.28$(万元)；$F_2=8\ 429.28$(万元)；$F_3=8\ 429.568$(万元)。

所以，第二种方案所付总金额最有利。

15. 647.78 万元。

第4章 工程项目经济评价的基本方法

1. 投资回收期为 7 年。

2. 投资回收期为 5.33 年，小于行业基准投资回收期，在经济上合理。

3. 净现值为 274.47 万元，该项目在经济上合理。

4. 内部收益率为 12.4%。

5.(1) 内部收益率为 7.41%；(2) 投资回收期为 9.32 年。

6. 总投资收益率为 17.6%。

7. 动态投资回收期为 5.84 年。

8.(1) 权益资金财务基准收益率的下限是 12.7%；

(2) 全部投资财务基准收益率的下限是 9.85%。

9. 用 Excel 计算出 $NPV=71.3>0$，故此方案可行。

10. 用 Excel 计算出 $IRR=14.03\%>i_c=12\%$，故该项目在经济效果上是可以接受的。

11. 用 Excel 计算出项目的动态投资回收期为 5.897 年。

第5章 工程项目多方案经济评价

1. $NPV_A=4\ 266$(元),$NPV_B=3\ 117$(元),$NPV_A>NPV_B$,应选方案A。

2. B方案为最优。

3. 应选择A和B组合方案。

4. (1) $i'=14.1\%$。

(2) $i'<i_n$,方案A较优;$i'>i_n$,方案B较优。

5. $NAV_1=1.13$万元,$NAV_2=14.08$万元。

最小公倍数为12年,$NPV_1=7.67$万元,$NPV_2=95.93$万元,最优方案为方案2。

6. 选择研究期为4年,$NPV_1=3.59$万元,$NPV_2=44.63$万元,方案2为最优方案。

7. $NPV_{铁路}=46\ 565.1$万元,$NPV_{公路}=37\ 287.5$万元,$NPV_{铁路+公路}=29\ 062.3$万元>0,根据净现值评价准则选投资铁路。

8. (1) $NPV_A=1\ 150.6$万元,$NPV_B=1\ 072.28$万元,$NPV_C=2\ 837.34$万元,$NPV_D=3\ 373.48$万元,$NPV_E=4\ 339.74$万元,应选择E方案。

(2) i_c为25.7%~27.5%时,C方案最优。

9. $R(B-A)=10\%$,$R(C-A)=20\%$,C方案较优;

$P_t(B-A)=10$年,$P_t(C-A)=5$年,C方案较优;

$Z_A=-30$万元,$Z_B=-20$万元,$Z_C=-55$万元,C方案较优;

$S_A=-100$万元,$S_B=-20$万元,$S_C=-200$万元,C方案较优。

10. 最优的投资组合方案为A_1、B_1和C_2组合方案。

第6章 工程项目不确定性分析与风险分析

1. (1) 520台。 (2) 8 520台。 (3) 可变成本降8.125元,年固定成本降25 000元。(4) 该产品的最低年销量9 954台。

2. (1) 方案Ⅰ:300万件;方案Ⅱ:250万件;方案Ⅲ:480万件。

(2) 180万件时,选方案Ⅰ;

800万件时,选方案Ⅱ。

(3) 1 920万件。

3. 6 000件。

4. $t=651$小时。当年开机小时数低于651小时时,选B方案有利;当年开机小时数高于651小时时,则选择A方案有利。

5. 当$i_0=17.5\%$时,A、B两种设备费用现值相等,都可以选用。当$i_0<17.5\%$时,B设备费用现值较低,应选用B设备。当$i_0>17.5\%$时,A设备费用现值较低,应选用A设备。

6. (1)

年收入变化对内部收益率的影响

年收入变化	−20%	−10%	0	10%	20%
IRR	3.47%	7.18%	10.58%	13.84%	17.00%

年收入平均敏感度为 3.197 1。

(2)

三个参数同时变化对净现值的影响

<table>
<tr><td rowspan="4">年收入</td><td colspan="9">初始投资</td></tr>
<tr><td colspan="3">−10%</td><td colspan="3">0</td><td colspan="3">10%</td></tr>
<tr><td colspan="9">寿　命</td></tr>
<tr><td>−10%</td><td>0</td><td>10%</td><td>−10%</td><td>0</td><td>10%</td><td>−10%</td><td>0</td><td>10%</td></tr>
<tr><td>−10%</td><td>−3 241.09</td><td>−2 709.65</td><td>−2 247.52</td><td>−4 741.09</td><td>−4 209.65</td><td>−3 747.52</td><td>−6 241.09</td><td>−5 709.65</td><td>−5 247.52</td></tr>
<tr><td>0</td><td>−1 571.04</td><td>−953.08</td><td>−415.72</td><td>−3 071.04</td><td>−2 453.08</td><td>−1 915.72</td><td>−4 571.04</td><td>−3 953.08</td><td>−3 415.72</td></tr>
<tr><td>10%</td><td>99.01</td><td>803.49</td><td>1 416.08</td><td>−1 400.99</td><td>−696.51</td><td>−83.92</td><td>−2 900.99</td><td>−2 196.51</td><td>−1 583.92</td></tr>
</table>

7. 期望值为 7 082.72;标准差为 9 598.52。

8. (1) 0.748 6;(2) 0.567 5。

9. 方案 3 最好。

第 7 章　工程项目的可行性研究

1. 回归方程为:$\hat{y}=-3.687\,7+0.068\,6x$;相关系数为:0.803 6。

2. 预测方程 $\hat{y}_{20+T}=80.33+3.33\times T$。

第 8 章　工程项目财务评价

1. $P_t=5.56$ 年,$P'_t=6.60$ 年,$FNPV=577.76$ 元,$FIRR=27.52\%$。

2. 习题表 8-2 中,现金流量去掉"增值税"和"折旧"两项;习题表 8-3 中,现金流入中去掉"折旧",现金流出中去掉"增值税"和"流动资金利息"两项。

3. 静态投资回收期 $P_t=5.8$ 年,动态投资回收期 $P'_t=7.48$ 年,则项目在财务上是可行的。

第 9 章　工程项目国民经济评价

1. 影子工资为 756 元/月。

2. 用外币表示的到岸价格为 78.63。

3. 投入物的影子价格为:2 870.50 元/t。

第 10 章　价值工程

1. (1)各功能的权重:$F_1=0.350$,$F_2=0.225$,$F_3=0.225$,$F_4=F_5=0.100$。

(2) 由于 B 方案的价值系数最大,选择 B 方案为最佳设计方案。

(3) 功能系数:

$F_a=18/(18+42+28+12)=18/100=0.18$;$F_b=42/100=0.42$;$F_c=28/100=0.28$;$F_d=12/100=0.12$

目标成本:

$C_a=1\,200\times 0.18=216$(万元);$C_b=1\,200\times 0.42=504$(万元);$C_c=1\,200\times 0.28=336$(万元);$C_d=1\,200\times 0.12=144$(万元)

功能改进顺序：(1) 装饰工程；(2) 基础结构工程；(3) 主体结构工程；(4) 安装工程。

2. (1)功能权重系数：$f_1=0.358$；$f_2=0.145$；$f_3=0.059$；$f_4=0.236$；$f_5=0.121$；$f_6=0.084$。

(2) 成本系数：$C_A=0.251$；$C_B=0.242$；$C_C=0.262$；$C_D=0.244$。

功能加权得分：$W_A=9.241$；$W_B=9.500$；$W_C=9.268$；$W_D=9.048$。

(3) 功能评价系数：$F_A=0.249$；$F_B=0.256$；$F_C=0.250$；$F_D=0.244$.

(4) 价值系数：$V_A=0.992$；$V_B=1.058$；$V_C=0.954$；$V_D=1.000$。

(5) 选择 B 方案为最佳方案。

第 11 章　设备磨损的补偿及更新经济分析

1. 机器经济寿命：$T=4.47$ 年。

2. (1) $AC_A=10\ 887.2$(元)，$AC_B=10\ 321$(元)，所以选 B 型。

(2) 因为 A 型与 B 型的年费用相差不大，且设备的使用寿命较长，未来出现风险的可能性较大，因此在这种情况下选择 A 型，品质更有保障。

3. 旧抽水机现值：

$P_{旧}=4\ 212.40$(元)

新抽水机现值：

$P_{新}=4\ 184.96$(元)

根据上述数据，购买新抽水机比较经济，应该淘汰原有抽水机。

4. $P_A=39\ 494.20$

$P_B=40\ 960.88$

因为 $P_A>P_B$，因此选择方案 A。

附录Ⅰ　复利因子

4%复利因子

一次支付			等额多次支付				
N	F/P	P/F	F/A	P/A	A/F	A/P	N
1	1.040 0	0.961 5	1.000 0	0.961 5	1.000 0	1.040 0	1
2	1.081 6	0.924 6	2.040 0	1.886 1	0.490 2	0.530 2	2
3	1.124 9	0.889 0	3.121 6	2.775 1	0.320 2	0.360 3	3
4	1.169 9	0.854 8	4.246 5	3.629 9	0.235 5	0.275 5	4
5	1.216 7	0.821 9	5.416 3	4.451 8	0.184 6	0.224 6	5
6	1.265 3	0.790 3	6.633 0	5.242 1	0.150 8	0.190 8	6
7	1.315 9	0.759 9	7.898 3	6.002 1	0.126 6	0.166 6	7
8	1.368 6	0.730 7	9.214 2	6.732 7	0.108 5	0.148 5	8
9	1.423 3	0.702 6	10.582 8	7.435 3	0.094 5	0.134 5	9
10	1.480 2	0.675 6	12.006 1	8.110 9	0.083 3	0.123 3	10
11	1.539 5	0.649 6	13.486 3	8.760 5	0.074 1	0.114 1	11
12	1.601 0	0.624 6	15.025 8	9.385 1	0.066 6	0.106 6	12
13	1.665 1	0.600 6	16.626 8	9.985 6	0.060 1	0.100 1	13
14	1.731 7	0.577 5	18.291 9	10.563 1	0.054 7	0.094 7	14
15	1.800 9	0.555 3	20.023 6	11.118 4	0.049 9	0.089 9	15
16	1.873 0	0.533 9	21.824 5	11.652 3	0.045 8	0.085 8	16
17	1.947 9	0.513 4	23.697 5	12.165 7	0.042 2	0.082 2	17
18	2.025 8	0.493 6	25.645 4	12.659 3	0.039 0	0.079 0	18
19	2.106 8	0.474 6	27.671 2	13.133 9	0.036 1	0.076 1	19
20	2.191 1	0.456 4	29.778 1	13.590 3	0.033 6	0.073 6	20
21	2.278 8	0.438 8	31.969 2	14.029 2	0.031 3	0.071 3	21
22	2.369 9	0.422 0	34.248 0	14.451 1	0.029 2	0.069 2	22
23	2.464 7	0.405 7	36.617 9	14.856 8	0.027 3	0.067 3	23
24	2.563 3	0.390 1	39.082 6	15.247 0	0.025 6	0.065 6	24
25	2.665 8	0.375 1	41.645 9	15.622 1	0.024 0	0.064 0	25
26	2.772 5	0.360 7	44.311 7	15.982 8	0.022 6	0.062 6	26
27	2.883 4	0.346 8	47.084 2	16.329 6	0.021 2	0.061 2	27
28	2.998 7	0.333 5	49.967 6	16.663 1	0.020 0	0.060 0	28
29	3.118 7	0.320 7	52.966 3	16.983 7	0.018 9	0.058 9	29
30	3.243 4	0.308 3	56.084 9	17.292 0	0.017 8	0.057 8	30

续表

一次支付			等额多次支付				
N	F/P	P/F	F/A	P/A	A/F	A/P	N
35	3.946 1	0.253 4	73.652 2	18.664 6	0.013 6	0.053 6	35
40	4.801 0	0.208 3	95.025 5	19.792 8	0.010 5	0.050 5	40
45	5.841 2	0.171 2	121.029	20.720 0	0.008 3	0.048 3	45
50	7.106 7	0.140 7	152.667	21.482 2	0.006 6	0.046 6	50
55	8.646 4	0.115 7	191.159	22.108 6	0.005 2	0.045 2	55
60	10.519 6	0.095 1	237.991	22.623 5	0.004 2	0.044 2	60
65	12.798 7	0.078 1	294.968	23.046 7	0.003 4	0.043 4	65
70	15.571 6	0.064 2	364.290	23.394 5	0.002 7	0.042 7	70
75	18.945 2	0.052 8	448.631	23.680 4	0.002 2	0.042 2	75
80	23.049 8	0.043 4	551.245	23.915 4	0.001 8	0.041 8	80
85	28.043 6	0.035 7	676.090	24.108 5	0.001 5	0.041 5	85
90	34.119 3	0.029 3	827.98	24.267 3	0.001 2	0.041 2	90
95	41.511 3	0.024 1	1 012.78	24.397 8	0.001 0	0.041 0	95
100	50.504 9	0.019 8	1 237.62	24.505 0	0.000 8	0.040 8	100
∞				25.000 0		0.040 0	∞

5%复利因子

一次支付			等额多次支付				
N	F/P	P/F	F/A	P/A	A/F	A/P	N
1	1.050 0	0.952 4	1.000 0	0.952 4	1.000 0	1.050 0	1
2	1.102 5	0.907 0	2.050 0	1.859 4	0.487 8	0.537 8	2
3	1.157 6	0.863 6	3.152 5	2.723 2	0.317 2	0.367 2	3
4	1.215 5	0.822 7	4.310 3	3.546 0	0.232 0	0.282 0	4
5	1.276 3	0.783 5	5.525 6	4.329 5	0.181 0	0.231 0	5
6	1.340 1	0.746 2	6.801 9	5.075 7	0.147 0	0.197 0	6
7	1.407 1	0.710 7	8.142 0	5.786 4	0.122 8	0.172 8	7
8	1.477 5	0.676 8	9.549 1	6.463 2	0.104 7	0.154 7	8
9	1.551 3	0.644 6	11.026 6	7.107 8	0.090 7	0.140 7	9
10	1.628 9	0.613 9	12.577 9	7.721 7	0.079 5	0.129 5	10
11	1.710 3	0.584 7	14.206 8	8.306 4	0.070 4	0.120 4	11
12	1.795 9	0.556 8	15.917 1	8.863 3	0.062 8	0.112 8	12
13	1.885 6	0.530 3	17.713 0	9.393 6	0.056 5	0.106 5	13
14	1.979 9	0.505 1	19.598 6	9.898 6	0.051 0	0.101 0	14
15	2.078 9	0.481 0	21.578 6	10.379 7	0.046 3	0.096 3	15

续表

一次支付			等额多次支付				
N	*F/P*	*P/F*	*F/A*	*P/A*	*A/F*	*A/P*	*N*
16	2.182 9	0.458 1	23.657 5	10.837 8	0.042 3	0.092 3	16
17	2.292 0	0.436 3	25.840 4	11.274 1	0.038 7	0.088 7	17
18	2.406 6	0.415 5	28.132 4	11.689 6	0.035 5	0.085 5	18
19	2.526 9	0.395 7	30.539 0	12.085 3	0.032 7	0.082 7	19
20	2.653 3	0.376 9	33.065 9	12.462 2	0.030 2	0.080 2	20
21	2.786 0	0.358 9	35.719 2	12.821 2	0.028 0	0.078 0	21
22	2.925 3	0.341 8	38.505 2	13.163 0	0.026 0	0.076 0	22
23	3.071 5	0.325 6	41.430 5	13.488 6	0.024 1	0.074 1	23
24	3.225 1	0.310 1	44.502 0	13.798 6	0.022 5	0.072 5	24
25	3.386 4	0.295 3	47.727 1	14.093 9	0.021 0	0.071 0	25
26	3.555 7	0.281 2	51.113 4	14.375 2	0.019 6	0.069 6	26
27	3.733 5	0.267 8	54.669 1	14.643 0	0.018 3	0.068 3	27
28	3.920 1	0.255 1	58.402 6	14.898 1	0.017 1	0.067 1	28
29	4.116 1	0.242 9	62.322 7	15.141 1	0.016 0	0.066 0	29
30	4.321 9	0.231 4	66.438 8	15.372 5	0.015 1	0.065 1	30
35	5.516 0	0.181 3	90.320 3	16.374 2	0.011 1	0.061 1	35
40	7.040 0	0.142 0	120.800	17.159 1	0.008 3	0.058 3	40
45	8.985 0	0.111 3	159.700	17.774 1	0.006 3	0.056 3	45
50	11.467 4	0.087 2	209.348	18.255 9	0.004 8	0.054 8	50
55	14.635 6	0.068 3	272.713	18.633 5	0.003 7	0.053 7	55
60	18.679 2	0.053 5	353.584	18.929 3	0.002 8	0.052 8	60
65	23.839 9	0.041 9	456.798	19.161 1	0.002 2	0.052 2	65
70	30.426 4	0.032 9	588.528	19.342 7	0.001 7	0.051 7	70
75	38.832 7	0.025 8	756.653	19.485 0	0.001 3	0.051 3	75
80	49.561 4	0.020 2	971.228	19.596 5	0.001 0	0.051 0	80
85	63.254 3	0.015 8	1 245.09	19.683 8	0.000 8	0.050 8	85
90	80.7303	0.012 4	1 594.61	19.752 3	0.000 6	0.050 6	90
95	103.035	0.009 7	2 040.69	19.805 9	0.000 5	0.050 5	95
100	131.501	0.007 6	2 610.02	19.847 9	0.000 4	0.050 4	100
∞				20.000 0		0.500 0	∞

6%复利因子

一次支付			等额多次支付				
N	*F/P*	*P/F*	*F/A*	*P/A*	*A/F*	*A/P*	*N*
1	1.060 0	0.943 4	1.000 0	0.943 4	1.000 0	1.060 0	1
2	1.123 6	0.890 0	2.060 0	1.833 4	0.485 4	0.545 4	2
3	1.191 0	0.839 6	3.183 6	2.673 0	0.314 1	0.374 1	3
4	1.262 5	0.792 1	4.374 6	3.465 1	0.228 6	0.288 6	4
5	1.338 2	0.747 3	5.637 1	4.212 4	0.177 4	0.237 4	5
6	1.418 5	0.705 0	6.975 3	4.917 3	0.143 4	0.203 4	6
7	1.503 6	0.665 1	8.393 8	5.582 4	0.119 1	0.179 1	7
8	1.593 8	0.627 4	9.897 5	6.209 8	0.101 0	0.161 0	8
9	1.689 5	0.591 9	11.491 3	6.801 7	0.087 0	0.147 0	9
10	1.790 8	0.558 4	13.180 8	7.360 1	0.075 9	0.135 9	10
11	1.898 3	0.526 8	14.971 6	7.886 9	0.066 8	0.126 8	11
12	2.012 2	0.497 0	16.869 9	8.383 8	0.059 3	0.119 3	12
13	2.132 9	0.468 8	18.882 1	8.852 7	0.053 0	0.113 0	13
14	2.260 9	0.442 3	21.015 1	9.295 0	0.047 6	0.107 6	14
15	2.396 6	0.417 3	23.276 0	9.712 2	0.043 0	0.103 0	15
16	2.540 4	0.393 6	25.672 5	10.105 9	0.039 0	0.099 0	16
17	2.692 8	0.371 4	28.212 9	10.477 3	0.035 4	0.095 4	17
18	2.854 3	0.350 3	30.905 6	10.827 6	0.032 4	0.092 4	18
19	3.025 6	0.330 5	33.760 0	11.158 1	0.029 6	0.089 6	19
20	3.207 1	0.311 8	36.785 6	11.469 9	0.027 2	0.087 2	20
21	3.399 6	0.294 2	39.992 7	11.764 1	0.025 0	0.085 0	21
22	3.603 5	0.277 5	43.392 3	12.041 6	0.023 0	0.083 0	22
23	3.819 7	0.261 8	46.995 8	12.303 4	0.021 3	0.081 3	23
24	4.048 9	0.247 0	50.815 5	12.550 4	0.019 7	0.079 7	24
25	4.291 9	0.233 0	54.864 5	12.783 4	0.018 2	0.078 2	25
26	4.549 4	0.219 8	59.156 3	13.003 2	0.016 9	0.076 9	26
27	4.822 3	0.207 4	63.705 7	13.210 5	0.015 7	0.075 7	27
28	5.111 7	0.195 6	68.528 1	13.406 2	0.014 6	0.074 6	28
29	5.418 4	0.184 6	73.639 7	13.590 7	0.013 6	0.73 6	29
30	5.743 5	0.174 1	79.058 1	13.764 8	0.012 6	0.72 6	30
35	7.686 1	0.130 1	111.435	14.498 2	0.009 0	0.069 0	35
40	10.285 7	0.097 2	154.762	15.046 3	0.006 5	0.066 5	40
45	13.764 6	0.072 7	212.743	15.455 8	0.004 7	0.064 7	45
50	18.420 1	0.054 3	290.336	15.761 9	0.003 4	0.063 4	50
55	24.650 3	0.040 6	394.172	15.990 5	0.002 5	0.062 5	55

续表

一次支付			等额多次支付				
N	F/P	P/F	F/A	P/A	A/F	A/P	N
60	32.987 6	0.030 3	533.128	16.161 4	0.001 9	0.061 9	60
65	44.144 9	0.022 7	719.082	16.289 1	0.001 4	0.061 4	65
70	59.075 8	0.016 9	967.931	16.384 5	0.001 0	0.061 0	70
75	79.056 8	0.012 6	1 300.95	16.455 8	0.000 8	0.060 8	75
80	105.796	0.009 5	1 746.60	16.509 1	0.000 6	0.060 6	80
85	141.579	0.007 1	2 342.98	16.548 9	0.000 4	0.060 4	85
90	189.464	0.005 3	3 141.07	16.578 7	0.000 3	0.060 3	90
95	253.546	0.003 9	4 209.10	16.600 9	0.000 2	0.060 2	95
100	339.301	0.002 9	5 638.36	16.617 5	0.000 2	0.060 2	100
∞				18.182		0.060 0	∞

8%复利因子

一次支付			等额多次支付				
N	F/P	P/F	F/A	P/A	A/F	A/P	N
1	1.080 0	0.925 9	1.000 0	0.925 9	1.000 0	1.080 0	1
2	1.166 4	0.857 3	2.080 0	1.783 3	0.480 8	0.560 8	2
3	1.259 7	0.793 8	3.246 4	2.577 1	0.308 0	0.388 0	3
4	1.360 5	0.735 0	4.506 1	3.312 1	0.221 9	0.301 9	4
5	1.469 3	0.680 6	5.866 6	3.992 7	0.170 5	0.250 5	5
6	1.586 9	0.630 2	7.335 9	4.622 9	0.136 3	0.216 3	6
7	1.713 8	0.583 5	8.922 8	5.206 4	0.112 1	0.192 1	7
8	1.850 9	0.540 3	10.636 6	5.746 6	0.094 0	0.174 0	8
9	1.999 0	0.500 2	12.487 6	6.246 9	0.080 1	0.160 1	9
10	2.158 9	0.463 2	14.486 6	6.710 1	0.069 0	0.149 0	10
11	2.331 6	0.428 9	16.645 5	7.139 0	0.060 1	0.140 1	11
12	2.518 2	0.397 1	18.977 1	7.536 1	0.052 7	0.132 7	12
13	2.719 6	0.367 7	21.495 3	7.903 8	0.046 5	0.126 5	13
14	2.937 2	0.340 5	24.214 9	8.244 2	0.041 3	0.121 3	14
15	3.172 2	0.315 2	27.152 1	8.559 5	0.036 8	0.116 8	15
16	3.426 9	0.291 9	30.324 3	8.851 4	0.033 0	0.113 0	16
17	3.700 0	0.270 3	33.750 2	9.121 6	0.029 6	0.109 6	17
18	3.996 0	0.250 2	37.450 2	9.371 9	0.026 7	0.106 7	18
19	4.315 7	0.211 7	41.446 3	9.603 6	0.024 1	0.104 1	19
20	4.661 0	0.214 5	45.762 0	9.818 1	0.021 9	0.101 9	20

续表

一次支付			等额多次支付				
N	F/P	P/F	F/A	P/A	A/F	A/P	N
21	5.033 8	0.198 7	50.422 9	10.016 8	0.019 8	0.099 8	21
22	5.436 5	0.183 9	55.456 7	10.200 7	0.018 0	0.098 0	22
23	5.871 5	0.170 3	60.893 3	10.371 1	0.016 4	0.096 4	23
24	6.341 2	0.157 7	66.764 7	10.528 8	0.015 0	0.095 0	24
25	6.848 5	0.146 0	73.105 9	10.674 8	0.013 7	0.093 7	25
26	7.396 4	0.135 2	79.954 4	10.810 0	0.012 5	0.092 5	26
27	7.988 1	0.125 2	87.350 7	10.935 2	0.011 4	0.091 4	27
28	8.627 1	0.115 9	95.338 8	11.051 1	0.010 5	0.090 5	28
29	9.317 3	0.107 3	103.96 6	11.158 4	0.009 6	0.089 6	29
30	10.062 7	0.099 4	113.28 3	11.257 8	0.008 8	0.088 8	30
35	14.785 3	0.067 6	172.317	11.654 6	0.005 8	0.085 8	35
40	21.724 5	0.046 0	259.056	11.924 6	0.003 9	0.083 9	40
45	31.920 4	0.031 3	386.506	12.108 4	0.002 6	0.082 6	45
50	46.901 6	0.021 3	573.770	12.233 5	0.001 7	0.081 7	50
55	68.913 8	0.014 5	848.923	12.318 6	0.001 2	0.081 2	55
60	101.257	0.009 9	1 253.21	12.376 6	0.000 8	0.080 8	60
65	148.780	0.006 7	1 847.25	12.416 0	0.000 5	0.080 5	65
70	218.606	0.004 6	2 720.08	12.442 8	0.000 4	0.080 4	70
75	321.204	0.003 1	4 002.55	12.461 1	0.000 2	0.080 2	75
80	471.955	0.002 1	5 886.93	12.473 5	0.000 2	0.080 2	80
85	693.456	0.001 4	8 655.71	12.482 0	0.000 1	0.080 1	85
90	1 018.92	0.001 0	12 723.9	12.487 7	α	0.080 1	90
95	1 497.12	0.000 7	18 071.5	12.491 7	α	0.080 1	95
100	2 199.76	0.000 5	27 484.5	12.494 3	α	0.080 0	100
∞				12.500 0		0.080 0	∞

注：α＜0.000 1。

10%复利因子

一次支付			等额多次支付				
N	F/P	P/F	F/A	P/A	A/F	A/P	N
1	1.100 0	0.909 1	1.000 0	0.909 1	1.000 0	1.100 0	1
2	1.210 0	0.826 4	2.100 0	1.735 5	0.476 2	0.576 2	2
3	1.331 0	0.751 3	3.310 0	2.486 9	0.302 1	0.402 1	3
4	1.464 1	0.683 0	4.641 0	3.169 9	0.215 5	0.315 5	4
5	1.610 5	0.620 9	6.105 1	3.790 8	0.163 8	0.263 8	5

续表

一次支付			等额多次支付				
N	F/P	P/F	F/A	P/A	A/F	A/P	N
6	1.771 6	0.564 5	7.715 6	4.355 3	0.129 6	0.229 6	6
7	1.948 7	0.513 2	9.487 2	4.868 4	0.105 4	0.205 4	7
8	2.143 6	0.466 5	11.435 9	5.334 9	0.087 4	0.187 4	8
9	2.357 9	0.424 1	13.579 5	5.759 0	0.073 6	0.173 6	9
10	2.593 7	0.385 5	15.937 4	6.144 6	0.062 7	0.162 7	10
11	2.853 1	0.350 5	18.531 2	6.495 1	0.054 0	0.154 0	11
12	3.138 4	0.318 6	21.384 3	6.813 7	0.046 8	0.146 8	12
13	3.452 3	0.289 7	24.522 7	7.103 4	0.040 8	0.140 8	13
14	3.797 5	0.263 3	27.975 0	7.366 7	0.035 7	0.135 7	14
15	4.177 2	0.239 4	31.772 5	7.606 1	0.031 5	0.131 5	15
16	4.595 0	0.217 6	35.949 7	7.823 7	0.027 8	0.127 8	16
17	5.054 5	0.197 8	40.544 7	8.021 6	0.024 7	0.124 7	17
18	5.559 9	0.179 9	45.599 2	8.201 4	0.021 9	0.121 9	18
19	6.115 9	0.163 5	51.159 1	8.364 9	0.019 5	0.119 5	19
20	6.727 5	0.148 6	57.275 0	8.513 6	0.017 5	0.117 5	20
21	7.400 2	0.135 1	64.002 5	8.648 7	0.015 6	0.115 6	21
22	8.140 3	0.122 8	71.402 7	8.771 5	0.014 0	0.114 0	22
23	8.954 3	0.111 7	79.543 0	8.883 2	0.012 6	0.112 6	23
24	9.849 4	0.101 5	88.497 3	8.984 7	0.011 3	0.111 3	24
25	10.834 7	0.092 3	98.347 0	9.077 0	0.010 2	0.110 2	25
26	11.918 2	0.083 9	109.182	9.160 9	0.009 2	0.109 2	26
27	13.110 0	0.076 3	121.100	9.237 2	0.008 3	0.108 3	27
28	14.421 0	0.069 3	134.210	9.306 6	0.007 5	0.107 5	28
29	15.863 1	0.063 0	148.631	9.369 6	0.006 7	0.106 7	29
30	17.449 4	0.057 3	164.494	9.426 9	0.006 1	0.106 1	30
35	28.102 4	0.035 6	271.024	9.644 2	0.003 7	0.103 7	35
40	45.259 2	0.022 1	442.592	9.779 1	0.002 3	0.103 3	40
45	72.890 4	0.013 7	718.905	9.862 8	0.001 4	0.102 4	45
50	117.391	0.008 5	1 163.91	9.914 8	0.000 9	0.101 9	50
55	189.059	0.005 3	1 880.59	9.947 1	0.000 5	0.100 5	55
60	304.481	0.003 3	3 034.81	9.967 2	0.000 3	0.100 3	60
65	490.370	0.002 0	4 893.71	9.979 6	0.000 2	0.100 2	65
70	789.746	0.001 3	7 887.47	9.987 3	0.000 1	0.100 1	70
75	1 271.89	0.000 8	12 708.9	9.992 1	α	0.100 1	75
80	2 048.40	0.000 5	20 474.0	9.995 1	α	0.000 0	80

续表

一次支付			等额多次支付				
N	F/P	P/F	F/A	P/A	A/F	A/P	N
85	3 298.97	0.000 3	32 979.7	9.997 0	α	0.100 0	85
90	5 313.02	0.000 2	53 120.2	9.998 1	α	0.100 0	90
95	8 556.67	0.000 1	85 556.7	9.998 8	α	0.100 0	95
100	13 780.6	α	137 796	9.999 3	α	0.100 0	100
∞				10.000 0		0.100 0	∞

12%复利因子

一次支付			等额多次支付				
N	F/P	P/F	F/A	P/A	A/F	A/P	N
1	1.120 0	0.892 9	1.000 0	0.892 9	1.000 0	1.120 0	1
2	1.254 4	0.797 2	2.120 0	1.690 1	0.471 7	0.591 7	2
3	1.404 9	0.711 8	3.374 4	2.401 8	0.296 3	0.416 3	3
4	1.573 5	0.635 5	4.779 3	3.037 3	0.209 2	0.329 2	4
5	1.762 3	0.567 4	6.352 8	3.604 8	0.157 4	0.277 4	5
6	1.973 8	0.506 6	8.115 2	4.111 4	0.123 2	0.243 2	6
7	2.210 7	0.452 3	10.089 0	4.563 8	0.099 1	0.219 1	7
8	2.476 0	0.403 9	12.299 7	4.967 6	0.081 3	0.201 3	8
9	2.773 1	0.360 6	14.775 7	5.328 2	0.067 7	0.187 7	9
10	3.105 8	0.322 0	17.548 7	5.650 2	0.057 0	0.177 0	10
11	3.478 5	0.287 5	20.654 6	5.937 7	0.048 4	0.168 4	11
12	3.896 0	0.256 7	24.133 1	6.194 4	0.041 4	0.161 4	12
13	4.363 5	0.229 2	28.029 1	6.423 5	0.035 7	0.155 7	13
14	4.887 1	0.204 6	32.392 6	6.628 2	0.030 9	0.150 9	14
15	5.473 6	0.182 7	37.279 7	6.810 9	0.026 8	0.146 8	15
16	6.130 4	0.163 1	42.753 3	6.974 0	0.023 4	0.143 4	16
17	6.866 0	0.145 6	48.883 7	7.119 6	0.020 5	0.140 5	17
18	7.690 0	0.130 0	55.749 7	7.249 7	0.017 9	0.137 9	18
19	8.612 8	0.116 1	63.439 7	7.365 8	0.015 8	0.135 8	19
20	9.646 3	0.103 7	72.052 4	7.469 4	0.013 9	0.133 9	20
21	10.803 8	0.092 6	81.498 7	7.562 0	0.012 2	0.132 2	21
22	12.100 3	0.082 6	92.502 6	7.644 6	0.010 8	0.130 8	22
23	13.552 3	0.073 8	104.603	7.718 4	0.009 6	0.129 6	23
24	15.178 6	0.065 9	118.155	7.784 3	0.008 5	0.128 5	24
25	17.000 1	0.058 8	133.334	7.843 1	0.007 5	0.127 5	25

续表

一次支付			等额多次支付				
N	F/P	P/F	F/A	P/A	A/F	A/P	N
26	19.040 1	0.052 5	150.334	7.895 7	0.006 7	0.126 7	26
27	21.324 9	0.046 9	169.374	7.942 6	0.005 9	0.125 9	27
28	23.883 9	0.041 9	190.699	7.984 4	0.005 2	0.125 2	28
29	26.749 9	0.037 4	214.583	8.021 8	0.004 7	0.124 7	29
30	29.959 9	0.033 4	241.333	8.055 2	0.004 1	0.124 1	30
35	52.799 6	0.018 9	431.663	8.175 5	0.002 3	0.122 3	35
40	93.050 9	0.010 7	767.091	8.243 8	0.001 3	0.121 3	40
45	163.988	0.006 1	1 358.23	8.282 5	0.000 7	0.120 7	45
50	289.002	0.003 5	2 400.02	8.304 5	0.000 4	0.120 4	50
55	509.320	0.002 0	4 236.00	8.317 0	0.000 2	0.120 2	55
60	897.596	0.001 1	7 471.63	8.324 0	0.000 1	0.120 1	60
65	1 581.87	0.000 6	13 173.9	8.328 1	α	0.120 1	65
70	2 787.80	0.000 4	23 223.3	8.330 3	α	0.120 0	70
75	4 913.05	0.000 2	40 933.8	8.331 6	α	0.120 0	75
80	8 658.47	0.000 1	72 145.6	8.332 4	α	0.120 0	80
∞				8.333		0.120 0	∞

15%复利因子

一次支付			等额多次支付				
N	F/P	P/F	F/A	P/A	A/F	A/P	N
1	1.150 0	0.869 6	1.000 0	0.869 6	1.000 0	1.150 0	1
2	1.322 5	0.756 1	2.150 0	1.625 7	0.465 1	0.615 1	2
3	1.520 9	0.657 5	3.472 5	2.283 2	0.288 0	0.438 0	3
4	1.749 0	0.571 8	4.993 4	2.855 0	0.200 3	0.350 3	4
5	2.011 4	0.497 2	6.742 4	3.352 2	0.148 3	0.298 3	5
6	2.313 1	0.432 3	8.753 7	3.784 5	0.114 2	0.264 2	6
7	2.660 0	0.375 9	11.066 8	4.160 4	0.090 4	0.240 4	7
8	3.057 9	0.326 9	13.726 8	4.487 3	0.072 9	0.222 9	8
9	3.517 9	0.284 3	16.785 8	4.771 6	0.059 6	0.209 6	9
10	4.045 6	0.247 2	20.303 7	5.018 8	0.049 3	0.199 3	10
11	4.652 4	0.214 9	24.349 3	5.233 7	0.041 1	0.191 1	11
12	5.350 2	0.186 9	29.001 7	5.420 6	0.034 5	0.184 5	12
13	6.152 8	0.162 5	34.351 9	5.583 1	0.029 1	0.179 1	13
14	7.075 7	0.141 3	40.504 7	5.724 5	0.024 7	0.174 7	14
15	8.137 1	0.122 9	47.580 4	5.847 4	0.021 0	0.171 0	15

续表

一次支付			等额多次支付				
N	F/P	P/F	F/A	P/A	A/F	A/P	N
16	9.357 6	0.106 9	55.717 5	5.954 2	0.017 9	0.167 9	16
17	10.761 3	0.092 9	65.075 1	6.007 2	0.015 4	0.165 4	17
18	12.375 5	0.080 8	75.836 3	6.128 0	0.013 2	0.163 2	18
19	14.231 8	0.070 3	88.211 8	6.198 2	0.011 3	0.161 3	19
20	16.366 5	0.061 1	102.444	6.259 3	0.009 8	0.159 8	20
21	18.821 5	0.053 1	118.810	6.312 5	0.008 4	0.158 4	21
22	21.644 7	0.046 2	137.632	6.358 7	0.007 3	0.157 3	22
23	24.891 5	0.040 2	159.276	6.398 8	0.006 3	0.156 3	23
24	28.625 2	0.034 9	184.168	6.433 8	0.005 4	0.155 4	24
25	32.918 9	0.030 4	212.793	6.464 1	0.004 7	0.154 7	25
26	37.856 8	0.026 4	245.712	6.490 6	0.004 1	0.154 1	26
27	43.535 3	0.023 0	283.569	6.513 5	0.003 5	0.153 5	27
28	50.065 6	0.020 0	327.104	6.533 5	0.003 1	0.153 1	28
29	57.575 4	0.017 4	377.170	6.550 9	0.002 7	0.152 7	29
30	66.211 8	0.015 1	434.745	6.566 0	0.002 3	0.152 3	30
35	133.176	0.007 5	881.170	6.616 6	0.001 1	0.151 1	35
40	267.863	0.003 7	1 779.09	6.641 8	0.000 6	0.150 6	40
45	538.769	0.001 9	3 585.13	6.654 3	0.000 3	0.150 3	45
50	1 083.66	0.000 9	7 212.71	6.660 5	0.000 1	0.150 1	50
55	2 179.62	0.000 5	14 524.1	6.663 6	α	0.150 1	55
60	4 384.00	0.000 2	29 220.0	6.665 1	α	0.150 0	60
65	8 817.78	0.000 1	58 778.5	6.665 9	α	0.150 0	65
70	17 735.7	α	118 231	6.666 3	α	0.150 0	70
75	35 672.8	α	237 812	6.666 5	α	0.150 0	75
80	71 750.8	α	478 332	6.666 6	α	0.150 0	80
∞				6.667		0.150 0	∞

20%复利因子

一次支付			等额多次支付				
N	F/P	P/F	F/A	P/A	A/F	A/P	N
1	1.200 0	0.833 3	1.000 0	0.833 3	1.000 0	1.200 0	1
2	1.440 0	0.694 4	2.200 0	1.527 8	0.454 5	0.654 5	2
3	1.728 0	0.578 7	3.640 0	2.106 5	0.274 7	0.474 7	3
4	2.073 6	0.482 3	5.368 0	2.588 7	0.186 3	0.386 3	4
5	2.488 3	0.401 9	7.441 6	2.990 6	0.134 4	0.334 4	5

续表

一次支付			等额多次支付				
N	F/P	P/F	F/A	P/A	A/F	A/P	N
6	2.986 0	0.334 9	9.929 9	3.325 5	0.100 7	0.300 7	6
7	3.583 2	0.279 1	12.915 9	3.604 6	0.077 4	0.277 4	7
8	4.299 8	0.232 6	16.499 1	3.837 2	0.060 6	0.260 6	8
9	5.159 8	0.193 8	20.798 9	4.031 0	0.048 1	0.248 1	9
10	6.191 7	0.161 5	25.958 7	4.192 5	0.038 5	0.238 5	10
11	7.430 1	0.134 6	32.150 4	4.327 1	0.031 1	0.231 1	11
12	8.916 1	0.112 2	39.580 5	4.439 2	0.025 3	0.225 3	12
13	10.699 3	0.093 5	48.496 6	4.532 7	0.020 6	0.220 6	13
14	12.839 2	0.077 9	59.195 9	4.610 6	0.016 9	0.216 9	14
15	15.407 0	0.064 9	72.035 1	4.675 5	0.013 9	0.213 9	15
16	18.488 4	0.054 1	87.442 1	4.729 6	0.011 4	0.211 4	16
17	22.186 1	0.045 1	105.931	4.774 6	0.009 4	0.209 4	17
18	26.623 3	0.037 6	128.117	4.812 2	0.007 8	0.207 8	18
19	31.948 0	0.031 3	154.740	4.843 5	0.006 5	0.206 5	19
20	38.337 6	0.026 1	186.688	4.869 6	0.005 4	0.205 4	20
21	46.005 1	0.021 7	225.026	4.891 3	0.004 4	0.204 4	21
22	55.206 1	0.018 1	271.031	4.909 4	0.003 7	0.203 7	22
23	66.247 4	0.015 1	326.237	4.924 5	0.003 1	0.203 1	23
24	79.496 8	0.012 6	392.484	4.937 1	0.002 5	0.202 5	24
25	95.396 2	0.010 5	471.981	4.947 6	0.002 1	0.202 1	25
26	114.475	0.008 7	567.377	4.956 3	0.001 8	0.201 8	26
27	137.371	0.007 3	681.853	4.963 6	0.001 5	0.201 5	27
28	164.845	0.006 1	819.233	4.969 7	0.001 2	0.201 2	28
29	197.814	0.005 1	984.068	4.974 7	0.001 0	0.201 0	29
30	237.376	0.004 2	1 181.88	4.978 9	0.000 8	0.200 8	30
35	590.668	0.001 7	2 948.34	4.991 5	0.000 3	0.200 3	35
40	1 469.77	0.000 7	7 343.85	4.996 6	0.000 1	0.200 1	40
45	3 657.26	0.000 3	18 281.3	4.998 6	α	0.200 1	45
50	9 100.43	0.000 1	45 497.2	4.999 5	α	0.200 0	50
55	22 644.8	α	113 219	4.999 8	α	0.200 0	55
60	56 347.5	α	281 732	4.999 9	α	0.200 0	60
∞				5.000 0		0.200 0	∞

25%复利因子

一次支付			等额多次支付				
N	*F*/*P*	*P*/*F*	*F*/*A*	*P*/*A*	*A*/*F*	*A*/*P*	*N*
1	1.250 0	0.800 0	1.000 0	0.800 0	1.000 0	1.250 0	1
2	1.562 5	0.640 0	2.250 0	1.440 0	0.444 4	0.694 4	2
3	1.953 1	0.512 0	3.812 5	1.952 0	0.262 3	0.512 3	3
4	2.441 4	0.409 6	5.765 6	2.361 6	0.173 4	0.423 4	4
5	3.051 8	0.327 7	8.207 0	2.689 3	0.121 8	0.371 8	5
6	3.814 7	0.262 1	11.258 8	2.951 4	0.088 8	0.338 8	6
7	4.768 4	0.209 7	15.073 5	3.161 1	0.066 3	0.316 3	7
8	5.960 5	0.167 8	19.841 9	3.328 9	0.050 4	0.300 4	8
9	7.450 6	0.134 2	25.802 3	3.463 1	0.038 8	0.288 8	9
10	9.313 2	0.107 4	33.252 9	3.570 5	0.031 0	0.280 1	10
11	11.641 5	0.085 9	42.566 1	3.656 4	0.023 5	0.273 5	11
12	14.551 9	0.068 7	54.207 7	3.725 1	0.018 4	0.268 4	12
13	18.189 9	0.055 0	68.759 6	3.780 1	0.014 5	0.264 5	13
14	22.737 4	0.044 0	86.949 5	3.824 1	0.011 5	0.261 5	14
15	28.421 7	0.035 2	109.687	3.859 3	0.009 1	0.259 1	15
16	35.527 1	0.028 1	138.109	3.887 4	0.007 2	0.257 2	16
17	44.408 9	0.022 5	173.636	3.909 9	0.005 8	0.255 8	17
18	55.511 2	0.018 0	218.045	3.927 9	0.004 6	0.254 6	18
19	69.388 9	0.014 4	273.556	3.942 4	0.003 7	0.253 7	19
20	86.736 2	0.011 5	342.945	3.953 9	0.002 9	0.252 9	20
21	108.420	0.009 2	429.681	3.963 1	0.002 3	0.352 3	21
22	135.525	0.007 4	538.101	3.970 5	0.001 9	0.251 9	22
23	169.407	0.005 9	673.626	3.976 4	0.001 5	0.251 5	23
24	211.758	0.004 7	843.033	3.981 1	0.001 2	0.251 2	24
25	264.698	0.003 8	1 054.79	3.984 9	0.000 9	0.250 9	25
26	330.872	0.003 0	1 319.49	3.987 9	0.000 8	0.250 8	26
27	413.590	0.002 4	1 650.36	3.990 3	0.000 6	0.250 6	27
28	516.988	0.001 9	2 063.95	3.992 3	0.000 5	0.250 5	28
29	646.235	0.001 5	2 580.94	3.993 8	0.000 4	0.250 4	29
30	807.794	0.001 2	3 227.17	3.995 0	0.000 3	0.250 3	30
35	2 465.19	0.000 4	9 856.76	3.998 4	0.000 1	0.250 1	35
40	7 523.16	0.000 1	30 088.7	3.999 5	α	0.250 0	40
45	22 958.9	α	91 831.5	3.999 8	α	0.250 0	45
50	70 064.9	α	280 256	3.999 9	α	0.250 0	50
∞				4.000 0		0.250 0	∞

30%复利因子

一次支付			等额多次支付				
N	F/P	P/F	F/A	P/A	A/F	A/P	N
1	1.300 0	0.769 2	1.000	0.769	1.000 0	1.300 0	1
2	1.690 0	0.591 7	2.300	1.361	0.434 8	0.734 8	2
3	2.197 0	0.455 2	3.990	1.816	0.250 6	0.550 6	3
4	2.856 1	0.350 1	6.187	2.166	0.161 6	0.461 6	4
5	3.712 9	0.269 3	9.043	2.436	0.110 6	0.410 6	5
6	4.826 8	0.207 2	12.756	2.643	0.078 4	0.378 4	6
7	6.274 9	0.159 4	17.583	2.802	0.056 9	0.356 9	7
8	8.157 3	0.122 6	23.858	2.925	0.041 9	0.341 9	8
9	10.604	0.094 3	32.015	3.019	0.031 2	0.331 2	9
10	13.786	0.072 5	42.619	3.092	0.023 5	0.3235	10
11	17.922	0.055 8	56.405	3.147	0.017 7	0.317 7	11
12	23.298	0.042 9	74.327	3.190	0.013 5	0.313 5	12
13	30.287	0.033 0	97.625	3.223	0.010 2	0.310 2	13
14	39.374	0.025 4	127.91	3.249	0.007 8	0.307 8	14
15	51.186	0.019 5	167.29	3.268	0.006 0	0.306 0	15
16	66.542	0.015 0	218.47	3.283	0.004 6	0.304 6	16
17	86.504	0.011 6	285.01	3.295	0.003 5	0.303 5	17
18	112.46	0.008 9	371.52	3.304	0.002 7	0.302 7	18
19	146.19	0.006 8	483.97	3.311	0.002 1	0.302 1	19
20	190.05	0.005 3	630.16	3.316	0.001 6	0.301 6	20
21	247.06	0.004 0	820.21	3.320	0.001 2	0.301 2	21
22	321.18	0.003 1	1 067.3	3.323	0.000 9	0.300 9	22
23	417.54	0.002 4	1 388.5	3.325	0.000 7	0.300 7	23
24	542.80	0.001 8	1 806.0	3.327	0.000 5	0.300 5	24
25	705.64	0.001 4	2 348.8	3.329	0.000 4	0.300 4	25
26	917.33	0.001 1	3 054.4	3.330	0.000 3	0.300 3	26
27	1 192.5	0.000 8	3 971.8	3.331	0.000 3	0.300 3	27
28	1 550.3	0.000 6	5 164.3	3.331	0.000 2	0.300 2	28
29	2 015.4	0.000 5	6 714.6	3.332	0.000 2	0.300 2	29
30	2 620.0	0.000 4	8 730.0	3.332	0.000 1	0.300 1	30
31	3 406.0	0.000 3	11 350	3.332	α	0.300 1	31
32	4 427.8	0.000 2	14 756	3.333	α	0.300 1	32
33	5 756.1	0.000 2	19 184	3.333	α	0.300 1	33
34	7 483.0	0.000 1	24 940	3.333	α	0.300 0	34
35	9 727.8	0.001	32 423	3.333	α	0.300 0	35
∞				3.333			∞

40%复利因子

一次支付			等额多次支付				
N	F/P	P/F	F/A	P/A	A/F	A/P	N
1	1.400 0	0.713 4	1.000	0.714	1.000	1.400 0	1
2	1.960 0	0.510 2	2.400	1.224	0.416 7	0.816 7	2
3	2.744 0	0.364 4	4.360	1.589	0.229 4	0.629 4	3
4	3.841 6	0.260 3	7.104	1.849	0.140 8	0.540 8	4
5	5.378 2	0.185 9	10.946	2.035	0.091 4	0.491 4	5
6	7.529 5	0.132 8	16.324	2.168	0.016 3	0.461 3	6
7	10.541	0.094 9	23.853	2.263	0.041 9	0.441 9	7
8	14.758	0.067 8	34.395	2.331	0.029 1	0.429 1	8
9	20.661	0.048 4	49.153	2.379	0.020 3	0.420 3	9
10	28.925	0.034 6	69.814	2.414	0.014 3	0.414 3	10
11	40.496	0.024 7	98.739	2.438	0.010 1	0.410 1	11
12	56.694	0.017 6	139.23	2.456	0.007 2	0.407 2	12
13	79.371	0.012 6	195.93	2.469	0.005 1	0.405 1	13
14	111.12	0.009 0	275.30	2.478	0.003 6	0.403 6	14
15	155.57	0.006 4	386.42	2.484	0.002 6	0.402 6	15
16	217.80	0.004 6	541.99	2.489	0.001 8	0.401 9	16
17	304.91	0.003 3	759.78	2.492	0.001 3	0.401 3	17
18	426.88	0.002 3	1 064.7	2.494	0.000 9	0.400 9	18
19	597.63	0.001 7	1 491.6	2.496	0.000 7	0.400 7	19
20	836.68	0.001 2	2 089.2	2.497	0.000 5	0.400 5	20
21	1 171.4	0.000 9	2 925.9	2.498	0.000 3	0.400 3	21
22	1 639.9	0.000 6	4 097.2	2.498	0.000 2	0.400 2	22
23	2 295.9	0.000 4	5 737.1	2.499	0.000 2	0.400 2	23
24	3 214.2	0.000 3	8 033.0	2.499	0.000 1	0.400 1	24
25	4 499.9	0.000 2	11 247	2.499	α	0.400 1	25
26	6 299.8	0.000 2	15 747	2.500	α	0.400 1	26
27	8 819.8	0.000 1	22 047	2.500	α	0.400 0	27
28	12 348	0.000 1	30 867	2.500	α	0.400 0	28
29	17 287	0.000 1	43 214	2.500	α	0.400 0	29
30	24 201	α	60 501	2.500	α	0.400 0	30
∞				2.500		0.400 0	∞

50%复利因子

一次支付			等额多次支付				
N	F/P	P/F	F/A	P/A	A/F	A/P	N
1	1.500 0	0.666 7	1.000	0.667	1.000 0	1.500 0	1
2	2.250 0	0.444 4	2.500	1.111	0.400 0	0.900 0	2
3	3.375 0	0.296 3	4.750	1.407	0.210 1	0.710 5	3
4	5.062 5	0.197 5	8.125	1.605	0.123 1	0.623 1	4
5	7.593 8	0.131 7	13.188	1.737	0.075 8	0.575 8	5
6	11.391	0.087 8	20.781	1.824	0.048 1	0.548 1	6
7	17.086	0.058 5	32.172	1.883	0.031 1	0.531 1	7
8	25.629	0.039 0	49.258	1.922	0.020 3	0.520 3	8
9	38.443	0.026 0	74.887	1.948	0.013 4	0.513 4	9
10	57.665	0.017 3	113.33	1.965	0.008 8	0.508 8	10
11	86.498	0.011 6	171.00	1.977	0.005 9	0.505 9	11
12	129.75	0.007 7	257.49	1.985	0.003 9	0.503 9	12
13	194.62	0.005 1	387.24	1.990	0.002 6	0.502 6	13
14	291.93	0.003 4	591.86	1.993	0.001 7	0.501 7	14
15	437.89	0.002 3	873.79	1.995	0.001 1	0.501 1	15
16	656.84	0.001 5	1 311.7	1.997	0.000 8	0.500 8	16
17	985.26	0.001 0	1 968.5	1.998	0.000 5	0.500 5	17
18	1 477.9	0.000 7	2 953.8	1.999	0.000 3	0.500 3	18
19	2 216.8	0.000 5	4 431.7	1.999	0.000 2	0.500 2	19
20	3 325.3	0.000 3	6 648.5	1.999	0.000 2	0.500 2	20
21	4 987.9	0.000 2	9 973.8	2.000	0.000 1	0.500 1	21
22	7 481.8	0.000 1	14 962	2.000	α	0.500 1	22
23	11 223	0.000 1	22 443	2.000	α	0.500 0	23
24	16 834	0.000 1	33 666	2.000	α	0.500 0	24
25	25 251	α	50 500	2.000	α	0.500 0	25
∞				2.000		0.500 0	∞

附录Ⅱ 定差因子

现值定差因子(P/G)

N	1%	2%	3%	4%	5%	6%	N
2	0.958	0.958	0.941	0.924	0.906	0.890	2
3	2.895	2.841	2.772	2.702	2.634	2.569	3
4	5.773	5.612	5.437	5.267	5.101	4.945	4
5	9.566	9.233	8.887	8.554	8.235	7.934	5
6	14.271	13.672	13.074	12.506	11.966	11.458	6
7	19.860	18.895	17.952	17.066	16.230	15.449	7
8	26.324	24.868	23.478	22.180	20.968	19.840	8
9	33.626	31.559	29.609	27.801	26.124	24.576	9
10	41.764	38.945	36.305	33.881	31.649	29.601	10
11	50.721	46.984	43.530	40.377	37.496	34.869	11
12	60.479	55.657	51.245	47.248	43.621	40.335	12
13	71.018	64.932	59.416	54.454	49.984	45.961	13
14	82.314	74.783	68.010	61.961	56.550	51.711	14
15	94.374	85.183	76.996	69.735	63.284	57.553	15
16	107.154	96.109	86.343	77.744	70.156	63.457	16
17	120.662	107.535	96.023	85.958	77.136	69.399	17
18	143.865	119.436	106.009	94.350	84.200	75.355	18
19	149.754	131.792	116.274	102.893	91.323	81.304	19
20	165.320	144.577	126.794	111.564	98.484	87.228	20
21	181.546	157.772	137.544	120.341	105.663	93.111	21
22	198.407	171.354	148.504	129.202	112.841	98.939	22
23	215.903	185.305	159.651	138.128	120.004	104.699	23
24	234.009	199.604	170.965	147.101	127.135	110.379	24
25	252.717	214.231	182.428	156.103	134.223	115.971	25
26	272.011	229.169	194.020	165.121	141.253	121.466	26
27	291.875	244.401	205.725	174.138	148.217	126.858	27
28	312.309	259.908	217.525	183.142	155.105	132.140	28
29	333.280	259.674	229.407	192.120	161.907	137.307	29
30	354.790	291.684	241.355	201.061	168.617	142.357	30
31	376.822	307.921	253.354	209.955	175.228	147.284	31

续表

现值定差因子(P/G)

N	1%	2%	3%	4%	5%	6%	N
32	399.360	324.369	265.392	218.792	181.734	152.088	32
33	422.398	341.016	277.457	227.563	188.13	156.766	33
34	445.919	357.845	289.536	236.260	194.412	161.317	34
35	469.916	374.846	301.619	244.876	200.575	165.741	35
36	494.375	392.003	313.695	253.405	206.618	170.037	36
37	519.279	409.305	325.755	261.839	212.538	174.205	37
38	544.622	426.738	337.788	270.175	218.333	178.247	38
39	570.396	444.291	349.786	278.406	224.000	182.163	39
40	596.576	461.953	361.742	286.530	229.540	185.955	40
42	650.167	497.560	385.495	302.437	240.234	193.171	42
44	705.288	533.474	408.989	317.869	250.412	199.911	44
46	761.870	569.618	432.177	332.810	260.079	206.192	46
48	819.089	605.921	455.017	347.244	269.242	212.033	48
50	879.089	642.316	477.472	361.183	277.910	217.456	50

现值定差因子(P/G)

N	7%	8%	9%	10%	15%	20%	N
2	0.873	0.857	0.841	0.826	0.756	0.694	2
3	2.506	2.445	2.386	2.329	2.071	1.852	3
4	4.794	4.650	4.511	4.378	3.786	3.299	4
5	7.646	7.372	7.111	6.862	5.775	4.906	5
6	10.978	10.523	10.092	9.684	7.937	6.581	6
7	14.714	14.024	13.374	12.763	10.192	8.255	7
8	18.788	17.806	16.887	16.028	12.481	9.883	8
9	23.140	21.808	20.570	19.421	14.755	11.434	9
10	27.715	25.977	24.372	22.891	16.979	12.887	10
11	32.466	30.266	28.247	26.396	19.129	14.233	11
12	37.350	34.634	32.158	29.901	21.185	15.467	12
13	42.330	39.046	36.072	33.377	23.135	16.588	13
14	47.371	43.472	39.962	36.800	24.972	17.601	14
15	52.445	47.886	43.806	40.152	26.693	18.509	15
16	57.526	52.264	47.584	43.416	28.296	19.321	16
17	62.592	56.588	51.281	46.581	29.783	20.042	17
18	67.621	60.842	54.885	49.639	31.156	20.680	18
19	72.598	65.013	58.386	52.582	32.421	21.244	19
20	77.508	69.090	61.776	55.406	33.582	21.739	20
21	82.339	73.063	65.056	58.109	34.645	22.174	21

续表

现值定差因子(P/G)							
N	7%	8%	9%	10%	15%	20%	N
22	87.079	76.926	68.204	60.689	35.615	22.555	22
23	91.719	80.672	71.235	63.146	36.499	22.887	23
24	96.254	84.300	74.142	65.481	37.302	23.176	24
25	100.676	87.804	76.926	67.696	38.031	23.428	25
26	104.981	91.184	79.586	69.794	38.692	23.646	26
27	109.165	94.439	82.123	71.777	39.289	23.835	27
28	113.226	97.569	84.541	73.649	39.828	23.999	28
29	117.161	100.574	86.842	75.414	40.315	24.141	29
30	120.971	103.456	89.027	77.076	40.753	24.263	30
31	124.654	106.216	91.102	78.639	41.147	24.368	31
32	128.211	108.857	93.068	80.108	41.501	24.459	32
33	131.643	111.382	94.931	81.485	41.818	24.537	33
34	134.950	113.792	96.693	82.777	42.103	24.604	34
35	138.135	116.092	98.358	83.987	42.359	24.661	35
36	141.198	118.284	99.931	85.119	42.587	24.711	36
37	144.144	120.371	101.416	86.178	42.792	24.753	37
38	146.972	122.358	102.815	87.167	42.974	24.789	38
39	149.688	124.247	104.134	88.091	43.137	24.820	39
40	152.292	126.042	105.376	88.952	43.283	24.847	40
42	157.180	129.365	107.643	90.505	43.529	24.889	42
44	161.660	132.355	109.645	91.851	43.723	24.920	44
46	165.758	135.038	111.410	93.016	43.878	24.942	46
48	169.498	137.443	112.962	94.022	44.000	24.958	48
50	172.905	139.593	114.325	94.889	44.096	24.970	50

现值定差因子(P/G)							
N	25%	30%	35%	40%	45%	50%	N
2	0.640	0.592	0.549	0.510	0.476	0.444	2
3	1.664	1.502	1.362	1.239	1.132	1.037	3
4	2.893	2.552	2.265	2.020	1.810	1.630	4
5	4.204	3.630	3.157	2.764	2.434	2.156	5
6	5.514	4.666	3.983	3.428	2.972	2.595	6
7	6.773	5.622	4.717	3.997	3.418	2.946	7
8	7.947	6.480	5.352	4.471	3.776	3.220	8
9	9.021	7.234	5.889	4.858	4.058	3.428	9
10	9.987	7.887	6.336	5.170	4.277	3.584	10
11	10.846	8.445	6.705	5.417	4.445	3.699	11

续表

现值定差因子(P/G)							
N	25%	30%	35%	40%	45%	50%	N
12	11.602	8.917	7.005	5.611	4.572	3.784	12
13	12.262	9.314	7.247	5.762	4.668	3.846	13
14	12.833	9.644	7.442	5.879	4.740	3.890	14
15	13.326	9.917	7.597	5.969	4.793	3.922	15
16	13.748	10.143	7.721	6.038	4.832	3.945	16
17	14.108	10.328	7.818	6.090	4.861	3.961	17
18	14.415	10.479	7.895	6.130	4.882	3.973	18
19	14.674	10.602	7.955	6.160	4.898	3.981	19
20	14.893	10.702	8.002	6.183	4.909	3.987	20
21	15.078	10.783	8.038	6.200	4.917	3.991	21
22	15.233	10.848	8.067	6.213	4.923	3.994	22
23	15.362	10.901	8.089	6.222	4.927	3.996	23
24	15.471	10.943	8.106	6.229	4.930	3.997	24
25	15.562	10.977	8.119	6.235	4.933	3.998	25
26	15.637	11.005	8.130	6.239	4.934	3.999	26
27	15.700	11.026	8.137	6.242	4.935	3.999	27
28	15.752	11.044	8.143	6.244	4.936	3.999	28
29	15.796	11.058	8.148	6.245	4.937	4.000	29
30	15.832	11.069	8.152	6.247	4.937	4.000	30
31	15.861	11.078	8.154	6.248	4.938	4.000	31
32	15.886	11.085	8.157	6.248	4.938	4.000	32
33	15.906	11.090	8.158	6.249	4.938	4.000	33
34	15.923	11.094	8.159	6.249	4.938	4.000	34
35	15.937	11.098	8.160	6.249	4.938	4.000	35
36	15.948	11.101	8.161	6.249	4.938	4.000	36
37	15.957	11.103	8.162	6.250	4.938	4.000	37
38	15.965	11.105	8.162	6.250	4.938	4.000	38
39	15.971	11.106	8.162	6.250	4.938	4.000	39
40	15.977	11.107	8.163	6.250	4.938	4.000	40
42	15.984	11.109	8.163	6.250	4.938	4.000	42
44	15.990	11.110	8.163	6.250	4.938	4.000	44
46	15.993	11.110	8.163	6.250	4.938	4.000	46
48	15.995	11.111	8.163	6.250	4.938	4.000	48
50	15.997	11.111	8.163	6.250	4.938	4.000	50

年金定差因子(A/G)

N	0.5%	1%	2%	3%	4%	5%	6%	N
2	0.461	0.486	0.493	0.492	0.490	0.487	0.485	2
3	0.954	0.984	0.985	0.980	0.974	0.967	0.961	3
4	1.453	1.480	1.474	1.463	1.451	1.439	1.427	4
5	1.954	1.971	1.959	1.941	1.922	1.902	1.883	5
6	2.448	2.463	2.441	2.413	2.386	2.358	2.330	6
7	2.942	2.952	2.920	2.881	2.843	2.805	2.767	7
8	3.440	3.440	2.395	3.345	3.294	3.244	3.195	8
9	3.931	3.926	3.867	3.803	3.739	3.675	3.613	9
10	4.425	4.410	4.336	4.256	4.177	4.099	4.022	10
11	4.916	4.893	4.801	4.705	4.609	4.514	4.421	11
12	5.405	5.374	5.263	5.148	5.034	4.922	4.811	12
13	5.894	5.853	5.722	5.587	5.453	5.321	5.192	13
14	6.385	6.331	6.177	6.021	5.866	5.713	5.563	14
15	6.873	6.807	6.630	6.450	6.272	6.097	5.926	15
16	7.360	7.281	7.079	6.874	6.672	6.473	9.279	16
17	7.846	7.754	7.524	7.293	7.066	6.842	6.624	17
18	8.331	8.225	7.967	7.708	7.453	7.203	6.960	18
19	8.816	8.694	8.406	8.118	7.834	7.557	7.287	19
20	9.300	9.162	8.842	8.523	8.209	7.903	7.605	20
22	10.266	10.092	9.704	9.318	8.941	8.573	8.216	22
24	11.228	11.016	10.553	10.095	9.648	9.214	8.795	24
25	11.707	11.476	10.973	10.476	9.992	9.523	9.072	25
26	12.186	11.934	11.390	10.853	10.331	9.826	9.341	26
28	13.141	12.844	12.213	11.593	10.991	10.411	9.857	28
30	14.092	12.748	13.024	12.314	11.627	10.969	10.342	30
32	15.041	14.646	13.822	13.017	12.241	11.500	10.799	32
34	15.986	15.537	14.607	13.702	12.832	12.006	11.227	34
35	16.458	15.980	14.995	14.037	13.120	12.250	11.432	35
36	16.928	16.421	15.380	14.369	13.402	12.487	11.630	36
38	17.867	17.299	16.140	15.018	13.950	12.944	12.006	38
40	18.802	18.170	16.887	15.650	14.476	13.377	12.359	40
45	21.126	20.320	18.702	17.155	15.705	14.364	13.141	45
50	23.429	22.429	20.441	18.557	16.812	15.223	13.796	50
55	25.711	24.498	22.105	19.860	17.807	15.966	14.341	55
60	27.973	26.526	23.695	21.067	18.697	16.606	14.791	60
65	30.214	28.515	25.214	22.184	19.491	17.154	15.160	65
70	32.435	30.463	26.662	23.214	20.196	17.621	15.461	70
75	34.635	32.372	28.042	24.163	20.821	18.017	15.706	75
80	36.814	34.242	29.356	25.035	21.372	18.352	15.903	80
85	38.973	36.073	30.605	25.835	21.857	18.635	15.062	85

续表

年金定差因子(A/G)

N	0.5%	1%	2%	3%	4%	5%	6%	N
90	41.112	37.866	31.792	26.566	22.283	18.871	16.189	90
95	43.230	39.620	32.918	27.235	22.655	19.069	16.290	95
100	45.328	41.336	33.985	27.844	22.980	19.234	16.371	100

年金定差因子(A/G)

N	7%	8%	9%	10%	12%	15%	18%	N
2	0.483	0.481	0.478	0.476	0.472	0.465	0.459	2
3	0.955	0.949	0.943	0.936	0.925	0.907	0.890	3
4	1.415	1.404	1.392	1.381	1.359	1.326	1.295	4
5	1.865	1.846	1.828	1.810	1.775	1.723	1.673	5
6	2.303	2.276	2.250	2.224	2.172	2.097	2.025	6
7	2.730	2.694	2.657	2.022	2.551	2.450	2.353	7
8	3.146	3.099	3.015	3.004	2.913	2.781	2.656	8
9	3.552	3.491	3.431	3.372	3.257	3.092	2.936	9
10	3.946	3.798	3.798	3.725	3.585	3.838	3.194	10
11	4.330	4.239	4.151	4.064	3.895	3.655	3.430	11
12	4.702	4.596	4.491	4.388	4.190	3.908	3.647	12
13	5.065	4.940	4.818	4.669	4.468	4.144	3.845	13
14	5.417	5.273	5.133	5.995	4.732	4.362	4.025	14
15	5.758	5.594	5.435	5.279	4.980	4.565	4.189	15
16	6.090	5.905	5.724	5.549	5.215	4.572	4.337	16
17	6.411	6.204	6.002	5.807	5.435	4.925	4.471	17
18	6.722	6.492	6.269	6.053	5.643	5.084	4.592	18
19	7.024	6.770	6.524	6.286	5.838	5.231	4.700	19
20	7.316	7.037	6.767	6.508	6.020	5.365	4.798	20
22	7.872	7.541	7.223	6.919	6.351	5.601	4.963	21
24	8.392	8.007	7.638	7.288	6.641	5.798	5.095	24
25	8.639	8.225	7.832	7.458	6.771	5.883	5.150	25
26	8.877	8.435	8.016	7.619	6.892	5.961	5.199	26
28	9.329	8.829	8.357	7.914	7.110	6.096	5.281	28
30	9.749	9.190	8.666	8.176	7.297	6.207	5.345	30
32	10.138	9.520	8.944	8.409	7.459	6.297	5.394	32
34	10.499	9.821	9.193	8.615	7.596	6.371	5.433	34
35	10.669	9.961	9.308	8.709	7.658	6.402	5.449	35
36	10.832	10.095	9.417	8.799	7.714	6.430	5.462	36
38	11.140	10.344	9.617	8.956	7.814	6.478	5.485	38

续表

年金定差因子(A/G)								
N	7%	8%	9%	10%	12%	15%	18%	N
40	11.423	10.570	9.796	9.096	7.899	6.517	5.502	40
45	12.036	11.045	10.160	9.374	8.057	6.583	5.529	45
50	12.529	11.411	10.429	9.570	8.160	6.620	5.543	50
55	12.921	11.690	10.626	9.708	8.225	6.641	5.549	55
60	13.232	11.902	10.768	9.802	8.266	6.653	5.553	60
65	13.476	12.060	10.870	9.867	8.292	6.659	5.554	65
70	13.666	12.178	10.943	9.911	8.308	6.663	5.555	70
75	13.814	12.266	10.994	9.941	8.318	6.665	5.555	75
80	13.927	12.330	11.030	9.961	8.324	6.666	5.555	80
85	14.015	12.377	11.055	9.974	8.328	6.666	5.555	85
90	14.081	12.412	11.073	9.983	8.330	6.666	5.556	90
95	14.132	12.437	11.085	9.989	8.331	6.667	5.556	95
100	14.170	12.455	11.093	9.993	8.332	6.667	5.556	100

年金定差因子(A/G)								
N	20%	25%	30%	35%	40%	45%	50%	N
2	0.455	0.444	0.435	0.426	0.417	0.408	0.400	2
3	0.879	0.852	0.827	0.803	0.780	0.758	0.737	3
4	1.274	1.225	1.178	1.134	1.092	1.053	1.015	4
5	1.641	1.563	1.490	1.422	1.358	1.298	1.242	5
6	1.979	1.868	1.765	1.670	1.581	1.499	1.423	6
7	2.290	2.142	2.00	1.881	1.766	1.661	1.565	7
8	2.576	2.387	2.216	2.060	1.919	1.791	1.675	8
9	2.836	2.605	2.396	2.209	2.042	1.893	1.760	9
10	3.074	2.797	2.551	2.334	2.142	1.973	1.824	10
11	3.289	2.966	2.683	2.436	2.221	2.034	1.871	11
12	3.484	3.115	2.795	2.520	2.285	2.082	1.907	12
13	3.660	3.244	2.889	2.589	2.334	2.118	1.933	13
14	3.817	3.356	2.968	2.644	2.373	2.145	1.952	14
15	3.959	3.453	2.034	2.689	2.403	2.165	1.966	15
16	4.085	3.537	3.089	2.725	2.426	2.180	1.976	16
17	4.198	3.608	3.135	2.753	2.444	2.191	1.983	17
18	4.298	3.670	3.172	2.776	2.458	2.200	1.988	18
19	4.386	3.722	3.202	2.793	2.468	2.206	1.991	19
20	4.464	3.767	3.228	2.008	2.476	2.210	1.994	20
22	4.594	3.836	3.265	2.827	2.487	2.216	1.997	22

续表

年金定差因子(A/G)							
N	20%	25%	30%	35%	40%	45%	50%	N
24	4.694	3.886	3.289	2.839	2.493	2.219	1.999	24
25	4.735	3.905	3.298	2.843	2.494	2.220	1.999	25
26	4.771	3.921	3.305	2.847	2.496	2.221	1.999	26
28	4.829	3.946	3.315	2.851	2.498	2.221	2.000	28
30	4.873	3.963	3.322	2.853	2.499	2.222	2.000	30
32	4.906	3.975	3.326	2.855	2.490	2.222	2.000	32
34	4.931	3.983	3.329	2.856	2.500	2.222	2.000	34
35	4.941	3.986	3.330	2.856	2.500	2.222	2.000	35
36	4.949	3.988	3.330	2.856	2.500	2.222	2.000	36
38	4.963	3.992	3.332	2.857	2.500	2.222	2.000	38
40	4.973	3.995	3.332	2.857	2.500	2.222	2.000	40
45	4.988	3.998	3.333	2.857	2.500	2.222	2.000	45
50	4.995	3.999	3.333	2.857	2.500	2.222	2.000	50
55	4.998	4.000	3.333	2.857	2.500	2.222	2.000	55
60	4.999	4.000	3.333	2.857	2.500	2.222	2.000	60
65	5.000	4.000	3.333	2.857	2.500	2.222	2.000	65
70	5.000	4.000	3.333	2.857	2.500	2.222	2.000	70
75	5.000	4.000	3.333	2.857	2.500	2.222	2.000	75
80	5.000	4.000	3.333	2.857	2.500	2.222	2.000	80
85	5.000	4.000	3.333	2.857	2.500	2.222	2.000	85
90	5.000	4.000	3.333	2.857	2.500	2.222	2.000	90
95	5.000	4.000	3.333	2.857	2.500	2.222	2.000	95
100	5.000	4.000	3.333	2.857	2.500	2.222	2.000	100

附录Ⅲ　标准正态分布表

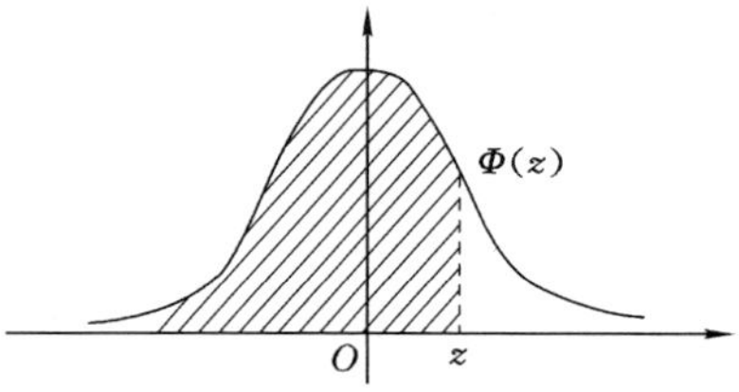

Z	0	1	2	3	4	5	6	7	8	9
−3.0	0.001 3	0.001 0	0.000 7	0.000 5	0.000 3	0.000 2	0.000 2	0.000 1	0.000 1	0.000 0
−2.9	0.001 9	0.001 8	0.001 7	0.001 7	0.001 6	0.001 6	0.001 5	0.001 5	0.001 4	0.001 4
−2.8	0.002 6	0.002 5	0.002 4	0.002 3	0.002 3	0.002 2	0.002 1	0.002 1	0.002 0	0.001 9
−2.7	0.003 5	0.003 4	0.003 3	0.003 2	0.003 1	0.003 0	0.002 9	0.002 8	0.002 7	0.002 6
−2.6	0.004 7	0.004 5	0.004 4	0.004 3	0.004 1	0.004 0	0.003 9	0.003 8	0.003 7	0.003 6
−2.5	0.006 2	0.006 0	0.005 9	0.005 7	0.005 5	0.005 4	0.005 2	0.005 1	0.004 9	0.004 8
−2.4	0.008 2	0.008 0	0.007 8	0.007 5	0.007 3	0.007 1	0.006 9	0.006 8	0.006 6	0.006 4
−2.3	0.010 7	0.010 4	0.010 2	0.009 9	0.009 6	0.009 4	0.009 1	0.008 9	0.008 7	0.008 4
−2.2	0.013 9	0.013 6	0.013 2	0.012 9	0.012 6	0.012 2	0.011 9	0.011 6	0.011 3	0.011 0
−2.1	0.017 9	0.017 4	0.017 0	0.016 6	0.016 2	0.015 8	0.015 4	0.015 0	0.014 6	0.014 3
−2.0	0.022 8	0.022 2	0.021 7	0.021 2	0.020 7	0.020 2	0.019 7	0.019 2	0.018 8	0.018 3
−1.9	0.028 7	0.028 1	0.027 4	0.026 8	0.026 2	0.025 6	0.025 0	0.024 4	0.023 8	0.023 3
−1.8	0.035 9	0.035 2	0.034 4	0.033 6	0.032 9	0.032 2	0.031 4	0.030 7	0.030 0	0.029 4
−1.7	0.044 6	0.043 6	0.042 7	0.041 8	0.040 9	0.040 1	0.039 2	0.038 4	0.037 5	0.036 7
−1.6	0.054 8	0.053 7	0.052 6	0.051 6	0.050 5	0.049 5	0.048 5	0.047 5	0.046 5	0.045 5
−1.5	0.066 8	0.065 5	0.064 3	0.063 0	0.061 8	0.060 6	0.059 4	0.058 2	0.057 0	0.055 9
−1.4	0.080 8	0.079 3	0.077 8	0.076 4	0.074 9	0.073 5	0.072 2	0.070 8	0.069 4	0.068 1
−1.3	0.096 8	0.095 1	0.093 4	0.091 3	0.090 1	0.088 5	0.086 9	0.085 3	0.083 8	0.082 3
−1.2	0.115 1	0.113 1	0.111 2	0.109 3	0.107 5	0.105 6	0.103 8	0.102 0	0.100 3	0.098 5
−1.1	0.135 7	0.133 5	0.131 4	0.129 2	0.127 1	0.125 1	0.123 0	0.121 0	0.119 0	0.117 0
−1.0	0.158 7	0.156 2	0.153 9	0.151 5	0.149 2	0.146 9	0.144 6	0.142 3	0.140 1	0.137 9
−0.9	0.184 1	0.181 4	0.178 8	0.176 2	0.173 6	0.171 1	0.168 5	0.166 0	0.163 5	0.161 1
−0.8	0.211 9	0.209 0	0.206 1	0.203 3	0.200 5	0.197 7	0.194 9	0.192 2	0.189 4	0.186 7
−0.7	0.242 0	0.238 9	0.235 8	0.232 7	0.229 7	0.226 6	0.223 6	0.220 6	0.217 7	0.214 8
−0.6	0.274 3	0.270 9	0.267 6	0.264 3	0.261 1	0.257 8	0.254 6	0.251 4	0.248 3	0.245 1
−0.5	0.308 5	0.305 0	0.301 5	0.298 1	0.294 6	0.291 2	0.287 7	0.284 3	0.281 0	0.277 6

续表

Z	0	1	2	3	4	5	6	7	8	9
−0.4	0.344 6	0.340 9	0.337 2	0.333 6	0.330 0	0.326 4	0.322 8	0.319 2	0.315 0	0.312 1
−0.3	0.382 1	0.378 3	0.374 5	0.370 7	0.366 9	0.363 2	0.359 4	0.355 7	0.352 0	0.348 3
−0.2	0.420 7	0.416 8	0.412 9	0.409 0	0.405 2	0.401 3	0.397 4	0.393 0	0.389 7	0.385 9
−0.1	0.460 2	0.456 2	0.452 2	0.448 3	0.444 3	0.440 4	0.436 4	0.432 5	0.428 6	0.424 7
−0.0	0.500 0	0.496 0	0.492 0	0.488 0	0.484 0	0.480 1	0.476 1	0.472 1	0.468 1	0.464 1
0.0	0.500 0	0.504 0	0.508 0	0.512 0	0.516 0	0.519 9	0.523 9	0.527 9	0.531 9	0.535 9
0.1	0.539 8	0.543 8	0.547 8	0.551 7	0.555 7	0.559 6	0.563 6	0.567 5	0.571 4	0.575 3
0.2	0.579 3	0.583 2	0.587 1	0.591 0	0.594 8	0.598 7	0.602 6	0.606 4	0.610 3	0.614 1
0.3	0.617 9	0.621 7	0.625 5	0.629 3	0.633 1	0.636 8	0.640 6	0.644 3	0.648 0	0.651 7
0.4	0.655 4	0.659 1	0.662 8	0.666 4	0.670 0	0.673 6	0.677 2	0.680 8	0.684 4	0.687 9
0.5	0.691 5	0.695 0	0.698 5	0.701 9	0.705 4	0.708 8	0.712 3	0.515 7	0.719 0	0.722 4
0.6	0.725 7	0.729 1	0.732 4	0.735 7	0.738 9	0.742 2	0.745 4	0.748 6	0.751 7	0.754 9
0.7	0.758 0	0.761 1	0.764 2	0.767 3	0.770 3	0.773 4	0.776 4	0.779 4	0.782 3	0.785 2
0.8	0.788 1	0.791 0	0.793 9	0.796 7	0.799 5	0.802 3	0.805 1	0.807 8	0.810 6	0.813 3
0.9	0.815 9	0.816	0.821 2	0.823 8	0.826 4	0.828 9	0.831 5	0.834 0	0.836 5	0.838 9
1.0	0.841 3	0.843 8	0.846 1	0.848 5	0.850 8	0.853 1	0.855 4	0.857 7	0.859 9	0.862 1
1.1	0.864 3	0.866 5	0.868 6	0.870 8	0.872 9	0.874 9	0.877 0	0.879 0	0.881 0	0.883 0
1.2	0.884 9	0.886 9	0.888 8	0.890 7	0.892 5	0.894 4	0.896 2	0.898 0	0.899 7	0.901 5
1.3	0.903 2	0.904 9	0.906 6	0.908 2	0.909 9	0.911 5	0.913 1	0.914 7	0.916 2	0.917 7
1.4	0.919 2	0.920 7	0.922 2	0.923 6	0.925 1	0.926 5	0.927 8	0.929 2	0.930 6	0.931 9
1.5	0.933 2	0.934 5	0.935 7	0.937 0	0.938 2	0.939 4	0.940 6	0.941 8	0.943 0	0.944 1
1.6	0.945 2	0.946 3	0.947 2	0.948 4	0.949 5	0.950 5	0.951 5	0.952 5	0.953 5	0.954 5
1.7	0.955 4	0.956 4	0.957 3	0.958 2	0.959 1	0.959 9	0.960 8	0.961 6	0.962 5	0.963 3
1.8	0.964 1	0.964 8	0.965 6	0.966 4	0.967 1	0.967 8	0.968 6	0.969 3	0.970 0	0.960 6
1.9	0.971 3	0.971 9	0.972 6	0.973 2	0.973 8	0.974 4	0.975 0	0.975 6	0.976 2	0.976 7
2.0	0.977 2	0.977 8	0.978 3	0.978 8	0.979 3	0.979 8	0.980 3	0.980 8	0.981 2	0.981 7
2.1	0.982 1	0.982 6	0.983 0	0.983 4	0.983 8	0.984 2	0.984 6	0.985 0	0.985 4	0.985 7
2.2	0.986 1	0.986 4	0.986 8	0.987 1	0.987 4	0.987 8	0.988 1	0.988 4	0.988 7	0.989 0
2.3	0.989 3	0.989 6	0.989 8	0.990 1	0.990 4	0.990 6	0.990 9	0.991 1	0.991 3	0.991 6
2.4	0.991 8	0.992 0	0.992 2	0.992 5	0.992 7	0.992 9	0.993 1	0.993 2	0.993 4	0.993 6
2.5	0.993 8	0.994 0	0.994 1	0.994 3	0.994 5	0.994 6	0.994 8	0.994 9	0.995 1	0.995 2
2.6	0.995 3	0.995 5	0.995 6	0.995 7	0.995 9	0.996 0	0.996 1	0.996 2	0.996 3	0.996 4
2.7	0.996 5	0.996 6	0.996 7	0.996 8	0.996 9	0.997 0	0.997 1	0.997 2	0.997 3	0.997 4
2.8	0.997 4	0.997 5	0.997 6	0.997 7	0.997 7	0.997 8	0.997 9	0.997 9	0.998 0	0.998 1
2.9	0.998 1	0.998 2	0.998 2	0.998 3	0.998 4	0.998 4	0.998 5	0.998 5	0.998 6	0.998 6
3.0	0.998 7	0.999 0	0.999 3	0.999 5	0.999 7	0.999 8	0.999 8	0.999 9	0.999 9	0.100 0

参考文献

[1] CHAN SPARK.工程经济学[M].邵颖红,译.5 版.北京:中国人民大学出版社,2012.
[2] 傅家骥,雷家骕,程源.技术经济学前沿问题[M].北京:经济科学出版社,2003.
[3] 国家发展改革委,建设部.建设项目经济评价方法与参数[M].3 版.北京:中国计划出版社,2006.
[4] 侯剑平.现代公司筹融资决策理论[M].北京:中国金融出版社,2011.
[5] 李明哲.投资项目经济评价问答[M].北京:中国计划出版社,2011.
[6] 李相然.工程经济学[M].北京:中国电力出版社,2008.
[7] 刘海生.按技术分配:理论与实践[M].北京:中国财政经济出版社,2006.
[8] 刘卫星,刘颖春.工程经济学[M].武汉:武汉大学出版社,2019.
[9] 刘永泽,傅荣.高级财务会计[M].5 版.大连:东北财经大学出版社,2016.
[10] 刘泽俊,周杰.工程项目管理[M].南京:东南大学出版社,2019.
[11] 全国一级建造师执业资格考试用书编写委员会.建设工程经济[M].北京:中国建筑工业出版社,2019.
[12] 全国注册咨询工程师(投资)职业资格考试试题分析小组.项目决策分析与评价[M].北京:机械工业出版社,2019.
[13] 投资项目可行性研究指南编写组.投资项目可行性研究指南[M].北京:中国电力出版社,2002.
[14] 王斌.资产评估理论与方法[M].北京:社会科学文献出版社,2011.
[15] 王叙一.资产评估运作技巧及案例分析[M].长春:吉林科学技术出版社,2000.
[16] 徐平.资产评估:全案模拟与操作[M].3 版.成都:西南财经大学出版社,2018.
[17] 姚玲珍.房地产经济学[M].北京:中国建筑工业出版社,2019.
[18] 于俊年.投资项目可行性研究与项目评估[M].北京:对外经济贸易大学出版社,2011.
[19] 于立君,郝利光.工程经济学[M].3 版.北京:机械工业出版社,2016.
[20] 余佳佳,郭俊雄.房地产开发经营与管理[M].成都:西南交通大学出版社,2019.
[21] 袁堂梅.成本会计学[M].北京:清华大学出版社,2019.
[22] 张青.项目投资与融资分析[M].北京:清华大学出版社,2012.
[23] 邹辉霞.技术经济管理学[M].北京:清华大学出版社,2011.